浙江省普通本科高校"十四五"重点教材

U0738841

会计学

打通决策的理性

周夏飞◎主编

Accounting

ZHEJIANG UNIVERSITY PRESS

浙江大学出版社

·杭州·

图书在版编目(CIP)数据

会计学：打通决策的理性 / 周夏飞主编. —杭州：
浙江大学出版社，2023.8
ISBN 978-7-308-23720-8

Ⅰ．①会… Ⅱ．①周… Ⅲ．①会计学 Ⅳ．①F230

中国国家版本馆 CIP 数据核字(2023)第 071818 号

会计学——打通决策的理性
KUAIJIXUE——DATONG JUECE DE LIXING
周夏飞 主编

策划编辑	朱　玲	
责任编辑	朱　玲	
责任校对	傅宏梁	
封面设计	周　灵	
出版发行	浙江大学出版社	
	（杭州市天目山路 148 号　邮政编码 310007）	
	（网址：http://www.zjupress.com）	
排　　版	杭州朝曦图文设计有限公司	
印　　刷	杭州宏雅印刷有限公司	
开　　本	787mm×1092mm　1/16	
印　　张	20.5	
字　　数	512 千	
版 印 次	2023 年 8 月第 1 版　2023 年 8 月第 1 次印刷	
书　　号	ISBN 978-7-308-23720-8	
定　　价	65.00 元	

　　纵观目前的会计学教材,内容及风格大同小异。我们认为以下几个方面是本教材编写的背景:(1)党的二十大报告提出要构建高水平社会主义市场经济体制,建设现代化产业体系。会计学教学面向经济主战场,必将大有可为。为落实立德树人的根本任务,强化职业操守,弘扬诚信文化,会计学教材需要创新教学内容,优化教学设计。(2)随着经济的快速发展及金融工具的不断创新,会计准则、税收政策不断改革,会计学教材的内容需要推陈出新。(3)科技进步使得记账软件不断优化,社会对"核算型"会计能力的需求逐渐减少,而对具有管理思维、能挖掘会计数据背后价值与风险的"分析型"会计能力的需求在不断增加,会计学教材的思路导向需要重新定位。(4)资本市场频频出现的会计信息失真事件,无论是盈亏不断反复导致股价异动反常的大元股份(后更名为商赢环球),还是獐子岛的扇贝再三"跑路",以及康得新百亿存款离奇失踪,都说明会计学教材需要生动呈现道德规范。

　　本教材力求体现四大特色创新:(1)决策导向。传统会计学教材主要按照会计准则讲解各会计科目的会计处理,重点是编制各种业务的会计分录,培养会计核算能力。本教材将对财务报表信息的理解贯穿始终,主要阐述经营管理怎样影响会计数据,分析会计分录背后的业务逻辑,挖掘会计数据隐含的企业价值,旨在培养利用会计数据进行理性决策的能力。(2)务实生动。本教材在考虑学科知识体系完整性的基础上,尽量避免空洞、枯燥、冗杂的内容,强调基本原理与实务应用相联系,每一章通过问题导入、案例分析等方式,引导学生积极关注现实及分析现实,并且所有的现实问题努力体现最新的会计准则与税收政策。(3)思政融入。结合会计信息生成的基本原理及会计信息质量与资本市场健康运行的关系,挖掘提炼其中蕴含的德育元素,通过对典型案例等教学素材的设计运用,以"润物无声""盐溶于水"的方式将正确的价值追求、理想信念有效地传递给学生。主要贯通两大思政融入点:一是信息诚信,不做假账,推进信息质量不断提升。二是守正创新,识别假账,推进资本市场健康运行。(4)资源丰富。与现代信息技术融合,在纸质书中嵌入二维码,拓展学习内容,提升学习效率。除每一章配有客观题自测二维码外,还通过二维码链接了11个知识拓展、20个教学视频、23个实务案例。

本教材以会计信息形成过程为主线,以会计数据关系的挖掘为重点,密切结合上市公司报表,阐述会计的基本原理。

全书共分14章,基本构成如下:

第1章是总论,主要介绍谁需要会计信息、会计信息的形成应该遵守哪些规范。

第2章是会计要素与复式记账,主要阐述六大会计要素及借贷复式记账法。

第3章是会计循环,介绍从原始凭证到记账凭证再到账簿最终到报表的会计循环程序。

第4~9章是资产的会计处理,包括货币资金与交易性金融资产、应收款项、存货、长期股权投资、固定资产、无形资产等。

第10章是负债,主要介绍流动负债与长期负债。

第11章是所有者权益,主要介绍实收资本与资本公积、盈余公积与未分配利润。

第12章是收入、费用和利润,主要介绍利润的形成。

第13章是财务报表,主要介绍资产负债表与利润表的编制。

　　第 14 章是财务报表分析,包括财务报表的解读与比率分析。

　　本教材主要作为高等院校金融学、财政学、经济学、国际贸易学等非会计专业的经济管理类课程教材,也可以作为会计专业学生的入门教材。本教材为中级财务会计、公司金融、财务管理等课程的进一步学习提供了知识基础。

　　本教材由周夏飞主编,主要负责制定全书的框架与特色。各章编写分工如下:第 1 章、第 4～9 章以及第 14 章由周夏飞编写;第 3、10、11、13 章由姚婕编写;第 2、12 章由刘强编写。各章二维码链接的视频与案例均由周夏飞提供。

　　尽管我们在本教材的编写中付出了不懈的努力,但难免还存在一些不当或错误之处,敬请读者不吝指正。

CONTENTS 目 录

数 字 资 源 目 录

总　论

■■■ **问题导入：2020 年披露的第一份年报业绩好吗？**

　　2020 年 1 月 16 日晚，沪深两市首份 2019 年年报出炉，安靠智电 2019 年实现营业收入 3.18 亿元，同比下滑 0.64%；实现净利 6 361.64 万元，同比下滑 15.49%。公司 2019 年基本收益 0.65 元/股，上年同期为 0.75 元/股。

　　安靠智电披露了 2019 年利润分配预案：公司将向全体股东每 10 股派发现金股利 5 元（含税），共计 4 889.76 万元（含税），同时以资本公积金向全体股东每 10 股转增 3 股。2020 年 1 月 17 号开盘后不久，公司股价就上了涨停板。

　　那么，股价在年报公布后有良好的表现，是第一份披露的信号效应，还是高送转及派现分红的影响？还是因为业绩下滑在同行对比中并不显著？会计信息除了媒体报道的收入、利润外，还有哪些方面也会影响投资者的决策？除投资者需要会计信息外，还有谁需要会计信息？

1.1　谁需要会计信息：决策者

　　会计信息主要是指企业以财务报表等资料为载体，向企业的利益相关者提供的关于企业财务状况、经营成果和现金流量的信息。具体来说，会计信息是会计人员记录企业发生的经济业务和交易事项，并通过会计核算方法以及账务处理程序等进行加工后所得到的能够反映经济活动真实情况并且具有一定使用价值的各种经济信息，进而影响会计信息使用者的决策。

　　企业的利益相关者都需要企业的会计信息。但不同的利益相关者对企业有不同的投入和关联方式，与企业有着不同的经济联系，进而在企业中有着不同的地位，扮演着不同的角色，因此对会计信息内容关注的侧重点有一定的差异。

1.1.1　投资者对会计信息的需求

　　随着企业所有权与经营权的分离以及资本市场的完善，投资者对企业管理的参与度下降，逐渐成为外部信息需求者。一方面，投资者需要通过公司所披露的会计信息来了解企业的资本结构、偿债能力，资产的流动性、营利性，预期股利收益等，评估其经营状况、盈利能力、竞争地位、风险规模、发展前景等，从而提高其经济决策的合理性。另一方面，由于管理层与股东之间存在"道德风险和逆向选择"，管理层在某些情况下会损害投资者的利益以谋取自身利益。因此，为了更准确地评价管理层的受托责任履行情况，并制定相应的对策以确保自身利益不受损害，投资者需要获取会计信息。

　　投资者也包括潜在投资者，企业能否成为潜在投资者的投资对象，以及以什么样的价格被投资，很大程度上取决于潜在投资者根据企业会计信息对企业作出的价值评估。在资本市场上,投资者对企业股票是买入、持有还是卖出,依赖于他们对企业经营状况、盈利能力以及风险管控等方面的相关会计信息的关注,从而对公司的经营优势及竞争优势作出判断,进而作出相应决策。

1.1.2 债权人对会计信息的需求

债权人是指通过合同向企业提供资金并形成债权债务关系的单位或个人,主要包括贷款银行、企业债券的持有者等。债权人分为长期债权人和短期债权人两种。长期债权人主要关注企业资产流动、盈利能力等方面的信息,而短期债权人则对企业短期内的资金流动性等信息需求更多。一般情况下,债权人是公司资金的主要提供者之一,主要目的是收取利息收入以获取收益。因此,无论是长期债权人还是短期债权人,他们最关心的都是企业对债务本金及债务利息的偿还能力,如资本结构的合理性、企业投资项目的风险、信誉、资金的流动性以及利息保障倍数等。通过这些会计信息,债权人可以了解企业的财务状况、经营业绩以及现金流状况,然后就是否继续为企业提供贷款或提前收回贷款作出相关决策。因此,对于债权人而言,会计信息必须真实可靠地反映公司的实际盈利能力和偿债能力。同时,会计信息还应具备及时性,以便债权人能够尽早作出决策,防止无法收回资金。

1.1.3 政府部门对会计信息的需求

政府相关部门主要包括财政部门、税务部门、证券监督管理委员会等,在维护和监督市场经济的正常运作方面发挥着不可替代的作用。政府有责任监督企业,确保其不存在损害市场公平和公正的违规行为。因此,政府需要定期对企业进行审计和调查,以获取有关企业财务状况、经营绩效和现金流量等方面的会计信息,如证券监督委员会以及证券交易所要对拟上市及已上市的企业进行审核,判别哪些企业能上市、哪些企业要进行风险预警等,以充分保障资本市场的健康运行。又如,政府还要监督企业的纳税行为,检查企业是否按期纳税,有无偷税漏税的行为发生。另外,作为监督管理部门,政府需要对宏观经济有一个清晰的了解,才能制定出正确的政策法规,因此,政府会定期有效地获得企业会计信息,在此基础上,对社会经济的整体发展状况及动态趋势进行统计分析研究,制定相关政策。

1.1.4 供应商对会计信息的需求

供应商是直接给企业提供商品和服务的单位或个人。供应商和公司的利益关系主要通过对商品或服务的供应和购买而建立。正常情况下,重要的供应商愿意与其主要客户建立良好的长期战略合作伙伴关系,所以,供应商不愿看到他们的客户在资金周转或者偿还货款方面存在困难。作为企业上游主要原材料的供应方,他们关注企业的可持续经营能力和资金流动性,这就需要通过真实完整的会计信息了解公司的可信度和资金周转率,如企业能否稳定持续地进行生产经营;是否会在短期内减少产量,导致原材料采购量下降;是否存在资金流动困难,如能否按期支付应付账款的问题等。如果企业的信誉不佳或资金周转存在困难,供应商将考虑是否继续为企业提供或销售货物。

1.1.5　客户对会计信息的需求

客户是向企业购买商品和接受服务以满足自身经营或消费需要的社会团体或个人。他们没有直接参与企业的资源配置,但在很多方面与企业有着密切的利益关系。作为企业下游的主要购买方,他们需要通过真实可靠的会计信息了解企业产品的质量和售后服务。通过比较企业产品的成本以及能够带来的效益等来进行相关的购买决策。特别是对于长期依赖企业提供商品或服务的客户而言,其产品或经营条件的变化会为其带来较大的潜在风险,影响客户自身的生产经营和发展,因此有必要通过分析相关的会计信息,确定是否继续保持与企业的采购关系、是否需要及时寻找替代资源或更广泛的供应渠道。

1.1.6　管理层对会计信息的需求

在企业的生产经营活动中,管理层管理着企业的融资、经营和投资活动,进行一系列财务预测和决策,并对相关的利益关系进行协调。因此,管理层需要及时掌握会计信息,制订有利于企业发展的规划,并向企业的利益相关者或股东提供相关会计信息。一方面,管理层需要掌握能够反映所有利益相关者需求的相关信息,并努力协调其关系,如及时与政府和银行沟通信息,以确保企业资金的顺利流动和可持续经营。另一方面,管理层需要了解企业拥有的资源,最大限度地使企业资源得到充分利用,实现资源的合理配置与保值增值,从而提高企业的核心竞争力。具体涉及产品成本的构成以挖掘降低成本的潜力、资金周转状况以开拓提高资金使用效率的途径、资产负债结构以判断资金来源的合理性等。

企业管理层属于企业内部的会计信息使用者,投资者、债权人、政府部门、供应商及客户属于企业外部的会计信息使用者。

1.2　会计信息在哪里:会计报表

会计报表是会计信息的载体,企业以提供会计报表的形式向外提供会计信息。会计报表作为会计活动的最终产品,成为提供会计信息的最主要手段。企业一般必须提供资产负债表、利润表、现金流量表等三大报表,分别反映企业在某一特定日期的财务状况和某一期间的经营成果及现金流量状况,其中最基本的是资产负债表与利润表。

案例 A 股首份 2021 年年报出炉

1.2.1　资产负债表

资产负债表是反映企业在某一特定日期(如月末、季末、年末)资产、负债和所有者权益情况的会计报表,是企业经营活动在某一时点的静态体现,根据"资产＝负债＋所有者权益"这一平衡公式,依照一定的分类标准和一定的次序,将某一特定日期的资产、负债、所有者权益的具体项目予以适当的排列编制而成。它表明企业在某一特定日期所拥有或控制的经济资源(资产)、所承担的现有义务(负债)和所有者对净资产的要求权(所有者权益)。它是一张揭示企业在一定时点财务状况的静态报表。

表 1-1 资产负债表(简表)

20×1 年 12 月 31 日

资产	期初	期末	权益	期初	期末
货币资金			负债:		
应收账款			短期借款		
存货			应付账款		
固定资产			所有者权益:		
无形资产			实收资本		
			留存利润		
合计			合计		

如表 1-1 所示,资产负债表一般为左右架构,左边反映了企业有哪些资产,如有多少货币资金、多少存货、多少固定资产等,右边反映了企业的资金来源,有多少来自负债,又有多少来自所有者权益。负债又可以细化为银行借款、应付供应商货款等,所有者权益也可以细化为实收资本、留存利润等。

1.2.2 利润表

利润表是反映企业一定会计期间(如月度、季度、半年度或年度)经营成果的会计报表。企业一定会计期间的经营成果既可能表现为盈利,也可能表现为亏损,因此,利润表也被称为损益表。它全面揭示了企业在某一特定时期实现的各种收入、发生的各种费用,以及企业实现的利润或发生的亏损情况。利润表是一张揭示企业在一定时期业绩情况的动态报表。

表 1-2 利润表(简表)

20×1 年度

项目	本期数	上期数
一、营业收入		
减:营业成本		
管理费用		
销售费用		
二、营业利润		
加:营业外收入		
三、利润总额		
减:所得税费用		
四、净利润		

如表 1-2 所示,利润表是根据"收入—费用=利润"的基本关系来编制的,分步反映了某一期间发生的收入、费用及各类利润的情况。

利润归所有者所有,因此某一期间产生的利润最终转变为这一期间期末的留存利润的增加,也即利润最终引起资产负债表所有者权益的增加。这一关系揭示了利润表与资产负债表的内在联系。

1.3　会计信息生成的基本过程

会计是确认、计量、报告经济活动的过程。简单地说，会计确认主要包括：分辨某项活动是不是本企业的经济活动、是什么期间的经济活动、是属于什么类别的经济活动；会计计量涉及的是确认的对象应该如何使用货币等度量单位来衡量的问题；会计报告则是指按照一定的程序及方法向使用者传送会计信息的过程。

从外在形式看，会计信息生成过程是先取得表明经济业务发生或完成情况的原始凭证，并根据原始凭证编制用于记账的凭证，再根据记账凭证登记账簿，最后根据账簿资料编制会计报表。

那么，会计要对哪些企业的经济活动进行确认、计量、报告？这就涉及会计对象问题。会计对象是指能用货币表现的经济活动，即资金运动。企业的资金运动主要有以下三种表现形式。

一是资金进入企业。企业通过吸收投资、银行借入、发行股票或债券来筹集资金，引起企业资金的增加。

二是资金在企业中的周转。企业用货币资金购买材料，形成储备资金。工人利用生产技术，借助机器设备对材料进行加工，发生的耗费形成生产资金。产品完工后形成成品资金。将产品销售，收回货款，得到新的货币资金。整个周转过程表现为：货币资金→储备资金→生产资金→成品资金→新的货币资金。

三是资金退出企业。企业偿还银行借款、上缴税金和分派利润或股利。

企业的生产经营过程是周而复始、不间断、循环地进行的，即企业不断地投入原材料、不断地加工产品、不断地销售产品，其资金也是不断循环周转的。企业资金在循环周转中，一方面资金形态在不断发生变化，另一方面价值量也在发生变化，因此需要会计记录加以反映，以便最终报告变化以后的资金形态及金额。为了分门别类地反映，要求企业必须把资金运动进行若干次分类，使之具体化。对资金运动进行的分类，就是会计要素；对会计要素进行的分类，就是会计科目。根据我国企业会计准则的规定，我国企业的资金运动分成六大要素，即资产、负债、所有者权益、收入、费用和利润；而每一会计要素又可分成若干会计科目。

我们用一个例子来说明会计信息的产生过程。假设某企业20×1年9月1日开业，并在9月份发生了下列经济业务，发生的经济业务都取得了原始凭证，则该企业对每项经济业务应该记录的增减变化如下：

①企业开业收到股东投入股本400万元，向银行借款100万元。

银行存款＋500

实收资本＋400

银行借款＋100

②用银行存款购置固定资产300万元。

银行存款－300

固定资产+300

③用银行存款采购原材料120万元。

银行存款-120

原材料+120

④为生产产品领用原材料100万元。

原材料-100

生产成本+100

⑤用银行存款支付生产工人的人工费用50万元。

银行存款-50

生产成本+50

⑥生产产品发生设备损耗30万元。

固定资产-30

生产成本+30

⑦生产产品完工入库140万元。

生产成本-140

库存商品+140

⑧出售产品一批,其成本为130万元,售价为190万元,款项已经收存银行。此项业务涉及两对会计科目发生变化,一是确认收入,二是确认成本。

首先确认收入引起的增减变化为:

营业收入+190

银行存款+190

然后,确认成本引起的增减变化为:

营业成本+130

库存商品-130

⑨用银行存款交纳所得税20万元。

银行存款-20

所得税费用+20

上述九项经济业务发生以后,企业最终的资金形态是哪些,金额分别是多少?我们对同类项目增减进行归总计算。基本情况如下:

银行存款(①500+⑧190)-(②300+③120+⑤50+⑨20)=200(万元)

固定资产=③300-⑥30=270(万元)

原材料=③120-④100=20(万元)

生产成本或在产品④100+⑤50+⑥30-⑦140=40(万元)

库存商品=⑦140-⑧130=10(万元)

营业收入=190(万元)

营业成本=130(万元)

所得税费用=20(万元)

将上述结果形成资产负债表与利润表进行报告,见表1-3及表1-4。从利润表可以看出,企业在9月份实现了40万元的利润。再从资产负债表看,资产总额由月初的500万元增长到了 540 万元,主要资产为货币资金、存货及固定资产,企业的负债不变,而所有者权益由 400 万元增长到了 440 万元,其中增加的 40 万元就是 9 月份增加的利润。

表 1-3　资产负债表

20×1 年 9 月 30 日　　　　　　　　　　　　　　　　　　　　　　　　单位:万元

资产	期初	期末	权益	期初	期末
货币资金	500	200	负债:	100	100
应收账款			短期借款		
存货		70	应付账款		
固定资产		270	所有者权益:		
无形资产			实收资本	400	400
			留存利润		40
合计	500	540	合计	500	540

表 1-4　利润表

20×1 年 9 月　　　　　　　　　　　　　　　　　　　　　　　　单位:万元

项目	本期数	上期数
一、营业收入	190	
减:营业成本	130	
管理费用		
销售费用		
二、营业利润	60	
加:营业外收入		
三:利润总额	60	
减:所得税费用	20	
四、净利润	40	

1.4　会计信息生成的基本规范:会计准则

会计活动的目标是为企业利益相关者提供会计信息,帮助报表使用者进行正确的决策。然而没有充分质量保障的财务报告也无法发挥其应有的作用。因此,为了保证对外提供的会计信息质量,需要有一套会计规范体系,明确规定会计信息的质量要求。会计准则就是企业进行经济活动的确认、计量、记录及报告必须遵循的基本原则,是对会计行为的规范化要求,其目的在于把会计处理建立在公允、合理的基础之上,并使不同时期、不同主体之间的会计结果的比较成为可能。会计准则可以分为基本准则与具体准则。

我国的《企业会计准则——基本准则》于1992年由财政部发布,经历了2006年与2014年的两次修改。基本准则主要就企业会计的一般要求和主要方面作出了原则性的规定,为制定具体会计准则提供了依据。基本准则明确了开展会计活动的四大前提条件、八个会计信息质量要求、会计确认的基础、会计的计量属性及会计报表的基本内容等。

知识拓展 企业会计准则——基本准则

企业会计具体准则是根据《企业会计准则——基本准则》以及其他相关法律法规而制定的,它是对会计各类具体活动的规范。我国目前的企业会计具体准则共有42项,具体如下:

企业会计准则第1号——存货。

企业会计准则第2号——长期股权投资。

企业会计准则第3号——投资性房地产。

企业会计准则第4号——固定资产。

企业会计准则第5号——生物资产。

企业会计准则第6号——无形资产。

企业会计准则第7号——非货币性资产交换。

企业会计准则第8号——资产减值。

企业会计准则第9号——职工薪酬。

企业会计准则第10号——企业年金基金。

企业会计准则第11号——股份支付。

企业会计准则第12号——债务重组。

企业会计准则第13号——或有事项。

企业会计准则第14号——收入。

企业会计准则第15号——建造合同。

企业会计准则第16号——政府补助。

企业会计准则第17号——借款费用。

企业会计准则第18号——所得税。

企业会计准则第19号——外币折算。

企业会计准则第20号——企业合并。

企业会计准则第21号——租赁。

企业会计准则第22号——金融工具确认和计量。

企业会计准则第23号——金融资产转移。

企业会计准则第24号——套期保值。

企业会计准则第25号——原保险合同。

企业会计准则第26号——再保险合同。

企业会计准则第27号——石油天然气开采。

企业会计准则第28号——会计政策、会计估计变更和差错更正。

企业会计准则第29号——资产负债表日后事项。

企业会计准则第30号——财务报表列报。

企业会计准则第31号——现金流量表。

企业会计准则第 32 号——中期财务报告。

企业会计准则第 33 号——合并财务报表。

企业会计准则第 34 号——每股收益。

企业会计准则第 35 号——分部报告。

企业会计准则第 36 号——关联方披露。

企业会计准则第 37 号——金融工具列报。

企业会计准则第 38 号——首次执行企业会计准则。

企业会计准则第 39 号——公允价值计量。

企业会计准则第 40 号——合营安排。

企业会计准则第 41 号——在其他主体中权益的披露。

企业会计准则第 42 号——持有待售的非流动资产、处置组和终止经营。

1.5　会计信息生成的前提条件

会计基本假设是企业会计确认、计量、记录和报告的前提,是对会计核算所处时间、空间环境等所作的合理设定。会计基本假设包括会计主体、持续经营、会计分期和货币计量。

1.5.1　会计主体

会计主体是指会计工作服务的特定单位,是企业会计确认、计量和报告的空间范围。为了向财务报告使用者反映企业财务状况、经营成果和现金流量,提供与其决策有用的信息,会计核算和财务报告的编制应当集中反映特定对象的活动,并将其与其他经济实体区别开来,才能实现财务报告的目标。

在会计主体假设下,企业应当对其本身发生的交易或者事项进行会计确认、计量和报告,反映企业本身所从事的各项生产经营活动。明确界定会计主体是开展会计确认、计量和报告工作的重要前提。明确界定会计主体,才能划定会计所要处理的各项交易或事项的范围。只有那些影响企业本身经济利益的各项交易或事项才能加以确认、计量和报告,那些不影响企业本身经济利益的各项交易或事项则不能加以确认、计量和报告。会计工作中通常所讲的资产、负债的确认,收入的实现,费用的发生等,都是针对特定会计主体而言的。明确界定会计主体,具体要注意三个区分。

第一,将会计主体的交易或者事项与会计主体所有者的交易或者事项区分开来。例如,企业所有者的经济交易或者事项是属于企业所有者主体所发生的,不应纳入企业会计核算的范围,但是企业所有者投入企业的资本或者企业向所有者分配的利润,则属于企业主体所发生的交易或者事项,应当纳入企业会计核算的范围。第二,将会计主体的交易或者事项与其他会计主体的交易或者事项区分开来。例如,A 企业向 B 企业采购商品并直接用银行存款支付货款,A 企业应该记录为商品增加及银行存款减少,但 B 企业记录的是一项销售行为。会计主体是谁,就应该记录谁的经济活动。第三,将会计主体与法律主体区分开来。会计主体不同于法律主体。一般来说,法律主体必然是一个会计主体。例如,一个企业作为一个法律主体,应当建立财务会计系统,独立反映其财务状况、经营成果和现金流量。但是,会计主体不一定是法律主体。例如,在企业集团的情况下,一个母公司拥有若干子公司,母子公司虽然是不同的法律主体,但是母公司对子公司拥有控制权,为了全面反映企业集团的财务状况、经营成果和现金流量,就有必要将企业集团作为一个会计主体,编制合并财务报表。再如,由企业管理的证券投资基金、企业年金基金等,尽管不属于法律主体,但属于会计主体,应当对每项基金进行会计确认、计量和报告。如某基金管理公司管理了10只证券投资基金,对于该公司来讲,一方面,公司本身既是法律主体,又是会计主体,需要以公司为主体核算公司的各项经济活动,以反映整个公司的财务状况、经营成果和现金流量;另一方面,每只基金尽管不属于法律主体,但需要单独核算,并向基金持有人定期披露基金财务状况和经营成果等,因此,每只基金也属于会计主体。

1.5.2 持续经营

持续经营,是指会计主体的生产经营活动将无期限持续下去,在可以预见的将来不会破产清算。在持续经营前提下,会计确认、计量和报告应当以企业持续、正常的生产经营活动为前提。

企业是否持续经营,直接影响会计原则、会计方法的选择。一般情况下,应当假定企业将会按照当前的规模和状态继续经营下去。明确这个基本假设,就意味着会计主体将按照既定用途使用资产,按照既定的合约条件清偿债务,会计人员就可以在此基础上选择会计原则和会计方法。如果判断企业会持续经营,就可以假定企业的固定资产会在持续经营的生产经营过程中长期发挥作用,并服务于生产经营过程,固定资产就可以根据历史成本进行记录,并采用折旧的方法,将历史成本分摊到各个会计期间或相关产品的成本中。如果判断企业不会持续经营,固定资产就不应采用历史成本进行记录并按期计提折旧。例如,某企业购入一条1 000万元的生产线,预计使用寿命为10年,考虑到企业将会持续经营下去,因此可以假定企业的固定资产会在持续经营的生产经营过程中长期发挥作用,并服务于生产经营过程,即不断地为企业生产产品,直至生产线使用寿命结束。为此,固定资产就应当根据历史成本1 000万元进行记录,并采用折旧的方法,将历史成本分摊到预计使用寿命期间所生产的相关产品成本中,如果采用平均折旧法,则每年摊销100万元。

当有确凿证据(通常是破产公告的发布)证明企业已经不能再持续经营下去了,该假设就自动失效,会计核算方法随即改为破产清算会计。

如果一个企业在不能持续经营时还假定企业能够持续经营,并仍按持续经营基本假设选择会计确认、计量和报告原则与方法,就不能客观地反映企业的财务状况、经营成果和现金流量,会误导会计信息使用者的经济决策。例如,使用上述生产线的企业在使用生产线三年后发现公司无法持续经营,则固定资产记录为1 000万元、累计折旧300万元、固定资产净值为700万元就没有意义,继续折旧也没有意义,固定资产可以按照当前的清算价值计价。

1.5.3 会计分期

会计分期,是指将一个企业持续经营的生产经营活动划分为一个个连续的、长短相同的期间。由于企业的经营活动是持续不断进行的,如果等到企业经营活动结束再来报告财务状况与经营成果,显然会计信息的有用性就会大打折扣。会计分期的目的,在于通过会计期间的划分,将持续经营的生产经营活动划分成连续、相等的期间,据以结算盈亏,按期编制财务报告,从而及时向财务报告使用者提供有关企业财务状况、经营成果和现金流量的信息。

在会计分期假设下,企业应当划分会计期间,分期结算账目和编制财务报告。会计期间通常分为年度和中期。中期,是指短于一个完整的会计年度的报告期间。因此,会计报表有年报、月报、季报、半年报等,后三者也可以统称为中报。

根据持续经营假设,一个企业将按当前的规模和状态持续经营下去。但是,无论是企业的生产经营决策还是投资者、债权人等的决策都需要及时的信息,都需要将企业持续的生产经营活动划分为一个个连续的、长短相同的期间,分期确认、计量和报告企业的财务状况、经营成果和现金流量。明确会计分期假设意义重大。由于会计分期,才产生了当期与以前期间、以后期间的差别,才使不同类型的会计主体有了记账的基准,进而出现了折旧、摊销等会计处理方法。总之,会计分期明确了会计核算的时间范围。

1.5.4　货币计量

货币计量是指企业在会计核算中要以货币为统一的主要的计量单位,记录和反映企业生产经营过程和经营成果。会计主体的经济活动是多种多样、错综复杂的。为了实现会计目的,必须综合反映会计主体的各项经济活动,这就要求有一个统一的计量尺度。在会计的确认、计量和报告过程中之所以选择货币为基础进行计量,是由货币的本身属性决定的。货币是商品的一般等价物,是衡量一般商品价值的共同尺度,具有价值尺度、流通手段、储藏手段和支付手段等特点。其他计量单位,如重量、长度、容积、台、件等,只能从一个侧面反映企业的生产经营情况,无法在总量上进行汇总和比较,不便于会计计量和经营管理。只有选择货币尺度进行计量才能充分反映企业的生产经营情况,所以,基本准则规定,会计确认、计量和报告选择货币作为计量单位。会计在选择货币作为统一的计量尺度的同时,要以实物量度和时间量度等作为辅助的计量尺度。

实际进行会计核算时,除了应明确以货币作为主要计量尺度之外,还需要具体确定记账本位币,即按某种统一的货币来反映会计主体的财务状况与经营成果。货币计量还隐含币值稳定的假设。货币计量有两层含义:一是会计核算要以货币作为主要的计量尺度,《中华人民共和国会计法》(简称《会计法》)规定会计核算以人民币为记账本位币,业务收支以人民币以外的货币为主的单位,可以选定其中一种作为记账本位币,但是编报的财务会计报表应当折算为人民币。在以货币作为主要计量单位的同时,有必要也应当以实物量度和劳动量度作为补充。二是假定币值稳定,因为只有在币值稳定或相对稳定的情况下,不同时点上的资产的价值才有可比性,不同期间的收入和费用才能进行比较,并计算确定其经营成果,会计核算提供的会计信息才能真实反映会计主体的经济活动情况。

利用通用的货币计量单位进行全部的计量活动,计量结果可以相加、相减、相乘、相除,从而得到会计报告,并能够对其作进一步的分析。然而,货币计量也存在一些缺陷,一方面,很多影响企业的活动很难或无法用货币来计量。例如,企业成员或雇员的知识和技能、高管的社会声誉、客户的忠诚度都有很高的价值,但是无法用货币对其准确计量。另一方面,在货币计量的背后隐含着币值不变的假设。会计业务中常常将不同时点的货币金额进行汇总比较,这是以币值不变为前提的,但在实际生活中会受到持续通货膨胀的冲击,为解决这一问题,现已诞生了通货膨胀会计。

1.6 会计信息的质量要求

会计信息的质量要求是对企业财务会计报告提供怎样的会计信息的基本规范,是使财务会计报告中所提供的会计信息对投资者等使用者决策有用应具备的基本特征。会计信息围绕"决策有用"目标主要有八个质量要求,包括可靠性、相关性、可理解性、可比性、实质重于形式、重要性、谨慎性和及时性等。

1.6.1 可靠性(客观性、真实性)

可靠性要求企业应当以实际发生的交易或者事项为依据进行确认、计量和报告,如实反映符合确认和计量要求的各项会计要素及其他相关信息,保证会计信息真实可靠、内容完整。可靠性也称为客观性、真实性。

会计信息要有用,必须以可靠为基础。如果财务报告所提供的会计信息是不可靠的,就会对投资者等使用者的决策产生误导甚至造成损失。为了贯彻可靠性要求,企业应当做到:

(1)以实际发生的交易或者事项为依据进行确认、计量,将符合会计要素定义及其确认条件的资产、负债、所有者权益、收入、费用和利润等如实反映在财务报表中,不得根据虚构的、没有发生的或者尚未发生的交易或者事项进行确认、计量和报告。

(2)会计人员具有客观公正的态度。即使有反映经济业务实际发生情况的发票等原始凭证,如果会计人员不按照原始凭证入账,会计信息自然也就无法实现真实可靠。

(3)在符合重要性和成本效益原则的前提下,保证会计信息的完整性,其中应当编制的报表及其附注内容等应保持完整,不能随意遗漏或者减少应予披露的信息,与使用者决策相关的有用信息都应当充分披露。

(4)包括在财务报告中的会计信息应当是中立的、无偏的。如果企业在财务报告中为了达到事先设定的结果或效果,通过选择或列示有关会计信息以影响决策和判断,这样的财务报告信息就不是中立的。

例如,某公司于20×1年年末发现公司销售萎缩,无法实现年初确定的销售收入目标,但考虑到在20×2年1月份,公司销售可能会出现较大幅度的增长,公司为此提前预计库存商品销售,在20×1年年末制作了若干存货出库凭证,并确认销售收入实现。公司这种处理不是以其实际发生的交易事项为依据,而是虚构的交易事项,违背了会计信息质量要求的可靠性原则,也违背了会计法的相关规定。

1.6.2 相关性

相关性要求企业提供的会计信息应当与财务会计报告使用者的经济决策需要相关,有助于财务会计报告使用者对企业过去和现在的情况作出评价,对未来的情况作出预测。

(1)预测价值。如果一项信息能帮助决策者对过去、现在和未来事项的可能结果进行预测,则该项信息具有预测价值。决策者可根据预测的结果,作出其认为的最佳选择。因此,预测价值是构成相关性的重要因素,具有影响决策者决策的作用。

（2）反馈价值。一项信息如果能有助于决策者验证或修正过去的决策和实施方案,即具有反馈价值。把过去决策所产生的实际结果反馈给决策者,将其与当初的预期结果相比较,验证过去的决策是否正确,总结经验和教训以防止今后再犯同样的错误。反馈价值有助于未来决策。

会计信息质量的相关性要求,需要企业在确认、计量和报告会计信息的过程中,充分考虑使用者的决策模式和信息需要。但是,相关性是以可靠性为基础的,会计信息在可靠性前提下,尽可能地做到相关性,以满足投资者等财务报告使用者的决策需要。

可靠性与相关性是会计信息质量的两个基本要求,两者都是保证会计信息有用性的基本条件。如果为了实现相关性而可能对可靠性产生一定的负面影响,企业就尤其要关注影响可靠性的相关因素是否客观公正。如对应收账款计提坏账准备并在会计报表中按照应收账款扣除坏账准备后的净额例示,更符合资产价值反映的相关性,但计提多大比例需要合理估计,如果计提比例的确定不够客观公正,则会影响会计信息质量的可靠性。

1.6.3　可理解性

可理解性要求企业提供的会计信息应当清晰明了,便于财务会计报告使用者理解和使用。因此,可理解性也称为清晰性。要注意以下两个方面。

一方面,财务报告所提供的会计信息应当清晰明了,易于理解。企业编制财务报告、提供会计信息的目的在于使用,而为使使用者有效使用会计信息,应当能让其了解会计信息的内涵,理解会计信息的内容。只有这样,才能提高会计信息的有用性,实现财务报告的目标,满足向投资者等财务报告使用者提供决策有用信息的要求。

另一方面,不能把可理解性等同于简单化。会计信息毕竟是一种专业性较强的信息产品,在强调会计信息的可理解性要求的同时,还应假定使用者具有一定的有关企业经营活动和会计方面的知识,并且愿意付出努力去研究这些信息。对于某些复杂的信息,如交易本身较为复杂或者会计处理较为复杂,但与使用者的经济决策相关,企业就应当在财务报告中予以充分披露。

1.6.4　可比性

可比性要求企业提供的会计信息应当相互可比,保证同一企业不同时期可比、不同企业相同会计期间可比。这主要包括两层含义。

（1）纵向可比:同一企业不同时期可比

为了便于投资者等财务报告使用者了解企业财务状况、经营成果和现金流量的变化趋势,比较企业在不同时期的财务报告信息,全面、客观地评价过去、预测未来,从而作出决策,会计信息质量的可比性要求同一企业不同时期发生的相同或者相似的交易或者事项,应当采用一致的会计政策,不得随意变更。但是,满足会计信息可比性要求,并非表明企业不得变更会计政策,如果按照规定或者在会计政策变更后可以提供更可靠、更相关的会计信息,则可以变更会计政策。有关会计政策变更的情况,应当在附注中予以说明。纵向可比也称为一贯性。

（2）横向可比:不同企业相同会计期间可比

为了便于投资者等财务报告使用者评价不同企业的财务状况、经营成果和现金流量及其变动情况,会计信息质量的可比性要求不同企业同一会计期间发生的相同或者相似的交易或者事项,应当采用规定的会计政策,确保会计信息口径一致、相互可比,以使不同企业按照一致的确认、计量和报告要求提供有关会计信息。

1.6.5　实质重于形式

实质重于形式要求企业应当按照交易或者事项的经济实质进行会计确认、计量和报告,不应仅以交易或者事项的法律形式为依据。

企业发生的交易或事项在多数情况下,其经济实质和法律形式是一致的。但在有些情况下,会出现不一致。例如,企业按照销售合同销售商品但又签订了售后回购协议,虽然从法律形式上实现了收入,但回购协议使得企业没有将商品所有权上的主要风险和报酬转移给购货方,实质上没有满足收入确认的各项条件,因此企业即使签订了商品销售合同或者已将商品交付给购货方,也不应当确认销售收入。

1.6.6　重要性

重要性要求企业提供的会计信息应当反映与企业财务状况、经营成果和现金流量有关的所有重要交易或者事项。

在实务中,如果会计信息的省略或者错报会影响投资者等财务报告使用者据此作出决策,该信息就具有重要性。重要性的应用需要依赖职业判断,企业应当根据其所处环境和实际情况,从项目的性质和金额大小两方面加以判断。

例如,我国上市公司要求对外提供季度财务报告,考虑到季度财务报告披露的时间较短,从成本效益原则考虑,季度财务报告没有必要像年度财务报告那样披露详细的附注信息。因此,中期财务报告准则规定,公司季度财务报告附注应当以年初至本中期期末为基础编制,披露自上年度资产负债表日之后发生的,有助于理解企业财务状况、经营成果和现金流量变化情况的重要交易或者事项。这种附注披露就体现了会计信息质量的重要性要求。但哪些交易或者事项是重要的,需要从性质和金额大小两方面进行判断。一般金额越大越重要,但也要关注有些金额不大但影响企业财务状况或经营成果性质的项目。

1.6.7　谨慎性

谨慎性要求企业对交易或者事项进行会计确认、计量和报告时保持应有的谨慎,不应高估资产或者收益,不应低估负债或者费用。

在市场经济环境下,企业的生产经营活动面临着许多风险和不确定性,如应收款项的可收回性、固定资产的使用寿命、无形资产的使用寿命、售出存货可能发生的退货或者返修等。为满足会计信息质量的谨慎性要求,企业在面临不确定性因素的情况下作出职业判断时,应当保持应有的谨慎,充分估计各种风险和损失,既不高估资产或者收益,也不低估负债或者费用。例如,要求企业对可能发生的资产减值损失计提入账、对售出商品可能发生的保修义务等确认预计负债等,就体现了会计信息质量的谨慎性要求。

谨慎性也不允许企业设置秘密准备,如果企业故意低估资产或者收益,或者故意高估负债或者费用,就不符合会计信息的可靠性和相关性要求,将损害会计信息质量,扭曲企业实际的财务状况和经营成果,从而对使用者的决策产生误导,这是企业会计准则所不允许的。

1.6.8 及时性

及时性要求企业对于已经发生的交易或者事项,应当及时进行确认、计量和报告,不得提前或者延后。会计核算过程中的及时性包括:及时取得原始凭证以便及时收集会计信息、及时计量确认以便及时处理会计信息、及时编制财务报表以便及时传递会计信息。

会计信息的价值在于帮助所有者或者其他方面作出经济决策,具有时效性。即使是可靠、相关的会计信息,如果不及时提供,就失去了时效性,对于使用者的效用将会大大降低甚至不再具有实际意义。在会计确认、计量和报告过程中贯彻及时性,一是要求及时收集会计信息,即在经济交易或者事项发生后,及时收集整理各种原始单据或者凭证;二是要求及时处理会计信息,即按照企业会计准则的规定,及时对经济交易或者事项进行确认或者计量,并编制财务报告;三是要求及时传递会计信息,即按照国家规定的有关时限,及时地将编制的财务报告传递给财务报告使用者,便于其及时使用和决策。

在实务中,为了及时提供会计信息,可能需要在有关交易或者事项的信息全部获得之前进行会计处理,这样就满足了会计信息的及时性要求,但可能会影响会计信息的可靠性;反之,如果企业等到与交易或者事项有关的全部信息获得之后再进行会计处理,这样的信息披露可能会由于时效性问题,大大降低对于投资者等财务报告使用者决策的有用性。这就需要在及时性和可靠性之间作相应权衡,以最好地满足投资者等财务报告使用者的经济决策需要为判断标准。

总之,会计信息要为决策所用,就必须符合上述质量要求。

1.7 会计信息归属期间的确认

若企业在20×1年年末支付下年12个月份的房屋租金120 000元,则房屋租金应该作为20×1年的费用入账还是应该作为20×2年各个月份的费用入账? 又如企业在20×1年7月1日借入银行贷款1 000万元,年利率6%,借款期限8个月,与银行的合同约定利息将在20×2年贷款到期时一次支付给银行,那么利息应该在20×1年入账6个月,还是全部在支付利息的20×2年入账?

以上例子说明在会计主体的经济活动中,经济业务的发生和货币的收支不是完全一致的,即存在着现金流动与经济活动的分离。由此会产生两个确认和记录会计要素的标准,一个标准是根据货币收支与否来作为收入和费用确认及记录的依据,称为收付实现制;另一个标准是以取得收款权利付款责任作为记录收入或费用的依据,称为权责发生制。我国企业会计准则规定采用权责发生制。

权责发生制也叫应计制,它是以权利和责任的发生来决定收入和费用归属期的一项原则。它是指凡是在本期内已经发生的收入或应当负担的一切费用,不论其款项是否收到或付出,都作为本期的收入和费用处理;反之,凡不属于本期的收入和费用,即使款项在本期收到或付出,也不应作为本期的收入和费用处理。按照权责发生制,上例中的房屋租金应该作为20×2年各月增加费用10 000元来记账,该项支出影响的是20×2年的利润,而利息费用虽然支付的时间是 20×2 年,但由于受益期间涉及 20×1 年的 6 个月,因此 20×1 年的 6 个月的每个月必须记录利息费用增加 5 万元。

收付实现制也叫现金制或现收现付制,它是以实际收付款项为标准来确定收入与费用归属的期间。凡是本期实际支付的费用,均作为本期的费用入账;凡是本期实际收到的收入,均作为本期的收入入账。相反,凡是本期没有付出的费用或本期没有收到的收入,不论是否归属于本期,均不作为本期的收入费用处理。上例中的房屋租金全部作为 20×1 年 12 月的费用记录,而利息费用作为 20×2 年 2 月的费用记录。

权责发生制和收付实现制在处理收入和费用时的原则是不同的,所以同一会计事项按不同的会计处理基础进行处理,其结果可能是相同的,也可能是不同的。例如,本期销售产品一批,价值 5 000 元,货款已收存银行,这项经济业务不管采用应计基础还是现金收付基础,5 000 元货款均应作为本期收入,因为一方面它是本期获得的收入,应当作本期收入,另一方面现款也已收到,亦应当列作本期收入,这时就表现出两者的一致性。但在另外情况下两者则是不一致的,例如,本期收到上月销售产品的货款存入银行,在这种情况下,如果采用现金收付基础,这笔货款应当作为本期的收入,因为现款是本期收到的;如果采用应计制基础,则此项收入不能作为本期收入,因为它不是本期获得的。

由于在应计制基础上是以应收应付为标准来处理收入和费用的归属、配比的,应收应付依据的是收款的权利与支出的责任有没有发生,因此,计算出来的盈亏较为准确。但在现金收付基础下是以款项的实际收付为标准来处理收入和费用的归属、配比的,因此,计算出来的盈亏不够准确。

1.8　会计信息的计量属性

会计计量属性是指会计要素的数量特征或外在表现形式,反映了会计要素金额的确定基础。企业会计准则规定了各会计要素在不同情况下应采用的计量属性。资产的计量属性主要包括历史成本、重置成本、可变现净值、现值和公允价值等。

(1)历史成本

历史成本,又称实际成本,就是取得或制造某项财产物资时所实际支付的现金或者其他等价物。在历史成本计量下,资产按照其购置时支付的现金或者现金等价物的金额计量。

(2)重置成本

重置成本又称现行成本,是指按照当前市场条件,重新取得同样一项资产所需支付的现金或现金等价物金额。在重置成本计量下,资产按照现在购买相同或者相似资产所需支付的现金或者现金等价物的金额计量。

(3)可变现净值

可变现净值,是指在正常生产经营过程中以预计售价减去进一步加工成本和销售所必需的预计税金、费用后的净值。在可变现净值计量下,资产按照其正常对外销售所能收到现金或者现金等价物的金额扣减该资产至完工时估计将要发生的成本、销售费用以及相关税金后的金额计量。

（4）现值

现值是指对未来现金流量以恰当的折现率进行折现后的价值,是考虑货币时间价值因素的一种计量属性。在现值计量下,资产按照预计从其持续使用和最终处置中所产生的未来净现金流入量的折现金额计量。

（5）公允价值

公允价值,是指市场参与者在计量日发生的有序交易中,出售一项资产所能收到或者转移一项负债所需支付的价格。

企业在对资产进行计量时,一般应当采用历史成本。

尽管资产有多种计量属性,但目前财务会计主要采用历史成本作为资产的计量模式,也就是以历史成本为资产的入账金额或初始计量金额,并在持有期间保持历史成本计量,只有在持有资产期间情况发生了变化或者有特殊需要时才改为其他计量属性,并且在其他计量属性应当保证所确定的资产金额能够取得并可靠计量时才能采用。因此,一般来说,目前其他计量属性只是对历史成本计量下的资产金额进行修正或补充。

值得注意的是,现在已有一些资产采用了公允价值计量模式,也就是资产从初始计量开始,始终以公允价值计量。但现在会计上采用公允价值是适度、谨慎和有条件的。因为资产的交易价格符合公允价值的较少,如果不加限制地引入公允价值,有可能出现资产计量的不可靠。我国企业会计准则规定,可以用公允价值计量的资产主要有:交易性金融资产、投资性房地产。主要是因为这类金融资产的交易已经形成了较为活跃的市场,其公允价值可以较为合理地确定,并能够持续、可靠地取得。

【案例分析】圣莱达信息披露违规案例

圣莱达2014年度经审计的净利润为负值,时任董事长胡宜东预计圣莱达2015年度净利润亦将为负值,为防止公司股票被深圳证券交易所特别处理,胡宜东在圣莱达主业亏损的情况下,寻求增加营业外收入,使公司扭亏为盈。

（一）虚构影视版权转让业务

胡宜东了解到华视友邦影视传媒(北京)有限公司(简称华视友邦)拥有某影片的版权,就找到华视友邦法定代表人陈某,请华视友邦配合圣莱达签订一份影视版权转让协议。2015年11月10日,圣莱达与华视友邦签订影片版权转让协议书,约定华视友邦将某影片全部版权作价3 000万元转让给圣莱达,华视友邦应于2015年12月10日前取得该影片的《电影片公映许可证》,否则须向圣莱达支付违约金1 000万元。当月,圣莱达向华视友邦支付了转让费3 000万元。

2015年12月21日,圣莱达向北京市朝阳区人民法院提起民事诉讼,认为华视友邦未依约定取得《电影公映许可证》,请求法院判决华视友邦返还本金并支付违约金。2015年12月29日,圣莱达与华视友邦签订调解协议书,约定华视友邦于2016年2月29日前向圣莱达支付4 000万元,其中包含1 000万元违约金。次日,法院裁定该调解协议书合法有效。2016年1月29日至2月29日,圣莱达分三笔收到华视友邦转入的4 000万元。圣莱达将华视友邦支付的1 000万元违约金确认为2015年的营业外收入。

　　经查,影片版权转让协议书的实际签订日期为2015年12月18日,晚于违约条款约定的获得公映许可的最后日期即2015年12月10日,而名义签订日先后出现2015年10月10日、11月10日两个版本。同时,该片相关各方对影视版权权属存在争议。协议签署前,该片编剧、导演黄某,制片方华影亿时代国际影业(北京)有限公司对电影都拥有部分权利,华视友邦不完全拥有影视版权的全部权利,胡宜东作为圣莱达的代表知悉权利瑕疵并人为安排了整个转让过程。

　　此外,从电影拍摄、许可申请等实际进度角度看,截至2015年11月10日,即协议的名义签约日,该片尚不具备向广电总局申请公映许可证的条件。

　　调查还发现,影视版权转让费及违约后退回的本金及违约金均系通过关联公司循环支付完成。

　　1.圣莱达向华视友邦支付的3 000万元版权转让费最终流向关联公司并被使用。

　　经查,2015年8月,自然人覃辉通过其实际控制的深圳星美圣典文化传媒集团有限公司(原名深圳润运科技发展有限公司,简称星美圣典)获得圣莱达第一大股东宁波金阳光电热科技有限公司(简称宁波金阳光)100%股权,成为圣莱达实际控制人。覃辉同时控制"星美系"多家公司。本案涉及的北京双建信息技术有限公司(简称双建信息)、华民贸易有限公司(简称华民贸易)、北京星美汇餐饮管理有限公司(简称星美汇餐饮)、北京天元建业建设工程有限公司(简称天元建设)等均为"星美系"成员,相关公司之间具有关联关系。

　　前述协议签订后,圣莱达向华视友邦支付的3 000万元版权转让费最终流向"星美系"相关公司并被使用。具体如下:2015年11月26日,圣莱达向华视友邦支付500万元,同日,华视友邦将500万元转给双建信息。2015年11月30日,圣莱达向华视友邦支付2 500万元,同日,华视友邦将2 500万元转给双建信息。该3 000万元最终被用于支付"星美系"关联公司的装修款。

　　2.华视友邦向圣莱达退回的3 000万元版权转让费和赔偿的1 000万元违约金最终流向关联公司。

　　第一笔1 500万元:2016年1月27日和29日,星美汇餐饮分两笔向天元建设转账1 500万元。1月29日,天元建设将1 500万元转给华视友邦,华视友邦将1 500万元转给圣莱达,圣莱达向北京圣莱达电器销售服务有限公司(简称北京圣莱达)转账1 600万元。2月1日,北京圣莱达向华民贸易转账1 500万元,华民贸易将上述1 500万元转给天元建设,天元建设将其中的500万元转给星美汇餐饮。

　　第二笔1 000万元:2016年2月1日,天元建设将上述第一笔1 500万元转款中的1 000万元转给华视友邦,华视友邦将上述1 000万元转给圣莱达,圣莱达将上述1 000万元转给北京圣莱达。2016年2月3日,北京圣莱达将上述1 000万元转给华民贸易,华民贸易将上述1 000万元转给天元建设。

　　第三笔1 500万元:2016年2月29日,星美汇餐饮向华民贸易转账1 500万元,华民贸易将上述1 500万元转给华视友邦,华视友邦将上述1 500万元转给圣莱达。3月1日,圣莱达将上述1 500万元转给北京圣莱达,北京圣莱达将上述1 500万元转给华民贸易,华民贸易将上述1 500万元转回星美汇餐饮。

(二)虚构财政补助

2015年12月31日,圣莱达发布《关于收到政府补助的公告》,称收到宁波市江北区慈城镇经济发展局和宁波市江北区慈城镇财政局联合发文,公司获得极速咖啡机研发项目财政综合补助1000万元,确认为2015年度本期收入。

经查,为防止公司股票被特别处理,胡宜东请求宁波市江北区慈城镇人民政府(简称慈城镇政府)帮助,形成以获得政府补助的形式虚增利润的方案:慈城镇政府不用实际出资,由宁波金阳光(圣莱达的原第一大股东)先以税收保证金的名义向慈城镇政府转账1000万元,然后再由慈城镇政府以财政补助的名义将款项打给圣莱达。

2015年12月29日,宁波金阳光转款1000万元至慈城镇政府会计核算中心。2015年12月30日,慈城镇政府会计核算中心转给圣莱达1000万元。

上述两项违法事实导致圣莱达2015年度年报合计虚增收入和利润2000万元,虚增净利润1500万元。圣莱达2015年度年报显示公司利润总额367.15万元,归属于母公司股东的净利润为431.43万元。扣除虚增金额,圣莱达2015年实际利润总额为−1632.85万元、净利润为−1068.57万元。虚增行为导致圣莱达2015年度扭亏为盈。

(三)结果

中国证监会认为,圣莱达的上述行为违反了《中华人民共和国证券法》(简称《证券法》)第六十三条的规定,构成《证券法》第一百九十三条所述信息披露违法行为。根据当事人违法行为的事实、性质、情节与社会危害程度,依据《证券法》第一百九十三条第一款之规定,中国证监会决定对圣莱达责令改正,给予警告,并处以60万元罚款。对于相关责任人员,中国证监会将另行依法处理。

(案例来源:《中国证监会行政处罚决定书》〔2018〕33号)

案例思考:

(1)圣莱达是如何实现2015年的扭亏为盈的?

(2)圣莱达的上述行为主要违反了哪个会计信息的质量要求?

【本章小结】

本章从会计信息使用者的视角,介绍了会计是一种确认、计量、记录及报告经济活动的活动。会计最终提供的是以会计报表为载体的会计信息,所以会计是一个以提供会计信息为主的经济信息系统。企业的会计报表主要有资产负债表、利润表及现金流量表。理性的企业各方决策者需要会计信息,因此需要看得懂会计报表,需要理解会计报表是怎样形成的,这是学习会计学的出发点与目的。

会计信息主要用于决策,为了保障会计信息的有用性,企业在会计信息生成过程中必须遵循会计规范,最基本的规范是财政部颁发的会计基本准则。会计基本准则就会计信息生成的前提条件、会计信息的质量要求、会计信息归属期间的确认、会计信息的计量属性等方面作出了明确规定。

会计信息生成的前提条件包括会计主体、持续经营、会计分期、货币计量等四个方面,也被称为会计的四大基本假设。会计主体明确了会计核算的空间范围;持续经营为会计计量以历史成本为基础提供了条件;会计分期界定了会计核算的时间范围,也为及时提供会计信息提供了可能;货币计量为会计核算确定了计量单位。开展正常的会计活动,必须先明确四大基本假设,只有符合四大基本假设下生成的会计信息才有决策有用性的可能;同样,由于会计信息是在四大假设下形成的,因此会计信息具有一定的局限性。只有在决策中充分理解会计信息的这些局限性,才能更好地在决策中用好会计信息。

会计基本准则规定了会计信息的八个质量要求,包括可靠性、相关性、可比性、可理解性、重要性、实质重于形式、及时性和谨慎性。只有符合质量要求的会计信息,才能成为有效决策的依据。

如何合理划分各会计期间收入费用的界限?企业会计准则要求采用权责发生制,即按照收入的权利或费用的责任归属收入或费用的期间,而不以钱的收付为标准。与权责发生制相对应的是收付实现制。

【练习题】

习题 1

乙公司于 20×0 年 12 月 1 日设立,至 20×0 年 12 月 31 日发生了以下经济事项:

1.收到投资者投入银行存款 50 万元。

2.用银行存款购买原材料 5 万元。

3.用银行存款购买机器设备 20 万元。

4.生产领用原材料 4 万元。

5.生产中设备的损耗为 3 000 元。

6.支付本月生产工人工资 10 000 元。

7.向银行借款 10 万元,收存银行。

8.购入原材料 3 万元,款未付。

9.本月生产完工部分产品,成本为 30 000 元。

10.本月完工的产品部分销售,其成本为 20 000 元,销售款为 30 000 元,货款已经收存银行。

要求:

(1)指出每笔业务引起哪几个项目(两个或两个以上)的增减。

(2)编制经济业务发生后的利润表与资产负债表。

习题 2

甲公司 20×0 年 7 月发生的经济业务见表 1-5。

表 1-5 甲公司 20×0 年 7 月收入与费用的确认

经济业务	权责发生制		收付实现制	
	收入	费用	收入	费用
1.收到上月货款 5 000 元。 2.本月销售产品货款 30 000 元,款未收。 3.本月销售产品货款 8 000 元,收到款项。 4.预收下月销售货款 10 000 元。 5.支付下月房租费 1 000 元。 6.支付本月办公费 500 元。 7.摊销上月支付应由本月负担的保险费 800 元。 8.计提应由本月负担的借款利息 2 500 元,年底支付。 9.计提本月工资费用 15 000 元,下月支付。 10.支付预付材料采购款 10 000 元。 11.支付上月职工工资 12 000 元。 12.支付上半年借款利息 15 000 元。				
合计				

要求:

分别判断各项业务在权责发生制与收付实现制下是否应该作为收入或费用,并填入表 1-5。

在线自测

会计要素与复式记账

第 2 章

■■■ 问题导入：会计信息记录的底层逻辑是什么？

在上一章中我们提到，所谓会计，就是把企业的各种经济业务统一成以货币为计量单位，通过记账、算账、报账等一系列程序来提供反映企业财务状况和经营成果的会计信息。

但是如何将会计信息变成更通俗易懂的文字信息？这就需要对会计信息进行记录。通过对会计信息的记录，我们可以将会计信息通过文字的形式传递给会计信息的使用者。

在对会计信息进行记录之前，我们先要明确几个概念：首先，为了更好地描述会计信息，我们需要根据交易或者事项的经济特征对其进行分类，从而确定财务会计的对象，这就是会计要素；其次，为了对会计要素的具体内容进行分类核算，我们需要设置会计科目，这是进行会计核算和提供会计信息的基础，在会计科目的基础上，进一步设计用于分类反映会计要素增减变动情况及其结果的载体——账户；最后，通过复式记账的方法来记录下企业的会计信息。所谓复式记账，是指对于每一笔经济业务，都必须用相等的金额在两个或两个以上相互联系的账户中进行登记，全面系统地反映会计要素增减变化的一种记账方法。

本章我们将学习会计信息记录所涉及的会计要素、会计科目、账户和复式记账等。

2.1　会计要素与会计科目

2.1.1　会计对象

会计对象是指会计进行核算和监督的内容，也就是会计工作的客体。凡是特定主体能够以货币表现的经济活动，都是会计核算和监督的对象，同时也是会计记录经济活动的依据。因此，会计对象是指社会在生产过程中的资金运动。

具体来看，在企业中，会计对象就是经营活动中的资金运动及其过程。在会计上，一般把交易或事项发生以后所引起的资金的增减变动称为资金运动。随着企业经营活动的进行，这些资金相应地会发生价值以及形态上的变化。当资金被用于生产经营活动时，会产生资金的耗费，例如，企业用筹集到的资金购买设备、材料和支付员工薪酬时，会引起企业资金的减少。而在有些情况下，企业的资金在被耗费之后会形成新的资产，资产处置后引起企业资金的增加，例如，企业将对外投资进行抛售收回现金时，一方面会使金融资产或股权投资等资产减少，另一方面会使现金这种资产增加。企业资金的动态变化过程也就具体表现为不同要素或同一类型要素间的增减关系。

抽象来看，在经济运行过程中，无数微观经济主体组成了庞大的价值交换网络。此时，企业内外部的价值交换或运动过程就构成了会计对象。随着商品经济和市场化的充分发展，仅仅核算和监督资金层面的增减和变动显然满足不了企业管理和发展的需求。这时，会计的基本职能更倾向于服务企业自身的价值创造，也即转变为系统、连续地核算和监督企业内在价值的变动路径。此时,会计的对象也发生了质的变化,从具象的资金运动过程抽象为企业价值的运动过程。

综上所述,会计所要核算和监督的对象就是资金(价值)运动及其过程。可见,会计对象具体表现为企业的各种会计要素,或者说会计要素就是会计对象的具体表达,是会计对象的基本组成单元。理解会计要素与会计对象的联系后,会计要素的相关内容将在下一节中重点介绍。

2.1.2　会计要素

1.会计要素的含义

会计要素是指根据交易或者事项的经济特征所确定的财务会计对象的基本分类,也是设定会计报表内容和结构的依据,同时也是进行确认、计量和记录的直接对象。根据我国企业会计准则,会计要素主要包括资产、负债、所有者权益、收入、费用和利润六项。其中,资产、负债、所有者权益属于反映企业财务状况的会计要素,在资产负债表中列示;收入、费用和利润属于反映企业经营成果的会计要素,在利润表中列示。

视频 2-1　静态会计要素:资产

2.反映财务状况的会计要素

(1)资产

①资产的含义与特征

资产是指企业过去的交易或者事项形成的、由企业拥有或者控制的、预期会给企业带来经济利益的资源。包括各种实物财产、各种应收债权等,例如企业的机床设备、对应收未收款项的求偿权。根据定义,资产必须同时满足以下三项基本特征。

资产是由企业过去的交易或者事项形成的。过去的交易或者事项包括购买、生产、建造行为或其他交易或者事项。只有过去的交易或事项才能使得资产发生增减变动,预期在未来发生的交易或者事项不形成资产,例如,尚处于合同谈判阶段的、拟购买的货物。

资产是企业拥有或者控制的资源。由企业拥有是指企业享有某项资源的所有权,而由企业控制是指企业虽然不享有某项资源的所有权,但该资源能被企业所控制,例如,以融资租赁方式租入的固定资产。

资产预期会给企业带来经济利益。预期会给企业带来经济利益,是指直接或者间接导致现金和现金等价物流入企业的潜力。购置固定资产以及采购原材料进行生产,将产出商品进行出售获得货款,此销售货款的收回即为经济利益的流入。如果一项资源不能带来经济利益的流入则不能确认为资产。

②资产的确认

将一项资源确认为资产,需要符合资产的定义,还应同时满足以下两个条件:

与该资源有关的经济利益很可能流入企业。从资产的定义可以看出,能为企业带来经济利益是资产的一个本质特征,但在经济现实中,与资源有关的经济利益能否流入企业或者能够流入多少实际上带有不确定性。因此,资产的确认还应结合对经济利益流入企业的不确定性程度的判断。

该资源的成本或者价值能够可靠地计量。只有当有关资源的成本或者价值能够可靠地计量时,资产才能予以确认。在企业经营活动中,企业取得的许多资产都需要付出成本,例如,企业购买原材料、企业添置生产设备、企业进行股权投资等。对于这些资产,只有实际发生的成本或者生产成本能够可靠计量,才符合资产确认的可计量条件。

符合资产定义和资产确认条件的项目,应当列入资产负债表;符合资产定义,但不符合资产确认条件的项目,不应当列入资产负债表。

③资产的具体内容

在资产负债表中,资产可以划分为流动资产和非流动资产两类进行列示,并按流动性由强到弱降序排列。满足下列条件之一的资产,应当归为流动资产:a.预计在一个正常营业周期中变现、出售或耗用;b.主要为交易目的而持有;c.预计在资产负债表日起一年内(含一年,下同)变现;d.自资产负债表日起一年内,交换其他资产或清偿负债的能力不受限制的现金或现金等价物。

流动资产主要包括:货币资金、交易性金融资产、存货、应收票据、应收账款、预付账款、其他应收款、应收利息、应收股利等。

流动资产以外的资产归属于非流动资产。非流动资产主要包括:固定资产、在建工程、无形资产、投资性房地产、长期股权投资、债权投资、其他债权投资、其他权益工具投资等。

(2)负债

①负债的含义与特征

负债是指企业过去的交易或者事项形成的、预期会导致经济利益流出企业的现时义务。根据负债的定义,负债具有以下三个方面的特征:

负债是由企业过去的交易或者事项形成的。只有过去的交易或者事项才形成负债,例如赊购原材料产生应付账款。企业正在筹划、未来可能发生的交易或者事项,不形成负债。

负债是企业承担的现时义务。现时义务是指企业在现行条件下已承担的义务,而不是未来要承担的义务。企业正在筹划、未来可能发生的交易或者事项形成的义务,不属于现时义务,不形成负债。

负债预期会导致经济利益流出企业,未来需要通过一定的方式进行清偿,这是负债的一个本质特征,如用现金或实物资产偿债,以提供劳务的方式偿债,以现金、实物资产和提供劳务等混合形式偿债,将负债转为资本等。任一形式的负债清偿最终都会导致经济利益流出企业。

②负债的确认

将一项现时义务确认为负债,需要符合负债的定义,还应当同时满足以下两个条件:

与该义务有关的经济利益很可能流出企业。企业偿债所需流出的经济利益具有不确定性,如果有确凿的证据表明与现时义务有关的经济利益很可能流出企业,则应当确认为负债。

未来流出的经济利益的金额能够可靠地计量。负债基本都有一个可确定的偿还金额,或者虽无确切金额,但有一个合理估计数(例如,预计负债)。反之,金额无法确定或合理估计,则不能确认为负债。

③负债的主要内容

在资产负债表中,负债可以划分为流动负债和非流动负债进行列示。满足下列条件之一的资产,应当归为流动负债:a.预计在一个正常营业周期中清偿;b.主要为交易目的而持有;c.自资产负债表日起一年内到期应予以清偿;d.企业无权自主地将清偿推迟至资产负债表日后一年以上。

流动负债主要包括：短期借款、应付账款、应付票据、应付职工薪酬、应交税费、预收账款、其他应付款、应付股利、应付利息和一年内到期的非流动负债等。

流动负债以外的负债为非流动负债。非流动负债主要包括：长期借款、应付债券、长期应付款、预计负债等。

视频 2-2　静态会计要素：负债及所有者权益

（3）所有者权益

①所有者权益的含义及特征

所有者权益又称股东权益或净资产，是指企业资产扣除负债后由所有者享有的剩余权益。所有者权益既反映了所有者投入资本的保值增值情况，也反映了保护债权人权益的程度。

所有者权益具有以下特征：

除非发生减资、清算或分派现金股利，企业不需要偿还所有者权益。这是因为，企业管理层与股东之间所形成的法律关系属于信托关系，而不属于债权债务关系。

企业清算时，只有在清偿所有的负债后，所有者权益才返还给所有者。所有者权益是股东对净资产享有的所有权，而净资产等于全部资产扣除全部负债。显然，企业破产清算时，股东需要在所有负债清偿完成之后才能主张权利。

所有者凭借所有者权益能够参与企业利润的分配。作为企业的出资人，所有者对企业资产具有求偿权。其资本金提供给企业经营使用，应当获得一定的报酬，所有者报酬的获得表现为参与企业利润的分配。

②所有者权益的确认

所有者权益的确认和计量主要取决于资产、负债、收入、费用等其他会计要素的确认和计量。所有者权益在数量上等于企业资产总额扣除债权人权益后的净额，即为企业的净资产，反映所有者（股东）在企业资产中享有的经济利益。

③所有者权益的内容

在资产负债表中，所有者权益的具体项目通常包括实收资本、资本公积（包括两部分：一是资本溢价或股本溢价；二是其他资本公积）、盈余公积和未分配利润四个项目（见图 2-1）。通常，盈余公积和未分配利润统称为"留存收益"。除此以外，企业会计准则体系还规定了其他综合收益、其他权益工具等项目，这些项目也在所有者权益部分列示。

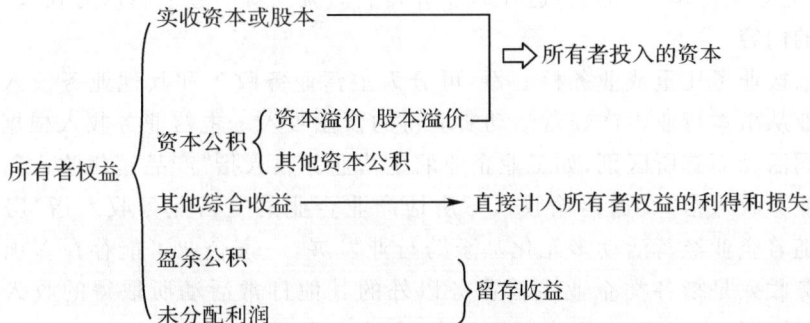

图 2-1　所有者权益的构成

实收资本，是指所有者投入企业的资本部分，对于股份公司，它被称为股本。

资本公积，是指所有者投入的资本超过其实收资本或者股本中所占份额的部分，体现为资本溢价或者股本溢价。

盈余公积,是指企业按照规定从净利润中提取的、存留于企业内部、具有特定用途的各种累计资金,包括法定盈余公积、任意盈余公积等。《中华人民共和国公司法》(简称《公司法》)特别规定,法定盈余公积提取比例为10%。

未分配利润,是指企业实现的净利润经过弥补亏损、提取盈余公积和向投资者分配利润后留存在企业的、历年结存、未指定用途、留待以后年度分配或待分配的利润。相较于其他所有者权益项目,未分配利润的使用具有较强的灵活性。

其他综合收益,是指根据企业会计准则规定未在当期损益中确认,而直接计入所有者权益的利得和损失,如其他债权投资的期末公允价值变动部分。

3.反映经营成果的会计要素

(1)收入

①收入的定义

收入是指企业在日常活动中形成的、会导致所有者权益增加的、与所有者投入资本无关的经济利益的总流入。也就是说,狭义的收入仅仅是指营业活动的收入,不包括偶然所得(即营业外收入、资产处置收益)和预期所得(即公允价值变动收益)等利得。

②收入的特征

收入是企业在日常活动中形成的。日常活动是指企业为完成其经营目标所从事的经常性活动,以及与之相关的活动,例如,制造业企业制造并销售产品,商贸企业采购并销售商品,服务业企业提供服务,都属于日常活动。简而言之,收入是指企业从事其营业范围内的业务活动所获得的经济利益的总流入。

收入与所有者投入资本无关。这一特点就使得收入区别于股东投资所形成的经济利益的流入。例如,股东以现金投资时,虽然会导致经济利益流入企业(即银行存款增加),但不应当记录收入,而应当计入所有者权益。

收入会导致所有者权益的增加。这一特点就使得收入区别于举债所形成的经济利益的流入。例如,企业获得银行借款时也会导致经济利益流入企业(即银行存款增加),但不应当记录收入,而应当计入负债。

收入会导致经济利益的流入。如果企业经营活动取得的经济利益的流入,既不导致负债减少,也不导致资产增加,那么,这样的经济利益的流入就不应当确认为收入。

③收入的内容

企业收入按业务比重或业务核心性,可分为主营业务收入和其他业务收入。主营业务收入是指企业从事本行业生产经营活动所取得的营业收入。主营业务收入根据各行业企业所从事的不同活动而有所区别,如工业企业的主营业务收入指"产品销售收入";交通运输业企业的主营业务收入指"交通运输收入";房地产业企业的主营业务收入指"房地产经营收入"。当然,随着企业经营活动多元化甚至跨行业发展,一家企业可能存在多项主营业务收入。其他业务收入是指各类企业主营业务以外的其他日常活动所取得的收入。一般情况下,其他业务活动的收入不大,发生频率不高,在收入中所占比重较小。

(2)费用

①费用的定义

费用是指企业在日常活动中发生的、会导致所有者权益减少的、与向所有者分配利润无关的经济利益的总流出。可见,企业会计准则所称的费用是狭义概念,仅仅是指企业当期从事经营活动所付出的代价,不包括"偶然支出或损失"(即营业外支出、资产处置损失)和"预期损失"(即公允价值变动损失、资产减值损失和信用减值损失)。

②费用的特征

费用是企业在日常活动中发生的。这里的"日常活动",其含义等同于收入中的含义。日常活动中所发生的费用,通常包括营业成本(即主营业务成本、其他业务成本)、税金及附加、销售费用、管理费用、财务费用等。作为对比,非日常活动所形成的经济利益的流出不能记录为费用,而应当计入损失。

费用与向所有者分配的利润无关。这一特点就使得费用区别于股东减资所形成的经济利益的流出。例如,股东按照公司章程撤资时,虽然会导致经济利益流出企业(如银行存款减少),但不应当记录费用,而应当冲减所有者权益。

费用会导致所有者权益的减少。这一特点就使得费用区别于偿债所导致的经济利益的流出。例如,企业清偿债务时也会导致经济利益流出企业(如银行存款减少),但不应当记录费用,而应当冲减负债。

费用会导致经济利益的流出。显然,如果企业的经营活动所引起的经济利益的流出导致企业资产减少或负债增加,这样的经济利益的流出就是企业费用。

③费用的内容

费用按性质不同,可分为与营业收入直接相关的费用和期间费用。与营业收入直接相关的费用是指企业本期发生的、与本期营业收入存在直接的对应关系、为取得营业收入而发生的直接的经营代价,包括主营业务成本、其他业务成本和税金及附加。期间费用是指企业本期发生的、与本期营业收入没有对应关系,应直接计入当期损益的各项费用,包括管理费用、销售费用和财务费用。

(3)利润

①利润的定义

利润是指企业在一定会计期间的经营成果。利润包括收入与费用相抵后的"净额",直接计入当期利润的利得和损失等。利润的确认主要依赖于收入和费用以及利得和损失的确认,其金额的确定也主要取决于收入、费用、利得、损失金额的计量。

通常情况下,如果企业实现正利润,则表明企业的所有者权益将增加;反之,如果企业形成了负利润,则表明企业的所有者权益将减少。利润是评价企业日常活动经营业绩的一项重要指标,也是投资者等财务报告使用者进行决策时的重要参考。

直接计入当期利润的利得和损失,是指企业发生的与日常活动无关的、会导致所有者权益发生增减变动、与所有者投入或分配无关的、应计入当期损益的各项净流入和净流出。

②利润的内容

企业利润按照其构成及在利润表中的递进关系,可以分为营业利润、利润总额和净利润。

营业利润,是将企业某一会计期间日常活动获得的营业收入、公允价值变动收益、投资收益等收入扣除日常活动中与其相关的营业成本、税金及附加、期间费用、资产减值损失、公允价值变动损失、投资损失等费用、成本的结果,是企业利润的主要来源。

利润总额,是指企业的营业利润加上营业外收入减去营业外支出的金额。

净利润,是指企业的利润总额减去所得税费用后的金额。

2.1.3 会计等式

视频 2-3 会计恒等式

会计等式，又称会计恒等式、会计方程式或会计平衡公式，它是反映会计对象各要素之间数量关系的表达式，也是会计要素记录和报告的理论基础。会计等式的表现形式包括财务状况会计等式、经营成果会计等式以及综合会计等式。

1.财务状况会计等式

（1）财务状况会计等式的含义

财务状况会计等式，亦称静态会计等式和基本会计等式，是用以反映企业某一特定时点资产、负债和所有者权益三者之间平衡关系的会计等式。即：

$$资产＝负债＋所有者权益$$

企业生产经营需要有足够的资产作为支撑，取得这些资产的资金无非来自两个方面：一方面，来源于举债；另一方面，来源于所有者的投入。显然，财务状况会计等式是对这个简单道理的直观阐释。该等式是复式记账法的理论基础，也是编制资产负债表的依据。

（2）经济业务对财务状况会计等式的影响

经济业务，又称会计事项，是指在经济活动中使会计要素发生增减变动的交易或者事项。按其对财务状况会计等式影响的不同，可以将企业经济业务分为以下九种基本类型：

①一项资产增加、另一项资产等额减少的经济业务；

②一项资产增加、一项负债等额增加的经济业务；

③一项资产增加、一项所有者权益等额增加的经济业务；

④一项资产减少、一项负债等额减少的经济业务；

⑤一项资产减少、一项所有者权益等额减少的经济业务；

⑥一项负债增加、另一项负债等额减少的经济业务；

⑦一项负债增加、一项所有者权益等额减少的经济业务；

⑧一项负债减少、一项所有者权益等额增加的经济业务；

⑨一项所有者权益增加、另一项所有者权益等额减少的经济业务。

上述九类基本经济业务的发生均不影响财务状况会计等式的平衡关系，具体分为三种情形：基本经济业务①、⑥、⑦、⑧、⑨使财务状况会计等式左右两边的金额保持不变；基本经济业务②、③使财务状况会计等式左右两边的金额等额增加；基本经济业务④、⑤使财务状况会计等式左右两边的金额等额减少。

财务状况会计等式的恒等性如表 2-1 所示。

表 2-1 财务状况会计等式的恒等性

		经济业务概要	资产	负债	所有者权益
1		动用银行存款购入库存商品、固定资产等	＋、－		
2		赊账购入资产；获得银行贷款；发行债券	＋	＋	
3		取得股东投资	＋		＋

续表

	经济业务概要	资产	负债	所有者权益
4	以资产清偿债务;归还银行贷款	－	－	
5	减少注册资本	－		－
6	借新债还旧债		＋、－	
7	宣告分派现金股利		＋	－
8	债权人的债权转为股权(债转股)		－	＋
9	提取盈余公积;盈余公积转增资本;盈余公积弥补亏损			＋、－

2. 经营成果会计等式

经营成果会计等式,亦称动态会计等式,是反映企业一定时期收入、费用和利润三者之间平衡关系的会计等式。即:

$$收入－费用＝利润$$

此等式中的收入和费用均为广义概念。广义的收入包括营业收入、公允价值变动收益、投资收益、资产处置收益、其他收益、营业外收入等。广义的费用包括营业成本、税金及附加、销售费用、管理费用、财务费用、公允价值变动损失、投资损失、资产处置损失、资产减值损失、信用减值损失、营业外支出和所得税费用等。

企业生产经营中会取得各项收入,同时也会发生各种相关费用。企业在一段时期内获得的收入扣除相关费用后,即为企业利润。该等式反映了一段时间内利润的形成情况,是资金运动的表现形式,也是编制利润表的依据。

3. 综合会计等式

综合会计等式又称扩展会计等式,是用来反映资产、负债、所有者权益、收入、费用和利润六大会计要素之间关系的等式,即:

$$资产＝负债＋所有者权益＋利润$$
$$资产＝负债＋所有者权益＋(收入－费用)$$

综合会计等式是一个财务状况与经营成果相结合的会计等式。随着生产经营活动的开展,企业会通过销售产品或提供劳务而创造收入,并由此引起资产的增加或负债的减少;同时,企业还会发生各种费用,并引起资产的减少或负债的增加;当然,企业也可能由于接受追加投资而使所有者权益发生变化。可见,在整个会计期间,各个会计要素都会发生数量上的变化。到了会计期末,当企业取得了经营成果,形成了净利润,企业的总资产和总权益比期初资产总额和权益总额增加了一个量,这个增长的量就是本期取得的净利润(如为亏损则为减少量)。假设会计期内没有追加或减少投资,则期末综合会计等式为:

$$期末资产＝期末负债＋期初所有者权益＋(收入－费用)$$

也就是

$$期末资产＝期末负债＋期初所有者权益＋净利润$$

在上述会计等式中,企业实现的净利润归投资者所拥有,因此净利润可以并入所有者权益中,于是综合会计等式又变回原有的财务状况会计等式:资产＝负债＋所有者权益,只是等式两端各要素的金额发生了变化。该等式体现了企业资金的两个方面,即资金占用＝资金来源。因此,该会计等式综合了企业利润分配前财务状况会计等式和经营成果会计等式之间的关系,揭示了企业的财务状况与经营成果之间的相互联系,所以称为综合会计等式。

2.1.4　会计科目

1.会计科目的含义

会计对象的具体内容是会计要素,而每一个会计要素又包括若干具体项目。例如,资产这个会计要素包括应收账款、原材料、固定资产等项目;负债包括短期借款、应付账款、应付债券等项目。它们的具体内容不同,所面临的管理需求也不同。为了能够全面、系统、分类核算和监督各项经济业务的发生情况,以及对应的资金运动及其过程,有必要对会计要素再作进一步的分类。

会计要素根据经济实质进一步分为若干项目,项目的名称就是会计科目。通过设置会计科目,可以把各项会计要素的增减变化分门别类地记入账簿,以提供一系列具体、分类的指标。设置会计科目是设置账户、账务处理所必须遵守的规则和依据,也是会计核算的一种基本方法,它决定着账户和报表的结构设计。

2.会计科目的设置原则

会计科目的设置应遵循以下四个原则:

(1)规范性原则,要求所设置的会计科目应当符合企业会计准则及相关制度的规定,保证会计信息的可比性。企业可以在不影响会计核算要求和报表指标汇总,以及对外提供统一的财务报表的前提下,根据自身的生产经营特点,自行增设、减少或合并某些会计科目。

(2)适用性原则,要求在规范性的基础上,根据企业自身特点,设置灵活、统一并服务于企业财务活动,符合企业经营需要的会计科目。

(3)可理解性原则,要求对每个会计科目的内容作出明确且严格的界定。科目名称应与其核算的内容相一致,含义明确、编号清楚、便于理解。

(4)相关性原则,要求在设置会计科目时,充分考虑会计信息使用者的需要,提高会计核算所提供的会计信息相关性,满足企业对外报告和对内经营管理的双重需求。

3.会计科目的内容

会计科目按不同标准具有不同的内容分类。一方面,按经济实质可分为资产类科目、负债类科目、成本类科目、所有者权益类科目、损益类科目及利润类科目。另一方面,按其所提供信息的详细程度及包含关系可分为总分类科目和明细分类科目。

（1）会计科目的主要内容

①资产类科目，如"库存现金""银行存款""原材料""库存商品""应收账款""其他应收款"等流动资产科目，以及"固定资产""在建工程""长期股权投资"等非流动资产科目。

②负债类科目，如"短期借款""应付账款""其他应付款"等流动负债科目，以及"长期借款""应付债券"等非流动负债科目。

③所有者权益类科目，如"实收资本""盈余公积"等科目。

④成本类科目，如"生产成本""制造费用"等科目。

⑤损益类科目，根据企业经营损益形成的内容又可以分为两类：

反映收入的科目，如"主营业务收入""其他业务收入"等科目。

反映费用的科目，如"主营业务成本""销售费用""管理费用"等科目。

⑥利润类科目，如"本年利润"科目。

（2）总分类科目和明细分类科目

总分类科目，亦称总账科目或一级科目。它是对会计要素具体内容进行总括分类、提供总括信息的会计科目，例如固定资产、应收账款等科目。总分类科目反映各种经济业务的概括情况，是进行总分类核算的依据。我国财政部对总分类科目进行了统一规定。表2-2是依据《企业会计准则——应用指南》，对总分类科目进行汇总所形成的常用会计科目名称表，并按经济实质分类别进行列示。

表 2-2　常用会计科目名称表

编号	会计科目名称	编号	会计科目名称
	一、资产类		二、负债类
1001	库存现金	2001	短期借款
1002	银行存款	2201	应付票据
1012	其他货币资金	2202	应付账款
1101	交易性金融资产	2203	预收账款
1121	应收票据	2211	应付职工薪酬
1122	应收账款	2221	应交税费
1123	预付账款	2231	应付利息
1131	应收股利	2232	应付股利
1132	应收利息	2241	其他应付款
1221	其他应收款	2501	长期借款
1231	坏账准备	2502	应付债券
1401	材料采购	2701	长期应付款
1402	在途物资	2711	专项应付款
1403	原材料	2801	预计负债
1404	材料成本差异	2901	递延所得税负债

续表

编号	会计科目名称	编号	会计科目名称
1405	库存商品		**三、所有者权益类**
1406	发出商品	4001	实收资本
1407	商品进销差价	4002	资本公积
1408	委托加工物资	4101	盈余公积
1471	存货跌价准备	4102	其他综合收益
1501	债券投资	4103	本年利润
1502	债权投资减值准备	4104	利润分配
1503	其他权益工具投资		**四、成本类**
1511	长期股权投资	5101	制造费用
1512	长期股权投资减值准备	5001	生产成本
1521	投资性房地产		**五、损益类——收入类**
1531	长期应收款	6001	主营业务收入
1601	固定资产	6051	其他业务收入
1602	累计折旧	6101	公允价值变动损益
1603	固定资产减值准备	6111	投资收益
1604	在建工程	6301	营业外收入
1605	工程物资		**六、损益类——费用类**
1606	固定资产清理	6401	主营业务成本
1701	无形资产	6402	其他业务成本
1702	累计摊销	6403	税金及附加
1703	无形资产减值准备	6601	销售费用
1711	商誉	6602	管理费用
1801	长期待摊费用	6603	财务费用
1811	递延所得税资产	6701	资产减值损失
1901	待处理财产损溢	6711	营业外支出
		6801	所得税费用

　　明细分类科目,又称明细科目,是对总分类科目作进一步分类、提供更详细和更具体会计信息的科目。如果某一总分类科目所属的明细分类科目较多,可在总分类科目下设置二级明细科目,在二级明细科目下设置三级明细科目,以此类推。

　　总分类科目和所辖明细分类科目核算的内容相同,但是反映内容的详细程度有所不同。总分类科目对其所属的明细分类科目具有统驭和控制的作用,而明细分类科目是对其所归属的总分类科目的补充和说明。与此同时,总分类科目与其所属的全部明细分类科目在总金额上应当相等。例如,"应收账款"是总账科目,"应收账款——甲公司"科目、"应收账款——乙公司"科目就是明细科目。"应收账款"总账金额应当等于其所属的各个明细账(如"应收账款——甲公司""应收账款——乙公司"等明细账)的金额合计数。

2.2　会计账户

2.2.1　账户的含义与结构

1.账户的含义

会计账户,是根据会计科目开设的,具有一定的格式和结构,用来全面、系统、连续地记录经济业务,反映会计要素增减变动情况及其结果的载体。通俗地说,一张账页上面写上账户名称(即会计科目),就构成了一个账户,三栏式账页如图2-2所示。

年		凭证编号	摘要	借方												贷方												借或贷	余额											
月	日			百	十	亿	千	百	十	万	千	百	十	元	角	分	百	十	亿	千	百	十	万	千	百	十	元	角	分		百	十	亿	千	百	十	万	千	百	十	元	角	分

图 2-2　三栏式账页示意

设置账户是会计核算的重要方法之一,它是反映资产、负债和所有者权益增减变动的记账实体。会计科目的名称就是账户的名称,会计科目规定的核算内容就是账户应记录反映的经济内容,因而账户应该根据会计科目的分类相应地设置。如企业要开设资产类账户、负债类账户、所有者权益类账户、成本类账户、损益类账户和利润类账户;从需求和科目的特点出发,根据总分类科目、二级科目和明细分类科目开设相应的账户,以便于分类、归集、总括和具体、详细地核算数据。

一个企业应该怎样设置账户,设置多少账户,是由企业的会计科目决定的。会计科目的设置取决于会计要素的分类情况和企业规模、业务繁简,既不宜过分复杂烦琐,增加额外的工作,也不宜过分简单粗糙,使各项会计要素混淆不清,无法满足会计信息使用者的需求。

2.账户的结构

账户是用来记录经济业务的,必须具有一定的格式和结构。账户的结构就是指账户的组成部分,以及如何在账户中记录会计要素的增加、减少及其余额情况等。

　　企业任何经济业务的发生,都必然引起会计要素数量的变动,这种最基本的数量变动不外乎增加、减少及其增减结果三个方面。因此,每个账户的基本结构也必须相应地分为三个部分,一部分登记增加额,另一部分登记减少额,还有一部分登记增减结果,以便及时反映各账户经济内容的增减变动结果。这三部分构成了账户的基本结构。至于哪一部分登记增加额,哪一部分登记减少额,则由所采用的记账方法和所记录的经济内容决定。但不管怎么样,账户的基本结构不会因企业实际所使用的账户具体格式不同而发生本质变化。

　　当然对于一个完整的账户而言,除了必须有反映增加数和减少数两栏外,还应包括其他栏目,以反映其他相关内容。一个完整的账户结构应包括:

　　(1)账户名称,即会计科目;

　　(2)日期,即所依据记账凭证中注明的日期;

　　(3)凭证字号,即所依据记账凭证的编号;

　　(4)摘要,即经济业务的简要说明;

　　(5)金额,即增加额、减少额和余额。

　　会计账户的一般格式如表 2-3 所示。

表 2-3　会计账户

会计科目:

年		凭证		摘要	左方(借方)	右方(贷方)	余额
月	日	字	号				

　　为了便于教学和学生练习手工记账,在教学中常用 T 形来说明账户的基本结构,称为 T 形账户(又称丁字账户)。经济业务的发生会引起会计要素各具体项目数量上的增加、减少变动,以左方、右方来体现这一增减相反的数量变动,此时,T 形账户的格式如图 2-3 所示。

左方　　　账户名称　　　右方

图 2-3　T 形账户示意

　　T 形账户左方、右方记录的主要内容包括期初余额、本期增加发生额、本期减少发生额及期末余额。本期增加发生额是对账户在本会计期间内所记录的增加数的合计结果,本期减少发生额是对账户在本会计期间内所记录的减少数的合计结果。对于一个新成立的企业来讲,本期增加发生额和本期减少发生额相抵后的差额,就是本期的期末余额。从时间连续性上讲,本期的期末余额转入下一期,就是下一期的期初余额。账户的余额一般与记录的增加数在同一方向。期初余额、本期增加发生额、本期减少发生额及期末余额的关系可以用下列公式来表示：

$$期末余额＝期初余额＋本期增加发生额－本期减少发生额$$

关于账户的运用，下面通过例 2-1 作简要说明。

【例 2-1】　明达公司在某一会计期间"银行存款"账户的记录如图 2-4 所示。

左方	银行存款	右方	
期初余额	10 000		
本期增加额	8 000	本期减少额	11 000
本期发生额	8 000	本期发生额	11 000
期末余额	7 000		

图 2-4　"银行存款"账户记录

假设左方登记"银行存款"的增加数，右方登记"银行存款"的减少数，那么，通过图 2-4，可以了解到该"银行存款"账户中期初余额、本期增加额及本期减少额的登记情况。本期期末余额为：

$$本期期末余额（7\,000）＝本期期初余额（10\,000）＋本期增加发生额（8\,000）$$
$$－本期减少发生额（11\,000）$$

根据上述账户的记录，可知：明达公司期初在银行的存款为 10 000 元，本期增加 8 000 元，本期减少 11 000 元，到期末，企业还有 7 000 元存款。这说明通过设置账户能很好地记录和反映公司所发生的经济业务。

2.2.2　账户的分类

1.账户分类的意义

设置账户是会计核算的一种基本方法。根据复式记账法可以了解到，会计核算企业的任何一项经济活动，都必须在两个或两个以上相互联系的账户中加以反映。因此，每一个账户只能记录企业经济活动的一个方面。而要核算企业全部的经济业务，需要运用数量众多、内容各异而又相互联系的账户才能进行。为了能更好地理解各账户之间的相互关系，建立一套完整的账户体系，并正确地运用这些账户进行会计核算，就需要对全部账户进行分类。概括起来，账户分类具有以下三方面的意义：

（1）深入地了解账户的内容、用途和结构，正确掌握账户的使用方法，有助于正确运用账户核算企业的经济业务；

（2）了解账户之间的联系和区别，有助于掌握账户的设置规律，为完整地反映企业的经济活动设计一套完善的账户体系；

（3）明确不同账户之间的界限，能更好地满足会计核算的需要，为企业经济管理提供有用的会计信息。

2.按经济内容的分类

账户按经济内容分类是账户分类的基础。账户的经济内容是指会计核算对象的具体内容,也就是会计的基本要素:资产、负债、所有者权益、收入、费用和利润。因此,账户按经济内容的分类,也就是账户按会计要素的分类。但在实践中,为了给决策提供有用的会计信息,在分类上可作适当调整,以便能充分体现各类账户的特征。

企业在一定期间实现的利润,最终都要归属于所有者权益,因此,可以将反映企业利润留存及分配的账户,如"利润分配"等账户,并入所有者权益类账户。一般工业企业都要进行成本核算,而成本核算的内容繁多、工作量大,所以有必要专门设置用于成本计算的账户,如"生产成本""制造费用"等账户。又如,企业在一定期间所取得的收入,以及所发生的需要直接从当期收入或收益中扣除的各项费用或损失,都要体现在当期损益的计算中,因此,也可将这类账户归为一类,即损益类账户。

基于这种认识,账户按其反映的经济内容可分为六类:资产类账户、负债类账户、所有者权益类账户、成本类账户、损益类账户和利润类账户。这种分类也可以视为按照会计要素进行分类,如表 2-4 所示。

表 2-4   账户的分类(按其反映的经济内容)

账户类别	账户内容
资产类账户	"库存现金""银行存款""交易性金融资产""应收账款""预付账款""原材料""库存商品""长期股权投资""投资性房地产""固定资产""在建工程""无形资产""长期待摊费用"等
负债类账户	"短期借款""应付账款""应付职工薪酬""应交税费""长期借款""应付债券"等
所有者权益类账户	"实收资本""资本公积""盈余公积""未分配利润"等
成本类账户	"生产成本""制造费用"等
损益类账户	"主营业务收入""其他业务收入""投资收益""营业外收入"等
	"主营业务成本""其他业务成本""管理费用""销售费用""财务费用""所得税费用""营业外支出"等
利润类账户	"本年利润"

(1)资产类账户

资产类账户是用来反映当期企业资产的增减变动及其期初期末结存情况的账户。按照资产的流动性不同,这类账户又可以分为以下两类:

①反映流动资产的账户,如"库存现金""银行存款""应收账款""交易性金融资产""原材料""库存商品"等账户。

②反映非流动资产的账户,如"长期股权投资""固定资产""在建工程""无形资产""长期待摊费用"等账户。

(2)负债类账户

负债类账户是用来反映当期企业债务的增减变动及其期初期末结存情况的账户。此类账户按债务偿还期限的长短,可分为以下两类账户:

①反映流动负债的账户,如"短期借款""应付账款""应付职工薪酬""应付票据""应交税

费"等账户；

②反映非流动负债的账户,如"长期借款""应付债券""长期应付款"等账户。

（3）所有者权益类账户

所有者权益类账户,是用来反映企业所有者权益增减变动及其结存情况的账户。按照其来源的不同,这类账户可以分为以下两类：

①反映所有者投资的账户,如"实收资本(或股本)""资本公积"等账户；

②反映留存收益的账户,如"利润分配""盈余公积"等账户。

（4）成本类账户

成本类账户用来归集在生产产品和提供劳务过程中发生的各项成本费用。该类账户主要用来计算产品和劳务的成本,如"生产成本""制造费用""劳务成本"等。

成本类账户与资产类账户的关系十分密切,企业各项资源在耗费之前表现为资产,资产一经生产耗用就转化为成本费用。因此,成本类账户的期末余额属于资产。

（5）损益类账户

损益类账户是指与损益的计算直接相关的账户,主要指那些用来反映各项收入和各类费用支出的账户。该类账户可以分为以下两类：

①用来反映收入的账户,如"主营业务收入""其他业务收入""投资收益""营业外收入"等账户。

②用来反映费用的账户,如"管理费用""销售费用""财务费用""主营业务成本""其他业务成本""营业外支出""所得税费用"等账户。

损益类账户期末必须将发生额结转到"本年利润"的借方或贷方,期末没有余额。

（6）利润类账户

利润类账户是反映企业在一定时期内利润实现情况的账户。利润类账户是反映和核算企业实现的利润或发生的亏损的账户,如"本年利润"账户。

3. 按提供信息详细程度的分类

企业经营管理所需要的会计核算资料是多方面的,不仅要求会计核算能够提供一些总括的指标,而且要求会计核算能够提供一些详细的指标。为了满足各方面的需要,就要对会计账户作进一步的划分,形成不同层次的账户,提供各类经济活动的详细资料。会计账户按其提供信息的详细程度不同,可以分为总分类账户和明细分类账户两大类。

（1）总分类账户

总分类账户也称总账账户或一级账户,它是对会计要素的具体内容进行总括分类的会计账户,是进行总分类核算的依据,所提供的是总括指标或信息,因而一般只用货币计量,如"银行存款""原材料""应付账款""固定资产"等。在我国,为了保证会计核算指标口径规范一致,并具有可比性,总分类账户的名称、核算内容及使用方法通常由财政部统一制定,以会计制度的形式颁布实施,每个企业都要根据本企业的特点和统一制定的账户名称,设置若干个总分类账户。

（2）明细分类账户

明细分类账户,是对总分类账户核算内容再作进一步详细分类的会计账户,它提供更为详细的信息。因此,明细分类账户除用货币度量外,有的还用实物度量(吨、千克、件、台等)。例如,"应付账款"总分类账户下,再按具体单位分设明细账户,具体反映应付给哪个单位的货款;"原材料"总分类账户下,再按材料名称分设明细账户,具体反映库存的是哪种材料等。

在实际工作中,除少数总分类账户,如"累计折旧""所得税费用"账户,不必设置明细分类账户外,大多数总分类账户都需要设置明细分类账户。明细分类账户所提供的明细核算资料主要是满足企业内部经营管理的需要,如果各个企业的经济业务具体内容不同,经营管理水平不一致,明细分类账户的名称、核算内容及使用方法也就不能统一规定。在我国,除少数国家会计制度统一规定设置的账户以外,如"应交税费"总分类账户下设的明细账户"应交增值税""应交房产税""应交消费税""应交所得税"等,大多数明细分类账户由各单位根据实际情况和需要自行设置。

如果总分类账户反映的内容较多,一般来讲,会计账户可分为二级、三级等级次,即总分类账户统辖下属数个明细账户,或者是统辖下属数个二级账户,再在每个二级账户下设置明细账户。如"原材料"总分类账户,可按材料的类别设置"原料及主要材料""辅助材料""燃料"等二级账户,再在"原料及主要材料"二级账户下设置"钢材""生铁""木材"等三级账户。

研究账户按提供信息详细程度分类的目的在于,把握不同层次账户提供核算指标的规律性,以便准确地运用各级账户,提供全方位的核算指标,满足不同的信息需要。

2.2.3 账户与会计科目的关系

账户是根据会计科目设置的,会计科目就是账户的名称。账户与会计科目在会计学中是两个不同的概念,两者之间既有联系又有区别。

(1)账户与会计科目之间的联系

两者都是对会计对象的具体内容即对会计要素进行的分类,故名称和反映的内容是一致的,性质与分类也是一致的。账户是根据会计科目设置的,会计科目是账户的名称,也是设置账户的依据,账户是会计科目的具体运用。没有会计科目,账户便失去了设置的依据;没有账户,会计科目就无法发挥它的作用。因此,账户和会计科目是互相依存、密切联系的,只有把账户和会计科目有机地结合起来,才能完成记账的任务。

(2)账户与会计科目之间的区别

会计科目通常由国家统一规定,是各单位设置账户、处理账务所必须遵循的依据,而账户则由各会计主体自行设置,是会计核算的一个重要工具;会计科目只表明某项经济内容,而账户不仅表明相同的经济内容,而且还具有一定的结构和格式,并通过其结构反映某项经济内容的增减变动情况,即会计科目仅仅是对会计要素具体内容进行分类的项目名称,而账户还具有一定的结构和格式。

实际上,由于账户是根据会计科目设置的,并按照会计科目命名,也就是说会计科目是账户的名称,两者的称谓及核算内容完全一致,因而在实际工作中,会计科目与账户往往作为同义语来理解,互相通用,不严格加以区分。

2.3 借贷复式记账及其规则

2.3.1 记账方法的种类

记账方法是指根据一定的原理,运用适当的记账符号、账户结构和记账规则,记录经济业务与会计要素变动的一种手段。为了正确记录经济业务,对会计要素进行准确的核算与监督,在按照一定原则设置会计科目和会计账户之后,需要采取科学的记账方法,将会计要素的增减变动登记在账户中。记账方法根据其记录是否完整,可分为单式记账法和复式记账法。

1.单式记账法

单式记账法是对经济业务发生之后所引起会计要素的增减变动,只通过一个账户进行单方面登记的记账方法,它不要求作全面、相互联系的登记。由于我国企业会计准则规定了企业应当采用借贷复式记账法,因此,单式记账法在实务中难以见到。

例如,对销售商品获得 2 000 元现金的经济业务,只在"库存现金"账户中记录增加额,而无须记录收入的流入和存货的减少;对以银行存款购入一批价值为 5 000 元原材料的经济业务,只记录"银行存款"账户的减少额,而不记录存货的增加。单式记账法只关注一个科目,没有充分反映其他相关科目的信息,不能全面、系统地提供翔实的经济业务信息,其正确性也难以得到保证。因此,单式记账法不适用经济业务比较复杂的企业的工作要求,也难以满足企业不断提升的管理需求。

2.复式记账法

复式记账法是与单式记账法相对应的一种记账方法。复式记账法是指对每笔经济业务发生后所引起的会计要素的增减变动,都以相等的金额在相互联系的两个或两个以上的账户中进行登记的记账方法。

例如,企业销售一批商品收到 5 000 元,一方面需要在"银行存款"账户中登记增加额 5 000元,另一方面需要以相等的金额在"主营业务收入"账户中登记收入增加 5 000 元,即以相等的金额在两个或两个以上账户同时进行登记。

采用复式记账法,不仅可以了解每一项经济业务的来龙去脉,而且可以通过会计要素的增减变动全面、系统地了解经济活动的过程和结果。同时,由于复式记账要求以相等的金额在两个或两个以上的账户中同时记账,各账户之间存在平衡关系,因此可以对会计记录的结果进行试算平衡,以检查会计记录的正确性。

复式记账法是在长期的会计实践中逐步形成的。复式记账法可分为借贷复式记账法、增减记账法和收付记账法等。借贷复式记账法是当今世界上比较科学、严密和完善的一种复式记账法。《企业会计准则——基本准则》规定:企业应当采用借贷复式记账法记账。

2.3.2　借贷复式记账法的内容

1.记账符号

借贷复式记账法是复式记账法的一种,它以"借""贷"作为记账符号,表明经济业务的记账方向。其中,"借"代表账户的左边,"贷"代表账户的右边。"借""贷"二字最初分别有借进、贷出之实际意义。随着会计要素和经济业务的复杂化,"借""贷"二字逐渐失去其原有含义,演变成两个抽象的标志或符号。"借""贷"在不同性质的账户中所反映的经济业务增减的内容是不同的,账户性质决定了其是借方记录表示增加还是贷方记录表示增加。

2.账户结构

借贷复式记账法的账户的基本结构是:每一个账户都分为"借方"和"贷方"。如果我们在账户的借方记录经济业务,可以称为借记某科目,在账户的贷方记录经济业务,则可以称为贷记某科目。账户中登记的本期增加额又称本期增加发生额;登记的本期减少额又称本期减少发生额。目前,约定俗成的账户结构是:资产、费用类账户的借方登记增加额,贷方登记减少额;负债、所有者权益、收入类账户的贷方登记增加额,借方登记减少额。显然,账户结构存在以下特点:

$$期末余额＝期初余额＋本期增加发生额－本期减少发生额$$

对于资产类账户,上述等式可改写成:

$$资产类账户借方期末余额＝借方期初余额＋本期借方发生额－本期贷方发生额$$

资产类账户的结构如图 2-5 所示。

借方	资产类账户	贷方
期初余额		
本期增加额	本期减少额	
本期增加额……	本期减少额……	
本期借方发生额 期末余额	本期贷方发生额	

图 2-5　资产类账户的结构

负债类账户的结构刚好与资产类账户相反,贷方登记增加额,借方登记减少额,通常贷方发生额大于(或等于)借方发生额,期末余额一般应在贷方。上述等式可改写成:

$$负债类账户期末贷方余额＝贷方期初余额＋本期贷方发生额－本期借方发生额$$

负债类账户的结构如图 2-6 所示。

借方	负债类账户	贷方
	期初余额	
本期减少额	本期增加额	
本期减少额……	本期增加额……	
本期借方发生额	本期贷方发生额	
	期末余额	

图 2-6　负债类账户的结构

所有者权益类账户的结构与负债类账户相同,上述等式可改写成:

所有者权益类账户期末贷方余额＝贷方期初余额＋本期贷方发生额－本期借方发生额

所有者权益类账户的结构如图 2-7 所示。

借方	所有者权益类账户	贷方
	期初余额	
本期减少额	本期增加额	
本期减少额……	本期增加额……	
本期借方发生额	本期贷方发生额	
	期末余额	

图 2-7　所有者权益类账户的结构

损益类账户根据其反映的经济业务类型,又可以分为反映各项收入流入的账户和反映各项费用支出的账户。企业在经济活动过程中要不断地取得收入,必然有各种耗费,有成本费用发生,在成本费用抵销收入后,形成企业的利润。利润在未分配以前,可以看作所有者权益的增加。所以,收入类账户的结构与所有者权益类账户的结构基本相同,贷方登记增加额,借方登记减少额和转销额。由于贷方记录的收入一般在期末要通过借方转出,因此该类账户通常没有期末余额。如果某种情况下有余额,也表现为贷方余额。收入类账户的结构如图 2-8 所示。

借方	收入类账户	贷方
本期减少额或本期转销额	本期增加额	
本期减少额或本期转销额……	本期增加额……	
本期借方发生额	本期贷方发生额	

图 2-8　收入类账户的结构

费用类账户的结构刚好与资产类账户相反,借方登记增加额,贷方登记减少额和转销额,由于借方记录的费用一般在期末要通过贷方转出,因此该类账户通常没有期末余额。费用类账户的结构如图 2-9 所示。

借方	费用类账户	贷方
本期增加额	本期减少额或本期转销额	
本期增加额……	本期减少额或本期转销额……	
本期借方发生额	本期贷方发生额	

图 2-9　费用类账户的结构

利润类账户是反映企业利润的形成过程及其分配情况的账户。其增加额是从收入类账户结转而来,其减少额是从费用类账户结转而来。因此,利润类账户的结构与收入类账户的结构相同,贷方登记利润增加额,借方登记利润减少额。收入转入额大于费用转入额时,账户余额在贷方,反之在借方。利润类账户的结构如图 2-10 所示。

借方	利润类账户	贷方
本期减少额(费用转入)	本期增加额(收入转入)	
本期减少额(费用转入)……	本期增加额(收入转入)……	
本期借方发生额	本期贷方发生额	
期末余额	期末余额	

图 2-10　利润类账户的结构

需要注意的是,期末结账时通常将利润类账户余额转入所有者权益,因此利润类账户期末一般无余额。而在平时,贷方余额表示盈利,借方余额表示亏损。

3.记账规则

记账规则是指运用某种记账方法登记具体经济业务时应当遵循的规律,是记账方法本质的体现。借贷复式记账法的记账规则可以高度概括为"有借必有贷,借贷必相等"。

以下举例说明借贷复式记账法的记账规则。

【例 2-2】　(业务 1)5 月 1 日,明达公司接受新华集团的投资款 4 000 万元,投资合同约定新华集团持有明达公司股份 500 万股,每股面值 1 元,投资款已经存入银行。

分析:公司的银行存款增加 4 000 万元,公司股本增加 500 万元。根据《公司法》的规定,超面额缴入股本 3 500 万元计入资本公积。需设"银行存款""股本""资本公积"等账户予以记载。一方面,存入款项使得资产增加,应当在"银行存款"账户的借方登记增加额;另一方面,"股本""资本公积"账户属于所有者权益类账户,根据前述约定,其增加额应当记入其账户的贷方。

综上所述,应当借记"银行存款"账户 4 000 万元,贷记"股本"账户 500 万元,贷记"资本公积"账户 3 500 万元。

银行存款	股本	资本公积
期初余额 3 000 000	期初余额 500 000	期初余额 600 000
①40 000 000	①5 000 000	①35 000 000

【例 2-3】　(业务 2)5 月 6 日,明达公司动用银行存款 500 万元购进机器设备。

分析:公司的固定资产增加 500 万元,需设"固定资产"账户予以记载。"固定资产"账户属

3

于资产类账户，其增加额应当记入其账户的借方；银行存款减少 500 万元，记入其账户的贷方。

综上所述，应当借记"固定资产"账户 500 万元，贷记"银行存款"账户 500 万元。

固定资产

借方	贷方
期初余额 300 000	
②5 000 000	

银行存款

借方	贷方
期初余额 3 000 000	②5 000 000
①40 000 000	

【例 2-4】 （业务 3）5 月 7 日，明达公司通过银行转账缴纳广告费 20 万元，聘请某广告公司面向客户开展精准营销。

分析：公司的销售费用发生 20 万元，需设"销售费用"账户予以记载。该账户属于费用类账户，其增加额应记入其账户的借方；银行存款减少 20 万元，记入其账户的贷方。

综上所述，应当借记"销售费用"账户 20 万元，贷记"银行存款"账户 20 万元。

销售费用

借方	贷方
期初余额 0	
③200 000	

银行存款

借方	贷方
期初余额 3 000 000	②5 000 000
①40 000 000	③ 200 000

【例 2-5】 （业务 4）5 月 12 日，明达公司销售一批商品，收到银行转账款项 500 万元。

分析：公司的银行存款增加 500 万元，记入"银行存款"账户的借方。主营业务收入增加 500 万元，需设"主营业务收入"账户予以记载，该账户属于收入类账户，其增加额应当记入账户的贷方。

综上所述，应当借记"银行存款"账户 500 万元，贷记"主营业务收入"账户 500 万元。

银行存款

借方	贷方
期初余额 3 000 000	②5 000 000
①40 000 000	③ 200 000
④ 5 000 000	

主营业务收入

借方	贷方
	期初余额 0
	④5 000 000

【例 2-6】 （业务 5）5 月 17 日，本期发生办公费 61.2 万元，已用企业的银行存款支付。

分析：公司的管理费用发生了 61.2 万元，需设"管理费用"账户予以记载。该账户属于费用类账户，根据前述约定，其发生额应记入其账户的借方；银行存款减少 61.2 万元，记入其账户的贷方。

综上所述，应当借记"管理费用"账户 61.2 万元，贷记"银行存款"账户 61.2 万元。

管理费用

借方	贷方
期初余额 0	
⑤612 000	

银行存款

借方	贷方
期初余额 3 000 000	②5 000 000
①40 000 000	③ 200 000
④ 5 000 000	⑤ 612 000

【例2-7】 （业务6）5月18日,向银行借入长期借款620万元。

分析:公司的长期借款增加620万元,需设"长期借款"账户予以记载。该账户属于负债类账户,其增加额应当记入其账户的贷方;银行存款增加620万元,记入其账户的借方。

综上所述,应当借记"银行存款"账户620万元,贷记"长期借款"账户620万元。

银行存款		长期借款	
期初余额 3 000 000			
①40 000 000	②5 000 000		期初余额 100 000
④ 5 000 000	③ 200 000		⑥6 200 000
⑥ 6 200 000	⑤ 612 000		

【例2-8】 （业务7）5月29日,宣布发放现金股利89.5万元。

分析:公司宣布发放现金股利89.5万元,需设"应付股利"账户予以记载。该账户属于负债类账户,其增加额应记入该账户的贷方;"利润分配"属于所有者权益类账户,核算企业净利润的分配情况,分配股利89.5万元,记入其账户的借方。

综上所述,应当借记"利润分配"账户89.5万元,贷记"应付股利"账户89.5万元。

利润分配		应付股利	
			期初余额 0
⑦895 000	期初余额 1 000 000		⑦895 000

【例2-9】 （业务8）5月31日,结出各实账户的发生额与期末余额。

借方	银行存款	贷方
期初余额:3 000 000		
①40 000 000		②5 000 000
④ 5 000 000		③ 200 000
⑥ 6 200 000		⑤ 612 000
本期借方发生额:51 200 000 期末余额:48 388 000		本期贷方发生额:5 812 000

借方	股本	贷方
		期初余额 500 000
		①5 000 000
本期借方发生额:0		本期贷方发生额:5 000 000 期末余额:5 500 000

借方	资本公积	贷方
	期初余额 600 000	
	①35 000 000	
本期借方发生额:0	本期贷方发生额:35 000 000	
	期末余额:35 600 000	

借方	固定资产	贷方
期初余额 300 000		
②5 000 000		
本期借方发生额:5 000 000	本期贷方发生额:0	
期末余额:5 300 000		

借方	长期借款	贷方
	期初余额 100 000	
	⑥6 200 000	
本期借方发生额:0	本期贷方发生额:6 200 000	
	期末余额:6 300 000	

借方	应付股利	贷方
	期初余额 0	
	⑦895 000	
本期借方发生额:0	本期贷方发生额:895 000	
	期末余额:895 000	

借方	利润分配	贷方
	期初余额 1 000 000	
⑦895 000		
本期借方发生额:895 000	本期贷方发生额:0	
	期末余额:105 000	

4.账户对应关系

借贷复式记账法这种复式记账法下,每一笔经济业务的记录必须同时记入至少两个相关的会计科目,在有关账户之间形成应借、应贷的关系。这样,会计科目之间形成了彼此关联、互相依赖的对应关系,存在对应关系的会计科目称为对应科目。

例如,把现金2 000元存入银行,要在"银行存款"账户的借方和"库存现金"账户的贷方进行记录。这样"银行存款"与"库存现金"账户就发生了对应关系,两个账户也就形成了对应账户。通过这种对应关系,人们可以了解经济业务的具体内容。同时,可以检查对经济业务的记录是否合法合规。

5.试算平衡

试算平衡是为了确保会计记录的正确性,根据借贷复式记账法的记账规则和资产与权益(负债和所有者权益)的恒等关系来检查和验证账户记录的正确性、完整性的一种方法。借贷复式记账法试算平衡的方法有两种:

(1)发生额试算平衡

由于借贷复式记账法的记账规则为"有借必有贷,借贷必相等",因此每一笔经济业务发生后都会产生借方发生额和贷方发生额,且两者的金额必定相等,那么无论企业在一定时期内发生多少笔经济业务,都能保证所有账户的借方本期发生额合计等于所有账户的贷方本期发生额合计,用公式表示为:

$$所有账户本期借方发生额合计＝所有账户本期贷方发生额合计$$

(2)账户余额试算平衡

借贷复式记账法的会计平衡式是"资产＝负债＋所有者权益"。无论企业业务形式如何复杂,这一公式总是成立的。由于资产类账户的余额一般在借方,负债类和权益类账户的余额一般在贷方,损益类账户一般无余额,因此,余额试算平衡的公式为:

$$所有账户借方余额之和＝所有账户贷方余额之和$$

需要注意的是,试算平衡只能初步检查账簿记录是否正确,如果试算平衡不成立,则会计记录一定存在差错;如果试算平衡成立,也不能说明会计差错完全不存在,这是因为有些错误并不影响借贷双方平衡,如某项经济业务在有关账户中重记或漏记,或者将借贷记账方向记反等,诸如此类的错误,就不能通过试算平衡来发现。

6.总分类账户与明细分类账户的平行登记

平行登记是指对于附设明细账的总账,要以会计凭证为依据,同时登记总账和有关明细账。具体要求有:借贷方向相同(方向相同);在同一会计期间登记(期间相同);记入总分类科目的金额与记入其所属明细分类科目的金额合计相等(金额相同);所依据的会计凭证一致(依据相同)。

例如,明达公司20×1年购置一项价值为50 000元的机器设备,同时在"固定资产"总账科目下附设"固定资产——机器设备"明细账科目,那么明达公司需要在20×1年同时在"固定资产"和"固定资产——机器设备"科目的借方登记50 000元。

2.3.3 借贷复式记账法的优点

自1905年借贷复式记账法传入我国以来,历经多年理论和实务的不断发展,得到了逐步完善。实践证明,借贷复式记账法的方法体系科学系统,能够全面地反映经济业务具体情况,是一种比较科学的记账方法。其优点主要有如下方面。

1.记账规则科学

借贷复式记账法的记账规则可以简单概括为"有借必有贷,借贷必相等"10 个字,言简意赅,易记易用,定义明确,运用方便。根据"有借必有贷,借贷必相等"的规则进行记账的结果,可以做到时时平衡、处处平衡,而且这种平衡方法具有较强的可检验性,有利于会计人员监督和复核会计工作,有效地减少会计差错,从而保证会计信息的准确性。

2.对应关系清楚

按照"有借必有贷,借贷必相等"的记账规则将经济业务登记入账户后,能清楚地反映账户之间的对应关系,并能体现出经济活动中会计要素变动的来龙去脉。

3.试算平衡简便

每一项经济业务的发生,都是按照记入有关账户的借方的同时记入其他有关账户的贷方,而且借贷双方登记的金额是相等的。因此,会计人员在进行试算平衡时,方法简便高效,易于发现会计差错。同时,采用借贷复式记账法有利于国际经济业务的开展与合作,有利于加快我国企业会计准则与国际会计惯例趋同的步伐。

【案例分析】透过企业财报,一窥会计要素与等式

表 2-5、表 2-6 为万科企业股份有限公司 2020 年资产负债表(合并)。

表 2-5　合并资产负债表

编制单位:万科企业股份有限公司　　　2020 年 12 月 31 日　　　单位:元　　　币种:人民币

资产	附注五	2020 年 12 月 31 日	2019 年 12 月 31 日
流动资产:			
货币资金	1	195 230 723 369.88	166 194 595 726.42
交易性金融资产	2	170 479 737.23	11 735 265 424.66
衍生金融资产	3	14 760 989.89	332 257 520.78
应收票据		9 662 433.79	28 970 047.83
应收账款	4	2 992 423 302.26	1 988 075 737.67
预付款项	5	62 247 503 823.48	97 795 831 444.26
其他应收款	5	249 498 545 525.50	235 465 007 349.80
存货	7	1 002 063 008 153.13	897 019 035 609.52
合同资产	8	6 162 549 680.11	3 444 938 025.74
持有待售资产	9	6 334 727 583.46	4 252 754 905.02
其他流动资产	10	22 662 676 635.96	20 732 622 761.28
流动资产合计		1 547 387 061 234.69	1 438 989 354 552.98
非流动资产:			
其他权益工具投资	11	1 601 237 167.11	2 249 953 722.90

续表

资产	附注五	2020 年 12 月 31 日	2019 年 12 月 31 日
其他非流动金融资产	12	697 759 464.58	673 982 298.05
长期股权投资	13	141 895 190 255.76	130 475 768 323.53
投资性房地产	14	79 954 139 029.20	73 564 678 069.11
固定资产	15	12 577 342 742.17	12 399 838 267.28
在建工程	16	3 236 850 338.38	4 179 839 536.92
使用权资产	17	25 210 119 233.05	22 135 359 592.40
无形资产	18	6 087 781 315.58	5 269 647 193.30
商誉	19	206 342 883.92	220 920 784.68
长期待摊费用	20	8 947 760 570.31	7 235 202 389.07
递延所得税资产	21	27 535 460 502.86	23 427 586 089.92
其他非流动资产	22	13 840 079 267.94	9 107 319 581.09
非流动资产合计		321 790 032 770.86	290 940 095 848.25
资产合计		1 869 177 094 005.55	1 729 929 450 401.23

表 2-6　合并资产负债表(续)

编制单位:万科企业股份有限公司　　　2020 年 12 月 31 日　　　单位:元　　　币种:人民币

负债及股东权益	附注五	2020 年 12 月 31 日	2019 年 12 月 31 日
流动负债:			
短期借款	23	25 111 536 842.11	15 365 231 785.08
衍生金融负债	3	336 153 690.52	
应付票据	24	607 112 827.28	941 279 690.68
应付账款	25	295 684 502 351.66	267 280 865 500.05
预收款项		912 230 827.79	770 781 495.16
合同负债	26	630 747 210 801.94	577 047 227 178.73
应付职工薪酬	27	7 850 940 564.17	6 896 261 420.24
应交税费	28	29 036 523 037.88	25 109 731 106.59
其他应付款	29	212 758 353 478.50	250 698 460 720.96
一年内到期的非流动负债	30	60 461 863 986.86	80 646 217 975.53
其他流动负债	31	53 986 260 461.07	47 854 227 137.67
流动负债合计		1 317 492 688 869.78	1 272 640 284 010.69
非流动负债:			
长期借款	32	132 036 783 089.92	114 319 778 454.74
应付债券	33	43 576 223 200.25	49 645 512 945.07

续表

负债及股东权益	附注五	2020 年 12 月 31 日	2019 年 12 月 31 日
租赁负债	17	24 589 945 695.98	21 277 365 792.32
预计负债	34	215 331 457.12	149 629 291.04
其他非流动负债	35	1 190 177 426.90	1 065 436 144.05
递延所得税负债	21	231 470 922.38	282 328 350.36
非流动负债合计		201 839 931 792.55	186 740 050 977.58
负债合计		1 519 332 620 662.33	1 459 350 334 988.27
股东权益：			
股本	36	11 617 732 201.00	11 302 143 001.00
资本公积	37	18 554 497 034.24	12 384 484 513.99
其他综合收益	38	（1 544 373 020.86）	（1 806 426 631.62）
盈余公积	39	97 466 324 513.51	70 826 254 100.68
未分配利润	40	98 416 772 021.20	95 352 036 928.77
归属于母公司股东权益合计		224 510 952 749.09	188 058 491 912.82
少数股东权益		125 333 520 594.13	85 520 623 500.14
股东权益合计		349 844 473 343.22	270 579 115 412.96

资料来源：万科企业股份有限公司 2020 年度财务报告。

从万科企业股份有限公司 2020 年度的资产负债表中，我们可以直观地看到各会计账户之间的关系。根据我国企业会计准则的规定，资产负债表采用账户式结构，报表分为左右两方，左方列示资产各项目，反映全部资产的分布及存在形态；右方列示负债和所有者权益各项目，反映全部负债和所有者权益的内容及构成情况。为便于展示相邻会计期间财务状况，我国上市公司多采用报告式结构的资产负债表（见表 2-5）。报告式资产负债表中资产、负债、股东权益项目自上而下排列，即首先列示公司的所有资产，其次列示负债，最后列示股东权益。

资产负债表左右双方平衡，资产总计等于负债和所有者权益总计，即"资产＝负债＋所有者权益"。2020 年年末，万科企业股份有限公司的总资产为 1 869 177 094 005.55 元，总负债为 1 519 332 620 662.33 元，所有者权益为 349 844 473 343.22 元，刚好满足"资产＝负债＋所有者权益"等式。此外，为了使使用者通过比较不同时点资产负债表的数据，掌握企业财务状况的变动情况及发展趋势，企业需要提供比较资产负债表，即资产负债表还需提供各会计科目的"上年年末余额"栏目。同样，万科企业股份有限公司 2020 年年初也满足"资产＝负债＋所有者权益"等式，间接反映了借贷复式记账法的平衡之处。

按照惯例，我国资产负债表应就各会计科目的流动性将资产和负债区分为流动资产（流动负债）和非流动资产（非流动负债）。流动性通常按资产的变现或耗用时间长短或者负债的偿还时间长短来确定。该知识点留待以后章节详细讲解。

案例思考:

(1)万科企业股份有限公司的资产构成以什么为主?2020年与2019年相比,万科企业股份有限公司的资产结构发生了什么变化?

(2)结合万科企业股份有限公司的资产负债表谈谈:为什么说财务报表的使用者对企业财务状况有不同的关注点?

(3)结合资产负债表中的信息,对万科企业股份有限公司的财务状况作简要评述。

【本章小结】

本章主要介绍会计要素、账户和复式记账。会计要素是对会计确认、计量和报告对象的基本分类,确定了财务报表的结构和内容。

会计要素建立在会计基本假设的基础之上。六个会计要素归根到底就是资产和权益两大概念。可以说,资产和权益是会计对其描述的经济现象的高度概括和抽象。资产和权益也是一个事物的两面,既可将它们看成一个会计主体的经济资源与资源提供者的要求权(所以称"权益",对会计主体来说也是义务或责任),也可看成会计主体的资金运用与资金来源。在资产和权益中,权益又可分为负债和所有者权益两类,它们表明了资本提供者不同性质的要求权。资产和权益构成的是财务状况会计等式,是财务会计最基本的关系式。收入和费用是企业的日常活动引起的所有者权益的增加和减少,是用来表述权益的某一部分的流量。收入和费用体现的是一种因果关系,即反映了"得"与"失"。收入与费用的差额是利润,它反映了得失比较的结果,影响了两个时点所有者权益的变化。收入、费用和利润是对权益概念的扩展,三者构成了经营成果会计等式。

对会计要素按实质和要求作进一步分类,就产生了会计科目。为了便于提供日常管理和决策所需要的会计信息,必须连续和系统地反映经济业务及其所引起的会计要素金额变化,从而产生了会计账户。为了满足不同信息使用者的需要,会计账户需要分设总分类账户和明细分类账户。账户是根据会计科目设置的,会计科目就是账户的名称。账户与会计科目在会计学中是两个不同的概念,两者之间既有联系又有区别。

复式记账是会计核算的专门方法。所谓复式记账,是指对一项经济业务需要用相等的金额,在两个或两个以上相互联系的账户进行记录的一种记账方法。复式记账法有借贷复式记账法、收付记账法和增减记账法之分,目前世界各国通用的复式记账法是借贷复式记账法。借贷复式记账法是以"借""贷"作为记账符号,它的记账规则是"有借必有贷,借贷必相等"。运用借贷复式记账法记账时,要按以下三个步骤:确定经济业务发生后所影响的账户名称、类别;确定这些账户的变动方向,是增加还是减少;根据账户的性质确定应记入借方还是贷方。

【练习题】

习题1

某企业20×1年9月1日有关资金内容及金额如下:

(1)存放在公司的现款2 000元;

(2)存放在银行的款项200 000元;

(3)库存的各种材料 95 000 元;

(4)厂房 1 000 000 元;

(5)机床设备 750 000 元;

(6)投资者投入资本 1 500 000 元;

(7)从银行借入的半年期借款 220 000 元;

(8)库存的完工产品 60 000 元;

(9)拖欠 X 公司货款 450 000 元;

(10)公司留存的盈余公积 85 000 元。

要求:

根据所给资料,说明每一项资金内容应属于资产、负债和所有者权益中哪一类会计要素,具体应归属于哪一个会计科目。

习题 2

乙公司 20×1 年 1 月 1 日负债总额 6 000 万元,所有者权益总额 7 000 万元。该企业本月发生下列经济业务:

(1)购入材料一批,价值 200 万元,货款尚未支付。

(2)向银行借款 600 万元,存入银行。

(3)以银行存款 5 万元上缴未交税金。

(4)以银行存款 60 万元偿还银行短期借款。

(5)将库存现金 20 万元存入银行。

(6)以银行存款 500 万元购置一项固定资产。

(7)以资本公积 300 万元转增实收资本。

(8)经协商将应付乙公司货款 25 万元转为乙公司对企业的投资。

要求:

指出各业务引起哪几个科目的增减变动,并计算甲企业在上述各项经济业务发生后的资产总额。

习题 3

资料:甲公司 20×1 年 1 月有关账户的资料如表 2-7 所示。

表 2-7　甲公司 20×1 年 1 月有关账户的资料　　　　　　　　　　单位:元

账户名称	期初余额	本期增加发生额	本期减少发生额	期末余额
库存现金	4 500	1 500		4 000
银行存款	80 000	30 000	20 000	
应收账款	27 000		41 500	25 000
短期借款	30 000	20 000		37 000
实收资本	300 000		0	450 000
固定资产	58 000	3 400	26 000	

续表

账户名称	期初余额	本期增加发生额	本期减少发生额	期末余额
原材料		7 800	5 370	4 600
应付账款	1 000		500	2 300

要求:

根据各类账户的结构,计算并填写表中空格处的数字。

习题 4

某公司 20×1 年 5 月 31 日有关账户的部分资料如表 2-8 所示。

表 2-8　某公司 20×1 年 5 月 31 日有关账户的部分资料　　　　单位:元

账户名称	期初余额		本期发生额		期末余额	
	借方	贷方	借方	贷方	借方	贷方
银行存款	( )		50 000	35 000	24 000	
原材料	5 000		35 000	24 000	( )	
应收账款	20 000		( )	3 500	21 000	
应付账款		18 000	4 000	( )		15 000
固定资产	500 000		30 000	5 000	( )	

要求:

根据上述账户的有关数据计算每个账户的未知数据并填入括号内。

习题 5

某公司 20×1 年 6 月 1 日各分类账户的余额如表 2-9 所示。

表 2-9　某公司 20×1 年 6 月 1 日各类分类账户的余额　　　　单位:元

账户名称	借方余额	账户名称	贷方余额
银行存款	30 000	短期借款	32 000
原材料	5 000	应付账款	13 000
应收账款	30 000	应付职工薪酬	63 000
固定资产	500 000	实收资本	400 000
预付账款	33 000	盈余公积	90 000
合计	598 000	合计	598 000

该公司 6 月发生下列经济业务:

(1)6 月 1 日,从银行借入短期借款 500 000 元存入银行存款账户。

(2)6 月 3 日,以银行存款偿还前欠长江公司材料款 12 000 元。

(3)6 月 7 日,用银行存款 30 000 元发放职工工资。

(4)6 月 8 日,购入原材料 20 000 元,已预付 10 000 元,剩余货款用银行存款付讫。

(5)6 月 9 日,以银行存款购进设备一台,价值 50 000 元。

(6)6 月 11 日,以银行存款归还短期借款 80 000 元。

(7)6 月 20 日,收回欠款 20 000 元,并存入银行。

要求:

(1)设置 T 形账户,并分别填入期初余额。

(2)根据以上资料,指出每笔业务引起哪几个账户的增减变动,并记入各相应账户。

(3)结出各账户的本期发生额和期末余额。

在线自测

第 3 章

会计循环

　　会计信息是信息使用者进行经济决策的重要依据，投资者要利用会计信息进行各种投资决策，债权人要依据会计信息进行信贷决策，政府部门也是会计信息的重要使用者，要利用会计信息为制定宏观调控政策和履行政府职能服务，企业管理层要利用会计信息为其所面临的各种经营管理决策服务，以提升企业的业绩和价值。事实上，几乎每个人都可以说是会计信息的使用者，或多或少地都要用到会计信息，与会计信息打交道。

　　会计是用来反映或核算经济活动的，会计信息最终是以财务报表的形式输出给外部信息使用者的，通过财务报表向信息使用者揭示企业经济活动开展情况的好坏。那么会计是如何对一个企业所发生的各种各样的经济活动加以核算并最终形成财务报表数据的呢？也即一个企业的会计信息到底是如何产生的？会计核算要经过哪些基本的流程或步骤？这是会计信息使用者所关注的问题，也是会计循环这一章要介绍和讨论的内容。

3.1　会计循环概述

　　企业在一个会计期内，其会计工作必须经过编制和审核会计凭证、记账、试算平衡、账项调整、对账和结账、编制财务报表等一系列会计程序。它始于会计期期初，终于会计期期末，并且循环往复，周而复始，故称为会计循环。

　　会计循环流程包括以下七个主要节点：

　　（1）取得和审核原始凭证。经济业务发生后，会计人员首先要取得原始凭证并将之进行审核。

　　（2）编制和审核记账凭证。根据审核无误的原始凭证，会计人员要编制记账凭证并进行审核。

　　（3）登记账簿。登记账簿又称过账，即根据记账凭证中确定的会计分录，在日记账和分类账中进行登记。

　　（4）试算平衡。记账完毕，会计期末要通过试算平衡来检查会计分录的编制及过账是否有误。

　　（5）账项调整。会计期末，按照权责发生制的确认基础进行相应的账项调整，以便更为客观地反映企业的收入、费用和利润。

　　（6）对账和结账。会计期末，在编制财务报表之前要进行对账工作，保证账证相符、账账相符和账实相符；会计期末还要进行结账工作，一方面通过结账分录的编制和过账，结清收入类账户和费用类账户，以确定当期的损益；另一方面结算出资产类账户、负债类账户和所有者权益类账户的余额并结转到下期以供连续记录。

　　（7）编制财务报表。会计期末，将会计期内所有的经济业务及其结果汇总后编制资产负债表、利润表、现金流量表、所有者权益变动表及财务报表附注，以全面反映企业的财务状况、经营成果及财务状况变动情况等信息。

3.2　会计凭证

　　为了如实反映企业发生的各项经济业务,首先要在经济业务发生时,填制或取得能够证明经济业务发生情况的凭证作为证明文件。会计凭证是指记录经济业务,明确经济责任,作为记账依据的书面证明。填制和审核会计凭证是会计核算工作的起点,它是保证会计核算按照经济业务的实际发生情况如实记录的基础,也是确保财务报表如实反映企业真实情况的前提条件。任何单位办理任何经济业务,都必须根据规定取得或填制相应的会计凭证,并根据审核无误的会计凭证登记账簿。

　　会计凭证按照其填制的程序和用途,分为原始凭证和记账凭证两大类。

3.2.1　原始凭证

　　原始凭证是指在经济业务发生或完成时取得或填制的,用以记录已经发生或完成的经济业务的内容,明确经济责任,并据以作为记账原始依据的书面证明。

　　1.原始凭证的种类

　　原始凭证可以按照不同标志进行分类。

　　(1)按照取得的来源不同,分为外来原始凭证和自制原始凭证。

　　外来原始凭证是指在经济业务发生或完成时,从其他单位或个人取得的原始凭证。如购货时从销货单位取得的增值税专用发票、付款时所取得的收据等。图 3-1 列示的是销货企业销货时开具的增值税专用发票样式。

增值税专用发票

NO.03214058

开票日期：　　年　　月　　日

购货单位	名　　　　称 纳 税 识 别 号 地 址 、电 话 开户银行及账号						密码区	
货物或应税劳务名称	规格型号	单位	数量	单价	金额	税率	税额	
合计								
价税合计								
销货单位	名　　　　称 纳 税 识 别 号 地 址 、电 话 开户银行及账号						备注	

收款人：　　　　　　复核：　　　　　　开票人：　　　　　　销货单位(章)：

图 3-1　增值税专用发票样式

自制原始凭证是指本单位内部经办经济业务的部门或人员,在其办理经济业务时所填制的原始凭证。如仓库在验收材料时所填制的收料单、生产部门在领用材料时所填制的领料单等。图3-2列示的是材料入库单样式。

××股份有限公司材料入库单

年　　月　　日　　　　　　　　　　　　　　　　　　NO:2043

材料名称	规格	计量单位	数量	单价	金额	运杂费	金额合计	发货单位

财务主管:　　　　　供应科长:　　　　　仓库验收:　　　　　采购员:

图3-2　材料入库单样式

(2)按照填制的手续不同,分为一次凭证、累计凭证和原始凭证汇总表。

一次凭证是指凭证填制手续是一次完成的原始凭证。大多数原始凭证均属于一次性原始凭证。

累计凭证是指能够连续反映一定时期内若干项不断重复发生的同类经济业务的凭证,其填制手续不是一次完成,而是随着经济业务发生分次进行的。比较典型的累计凭证是限额领料单。限额领料单中标明了某种材料在规定期限内的领用额度,用料单位每次领料时,均要由经办人员在限额领料单上逐笔填列、签章并结出限额结余。使用这种凭证,既可以做到对领用材料的控制,又可以减少凭证的填制手续。

原始凭证汇总表是指为了集中反映某项经济业务的总括情况,简化记账凭证的填制工作,而将一定时期内若干记录同类经济业务的原始凭证汇总编制而成的一种原始凭证。如发料汇总表等。

2.原始凭证的基本内容

原始凭证所记录的经济业务多种多样,每一张原始凭证反映的经济业务可能各不相同,但是无论哪一种原始凭证通常都必须具备下列基本内容:

(1)原始凭证的名称;

(2)原始凭证的日期和编号;

(3)接受凭证单位的名称;

(4)经济业务内容摘要;

(5)经济业务所涉及的实物数量和金额;

(6)填制凭证单位的名称和经办人员的签名或盖章。

3.原始凭证的审核

只有审核无误的原始凭证,才能作为记账的原始依据。原始凭证的审核,一般可以从以下几个方面进行。

(1)原始凭证真实性和合法性审核

主要审核原始凭证上反映的经济业务是否真实存在,是否合法合规,是否存在违反国家法律法规和财经制度等情况。

（2）原始凭证完整性和正确性审核

主要审核原始凭证各项要素是否填列齐全，是否存在漏填错填的情况，各项数量和金额计算是否正确，大小写金额是否一致，有关人员的签章是否齐全等。

3.2.2　记账凭证

记账凭证是会计人员根据审核无误的原始凭证或原始凭证汇总表填制的，用以确定会计分录，据以直接作为登记账簿依据的会计凭证。

原始凭证来源复杂，种类繁多，格式不一，而且不能清楚表明应借应贷的账户名称和方向，如果直接根据原始凭证登记账簿容易出现错误，所以在登账之前需要根据原始凭证编制记账凭证，再根据记账凭证登记账簿，从而来保证账簿记录的正确性。

1.记账凭证的种类

记账凭证可以从不同角度进行分类。

（1）按照反映的经济业务内容不同，分为收款凭证、付款凭证和转账凭证

收款凭证是指用以记录现金、银行存款收入业务的记账凭证。收款凭证具体又分为现金收款凭证和银行存款收款凭证。图 3-3 列示的是收款凭证样式。

收款凭证

总号 250

借方科目：银行存款　　　　　　20×2 年 12 月 20 日　　　　　　分号：银收 236

摘要	贷方科目		记账	金额								
	总账科目	明细科目		百	十	万	千	百	十	元	角	分
收到到期的乙公司应收账款	应收账款	乙公司			1	5	0	0	0	0	0	0
合　计					1	5	0	0	0	0	0	0

会计主管：张浩　　　记账：于兰　　　出纳：陈菲　　　复核：吴恒　　　制单：康晓抗

图 3-3　收款凭证样式

付款凭证是指用以记录现金、银行存款支付业务的记账凭证。付款凭证具体又分为现金付款凭证和银行存款付款凭证。图 3-4 列示的是付款凭证样式。

付款凭证

总号 275

贷方科目：银行存款　　　　　　20×2 年 12 月 24 日　　　　　　分号：银付 232

摘要	借方科目		记账	金额								
	总账科目	明细科目		百	十	万	千	百	十	元	角	分
支付欠甲公司应付账款	应付账款	甲公司				6	0	0	0	0	0	0
合　计						6	0	0	0	0	0	0

会计主管：张浩　　　记账：于兰　　　出纳：陈菲　　　复核：吴恒　　　制单：康晓抗

图 3-4　收款凭证样式

转账凭证是指用以记录不涉及现金和银行存款收付的其他经济业务,也即记录转账业务的记账凭证。图 3-5 列示的是转账凭证样式。

转账凭证

20×2 年 12 月 6 日   转字 124

摘要	总账科目	明细科目	记账	借方金额 百	十	万	千	百	十	万	角	分	贷方金额 百	十	万	千	百	十	万	角	分
产品完工验收入库	库存商品	A 产品			3	2	0	0	0	0	0	0									
	生产成本	A 产品												3	2	0	0	0	0	0	0
合计					3	2	0	0	0	0	0	0		3	2	0	0	0	0	0	0

会计主管:张浩   记账:于兰   出纳:陈菲   复核:吴恒   制单:康晓抗

图 3-5　转账凭证样式

企业通常会发生一些现金与银行存款相互划转的业务,如将现金存入银行或从银行提取现金的业务,为了避免重复记账,会计实务中对这类业务习惯上只编制付款凭证,不编制收款凭证。即对现金存入银行的业务,编制现金付款凭证;而对从银行提取现金的业务,编制银行存款付款凭证。

(2)按照是否专门反映某类经济业务,分为专用记账凭证和通用记账凭证

专用记账凭证是专门用来记录某一类经济业务的记账凭证,如上述的收款凭证、付款凭证和转账凭证。

通用记账凭证则是不区分业务种类,所有业务都采用一种通用的格式来记录的记账凭证,其格式与上述的转账凭证格式相同。

(3)按照填制方式不同,分为单式记账凭证和复式记账凭证

单式记账凭证是指将一项经济业务所涉及的每个会计科目都单独编制一个记账凭证,即一张记账凭证中只填列经济业务所涉及的一个会计科目及其金额。填列借方科目的称为借项凭证,填列贷方科目的称为贷项凭证。采用单式记账凭证便于汇总计算每一个会计科目的发生额,也便于分工记账,但不利于反映经济业务的全貌及会计科目之间的对应关系。

复式记账凭证则是将一项经济业务所涉及的会计科目及发生额都集中在一张记账凭证中反映,即每项经济业务只填制一张记账凭证。复式记账凭证便于了解经济业务的全貌和会计科目的对应关系,也可以减少凭证张数,但不便于汇总计算每一会计科目的发生额,也不利于会计人员的分工记账。上述列举的收款凭证、付款凭证和转账凭证的样式,都是复式记账凭证的格式。

2.记账凭证的要素

记账凭证必须具备以下基本要素:

(1)记账凭证的名称;

(2)记账凭证的日期及编号;

(3)经济业务的内容摘要;

(4)会计分录,即业务所涉及的应借应贷的账户名称及金额;

（5）所附原始凭证的张数；

（6）记账标记；

（7）制单、复核、记账、会计主管等相关人员的签名或盖章。

3.会计分录的编制

会计分录是指对每项经济业务列示其应借应贷账户名称及其金额的记录。完整的会计分录应具备应借应贷的记账符号、账户名称及其金额。需要注意的是，贷记符号、贷记账户名称和金额不能跟借记符号、借记账户名称和金额写在同一行，应写在借记行的下一行，行首向右缩进一格或两格。

视频 3-1 会计分录

会计分录分为简单分录和复合分录两种，简单分录是指一借一贷的分录；复合分录是指该分录涉及的账户在两个以上。以下是会计分录的式样。

简单分录：

【例 3-1】 甲公司用银行存款偿还到期的短期借款本金 500 000 元。

该笔经济业务应编制一借一贷的简单分录：

借：短期借款 500 000

　　贷：银行存款 500 000

复合分录：

【例 3-2】 甲公司用银行存款支付本月发生的水电费共计 13 000 元，其中行政管理部门发生 10 000 元，销售部门发生 3 000 元。

该笔经济业务应编制二借一贷的复合分录：

借：管理费用 10 000

　　销售费用 3 000

　　贷：银行存款 13 000

下面以明达公司发生的部分经济业务为例，说明会计分录的编制方法。

【例 3-3】 明达公司 20×1 年 10 月发生如下经济业务：

（1）10 月 1 日，接受某投资者投入 1 000 000 元资本金，公司已把该款存入开户银行。

借：银行存款 1 000 000

　　贷：实收资本 1 000 000

（2）10 月 1 日，从银行借入半年期的借款 500 000 元，并已存入银行。

借：银行存款 500 000

　　贷：短期借款 500 000

（3）10 月 4 日，购入机器设备，价款为 100 000 元，增值税为 13 000 元，均已用银行存款支付。

借：固定资产 100 000

　　应交税费——应交增值税（进项税额） 13 000

　　贷：银行存款 113 000

（4）10 月 10 日，用银行存款支付广告费 20 000 元。

借：销售费用 20 000

　　贷：银行存款 20 000

(5)10 月 11 日,收到乙公司上月所欠的货款 85 000 元,已存入银行。

借:银行存款   85 000

  贷:应收账款   85 000

(6)10 月 18 日,用银行存款预付下年度的保险费 120 000 元。

借:预付账款   120 000

  贷:银行存款   120 000

(7)10 月 20 日,销售商品一批,销售价款为 100 000 元,增值税为 13 000 元,商品已发出,货款和增值税款尚未收到,该批商品的成本为 60 000 元。

借:应收账款   113 000

  贷:主营业务收入   100 000

    应交税费——应交增值税(销项税额)   13 000

借:主营业务成本   60 000

  贷:库存商品   60 000

(8)用银行存款支付短期借款利息 22 500 元。

借:财务费用   22 500

  贷:银行存款   22 500

4.记账凭证的审核和保管

记账凭证填制完毕后必须经过审核,审核无误后的记账凭证才能作为登账依据。记账凭证的审核主要包括以下几个方面:

(1)记账凭证是否附有原始凭证,所附的原始凭证的内容和张数及金额是否与记账凭证相符。

(2)记账凭证所确定的会计分录是否正确,包括应借应贷的会计科目与金额是否正确。

(3)记账凭证中有关项目是否填列齐全,有无错误,有关人员是否签名或盖章。

记账凭证经过审核若有错误,应查明原因并及时予以更正。记账凭证经审核无误后方能据以登记入账。

记账凭证以及之前所述及的原始凭证都是企业具有法律效力的重要证明文件,企业应妥善保管。不按规定保管或自行销毁会计凭证的,要承担相应的法律责任。

3.3 会计账簿

3.3.1 会计账簿的意义和种类

会计账簿是指由一定格式、相关联系的账页所组成,以会计凭证为依据,用以序时地、分类地记录和反映各项经济业务的簿籍。簿籍是账簿的外表形式,而账户记录则是账簿的内容。

会计凭证对经济业务的反映通常是零星和分散的,每一张会计凭证通常只能反映一笔经济业务或某一类相同的经济业务,只有通过账簿的设置和登记才能系统地提供序时的和分类的会计信息,这不仅有助于企业利用会计信息为提升经营管理水平服务,也是正确顺利编制出财务报表的需要。

账簿可以按其用途和外表形式的不同进行分类。

1.按其用途,分为序时账簿、分类账簿和备查账簿

序时账簿又称为日记账,是指按照经济业务发生的时间先后顺序,逐日逐笔登记经济业务的账簿。目前,企业会计核算工作中最常用的序时账簿是库存现金日记账和银行存款日记账。

分类账簿是指对各项经济业务按照账户进行分类登记的账簿。分类账簿按其反映内容的详细程度不同,又分为总分类账簿(简称总分类账)和明细分类账簿(简称明细分类账)。总分类账簿是根据总分类账户设置的,总括反映全部经济业务的账簿。明细分类账簿是指根据明细分类账户设置的,详细反映某一种资产、负债、所有者权益、收入、费用和利润的账簿。明细分类账是对总分类账的补充和具体化,并受总分类账的统驭和控制。

备查账簿是对某些未能在日记账和分类账中记录的经济业务事项进行补充登记的账簿。例如,租入固定资产登记簿、受托加工材料登记簿等。由于经营性租入的固定资产、受托加工材料等财产的所有权不属于企业,就不能记入企业的有关财产账户,但管理上又需要了解这些财产的有关变动,故需要设置备查账簿进行登记。

2.按其外表形式,分为订本式账簿、活页式账簿和卡片式账簿

订本式账簿是指在启用之前就已把顺序编号的账页装订成册的账簿。其优点是可以防止账页的散失和非法抽换;缺点是不便于分工记账,也不能根据需要增减账页,可能会影响账簿记录的连续性或造成账页的浪费。

活页式账簿,是指启用时账页不固定装订成册而是置放在活页账夹内,随时可以取放的账簿。其优点是可以随时增减空白账页,有利于分工记账;缺点是账页易散失或被人为抽换。

卡片式账簿是指由很多具有一定格式的卡片组成,存放在卡片箱内,随时可以取放的账簿。其优缺点与活页式账簿类似。主要用于固定资产的明细账。

3.3.2　会计账簿的设置和登记

1.日记账的设置和登记

库存现金和银行存款是企业流动性最强的资产,也最容易出现被偷窃和挪用等现象,所以库存现金和银行存款是企业需要重点管理和控制的流动资产。设置库存现金日记账和银行存款日记账主要是为了更好地反映和管控企业的货币资金。为了防止账页丢失和抽换,库存现金日记账和银行存款日记账均需采用订本式账簿形式。

(1)库存现金日记账的设置和登记

库存现金日记账通常采用"收支余"三栏式格式,具体样式见图 3-6。现金日记账通常由出纳人员根据审核无误后的现金收、付款凭证逐日逐笔按时间发生的先后顺序登记,但对从银行提取现金的业务,由于只填制银行存款付款凭证,不填制现金收款凭证,所以该业务应根据银行存款付款凭证登记现金日记账。每日终了,应分别计算库存现金日记账的现金收入和支出的合计数和账面的结余数,并将库存现金日记账的账面余额与库存现金实存数相核对。

库存现金日记账

20×1年		凭证号	摘要	对应科目	收入	支出	结余
月	日						
2	1		期初余额				1 000
	3	银付3	提取现金	银行存款	12 000		13 000
	4	现付2	代垫运费	应收账款		600	12 400
	10	现付3	章某暂借差旅费	其他应收款		2 000	10 400
	—	—	—	—			—
	—						
	29		本月合计		56 200	34 500	22 700

图 3-6　库存现金日记账样式

（2）银行存款日记账的设置和登记

银行存款日记账通常也是采用"收支余"三栏式格式,具体样式见图3-7。银行存款日记账通常是由出纳人员根据审核无误后的银行存款收、付款凭证逐日逐笔按时间发生的先后顺序登记,但对于将现金存入银行的业务,由于只填制了现金付款凭证,不填制银行存款收款凭证,所以该业务应根据现金付款凭证登记银行存款日记账。每日终了,应分别计算银行存款日记账的收入和支出的合计数和账面的结余数。并定期将银行存款日记账的账面余额与银行对账单余额相核对。

银行存款日记账

20×2年		凭证号	摘要	对应科目	收入	支出	结余
月	日						
1	1		期初余额				825 000
	3	银付1	支付应付账款	应付账款		100 000	725 000
	4	银收1	销售商品	主营业务收入	500 000		1 225 000
	10	银付2	支付购货款	在途物资		300 000	925 000
	—	—	—	—			—
	—					—	
	2		本月合计		870 000	550 000	1 145 000

图 3-7　银行存款日记账

2.分类账的设置和登记

（1）总分类账的设置和登记

总分类账是对各项经济业务按照总分类账户进行分类登记的账簿。总分类账只要求提供金额指标,无须进行数量核算,所以,总分类账通常采用三栏式的订本式账簿,这三栏是指"借方""贷方""余额"栏。具体样式见图3-8。

总分类账

会计科目:原材料

20×2年		凭证号码	摘要	借方	贷方	借或贷	余额
月	日						
6	1		月初余额			借	200 000
	5	银付3	购入原材料	150 000		借	350 000
	8	转6	领用原材料		180 000	借	170 000
	—	—	—	—		—	—
	—	—	—	—			—
	30		本月发生额及月末余额	850 000	300 000	借	750 000

图 3-8　总分类账样式

总分类账的登记方法取决于企业采用的账务处理程序,它可以根据记账凭证逐笔登记,也可以根据汇总记账凭证或科目汇总表定期汇总进行登记。

(2)明细分类账的设置和登记

明细分类账是对各项经济业务按照各个明细分类账户进行分类登记的账簿。明细分类账是对总分类账簿的必要补充,明细分类账对于加强监督财产的收发和保管、资金的管理与使用、往来款项的结算、收入的取得以及费用的开支管理等发挥着重要的作用。明细分类账的格式较为多样,企业应根据其反映的内容和经营管理的实际需要来确定采用何种格式的明细分类账。明细分类账一般有三栏式、数量金额式和多栏式三种格式。

三栏式明细分类账格式与三栏式总分类账的格式相同,在账页上设置"借方""贷方"和"余额"三个金额栏。这种格式明细分类账主要适用于只要求提供金额信息的明细分类核算,如各种应收、应付账款的明细分类核算。现以应收账款分类明细账为例说明其样式(见图3-9)。

应收账款明细分类账

第×页

单位名称:××股份有限公司

20×2年		凭证号码	摘要	借方	贷方	借或贷	余额
月	日						
2	1		月初余额			借	200 000
	5	转8	赊销产品,货款未收	113 000		借	313 000
	12	银收15	收到到期的应收账款		100 000	借	213 000
	—	—	—	—			—
	—	—	—	—			—
	29		本月发生额及月末余额	452 000	213 000	借	439 000

图 3-9　应收账款明细分类账样式

数量金额式明细分类账是指这种格式的明细分类账既要反映金额的信息也要反映数量的信息,即要求在账页上对"收入""支出""结余"各栏里再分别设置数量、单价和金额栏。适用于既要进行数量核算又要进行金额核算的财产物资如原材料、库存商品等的明细分类核算。现以原材料明细分类账为例说明其样式(见图3-10)。

原材料明细分类账

第×页

类别：　　　　　　　　　　　　　　名称：
计量单位：　　　　　　　　　　　　材料编号：
计划单价：　　　　　　　　　　　　最高储备量：
存放地点：　　　　　　　　　　　　最低储备量：

2×02年		凭证号码	摘要	收入			发出			结存		
月	日			数量	单价	金额	数量	单价	金额	数量	单价	金额
3	1		月初余额							20 000	2	40 000
	3	转字15	验收入库	10 000	2	20 000				30 000	2	60 000
	7	转字19	生产领料				15 000	2	30 000	15 000	2	30 000
	—	—	—	—			—			—		
	31		本月合计	30 000	2	60 000	20 000	2	40 000	30 000	2	60 000

图 3-10　原材料明细分类账样式

多栏式明细分类账在借方栏或贷方栏下设置多个栏目,用于记录某一会计科目所包括的明细项目的内容。该格式主要适用于收入、费用和成本的明细分类核算,如销售费用明细分类账、管理费用明细分类账、生产成本明细分类账等都采用多栏式的格式。现以销售费用明细分类账为例说明其样式(见图3-11)。

销售费用明细分类账

第×页

20×2年		凭证号码	摘要	借方						
月	日			运费	工资	广告	折旧	水电	其他	合计
2	1	003	支付广告费			6 000				6 000
	3	012	支付运费	1 200						1 200
	7	014	支付工资		9 800					9 800
	—	—	—		—					—
	29		合计	2 100	9 800	8 500	1 000	500	200	22 100

图 3-11　销售费用明细分类账样式

明细分类账一般应根据记账凭证和有关原始凭证或原始凭证汇总表逐笔登记。

(3)总分类账与明细分类账的平行登记

总分类账是根据总分类账户设置,用于提供总括核算资料的账簿。明细分类账是根据明细分类账户设置,用于提供详细核算资料的账簿。总分类账对所属的明细分类账起着统驭控制的作用,而明细分类账则对总分类账起着补充说明的作用。

经济业务发生后,要在总分类账和其所属的明细分类账中采用平行登记方法同时进行登记。平行登记的基本要点包括以下四个方面:

(1)同依据登记,是指登记总分类账和登记明细分类账依据的会计凭证相同。

(2)同时期登记,是指登记同一笔经济业务时,总分类账和明细分类账登记的会计期间必须一致。

(3)同方向登记,是指登记同一笔经济业务时,总分类账和明细分类账的登记方向必须相同,如果总分类账登记在借方的,明细分类账也应该登记在借方,反之亦然。

（4）同金额登记，是指登记同一笔经济业务时，总分类账登记的金额与所属明细分类账登记金额的合计数必须相等。

总分类账与所属明细账进行平行登记后，会使总分类账与其所属明细分类账之间形成如下可供相互核对的数量关系：

总分类账的本期借方发生额＝所属明细分类账本期借方发生额之和

总分类账的本期贷方发生额＝所属明细分类账本期贷方发生额之和

总分类账期末余额＝所属明细分类账期末余额之和

3.4　试算平衡

在会计期末，将所有的记账凭证过入账簿中去后，为了检查记账过账工作是否正确，往往需要按照借贷记账法的记账规则进行试算平衡。所谓试算平衡，是指在会计期末对所有账户的本期发生额和期末余额进行加总，以确定借贷方金额是否相等的工作。

在借贷记账法下，每笔经济业务都是根据"有借必有贷，借贷必相等"的记账规则进行记账的，根据数学上"等量加等量其和必等，等量减等量其差必等"的原理，将一定会计期间全部经济业务都登记入账后，期末所有账户的本期借方发生额合计数与本期贷方发生额合计数必然相等；所有账户的借方余额合计数与贷方余额合计数也必然相等。

试算平衡工作是通过编制试算平衡表的方式来完成的。试算平衡表格式如表 3-1 所示。

表 3-1　××公司试算平衡表

年　　　月　　　日　　　　　　　　　　　　　　单位：元

账户名称	借方余额	贷方余额
库存商品		
银行存款		
应收账款		
原材料		
库存商品		
固定资产		
累计折旧		
短期借款		
应付账款		
长期借款		
实收资本		
盈余公积		
利润分配		
主营业务收入		
主营业务成本		
管理费用		
财务费用		
销售费用		
⋯⋯		
⋯⋯		
合计		

如果经过试算发现不平衡,说明记账或过账存在错误,应检查找出错误并予以更正。但需要注意的是,如果试算平衡,并不意味着记账就是完全没有错误的,因为有些记账错误并不会影响平衡关系,比如:①漏记某笔经济业务;②重复记录某笔经济业务;③借贷方以相同的金额误记;等等。但即便如此,试算平衡工作在检查记账的正确性方面依然具有重要作用,因为毕竟会计记录上的很多错误均会导致试算失衡。

3.5　账项调整

从权责发生制观点看,账簿的日常记录仍然无法确切地反映本会计期企业获得的收入和发生的费用。这是因为有关收入与费用的经济业务的发生时间和与之相关的款项收付的发生时间并不总是一致的,比如有时款项支付在前,企业受益在后,企业需要在以后期间受益时按照权责发生制原则进行账项调整,确认发生的费用;有时款项收入在前,销售商品或提供劳务在后,企业需要在以后期间完成商品销售或劳务提供时按照权责发生制原则进行账项调整,确认实现的收入。当然也可能发生有关收入实现在前、款项收取在后,或者费用发生在前、款项支付在后的情形。所以,在会计期末,企业需要按照权责发生制的确认基础对账簿记录作必要的账项调整,使得账簿记录能够完整反映企业在本会计期间所实现的收入和发生的费用,从而客观地确定和反映企业本期所获得的经营成果。

账项调整的内容包括四个方面:①应计收入的调整;②应计费用的调整;③预收收入的调整;④预付费用的调整。

1.应计收入的调整

应计收入是指那些在本会计期已实现但尚未收到款项的收入,如应收利息、应收租金、应收股利等。对应计收入在期末应按权责发生制的确认原则进行账项调整,编制相应的调整分录:一方面增加资产,借记"应收利息""其他应收款""应收票据""应收股利"等资产账户;另一方面确认收入,贷记"投资收益""其他业务收入"等收入账户。

【例 3-4】　明达公司 20×1 年 12 月 1 日出租设备一台。租赁期限为 1 年,租赁合同约定每月租金为 2 000 元,租金在租赁期满后一次性收取。则明达公司在 20×1 年 12 月 31 日应编制如下调整分录:

借:其他应收款　　　　　　　　　　　　　　　　　　　　　　　2 000
　贷:其他业务收入　　　　　　　　　　　　　　　　　　　　　　　　2 000

2.应计费用的调整

应计费用是指本期已经发生即按照受益原则应由本期负担但本期尚未支付款项的费用,如应付利息、应付租金等。对应计费用在期末应进行账项调整,编制相应的调整分录:一方面应确认为费用,借记"管理费用""销售费用""财务费用"等账户;另一方面增加负债,贷记"应付利息""应付票据""其他应付款"等账户。

【例 3-5】　明达公司 20×1 年 11 月 1 日借入短期借款 300 000 元,借款利率为 4%,利息按季结算。则明达公司应在 20×1 年 11 月末和 12 月末编制如下调整分录:

借:财务费用　　　　　　　　　　　　　　　　　　　　　　　　　　1 000
　　贷:应付利息　　　　　　　　　　　　　　　　　　　　　　　　　　　1 000

每月应负担的利息费用＝300 000×4％÷12＝1 000(元)

3.预收收入的调整

预收收入是指企业在尚未销售商品或提供劳务之前先行收到的款项。由于收到时不符合权责发生制下收入确认的原则,所以不能确认为收入,只能确认为负债。后续随着商品的交付和劳务的提供,此项收入会逐渐实现,因此在会计期末,应根据本期收入实现情况进行账项调整,编制相应的调整分录:一方面减少前期所确认的负债,借记负债类账户;另一方面确认为本期收入,贷记有关收入类账户。

【例 3-6】　明达公司 20×1 年 1 月 1 日将一台设备出租给另一企业,租期一年,租金共12 000 元,于 1 月 1 日一次性收取,已存入银行。

20×1 年 1 月 1 日预收租金时

借:银行存款　　　　　　　　　　　　　　　　　　　　　　　　　12 000
　　贷:预收账款　　　　　　　　　　　　　　　　　　　　　　　　　12 000

20×1 年 1—12 月各月月末编制调整分录时:

借:预收账款　　　　　　　　　　　　　　　　　　　　　　　　　　1 000
　　贷:其他业务收入　　　　　　　　　　　　　　　　　　　　　　　　1 000

4.预付费用的调整

在企业经营中,由于种种原因,也会发生一些支付在前、受益在后的经济活动,这些在企业尚未受益之前先行支付出去的款项通常称为预付费用,如预付的保险费、预付的租金、预付的报纸杂志订阅费等。受益之前先预付出去的款项预付时通常确认为资产,如果先行支付的款项未来受益期在一年之内的,则在支付时借记“预付账款”等流动资产账户;如果先行支付的款项未来受益期超过 1 年,则借记“长期待摊费用”等非流动资产账户。在会计期末,需要根据本期企业受益情况进行账项调整,编制相应调整分录:一方面确认为本期费用增加,借记“管理费用”销售费用“等账户;另一方面减少资产,贷记”预付账款“”长期待摊费用“等账户。

【例 3-7】　明达公司 20×1 年 12 月 1 日分别为管理部门和销售部门预付下一年度保险费各 60 000 元。

则上述租金预付时应编制的会计分录如下:

借:预付账款　　　　　　　　　　　　　　　　　　　　　　　　120 000
　　贷:银行存款　　　　　　　　　　　　　　　　　　　　　　　　120 000

20×2 年每月末应编制的调整分录如下:

借:管理费用　　　　　　　　　　　　　　　　　　　　　　　　　5 000
　　销售费用　　　　　　　　　　　　　　　　　　　　　　　　　5 000
　　贷:预付账款　　　　　　　　　　　　　　　　　　　　　　　　10 000

3.6　对账和结账

3.6.1　对账

账簿记录是编制财务报表的依据,为了保证财务报表提供信息的正确性,通常需要在期末编制财务报表之前进行对账工作。对账工作包括账证核对、账账核对和账实核对三个方面。

知识拓展 3-1
错账更正方法

1. 账证核对

账证核对是指账簿记录与会计凭证相核对,这是保证账账核对相符和账实核对相符的基础。如前所述,企业账簿是根据审核无误的会计凭证登记的,因此账簿记录应该跟登账依据会计凭证核对相符。

2. 账账核对

账账核对是指各种账簿之间的有关数字应该核对相符。主要包括:①总分类账各账户的借方期末余额合计数应与总分类账贷方期末余额合计数核对相符;②库存现金日记账、银行存款日记账期末余额应与库存现金总分类账和银行存款总分类账期末余额核对相符;③总分类账各账户的期末余额应与总分类账所属明细分类账的期末余额合计数核对相符;④会计部门各财产物资明细账期末余额应与财产物资保管及使用部门的有关财产物资明细账期末余额核对相符。

3. 账实核对

账实核对是指各种财产物资的账面余额应与财产物资的实存数额进行核对。主要包括:①现金日记账的账面余额应与库存现金的实存数每日核对相符;②银行存款日记账的账面余额应与开户银行的银行对账单余额每月核对相符;③原材料、库存商品、固定资产等财产物资明细账期末账面余额应与其期末实存数核对相符;④各种应收应付款项等明细分类账的期末账面余额应与有关债务与债权单位的账目定期核对。账实核对一般要结合企业的财产清查工作来进行。

3.6.2　结账

结账是指会计期末将虚账户余额结清并将实账户余额结转到下期,使各账户记录暂告段落的工作。虚账户是指收入类账户和费用类账户,对虚账户而言,结账意味着将这些账户余额结清,即期末将收入类账户和费用类账户的余额结转至“本年利润”账户以核算出当期盈亏,使这些账户的余额归零以便于下期重新开始记录新的会计期获得的收入与发生的费用。实账户是指资产类账户、负债类账户和所有者权益类账户。经过一个会计期的经营后,这些资产负债和所有者权益类账户也发生了增减变化,为了了解企业期末财务状况,应在期末计算出这些账户的期末余额,并结转到下期,作为下期的期初余额,因此对实账户而言,结账意味着结算出这些账户的期末余额并结转至下期。

1. 虚账户的结账

首先计算出收入类账户和费用类账户的期末余额。收入类账户有贷方余额,应从其借方转出,转入"本年利润"账户贷方;费用类账户通常有借方余额,应从其贷方转出,转入"本年利润"账户的借方,从而结清这两类账户的余额,然后计算出"本年利润"账户的期末余额。若"本年利润"账户期末有贷方余额,表示企业获得的利润,应结转到"利润分配——未分配利润"账户贷方,增加企业的所有者权益;若"本年利润"账户期末有借方余额,表示企业发生的亏损,应结转到"利润分配——未分配利润"账户借方,减少企业的所有者权益。

【例 3-8】　假定明达公司 20×1 年 12 月 31 日损益类账户的余额资料如表 3-2 所示。

表 3-2　明达公司损益类账户余额　　　　　　　　　　　　　　　单位:元

账户名称	借方余额	贷方余额
主营业务收入		8 000 000
其他业务收入		600 000
投资收益		1 000 000
主营业务成本	5 000 000	
其他业务成本	250 000	
管理费用	300 000	
销售费用	140 000	
财务费用	100 000	
信用减值损失	80 000	
营业外支出	55 000	
所得税费用	915 000	

根据上述资料,明达公司应编制的结账分录如下:

(1)将收入类账户的余额转入"本年利润"账户:

借:主营业务收入	8 000 000	
其他业务收入	600 000	
投资收益	1 000 000	
贷:本年利润		9 600 000

(2)将费用类账户的余额转入"本年利润"账户:

借:本年利润	6 840 000	
贷:主营业务成本		5 000 000
其他业务成本		250 000
管理费用		300 000
销售费用		140 000
财务费用		100 000
信用减值损失		80 000
营业外支出		55 000
所得税费用		915 000

（3）将"本年利润"账户余额转入"利润分配——未分配利润"账户：

借：本年利润 2 760 000

　　贷：利润分配——未分配利润 2 760 000

将上述结账分录登记入账，并结清账户余额，至此，完成虚账户的结账工作。

2. 实账户的结账

实账户的结账，首先在最后一笔记录下面划一道红线，然后计算出每一账户的本期（月、季、年）借贷方发生额和期末余额，分别写在红线下面一行，并在同一行摘要栏填写"本月（季、年）发生额合计及月（季、年）末余额"字样，然后在月（季）结下面画一道通栏红线，在年结下面要画通栏双红线，并结转各账户余额至下期，在摘要栏注明"月（季、年）初余额"字样。实账户无须编制结账分录。

3.7 编制财务报表

编制财务报表是会计循环流程中的最后一环。企业在将发生的所有经济业务登记入账，并进行账项调整，对账和试算平衡后，要根据账簿记录来编制财务报表。财务报表由基本财务报表和报表附注组成，基本财务报表包括资产负债表、利润表、现金流量表和所有者权益变动表。各种财务报表编制的具体方法详见本书第13章，本章所论述的财务报表编制仅仅是作为会计循环的一个基本环节而作一简单介绍。

3.7.1 资产负债表的编制

资产负债表是反映企业某一特定日期（期末）财务状况情况的财务报表，是一张静态的财务报表。信息使用者通过这张财务报表可以了解企业会计期末的资产、负债、所有者权益的结存状况及相互关系。

资产负债表有两种基本格式，即账户式和报告式。账户式资产负债表采用左右分列方式来报告资产、负债和所有者权益项目。我国的资产负债表采用的是账户式的格式，报表左方列示资产项目，右上方列示负债项目，右下方列示所有者权益项目，左右两方的合计数保持平衡。具体格式详见第13章。报告式资产负债表是指采用上下分列的方式来报告资产、负债和所有者权益项目的报表格式，通常资产项目列在最上方，再依次列负债项目和所有者权益项目。

资产负债表上各资产、负债和所有者权益项目的金额是依据企业设置的资产类账户、负债类账户和所有者权益类账户的期末余额经过分析计算后填列的。

3.7.2 利润表的编制

利润表是用来反映企业在某一会计期间的经营成果的财务报表，是一张动态的报表。在利润表上，要反映企业在一个会计期间获得的收入（广义）与发生的费用（广义），并计算出报告期的利润（或亏损）。

利润表通常有单步式和多步式两种格式。单步式利润表是指直接将本会计期间的全部收入列示在上方,全部费用列示在下方,两者相减,一步计算出本期利润的报表格式。多步式利润表是指分多个计算步骤来计算出本会计期利润的利润表格式,这种格式的利润表有助于信息使用者更好地进行企业盈利质量和盈利能力的分析,我国利润表采用多步式的格式,具体格式详见第13章。

利润表上各收入项目和费用项目的金额是依据企业所设置的各收入类账户和费用类账户的本期发生额经过分析计算后填列的。

3.7.3 现金流量表的编制

现金流量表是指反映企业在一定会计期间现金和现金等价物流入和流出情况的财务报表。现金流量表所指的现金是广义的现金概念,它包括库存现金、可以随时用于支付的存款以及现金等价物。现金等价物是指企业持有的期限短、流动性强、易于转换为已知金额的现金、价值变动风险很小的投资。

现金流量表从现金流入和现金流出两个方面,依次反映企业一定会计期间发生的经营活动、投资活动和筹资活动对企业现金流量的影响,向会计信息使用者揭示企业一定会计期间的现金来源及运用去向的情况,以便信息使用者分析和预测企业未来现金流量的趋势和分析企业利润的质量。现金流量表的具体格式详见第13章。

现金流量表是按现金制反映企业报告期内的现金流量信息的,而企业的资产负债表、利润表和所有者权益变动表及有关账户记录则是以权责发生制为基础编制和记录的。因此,编制现金流量表的过程就是将权责发生制下的会计资料转换调整为按现金制表示的的现金流量情况。现金流量表各项目的金额需要根据资产负债和利润表并结合有关账户的记录等资料经过一系列分析调整后计算确定。

3.7.4 所有者权益变动表的编制

所有者权益变动表是反映企业在一定会计期间构成所有者权益的各组成部分的增减变动情况的报表。

企业在一定会计期间内引起所有者权益变动的全部事项在该表中都能得到揭示,这些事项既包括引起所有者权益变动的综合收益,也包括当期所有者投入的资本和减少的资本、利润分配、所有者权益内部结构的变动以及前期会计政策变更和差错更正的累积影响额等事项。所有者权益变动表的具体格式详见第13章。

所有者权益变动表各项目应根据企业设置的各所有者权益账户的期末余额分析计算后填列。

3.7.5 财务报表附注

由于资产负债表、利润表、现金流量表和所有者权益变动表这些基本财务报表表内列报的会计信息具有一定的局限性,所以还需要提供财务报表附注作为补充。财务报表附注是对资产负债表、利润表、现金流量表和所有者权益变动表等财务报表中列示项目的文字描述或明细资料,以及对未能在这些报表中列示的项目的说明,它是财务报表不可或缺的重要组成部分。

　　财务报表附注有助于信息使用者更为透彻地理解基本财务报表的内容，弥补表内揭示信息固有的局限性，可以丰富财务报表的信息含量，对增加会计信息的可理解性、提高会计信息的可比性等都具有重要作用。

　　财务报表附注需要揭示的内容详见第 13 章。

知识拓展 3-2
会计资料管理

【案例分析】BC 公司的资产、负债和利润核算正确吗？

　　程宏是 BC 公司的会计主管，公司的会计人员提供给他的该公司 20×1 年 12 月 31 日结账前资产、负债、所有者权益及损益类账户余额如表 3-3 所示。

表 3-3　账户余额　　　　　　　　　　　　　　　单位：元

账户名称	借方余额	账户名称	贷方余额
库存现金	2 000	短期借款	4 000 000
银行存款	4 000 000	应付账款	3 402 000
应收账款	6 200 000	应付职工薪酬	860 000
库存商品	3 500 000	长期借款	5 000 000
固定资产	92 000 000	实收资本	40 000 000
主营业务成本	7 200 000	盈余公积	6 500 000
管理费用	650 000	利润分配—未分配利润	8 000 000
财务费用	130 000	主营业务收入	11 000 000
销售费用	80 000	累计折旧	35 000 000

　　程宏在审核会计人员本年度的会计核算工作时发现下列情况：

　　(1)公司 12 月 1 日与南方公司签订一项租赁合同，租入南方公司的房屋作为公司销售机构用房，为下一年度预付的一年租金共计 480 000 元，支付时会计人员记入了销售费用账户，租赁合同规定租赁开始日为 20×2 年 1 月 1 日。

　　(2)公司 20×1 年 11 月 1 日借入 3 个月的短期借款 4 000 000 元，年利率为 6%，由于按照借款合同规定利息按季在季末结算，所以会计人员打算在季末(20×2 年 1 月 31 日)支付利息时确认 60 000 元的财务费用。

　　案例思考：

　　(1)应如何对上述两笔业务在 20×1 年 12 月份进行正确的会计处理？

　　(2)根据上述资料，分析计算该公司 20×1 年度获得的利润总额。

　　(3)调整上述业务的会计处理后对该公司 20×1 年年末的资产和负债金额有何影响？

【本章小结】

　　会计循环是指会计人员根据企业发生的经济业务，按照企业会计准则的要求，采用专门的会计核算程序和方法，经过一系列的加工，编制成财务报表的过程。会计循环主要包括以下流程:①编审原始凭证;②编审记账凭证;③登记账簿;④试算平衡;⑤账项调整;⑥对账和结账;⑦编制财务报表。

编审会计凭证是会计核算的起点。会计凭证是记录经济业务,明确经济责任,作为记账依据的书面证明。会计凭证按照填制程序和用途可以分为原始凭证和记账凭证。经济业务发生后,首先要取得原始凭证并加以审核,根据审核无误的原始凭证编制记账凭证,并根据审核无误的记账凭证登记会计账簿。会计账簿是指由一定格式、相关联系的账页所组成,用以序时地、分类地记录和反映各项经济业务的簿籍。账簿主要有日记账和分类账两种形式,日记账提供序时的核算信息,而分类账提供分类的核算信息,分类账按照提供分类信息的详细程度又分为总分类账和明细分类账,总分类账提供总括的核算信息,明细分类账提供更为明细的核算信息,总分类账对明细分类账起着统驭和控制的作用,明细分类账则对总分类账起着补充说明的作用。

会计期末,企业要对记账结果进行试算平衡,以检查账簿记录的正确性,试算平衡工作是通过编制试算平衡表来进行的。会计期末,企业还需要按照权责发生制的确认要求,编制调整分录进行账项调整,并将调整分录登记入账,以全面反映企业每一会计期间获得的收入和发生的费用。在会计期末,还需要进行对账和结账工作。对账工作的内容包括账证核对、账账核对和账实核对三个方面。结账是指会计期末将虚账户余额结清并将实账户余额结转到下期,使各账户记录暂告段落的工作。

编制财务报表是会计循环流程中的最后一环。企业在将发生的所有经济业务登记入账,并在会计期末进行账项调整、对账和试算平衡等一系列工作后,要根据账簿记录来编制财务报表,会计信息是以财务报表的形式对外输出的。财务报表由资产负债、利润表、现金流量表、所有者权益变动表和财务报表附注构成。

【练习题】

习题 1

甲公司 20×1 年 1 月发生下列经济业务(假设不考虑增值税):

(1)接受 A 投资者投入的资本金 2 000 000 元,已存入银行。

(2)用银行存款购入机器设备两台,共计 160 000 元。

(3)借入短期借款 300 000 元,已存入银行。

(4)赊购原材料一批,货款 40 000 元尚未支付,并用银行存款支付该原材料运费 1 000 元。

(5)用银行存款支付上月职工工资共计 650 000 元。

(6)生产产品领用原材料计 16 000 元。

(7)收到 B 公司上月所欠的购货款 65 000 元,已存入银行。

(8)管理部门职工张斌出差预支差旅费 4 000 元,以现金支付。

要求:为甲公司发生的上述经济业务编制会计分录。

习题 2

甲公司为一制造业企业,20×1 年 11 月份发生下列经济业务(假设不考虑增值税):

(1)月初预收出租设备一年租金 6 000 元,租期本月月初开始。

(2)支付应由以前月份负担的管理部门用房租金 4 000 元。

(3)销售商品一批,售价 200 000 元,货款尚未收到。

(4)预付下一年度保险费用共计 12 000 元。

(5)销售商品一批并收到销货款 150 000 元。

(6)计提应由本月负担下月支付的短期借款利息 3 200 元。

(7)应由本月负担的厂部管理人员工资 100 000 元,月末尚未支付。

(8)支付本月销售产品发生的运费 2 000 元。

要求:

(1)分析现金制和应计制下上述经济业务对甲公司 20×1 年 11 月份收入和费用确认的影响。

(2)为甲公司 20×1 年 11 月末编制必要的调整分录。

习题 3

甲公司 20×1 年 12 月发生如下经济业务(假设不考虑增值税):

(1)赊销 A 产品一批,增值税发票注明售价 800 000 元,货款尚未收到。

(2)结转已经销售的该批 A 产品的成本计 500 000 元。

(3)以银行存款支付本月管理部门发生的水电费共计 2 000 元。

(4)以银行存款支付企业本月发生的广告费 8 000 元。

(5)以银行存款支付下一年度报纸杂志订阅费 6 000 元。

(6)收到上月赊销乙产品应收的货款 85 000 元。

(7)用银行存款预付原材料购货款 100 000 元。

(8)以银行存款支付到期的应付账款 24 000 元。

(9)购入原材料一批,采购成本 30 000 元,原材料已经验收入库,货款未付。

(10)生产产品领用原材料 15 000 元。

甲公司月末需调整事项如下:

(1)本月应付职工工资共计 140 000 元,其中行政管理人员工资 80 000 元,销售人员工资 60 000 元。

(2)1 月份曾预付全年财产保险费 4 800 元,本月应负担 400 元。

(3)本月应负担短期借款利息 1 000 元。

(4)本月应负担销售网点房租 600 元,下一年度支付。

要求:

(1)为上述经济业务编制必要的会计分录。

(2)编制调整分录。

(2)编制结账分录,并计算出甲公司 12 月的利润总额。

在线自测

第4章

货币资金与交易性金融资产

■■■ **问题导入：汤臣倍健公司的货币资金与交易性金融资产分别由哪些项目构成？**

根据汤臣倍健公司披露的 2020 年年报，资产负债表中列示的货币资金 2020 年 12 月 31 日为 1 826 033 992.60 元，交易性金融资产 2020 年 12 月 31 日为 40 980 000.00 元。那么，这些货币资金具体包括哪些项目？交易性金融资产主要有什么内容？表 4-1 是汤臣倍健公司资产负债表资产部分的摘录，表 4-2 是与货币资金相关的报表附注披露内容，表 4-3 是与交易性金融资产相关的报表附注披露内容。

表 4-1　汤臣倍健公司资产负债表（资产部分）

2020 年 12 月 31 日　　　　　　　　　　　　　　　　　　　　　　　单位：元

项目	2020 年 12 月 31 日	2019 年 12 月 31 日
流动资产：		
货币资金	1 826 033 992.60	1 821 553 419.42
交易性金融资产	40 980 000.00	690 000 000.00
应收账款	164 177 599.16	113 530 032.72
应收款项融资	94 029 781.41	44 318 539.03
预付款项	131 914 218.52	76 116 380.39
其他应收款	14 299 131.51	8 454 360.79
存货	872 722 636.05	742 463 814.53
其他流动资产	1 705 411 550.81	311 478 184.83
流动资产合计	4 849 568 910.06	3 807 914 731.71

表 4-2　汤臣倍健公司报表附注披露的货币资金项目　　　　　单位：元

项目	期末余额	期初余额
现金	11 825.98	5 266.40
银行存款	1 813 538 998.45	1 815 202 699.24
其他货币资金	12 220 818.16	2 628 106.39
存款应收利息	262 350.01	3 717 347.39
合计	1 826 033 992.60	1 821 553 419.42

表 4-3　汤臣倍健公司报表附注披露的交易性金融资产项目　　　　　单位:元

项目	期末余额	期初余额
以公允价值计量且其变动计入当期损益的金融资产	40 980 000.00	690 000 000.00
其中:理财产品	40 980 000.00	690 000 000.00
合计	40 980 000.00	690 000 000.00

　　根据上述资料,汤臣倍健公司报表列示的货币资金 1 826 033 992.60 元主要由库存现金、银行存款及其他货币资金构成,交易性金融资产 40 980 000.00 元主要是理财产品。那么货币资金如何进行分项目核算? 如何进行货币资金实存数的核对? 交易性金融资产除了理财产品外,一般还有股票、债券,如果发生交易性金融资产的涨价跌价,是否要确认、记录及报告? 本章将围绕这些问题展开。

　　资产可以按照其变为现金(广义)的能力,即流动性,分为流动资产与非流动资产。流动资产是指将在一年或超过一年的一个营业周期内变现或耗用的资产。符合下列条件之一的资产,可归类为流动资产:
　　(1)预计在一个正常营业周期中变现、出售或耗用;营业周期是指从购买用于加工的资产到其收回现金或现金等价物的这段时间;
　　(2)主要为交易目的而持有;
　　(3)预期自资产负债表日起一年内变现;
　　(4)自资产负债表日起一年内,交换其他资产或清偿负债的能力不受限制的现金或现金等价物。
　　流动资产一般包括货币资金、交易性金融资产、应收票据、应收账款、预付账款、其他应收款、存货等。
　　流动资产以外的资产,应当归类为非流动资产。非流动资产一般包括长期股权投资、固定资产、无形资产等。
　　资产可以按照是否能在未来直接作为获取现金的一种权利而划分为金融资产与非金融资产。
　　金融资产是一种为其所有者索取真实资产(通常是即期或远期的货币收入)的合同权利。比如应收账款,实际上是企业据此直接收回货币资金的一种权利;再比如企业持有的股票,可以直接凭此获得货币收入,它们都是金融资产。而存货不能直接作为收取货币资金的权利,只有通过出售,在交易成立后才能收取货币资金,属于非金融资产。
　　金融资产主要包括:库存现金、银行存款、应收账款、应收票据、其他应收款、交易性金融资产、债权投资、其他债权投资、其他权益工具投资等。《企业会计准则——金融工具确认与计量》中将金融资产基于后续计量视角分为三大类别:以摊余成本计量的金融资产、以公允价值计量且其变动计入其他综合收益的金融资产和以公允价值计量且其变动计入当期损益的金融资产。
　　非金融资产是指除金融资产以外的资产,主要是企业用于经营活动的资产,主要包括存货、长期股权投资、固定资产、无形资产等。
　　本章涉及的货币资金与交易性金融资产都属于流动资产,也属于典型的金融资产。

4.1　货币资金

货币资金是指企业生产经营过程中以货币形态表现的那一部分资产。作为交易的媒介物,货币资金在企业日常经营活动中扮演着重要角色,大量的经营事项都是通过货币资金的收付来实现的,例如用现金支付职工工资、向职工出借差旅费;通过银行收取销货款、支付采购款、缴纳税金;等等。

案例 4-1　顾中科技对上市申请文件问询函的回复

货币资金指的是广义的现金,主要包括库存现金、银行存款和其他货币资金。

4.1.1　库存现金

1.库存现金的管理

库存现金是指企业为了满足日常经营过程中零星支付需要而由出纳保管的现钞,包括纸币、硬币。在企业所有资产中,它的流动性最强,可以随时用于各种经济业务的结算。为保证库存现金的安全、完整和有效使用,企业需要对库存现金的收入、付出和结存进行合理的管理。

根据《现金管理暂行条例》等相关规定,我国企业现金管理的主要内容有:

(1)明确现金使用范围。开户单位之间的经济往来,除按有关规定可以使用现金外,都应该通过开户银行进行转账结算。企业可用现金支付的业务包括:职工工资、津贴;个人劳动报酬;根据国家规定颁发给个人的科学技术、文化艺术、体育等各种奖金;各种劳动保护、福利费用以及国家规定的对个人的其他支出;向个人收购农副产品和其他物资的价款;出差人员随身携带的差旅费;支付各单位间在转账结算起点以下的零星支出;按规定的其他支出。企业可用现金收入的业务包括:单位及个人交回剩余差旅费和备用金等;收取不能转账的单位或个人的销售收入;不足转账起点的小额收入等。

(2)实行现金限额管理。库存现金限额由开户银行核定,一般以企业 3～5 天的日常零星开支所需现金量为依据。边远地区和交通不便地区的开户单位可以适当放宽,但不得超过 15 天的日常零星开支。当企业实际库存现金数额超过最高限额时,超过部分应及时送存银行,以保证现金管理安全;当企业实际库存现金数额低于最高限额时,不足部分可向银行提取现金,以避免现金不足。限额确定后,必须严格执行管理。如需要增加或减少限额的,应当向开户银行提出申请,以重新核定。

(3)严格日常现金收支管理。企业在日常经营过程中收取的现金,应于当日送存开户银行。当日送存确有困难的,由开户银行确定送存时间。企业支付现金,可以从本单位库存现金限额中支付或者从开户银行提取,但不得从本单位的现金收入中直接提取,即不准坐支现金。因特殊情况需要坐支的,应事先报经开户银行审查批准,由开户银行核定。企业从开户银行提取现金,应当写明用途,由本单位财会部门负责人签字盖章,经开户银行审核后,予以支付。

2. 库存现金收付的会计处理

（1）库存现金日常收支的处理

企业库存现金的收入、付出和保管，是由出纳人员专门负责办理的。企业每天都发生大量的现金收付业务，为了详细反映现金的收入、付出和结余情况，保护现金完整，避免差错，企业需要对库存现金进行序时和总分类核算。

对库存现金进行序时核算，要求设置"库存现金日记账"。库存现金日记账由出纳人员根据审核后的凭证，按照业务发生顺序逐笔登记。每日终了，应当结出余额，并核对库存现金日记账的账面余额与实际库存余额，保证账实相符。实际库存余额必须是实有的现款，严禁以"白条"抵充库存现金。企业应按币种设置现金日记账，进行明细分类核算。在实际工作中，企业大多采用"三栏式"账页格式，其格式如表 4-4 所示。

表 4-4　库存现金日记账　　　　　　　　　　　　　　　　　　　单位：元

20×1年		凭证		摘要	对应科目	收入	支出	余额
月	日	字	号					
10	1			期初余额				800
	3	银付	1	从银行提取现金	银行存款	5 000		5 800
	12	现付	2	张平借差旅费	其他应收款		3 000	2 800
	15	现收	1	张平退回余款	其他应收款	1 800		4 600
	25	现收	2	销售商品收入	主营业务收入	22 600		27 200
	31	现付	3	向银行存入现金	银行存款		22 600	4 600
	31			本月合计		29 400	25 600	4 600

对库存现金的收入、付出和结余情况进行总分类核算，是通过设置"库存现金"账户进行的。该账户借方登记库存现金的增加数，贷方登记库存现金的减少数，期末余额在借方，表示企业持有的库存现金余额。企业收入现金时，借记"库存现金"账户，贷记有关账户；付出现金时，借记有关账户，贷记"库存现金"账户。企业内部周转有使用备用金的，可以通过"其他应收款"账户进行核算。

【例 4-1】 明达公司 20×1 年 10 月份有关现金日常收支业务以及应编制的会计分录如下：

10 月 3 日，会计员张成签发现金支票，从银行提取现金 5 000 元，零星备用。

借：库存现金　　　　　　　　　　　　　　　　　　　　　　　　　　　5 000

　　贷：银行存款　　　　　　　　　　　　　　　　　　　　　　　　　　　5 000

10 月 25 日，销售给个体经营者商品，收到商品销售款 22 600 元现金。

借：库存现金　　　　　　　　　　　　　　　　　　　　　　　　　　　22 600

　　贷：主营业务收入　　　　　　　　　　　　　　　　　　　　　　　　　20 000

　　　　应交税费——应交增值税（销项税额）　　　　　　　　　　　　　　2 600

10 月 25 日，将上述 22 600 元现金送存银行。

借：银行存款　　　　　　　　　　　　　　　　　　　　　　　　　　　22 600

　　贷：库存现金　　　　　　　　　　　　　　　　　　　　　　　　　　　22 600

（2）备用金的会计处理

企业事先拨付给非独立核算的内部单位或工作人员一笔款项，供其零星开支使用，称为备用金。备用金分为定额和非定额两种。

定额备用金指的是企业根据用款单位的实际需要,核定备用金定额并按定额拨付现金。当用款单位支用备用金后,应根据有关支出凭证定期报销,同时补足原核定金额的差额。企业可以在"其他应收款"账户核算备用金,也可单独设置"备用金"账户核算定额备用金,并根据用款单位设明细分类账户。建立备用金时,借记该账户,贷记"库存现金"账户。业务发生以后补足差额,借记有关账户,贷记"库存现金"账户。减少或收回备用金时,作与建立时相反的分录。

【例 4-2】　明达公司有关定额备用金业务以及应编制的会计分录如下。

明达公司为销售部门建立了 5 000 元的备用金:

借:其他应收款——备用金(销售部)　　　　　　　　　　　　　　　 5 000
　　贷:库存现金　　　　　　　　　　　　　　　　　　　　　　　　　　 5 000

销售部门报销零星费用 3 000 元,财会部门补足其定额差额 3 000 元。

借:销售费用　　　　　　　　　　　　　　　　　　　　　　　　　　 3 000
　　贷:库存现金　　　　　　　　　　　　　　　　　　　　　　　　　　 3 000

非定额备用金是指用款单位根据实际需要向财会部门领取款项。备用金使用后,根据相关费用凭证在规定的时间内一次报销,多退少补。非定额备用金一般通过"其他应收款"账户核算。

【例 4-3】　明达公司 20×1 年 10 月份有关非定额备用金业务以及应编制的会计分录如下:

10 月 12 日,采购部职工张平因公出差,借差旅费 3 000 元。

借:其他应收款——张平　　　　　　　　　　　　　　　　　　　　 3 000
　　贷:库存现金　　　　　　　　　　　　　　　　　　　　　　　　　　 3 000

10 月 15 日,张平出差共花费 1 200 元,经批准予以报销,提供相关的发票和交回现金余款 300 元。

借:管理费用　　　　　　　　　　　　　　　　　　　　　　　　　　 1 200
　　库存现金　　　　　　　　　　　　　　　　　　　　　　　　　　　 1 800
　　贷:其他应收款——张平　　　　　　　　　　　　　　　　　　　　 3 000

3. 库存现金的清查

企业应当按规定定期进行库存现金的清查,一般采用实地盘点法。盘点时,出纳人员必须在场,对于清查的结果应当编制库存现金盘点报告单。通过清查,确定库存现金的实际余额,再与现金日记账的账面余额进行核对,以确保账实相符。此外,如果发现有违反现金管理制度的情况,如以"白条"冲抵现金、坐支现金等,应予以纠正;发现库存现金余额超过银行核定的限额,应及时送存银行。

对于现金的盘盈与盘亏,必须进行会计处理,以实现账实相符。企业一般应该设置"待处理财产损溢"账户进行会计处理,并分两步完成盘盈盘亏的处理过程。第一步,发现盘盈盘亏时,一方面调整现金账户,另一方面计入"待处理财产损溢"账户,盘盈时计入"待处理财产损溢"的贷方,盘亏时计入"待处理财产损溢"的借方。第二步,报经领导或主管部门批准,在期末结账前转销"待处理财产损溢"账户。在期末结账前必须处理完毕,处理后该账户无余额。

对于库存现金盘亏的情况,分以下情况进行处理:

(1)应由相关责任人或保险公司赔偿的,借记"其他应收款"账户,贷记"待处理财产损溢"账户;

(2)无法查明原因的,经批准后应作为管理费用处理。借记"管理费用"账户,贷记"待处理财产损溢"账户。

对于库存现金盘盈的情况,分以下情况进行处理:

(1)应支付给有关人员或单位的,借记"待处理财产损溢"账户,贷记"其他应付款"账户;

(2)无法查明原因的,经批准后计入营业外收入,即借记"待处理财产损溢"账户,贷记"营业外收入"账户。

【例 4-4】 明达公司有关现金清查业务以及应编制的会计分录如下:

(1)8 月末盘点时,发现短缺现金 900 元。

借:待处理财产损溢——待处理流动资产损溢	900
贷:库存现金	900

(2)经查明,上述短缺中应向销售部王明追回其个人借款 500 元,其余 400 元无法查明原因,经批准作为管理费用处理。

借:其他应收款——王明	500
管理费用	400
贷:待处理财产损溢——待处理流动资产损溢	900

(3)9 月末盘点时,发现溢余现金 600 元。

借:库存现金	600
贷:待处理财产损溢——待处理流动资产损溢	600

(4)经反复核查,上述盘盈无法查明原因,经批准计入营业外收入。

借:待处理财产损溢——待处理流动资产损溢	600
贷:营业外收入	600

4.1.2 银行存款

银行存款是指企业存入银行或其他金融机构的货币资金。如前所述,我国现金管理相关法规规定,企业除在核定限额内可以留存少量库存现金外,其余货币资金必须全部存入银行。为确保资金安全,企业在经营过程中发生的各项经济往来,除在规定范围内可以使用现金结算外,都必须通过银行办理转账结算。

1.银行转账结算的方式

根据中国人民银行的《支付结算办法》和国际结算有关规定,我国企业目前可选择使用的转账结算工具主要有银行汇票、商业汇票、银行本票和支票;结算方式主要有汇兑、托收承付、委托收款和信用卡结算,以及国际上采用的信用证结算方式。企业应根据实际情况选择适用的转账结算方式。

(1)银行汇票,是指汇款人将款项交存出票银行,由银行签发汇票给汇款人,允许其持往异地办理转账结算或支取现金,银行在见票时按照实际结算金额无条件支付给收款人或持票人的票据。银行汇票的付款期为一个月,逾期不予受理;汇票一律采用记名方式,允许背书转让。

（2）商业汇票,是指出票人（或承兑申请人）签发,由承兑人承兑并在指定日期无条件支付确定的金额给收款人或持票人的票据。与银行汇票相比,商业汇票的使用对象较为狭隘,适用于在银行开立账户的法人。根据承兑人的不同,商业汇票分为商业承兑汇票和银行承兑汇票。顾名思义,商业承兑汇票是由银行以外的付款人承兑的。商业承兑汇票可以由付款人或收款人签发,但必须由付款人承兑。商业汇票一律采用记名方式,允许背书转让;同城、异地都可使用;承兑时间最长不超过 6 个月;汇票一经承兑,承兑人即负有到期无条件支付票款的责任。对于商业承兑汇票,若汇票到期日付款人存款账户余额不足支付,其开户银行应将汇票退还收款人,并对付款人按票面金额处以一定的罚金;对于银行承兑汇票,承兑申请人在到期日仍没有交存足额票款,承兑银行应无条件支付款项,但应根据承兑契约规定,对承兑申请人执行扣款,并对尚未收回的承兑金额计收利息。

（3）银行本票,是指申请人将款项交存银行,由银行签发、承诺自己在见票时无条件支付确定的金额给收款人或持票人的票据。银行本票分为定额本票和不定额本票两种。银行本票一律采用记名方式,允许背书转让;可以用于转账,注明"现金"字样的银行本票可以用于支取现金;适用于同城结算;信用期限最长不超过 2 个月。

（4）支票,是指由出票人签发的,委托办理支票存款业务的银行或者其他金融机构在见票时无条件支付确定的金额给收款人或持票人的票据。支票分为现金支票和转账支票两种。现金支票只能用于支取现金,不得背书转让;转账支票只能用于转账,可以背书转让。单位和个人均可以使用支票进行结算,并在全国范围内通用;付款期限为 10 日。出票人不得签发空头支票,不得签发与其预留银行签章不符的支票,使用支付密码的,不得签发密码错误的支票,否则银行将予以退票并处以相应罚款,甚至停止其签发支票。

（5）汇兑,是指汇款人委托银行将其款项支付给异地收款人的一种结算方式。根据委托函传递方式的不同,汇兑分为信汇和电汇两种,由汇款人自行选择使用。信汇费用较低,但速度相对慢;电汇速度很快,但汇款人需支付较高的电报或电传费用。汇兑结算适用范围广泛,单位和个人均可办理;手续简便易行,无金额起点限制。

（6）托收承付,所谓托收,是指收款人委托其开户银行收取款项的行为,办理托收时,必须提交商品发运证明;所谓承付,是指付款人在承付期限内,向银行承认付款的行为,付款人可验单承付,亦可验货承付。简单来说,托收承付就是根据购销合同,由收款人发货后委托银行向异地付款人收取款项,付款人向银行承认付款的一种结算方式。托收承付对收、付款双方提出了较为严格的限制,要求必须是国有企业、供销合作社,以及经营管理较好并经开户银行审查同意的城乡集体所有制工业企业。商品交易以及因商品交易而产生的劳务供应的款项,允许使用托收承付结算方式,代销、寄销、赊销不得使用。

（7）委托收款,是指收款人提供收款依据,委托银行向付款人收取款项的一种结算方式。委托收款结算方式以商业信用为基础,银行不参与监督。委托收款适用范围广泛,单位和个人均可使用;不受地点限制,同城、异地均可办理;不受金额起点限制;但采用这种方式,只允许全额付款或全部拒绝付款。

（8）信用卡,是指由银行或其他金融机构向社会发行的,具有消费信用、转账结算和存取现金等全部或部分功能的特制载体卡片。信用卡允许用户透支消费,一般情况下在规定期限内还款不收任何费用。在我国,通常所指的信用卡包括贷记卡和准贷记卡两种类型。贷记卡是指持有人不需要在账户内预先存款,就可以在透支额度内先消费后还款的信用卡;而准贷记卡则要求持有人先存入一定资金作为备用金,当备用金不足以支付时,可以在有限额度内透支消费的信用卡。

(9)信用证,信用证是国际贸易结算的主要工具,指的是进口方向开证银行提出申请,由银行开出的,承诺自己在见到符合信用证条款规定的单据时支付货款的一种结算方式。信用证结算以银行信用为保证,开出后,开证银行负第一付款责任;开证银行仅对信用证负责,凡见到完全符合信用证条款所规定的单据时,履行付款承诺,而不管购销合同的实质履行程度。

2.银行存款收付的会计处理

为了监督和反映企业银行存款的收入、付出和结余情况,明确资金周转,提高资金使用效益,企业应设置"银行存款"账户,以对银行存款进行序时和总分类核算。

对银行存款进行序时核算,要求企业按照银行名称和存款种类进行明细核算,设置"银行存款日记账"。同现金日记账,银行存款日记账也是由出纳人员根据审核后的凭证,按照业务发生顺序逐笔登记。每日终了,应当结出余额。"银行存款日记账"一般采用三栏式,其格式如表4-5。

表 4-5　银行存款日记账　　　　　　　　　　　　　　单位:元

20×1年		凭证		摘要	对应科目	收入	支出	余额
月	日	字	号					
10	1			期初余额				533 100
	3	银付	1	开出现金支票	库存现金		8 000	525 100
	18	银付	2	购买材料	原材料		10 000	515 100
					应交税费		1 300	513 800
	23	银付	3	开出现金支票	库存现金		5 000	508 800
	25	现付	4	向银行存入现金	库存现金	23 400		532 200
	27	银收	4	收到销货欠款	应收账款	30 000		562 200
10	31			本月合计		53 400	24 300	562 200

对银行存款的收入、付出和结余情况进行总分类核算,通过设置"银行存款"账户进行。该账户借方登记银行存款的增加数,贷方登记银行存款的减少数,期末结存数在借方,表示银行存款的余额。银行账户中存入或转入现金时,借记"银行存款"账户,贷记有关账户;支取或转出现金时,借记有关账户,贷记"银行存款"账户。

前述各种结算方式涉及的银行存款并不全是在"银行存款"账户中进行核算的,一些特定的银行存款在"其他货币资金"账户中进行核算。具体见本节的"4.1.3 其他货币资金"。

【例4-5】　明达公司20×1年10月份银行存款相关业务以及应编制的会计分录如下:

10月3日,开出现金支票8 000元。

借:库存现金　　　　　　　　　　　　　　　　　　　　　　　8 000

　　贷:银行存款　　　　　　　　　　　　　　　　　　　　　　　8 000

10月18日,购买一批原材料,增值税专用发票上注明的价款为10 000元,增值税为1 300元。开出转账支票一张,材料已验收入库。

借:原材料　　　　　　　　　　　　　　　　　　　　　　　　　　　10 000
　　应交税费——应交增值税(进项税额)　　　　　　　　　　　　　　1 300
　　　贷:银行存款　　　　　　　　　　　　　　　　　　　　　　　　　　11 300

10 月 23 日,开出现金支票 5 000 元。

借:库存现金　　　　　　　　　　　　　　　　　　　　　　　　　　　5 000
　　　贷:银行存款　　　　　　　　　　　　　　　　　　　　　　　　　　5 000

10 月 25 日,库存现金 23 400 送存银行。

借:银行存款　　　　　　　　　　　　　　　　　　　　　　　　　　23 400
　　　贷:库存现金　　　　　　　　　　　　　　　　　　　　　　　　　23 400

10 月 27 日,明达公司收到 T 公司的转账支票一张,归还所欠货款,金额 30 000 元。公司收到后,将支票和填制的进账单送交开户银行。

借:银行存款　　　　　　　　　　　　　　　　　　　　　　　　　　30 000
　　　贷:应收账款——T 公司　　　　　　　　　　　　　　　　　　　30 000

3.银行存款的期末核对

为了检查和反映企业与银行往来的资金流动与结余情况,确保银行存款核算资料正确无误,企业的银行存款日记账应定期与银行对账单进行核对,要求至少每月核对一次。在核对时,常常发生企业银行存款日记账账面余额与银行对账单余额不一致的情况,产生不一致的原因有两个:一是企业或银行任何一方发生记账错误;二是存在未达账项。

视频 4-1　银行存款的期末检查

所谓未达账项,指的是企业与银行之间对同一经济业务由于凭证传递上的时间差导致一方已经登记入账,另一方因未收到凭证而尚未登记入账的款项。未达账项有四种情况:

(1)企业已经收款入账,银行尚未入账的款项;

(2)企业已经付款入账,银行尚未入账的款项;

(3)银行已经收款入账,企业尚未入账的款项;

(4)银行已经付款入账,企业尚未入账的款项。

检查银行存款日记账的余额与银行对账的单余额是否一致,要通过编制银行存款余额调节表的方式进行。在编制银行存款余额调节表时,一般将所有未核对一致的项目均视为未达账项,对于出现的各种未达账项,应进行认真审核,确属于未达账项的,应督促有关人员办理结算手续;由企业记账错误造成的余额不一致,应及时查明原因进行更正,并编制正确的会计分录;属于银行方面的错账原因,应及时通知银行更正。如果调节后余额一致,表明账户内结存额计算无误;如果调节后余额仍不一致,应继续核对,以便发现不一致的原因。

企业在编制银行存款余额调节表时,常用横向排列的格式,即分为左右两部分,以各自的账面余额为起点,加减需要调整的项目,并结出最终余额。银行存款余额调节表编制的原理是:假设未达账项全部入账,银行存款日记账余额与银行对账单余额应相等。具体编制方法是:在双方现有余额基础上,各自加上对方已收、本方未收账项,减去对方已付、本方未付账项,计算调节双方应有余额。

银行存款余额调节表格式如表 4-6 所示。

【例 4-6】 假定明达公司 20×1 年 10 月 31 日，银行存款日记账余额 562 200 元，其开户银行对账单余额为 570 100 元。经核对，发现以下情况：

(1)明达公司 10 月 3 日开出一张金额为 6 000 元的现金支票，明达公司误记为 8 000 元。

(2)10 月 22 日，明达公司委托开户银行收取 A 公司货款 35 100 元，银行已经收款入账，但明达公司尚未收到收款通知而未入账。

(3)10 月 23 日，明达公司开出一张金额为 5 000 元的现金支票，银行尚未兑付。

(4)银行按规定已支付电话费 2 500 元，并登记入账，但企业尚未收到付款通知而未入账。

(5)银行误将 Y 公司 1 700 元现金支票支出记入明达公司账户。

(6)10 月 27 日，明达公司收到 T 公司转账支票 30 000 元，已登记入账并送存银行，但银行尚未收到而未入账。

根据上述业务，明达公司 20×1 年 10 月 31 日编制银行存款余额调节表，如表 4-6 所示。

表 4-6 银行存款余额调节表

20×1 年 10 月 31 日

单位:元

项目	金额	项目	金额
企业银行存款日记账余额	562 200	银行对账单余额	570 100
加:银行已收企业未收款项		加:企业已收银行未收款项	
未入账的 A 公司货款	35 100	未入账的 T 公司转账支票	30 000
减:银行已付企业未付款项		减:企业已付银行未付款项	
未入账的电话费	2 500	未兑付的企业现金支票	5 000
记账错误更正		记账错误更正	
加:多记的现金支票金额	2 000	加:误记的 Y 公司存款支出	1 700
调节后余额	596 800	调节后余额	596 800

上述 6 项问题中，第(1)项与第(5)项是属于企业或银行记账错误，其他各项是未达账项。对于企业的记账错误，企业应该按照错账更正法进行更正，编制错账更正分录如下：

借:库存现金　　　　　　　　　　　　　　　　　　　　　　（2 000）

　贷:银行存款　　　　　　　　　　　　　　　　　　　　　　（2 000）

再根据更正分录过账，以修改"银行存款"的总分类账和表 4-5 的"银行存款"日记账的金额错误。

需要指出的是，我国现行企业会计准则规定，企业不能以银行存款余额调节表作为原始凭证对未达账项作账面调整，只有在收到结算凭证后，才能作相应的会计处理。因此，企业暂时不需要对上述未达账项作会计处理。

4.1.3　其他货币资金

1.其他货币资金的内容

其他货币资金是指库存现金、银行存款以外的其他各种货币资金。其他货币资金实质也是一种银行存款，是企业可以作为支付手段的一种货币，但有其特殊的存在形式和支付方式以及专门的用途，故单独设置账户进行会计处理。

其他货币资金主要包括银行汇票存款、银行本票存款、信用卡存款、信用证保证金存款、存出投资款、外埠存款等款项，统称为"其他货币资金"。银行汇票存款，是指企业为取得银行汇票,按规定存入银行的款项;银行本票存款,是指企业为取得银行本票,按规定存入银行的款项;信用卡存款,是指企业为取得信用卡,按规定存入银行信用卡专户的款项;信用证保证金存款,是指采用信用证结算方式的企业为开具信用证,按规定存入银行信用证保证金专户的款项;存出投资款,是指企业已存入证券公司但尚未进行短期投资的款项;外埠存款,是指企业到外地进行临时或零星采购时,汇往采购地银行开立采购专户的款项。

2.其他货币资金收付的会计处理

对于其他货币资金的增减变动,企业应设置"其他货币资金"账户对其进行核算。该账户借方登记其他货币资金增加数,贷方登记减少数,期末余额在借方,表示企业持有的其他货币资金余额。企业应按照其他货币资金的种类设置明细账户,进行明细核算。

(1)银行汇票存款

企业办理银行汇票,需将款项交存开户银行。对于逾期尚未办理结算的银行汇票,应该及时转回至银行存款,未用的汇票存款也应及时办理退款。

【例 4-7】　明达公司向银行申请开出银行汇票用于异地采购,将 500 000 元现金支票送交银行,取得银行汇票。应编制的会计分录如下:

借:其他货币资金——银行汇票　　　　　　　　　　　　　　　　500 000
　　贷:银行存款　　　　　　　　　　　　　　　　　　　　　　　　500 000

使用银行汇票购买原材料,增值税专用发票上注明的价款为 400 000 元,增值税为52 000元,材料尚未入库。应编制的会计分录如下:

借:在途物资　　　　　　　　　　　　　　　　　　　　　　　　400 000
　　应交税费——应交增值税(进项税额)　　　　　　　　　　　　52 000
　　贷:其他货币资金——银行汇票　　　　　　　　　　　　　　　　452 000

收到银行退回余款 48 000 元的收账通知。应编制的会计分录如下:

借:银行存款　　　　　　　　　　　　　　　　　　　　　　　　48 000
　　贷:其他货币资金——银行汇票　　　　　　　　　　　　　　　　48 000

(2)存出投资款

存出投资款时需要将银行存款转入其他货币资金,使用时作为其他货币资金的减少。

【例 4-8】　明达公司拟进行证券投资,从其银行存款基本账户向证券公司划出 300 000 元资金。应编制的会计分录如下:

借:其他货币资金——存出投资款　　　　　　　　　　　　　　　300 000
　　贷:银行存款　　　　　　　　　　　　　　　　　　　　　　　　300 000

公司决定购入某股票若干,共计 286 600 元,列为交易性金融资产。应编制的会计分录如下:

借:交易性金融资产——股票　　　　　　　　　　　　　　　　　286 600
　　贷:其他货币资金——存出投资款　　　　　　　　　　　　　　　286 600

(3)外埠存款

企业在外埠开立临时采购账户,须经开户地银行批准。银行对临时采购账户一般实行半封闭式管理,即只付不收。

【例 4-9】　明达公司拟前往 B 市采购一批原材料,通过开户银行往 B 市某银行汇入 100 000元,开立采购专户。应编制的会计分录如下:

借：其他货币资金——外埠存款   100 000
  贷：银行存款   100 000

收到采购员寄来的采购发票和运输凭证，注明的材料价款为 85 000 元，增值税为 11 050元，材料尚未收到。应编制的会计分录如下：

借：在途物资   85 000
  应交税费——应交增值税（进项税额）   11 050
  贷：其他货币资金——外埠存款   96 050

采购结束，将多余的外埠存款款项 3 950 元转回本地开户银行。应编制的会计分录如下：

借：银行存款   3 950
  贷：其他货币资金——银行汇票   3 950

4.2　交易性金融资产

交易性金融资产主要是指企业为了近期内出售而持有的金融资产，如企业以赚取价差为目的从二级市场购入的股票、债券和基金等。企业拥有的交易性金融资产是其利用暂时闲置的资金进行短期对外投资的结果，其目的是在保持资产较高流动性和较低风险的同时，从所买卖的有价证券或衍生资产的价格变动中获益。

为核算企业以交易为目的所持有的债券投资、股票投资、基金投资等交易性金融资产，设置"交易性金融资产"账户。该账户按照交易性金融资产的类别和品种，分别设置"成本""公允价值变动"等明细账户进行核算。该账户借方主要登记取得的交易性金融资产的成本，贷方主要登记出售交易性金融资产时结转的成本。在资产负债表日，若出现交易性金融资产的公允价值高于账面余额，按其差额记入该账户（公允价值变动明细账）的借方；若出现交易性金融资产的公允价值低于账面余额，按其差额记入该账户（公允价值变动明细账）的贷方。出售交易性金融资产时，需要在借方转销原登记在贷方的该交易性金融资产的公允价值变动，或需要在贷方转销原登记在借方的该交易性金融资产的公允价值变动。该账户余额在借方，表示期末交易性金融资产的公允价值。"交易性金融资产"账户一般按投资的种类进行明细核算。

4.2.1　交易性金融资产的初始计量

按企业会计准则规定，交易性金融资产应按公允价值计量，因此企业取得交易性金融资产时应按公允价值作为初始确认金额，即按当时的交易价格入账。初始计量的公允价值不包括：①相关交易费用。交易费用是指可直接归属于购买、发行或处置金融工具新增的外部费用。这部分费用是企业不购买、发行或处置金融工具就不会发生的。交易费用包括支付给代理机构、券商等的手续费和佣金及其他必要支出。交易性金融资产取得时的相关交易费用应当直接计入当期损益。②企业取得交易性金融资产所支付的价款中包含的已宣告但尚未发放的现金股利或已到付息期但尚未领取的债券利息，这部分股利或利息应当单独确认为应收项目。

　　企业取得交易性金融资产时,应当按照该金融资产取得时支付的价款,作为公允价值,借记"交易性金融资产——成本"账户;按发生的交易费用,借记"投资收益"账户。若支付的价款中包含已到付息期但尚未领取的利息或已宣告但尚未发放的现金股利,则将包含的利息或股利借记"应收利息"或"应收股利"账户;按实际支付的金额,贷记"银行存款"等账户。

　　【例 4-10】　20×1 年 5 月 20 日,明达公司从上海证券交易所购入甲公司股票 1 000 000 股,占甲公司有表决权股份的 5%,支付价款合计 6 090 000 元,其中,证券交易税等交易费用 10 000 元,已宣告发放现金股利 80 000 元。明达公司没有在甲公司董事会中派出代表,明达公司将其划分为交易性金融资产。

　　5 月 20 日,购入甲公司股票时应编制的会计分录如下:

借:交易性金融资产——甲公司股票(成本)　　　　　　　　　　　　6 000 000
　　应收股利——甲公司　　　　　　　　　　　　　　　　　　　　80 000
　　投资收益　　　　　　　　　　　　　　　　　　　　　　　　10 000
　　贷:银行存款　　　　　　　　　　　　　　　　　　　　　　　6 090 000

　　【例 4-11】　20×1 年 1 月 1 日,明达公司从二级市场购入丙公司债券,支付价款合计 2 080 000 元,其中,已到付息期但尚未领取的利息 70 000 元,交易费用 10 000 元。该债券面值 2 000 000 元,剩余期限为 3 年,票面年利率为 3.5%。甲公司将其划分为交易性金融资产。

　　1 月 1 日,购入丙公司债券时应编制的会计分录如下:

借:交易性金融资产——丙公司债券(成本)　　　　　　　　　　　　2 000 000
　　应收利息——丙公司　　　　　　　　　　　　　　　　　　　　70 000
　　投资收益　　　　　　　　　　　　　　　　　　　　　　　　10 000
　　贷:银行存款　　　　　　　　　　　　　　　　　　　　　　　2 080 000

4.2.2　交易性金融资产持有期间的收益处理

　　如果在交易性金融资产(股票)持有期间被投资单位宣告发放现金股利,或在交易性金融资产(债券)持有期间,持有到了付息期,那么应该作为持有期间的投资收益入账,借记"应收股利"或"应收利息"账户,贷记"投资收益"账户。

　　【例 4-12】　承【例 4-10】,20×1 年 6 月 20 日,明达公司收到甲公司发放的 20×0 年现金股利 80 000 元。20×2 年 4 月 20 日,甲公司宣告发放 20×1 年现金股利 1 000 000 元。

　　20×1 年 6 月 20 日收到的股利只是购入时应收股利的收回,应编制的会计分录如下:

借:银行存款　　　　　　　　　　　　　　　　　　　　　　　　80 000
　　贷:应收股利——甲公司　　　　　　　　　　　　　　　　　　80 000

　　20×2 年 4 月 20 日,确认甲公司发放的 20×1 年现金股利中应享有的份额:

　　1 000 000×5%=50 000(元)

　　这是明达公司持有甲公司股票期间甲公司宣告的股利,明达公司应确认为投资收益。此时应编制的会计分录为:

借:应收股利——甲公司　　　　　　　　　　　　　　　　　　　　50 000
　　贷:投资收益　　　　　　　　　　　　　　　　　　　　　　　50 000

【例 4-13】 承【例 4-11】,20×1 年 1 月 10 日,收到丙公司债券 20×0 年利息 70 000 元。20×2 年 1 月 10 日,收到丙公司债券 20×1 年利息。

20×1 年 1 月 10 日收到的上一年利息只是购入时应收利息的收回,会计分录如下:

借:银行存款　　　　　　　　　　　　　　　　　　　　　　70 000
　贷:应收利息——丙公司　　　　　　　　　　　　　　　　　　　70 000

企业持有的债券每年都有利息,持有到年末就说明又到了一个付息期,企业需要在期末进行账项调整,将虽然在本期没有收付但属于本期损益的款项记入账中。因此,期末应计提本年的利息收入。

20×1 年 12 月 31 日,应编制的会计分录如下:

借:应收利息——丙公司　　　　　　　　　　　　　　　　　　70 000
　贷:投资收益　　　　　　　　　　　　　　　　　　　　　　　70 000

20×2 年 1 月 10 日,收到利息时的会计分录如下:

借:银行存款　　　　　　　　　　　　　　　　　　　　　　70 000
　贷:应收利息——丙公司　　　　　　　　　　　　　　　　　　70 000

4.2.3　交易性金融资产的期末计量

资产的公允价值是在不断变动的,因此交易性金融资产在按公允价值进行计量时,就需要将账面记录及时调整为最新的公允价值,在期末报告时以当日公允价值反映。企业会计准则规定,资产负债表日(期末),交易性金融资产应当按照当日的公允价值计量。这种方法也称为"市价法"。当日的公允价值大于其原账面余额(也就是最近一次记录的公允价值)时,应当调增资产与损益,即借记"交易性金融资产——公允价值变动";贷记"公允价值变动损益"账户。反之,当交易性金融资产的公允价值小于其账面余额时,应当调减资产与损益,即借记"公允价值变动损益"账户,贷记"交易性金融资产——公允价值变动";"公允价值变动损益"账户属于损益类账户,它的期末余额转入"本年利润"账户。

视频 4-2　交易性金融资产的期末计量与出售处理

【例 4-14】 承【例 4-10】,20×1 年 12 月 31 日,明达公司仍持有甲公司股票,当日,甲公司股票收盘价为每股 5.20 元。

甲公司股票的单位成本=(6 090 000-80 000-10000)÷1 000 000=6.00(元/股)
公允价值变动额=(5.20-6.00)×1 000 000=800 000(元)
本次公允价值变动表现为损失,12 月 31 日,按公允价值的变动,编制会计分录如下:

借:公允价值变动损益——甲公司股票　　　　　　　　　　800 000
　贷:交易性金融资产——甲公司股票(公允价值变动)　　　　　800 000

若甲公司股票收盘价为每股 6.20 元,公允价值变动额为:
公允价值变动额=(6.20-6.00)×1 000 000=200 000(元)
此时公允价值变动表现为收益,12 月 31 日,按公允价值的变动,编制会计分录如下:

借:交易性金融资产——甲公司股票(公允价值变动)　　　　200 000
　贷:公允价值变动损益——甲公司股票　　　　　　　　　　　200 000

4.2.4　交易性金融资产的出售处理

交易性金融资产进行处置的主要途径是出售。出售交易性金融资产时，应当将该金融资产出售时的公允价值与账面价值之间的差额确认为投资收益。

企业应按实际收到的金额，借记"银行存款"等账户，按该金融资产的成本，贷记"交易性金融资产——成本"账户，按该项交易性金融资产的公允价值变动，贷记或借记"交易性金融资产——公允价值变动"账户，按其差额，借记或贷记"投资收益"账户。

案例 4-2　澜起科技处置交易性金融资产

【例 4-15】　承【例 4-10】，20×2 年 5 月 17 日，明达公司以每股 5 元的价格将股票 1 000 000 股全部转让，同时支付证券交易税等交易费用 8 000 元。并承【例 4-14】，假设 20×1 年 12 月 31 日甲公司股票收盘价为每股 5.20 元，且承【例 4-12】，假设甲公司于 20×2 年 4 月 20 日宣告发放的 20×1 年应收股利 50 000 元已经收回。

出售股票收到的银行存款净额计入银行存款账户的借方，并转销交易性金融资产的成本 6 000 000 元，记在交易性金融资产的贷方，同时也要将交易性金融资产的公允价值变动 800 000 元转销，记在交易性金融资产的借方，最后计算出借贷方的差额作为投资收益入账。应编制的会计分录如下：

```
借：银行存款                                          4 992 000
    投资收益                                            208 000
    交易性金融资产——甲公司股票——公允价值变动              800 000
    贷：交易性金融资产——甲公司股票——成本                        6 000 000
```

【例 4-16】　假设【例 4-12】中甲公司于 20×2 年 4 月 20 日宣告发放的 20×1 年应收股利 50 000 元尚未收回，那么在出售股票的时候还要转销应收股利 50 000 元，记在应收股利的贷方，再将借贷方的差额作为投资收益入账。应编制的会计分录如下：

```
借：银行存款                                          4 992 000
    投资收益                                            258 000
    交易性金融资产——甲公司股票——公允价值变动              800 000
    贷：交易性金融资产——甲公司股票——成本                        6 000 000
        应收股利                                                50 000
```

【案例分析】恒生电子 2020 年一季度首次亏损

2020 年一季度，恒生电子会计报表显示归属母公司净利润为亏损 4 500 万元。这是近年来的首次亏损。

1.归属母公司净利润亏损主要由非经常性损益所致

恒生电子公司虽然归属母公司净利润为亏损 4 500 万元，但是扣非净利润为 3 038 万元，最终还是盈利的。扣非净利润与归属母公司净利润的差额为非经常性损益。经查看非经常性损益项目和金额，最大的非经常性损益项目为交易性金融资产产生的公允价值变动损失 8759 万元。

可见,该公司归属母公司净利润亏损,主要是由于交易性金融资产的公允价值变动引起的。

2. 交易性金融资产余额大,公允价值变动导致净利润波动

根据 2019 年年报,该公司交易性金融资产 26.94 亿元,占总资产的比例为 31.61%,是金额最大、资产占比最高的项目。因此,交易性金融资产的价值变动将会对该公司的净利润造成较大影响。而这种变动是受宏观环境、资本市场周期等多种因素的影响,具有不可控性。这种不可控性提高了该公司的净利润波动性。

2019 年年度,该公司利润总额 15.27 亿元,但是由于交易性金融资产的变动和处置而获得的非经常性损益为 4.89 亿元,贡献了 32% 的利润总额,可谓功不可没。到了 2020 年一季度,又由于交易性金融资产公允价值的波动,导致了净利润的波动性。根据 2020 年一季报,恒生电子交易性金融资产为 24.27 亿元,由此带来的公允价值变动收益为损失 8759 万元。

虽然恒生电子 2020 年一季度的亏损是交易性金融资产的公允价值变动引起的偶然亏损,但是如果恒生电子一直持有如此大额的交易性金融资产,那么利润的持续波动性也在所难免。

案例思考:

(1)你如何看待恒生电子 2020 年一季度的亏损?

(2)持有交易性金融资产,会在哪些环节对企业的利润产生影响?如何影响?

【本章小结】

资产可以按照其变为现金(广义)的能力,即流动性,分为流动资产与非流动资产。流动资产是指将在一年或超过一年的一个营业周期内变现或耗用的资产。流动资产一般包括货币资金、交易性金融资产、应收票据、应收账款、预付账款、其他应收款、存货等。

资产也可以按照是否能在未来直接作为获取现金的一种权利而划分为金融资产与非金融资产。金融资产是一种能直接作为收取货币资金权利的资产。金融资产主要包括:库存现金、银行存款、应收账款、应收票据、其他应收款、交易性金融资产、债权投资、其他债权投资、其他权益工具投资等。

从上述分类看,货币资金与交易性金融资产都属于流动资产,也属于典型的金融资产。

货币资金是流动性最强的资产,包括库存现金、银行存款及其他货币资金。库存现金的备用金制度有助于提高经营管理效率,备用金一般通过"其他应收款"账户核算。定期将银行存款日记账与银行对账单核对并编制银行存款余额调节表是银行存款管理的必要手段。造成银行存款日记账余额与银行对账单余额不一致的原因主要是未达账项,编制银行存款余额调节表的目的是消除未达账项对余额不一致的影响,并进一步查找错账。对于未达账项造成的余额不一致,不用调整企业银行存款日记账账面记录,对于企业错账,则需要按照错账更正方法进行企业银行存款日记账的更正。

交易性金融资产持有的目的是保持资产较高流动性和较低风险的同时,从所买卖的有价证券的价格变动中获益。本章以交易性金融资产为例说明了资产以公允价值为计量模式的运用。企业取得交易性金融资产时,应当按照该金融资产取得时的实际交易价格作为公允价值入账。会计期末,交易性金融资产应该按照资产负债表日的公允价值重新计量,一方面增减交易性金融资产,另一方面记录公允价值变动损益。因此,按照这种"市价法"的期末账面调整,不仅会影响资产负债表的资产记录,也会影响利润表的利润金额。

【练习题】

习题 1

甲公司 20×1 年 12 月 31 日银行存款日记账余额是 521 650 元,银行送来的对账单上该企业 20×1 年 12 月 31 日银行存款余额是 492 312 元,经逐笔核对,发现以下几笔未达账项:

(1)企业委托银行代收货款 9 600 元,银行已经于 12 月 30 日收到入账,企业尚未收到收款凭证,尚未登账;

(2)企业 12 月 30 日送存转账支票 39 486 元,企业已入账,银行尚未登入企业存款账;

(3)银行于 12 月 31 日代付水电费 1 582 元,企业尚未接到付款通知;

(4)企业 12 月 25 日开出现金支票一张,金额 5 130 元,用于支付购买办公用品费,但持票人尚未去银行支取;

(5)企业开出现金支票 15 000 元备用,现金与银行存款日记账误记为 12 000 元,银行对账单记录正确。

要求:

(1)编制"银行存款余额调节表"。

(2)编制错账更正会计分录。

习题 2

甲公司发生下列业务:

(1)20×2 年 3 月 25 日,按每股 8.2 元的价格购入 A 公司每股面值 1 元的股票 50 000 股作为交易性金融资产,另外支付交易费用 3 000 元。股票购买价格中包含每股 0.2 元已经宣告但尚未领取的现金股利,款项均以银行存款支付。

(2)20×2 年 4 月 20 日,收到 A 公司上述股利。

(3)20×2 年 6 月 30 日,为资产负债表日,公司持有的 A 公司股票公允价值为 450 000 元。

(4)20×2 年 8 月 25 日,A 公司宣告 20×2 年半年度利润分配方案,每股分派现金股利 0.1 元。

(5)20×2 年 9 月 20 日,收到上述现金股利。

(6)20×2 年 10 月 24 日,甲公司将持有的 A 公司股票售出,实际收到出售价款 420 000 元。

要求:

根据上述资料编制会计分录。

习题 3

甲公司发生下列业务:

(1)20×2 年 1 月 1 日,甲公司按照 63 800 元的价格购入 B 公司于 20×1 年 1 月 1 日发行的、面值 60 000 元的债券,该债券期限 5 年,票面利率 6%,每年 12 月 31 日付息,到期还本。甲公司将该债券作为交易性金融资产,另支付交易费用500元。债券购买价格中包含已到付息期尚未支付的利息3 600元。

(2)1月15日,收到B公司支付的债券利息。

(3)甲公司对持有的债券每半年计提一次应收利息,6月30日该债券的市场价格为55 000元。

(4)20×2年12月23日,甲公司将持有的B公司债券售出。实际收到出售价款62 300元。

要求:

根据上述资料编制会计分录。

在线自测

第 5 章

应收款项

■■■ **问题导入：沃华医药的应收账款存在坏账吗？**

根据沃华医药披露的 2020 年年报，资产负债表中列示的应收账款 2020 年 12 月 31 日为 115 511 756.12 元。那么，这些应收账款是由于什么业务而发生的？这些应收账款账面余额为多少？已计提坏账准备多少？采用什么方法计提坏账准备？应收账款报表列示的金额与应收账款余额、坏账准备有什么样的关系？表 5-1 是沃华医药资产负债表资产部分的摘录，表 5-2 和表 5-3 是与应收账款相关的报表附注披露内容，表 5-4 为应收账款账龄及计提比例。

表 5-1 沃华医药资产负债表（资产部分）

2020 年 12 月 31 日 单位：元

项目	2020 年 12 月 31 日	2019 年 12 月 31 日
流动资产：		
货币资金	494 426 490.02	300 688 659.97
应收票据	11 658 065.08	1 952 679.41
应收账款	115 511 756.12	97 574 656.48
应收款项融资	39 913 534.92	23 152 072.92
预付款项	4 349 017.34	7 332 181.91
其他应收款	3 121 148.70	90 293 167.47
存货	114 643 446.09	95 654 152.81
其他流动资产	10 543 387.78	2 563 272.49
流动资产合计	794 166 846.05	619 210 843.46
非流动资产：		
固定资产	469 247 484.89	258 439 287.16
在建工程		45 599 825.47
无形资产	55 687 975.38	32 787 133.48
商誉	46 045 439.52	46 045 439.52
递延所得税资产	3 960 965.91	5 731 284.73
其他非流动资产	986 188.70	208 000.00
非流动资产合计	575 928 054.40	388 810 970.36
资产总计	1 370 094 900.45	1 008 021 813.82

表 5-2　沃华医药报表附注披露的应收账款项目——期末余额　　　　　单位:元

类别	期末余额				账面价值
	账面余额		坏账准备		
	金额	比例/%	金额	计提比例/%	
按组合计提坏账准备的应收账款	122 169 275.39	100.00	6 657 519.27	5.45	115 511 756.12
其中:					
账龄组合	122 169 275.39	100.00	6 657 519.27	5.45	115 511 756.12
合计	122 169 275.39	100.00	6 657 519.27	5.45	115 511 756.12

表 5-3　沃华医药报表附注披露的应收账款项目——期初余额　　　　　单位:元

类别	期初余额				账面价值
	账面余额		坏账准备		
	金额	比例/%	金额	计提比例/%	
按组合计提坏账准备的应收账款	103 105 064.36	100.00	5 530 407.88	5.36	97 574 656.48
其中:					
账龄组合	103 105 064.36	100.00	5 530 407.88	5.36	97 574 656.48
合计	103 105 064.36	100.00	5 530 407.88	5.36	97 574 656.48

表 5-4　沃华医药应收账款账龄及计提比例　　　　　单位:元

名称	期末余额		
	账面余额	坏账准备	计提比例/%
1 年以内	120 193 999.40	6 009 699.97	5.00
1～2 年	473 197.55	47 319.75	10.00
2～3 年	752 698.36	225 809.51	30.00
3～4 年	634 892.08	317 446.04	50.00
4～5 年	114 488.00	57 244.00	50.00
合计	122 169 275.39	6 657 519.27	—

根据上述资料发现,报表中应收账款 115 511 756.12 元是应收账款账面余额减去坏账准备余额,沃华医药对应收账款坏账准备采用了按应收账款不同账龄确定不同坏账比率的方法。应收账款大小的主要影响因素是什么？坏账准备合理计提与否怎样影响报表的资产与利润？本章将围绕这些问题而展开。

应收款项是企业在日常经营过程中与其他单位或个人在经济往来活动中形成的债权,主要包括应收账款、应收票据、预付账款和其他应收款等。应收款项属于金融资产。应收款项直接影响企业的资金流通,为了保证企业资金快速周转,保证企业经营活动顺利进行,企业应当对应收款项进行分类核算和管理,尽量缩短应收款项占用的时间,同时减少坏账损失的发生。

5.1　应收账款

应收账款是企业在正常经营活动中因销售产品、商品或提供劳务等,应向购货单位或接受劳务方收取的款项,主要包括企业销售商品或提供劳务应向有关债务人收取的价款及代购货单位垫付的包装费、运杂费等,不包括应收职工欠款、付出的各类保证金等其他应收款。

为了反映和监督应收账款的增减变动及其结存情况,企业应设置"应收账款"账户,该账户借方登记应收账款的增加,贷方登记应收账款的收回及确认的坏账,期末余额一般在借方,反映企业尚未收回的应收账款;如果期末余额在贷方,则反映企业预收的账款。"应收账款"账户一般按赊账的债务人进行明细核算。

5.1.1　应收账款的初始计量

企业一般应根据实际发生额确认应收账款的入账金额,它包括发票金额和代购货单位垫付的包装费、运杂费两部分。具体注意以下问题:

(1)按照发票的含税金额还是不含税金额入账?这里的税指的是增值税。增值税是对在我国境内销售货物或者提供加工、修理修配劳务的单位征收的一种流转税。企业销售产品或提供劳务需要向购买方开具增值税发票,发票上除了应该收取的销货款以外,还包括要向购货方收取的增值税额。企业应向购货单位收取的货款和增值税额均计入"应收账款"账户的借方;向购货方或接受劳务方收取的增值税额计入"应交税费——应交增值税(销项税额)"账户的贷方,同时按照收取的货款或劳务款计入"主营业务收入"的贷方。

(2)按照实际发生额还是按照未来收回现金的现值入账?应收账款作为一种在未来能够收回的债权,由于收回款项的时间在未来,理论上应该按照未来可得现金的现值入账,但是,由于应收账款转化为现金的期限一般不会超过一年,其现值与交易发生日确定的金额不会有很大的差别,所以在实际工作中,对应收账款都是以其成交价格加以计量,即按交易日的实际发生额确认应收账款的入账价格。

需要指出的是,企业在赊销时,为了尽快收回货款、回笼资金,有时会给予买方一定的"现金折扣"。有关应收账款中现金折扣的会计处理,请详见本书第 12 章的相关内容。

【例 5-1】　明达公司销售一批货物给甲公司,售价为 10 000 元,增值税税率为 13%。以银行存款代垫运杂费 500 元,款项尚未收到。应编制的会计分录如下:

借:应收账款　　　　　　　　　　　　　　　　　　　　　　　　　11 800
　　贷:主营业务收入　　　　　　　　　　　　　　　　　　　　　　10 000
　　　　应交税费——应交增值税(销项税额)　　　　　　　　　　　　1 300
　　　　银行存款　　　　　　　　　　　　　　　　　　　　　　　　　500

5.1.2 应收账款的收回和坏账处理

1. 应收账款的收回

如前所述,应收账款按交易发生日确定的金额入账,在收到账款时,该笔金额就从应收账款中减少。

【例5-2】 承【例5-1】,明达公司从甲公司处收到了货款和代垫运杂费,共11 800元。应编制的会计分录如下:

借:银行存款　　　　　　　　　　　　　　　　　　　　　　　　11 800
　　贷:应收账款　　　　　　　　　　　　　　　　　　　　　　　　　11 800

2. 坏账的会计处理

"坏账"是指企业无法收回的应收账款。企业的应收账款收不回来了,也就是发生了"坏账",坏账会给企业造成损失。一般来说,账款收回的可能性很小时,就可作为坏账进行处理。按照现行相关规定,符合下列条件之一,可以认为发生了坏账:

①债务人依法宣告破产、关闭、解散、被撤销,或者被依法注销,其清算财产不足清偿的;

②债务人死亡,或者依法被宣告失踪、死亡,其财产或者遗产不足清偿的;

③债务人逾期三年以上未清偿,且有确凿证据证明已无力清偿债务的;

④与债务人达成债务重组协议或经法院裁决,确实无法追偿的;

⑤因自然灾害、战争等不可抗力导致无法收回的。

对于坏账损失的核算,存在两种会计处理方法,即直接转销法和备抵法。

(1) 直接转销法

直接转销法是在实际发生坏账时,直接冲销应收账款,并确认坏账损失,借记"信用减值损失"账户,贷记"应收账款"账户。日常核算中应收账款可能发生的坏账损失不予考虑。

"信用减值损失"是损益类中的"费用、损失"类账户,损失增加记借方,减少记贷方,期末将该账户的借贷发生净额转入"本年利润"账户的借方或贷方,表达信用减值损失对利润的影响。

在直接转销法下,若已经确认为坏账的应收账款因债务人经济状况好转或由于其他原因,又全部或部分收回时,为了通过"应收账款"的账簿记录反映债务人的偿债信誉,应首先按收回的金额冲销原确认坏账的会计分录,然后再反映应收账款的收回。即借记"应收账款"账户,贷记"信用减值损失"账户。同时,反映应收账款的收回,即借记"银行存款"账户,贷记"应收账款"账户。

【例5-3】 明达公司的购货单位A公司破产,所欠公司货款50 000元已无法收回,确认为坏账。编制会计分录如下:

借:信用减值损失　　　　　　　　　　　　　　　　　　　　　　50 000
　　贷:应收账款——A公司　　　　　　　　　　　　　　　　　　　　50 000

直接转销法虽处理比较简便,但它不符合确认损益的权责发生制基础和收入与费用的配比原则。一方面,坏账损失与赊销业务密切相关,在赊销的同时就已隐含着发生坏账损失的可能。而直接转销法是在坏账实际发生时才将其列作所在期间的费用,这样,收入和与之相关的费用往往不是在同一期间确认,显然不符合配比原则,导致各期损益不实。另一方面,直接转销法下,资产负债表上列示的应收账款也是应予收回的金额而不是真正可望收回的净额,这在一定程度上歪曲了企业的财务状况。因此,除非发生坏账的数额很小,一般不宜采用直接转销法。

（2）备抵法

备抵法是事先估计可能发生的坏账损失,同时形成坏账准备作为应收账款的备抵。当某一应收账款全部或部分被确认为实际发生了坏账时,再将坏账准备转为对相应的应收账款的直接冲减。

为了反映坏账准备的计提、转销等情况,企业应设置"坏账准备"账户。它属于资产类账户,也是"应收账款"账户的备抵调整账户。提取坏账准备时,借记"信用减值损失"账户,贷记"坏账准备"账户;冲回多提的坏账准备金时,借记"坏账准备"账户,贷记"信用减值损失"账户;实际发生坏账时,借记"坏账准备"账户,贷记"应收账款"账户,"坏账准备"期末贷方余额反映企业已提取尚未转销的坏账准备数额。该账户可按应收款项的类别进行明细核算。坏账准备金的计提或转回一般都在期末进行核算,因此备抵法的具体处理在下一节应收账款期末计量中介绍。

在备抵法下,若已经确认为坏账的应收账款因债务人经济状况好转或由于其他原因,又全部或部分收回时,为了通过"应收账款"的账簿记录反映债务人的偿债信誉,应首先按收回的金额冲销原确认坏账的会计分录,然后再反映应收账款的收回。即借记"应收账款"账户,贷记"坏账准备"账户。同时,反映应收账款的收回,即借记"银行存款"账户,贷记"应收账款"账户。

采用备抵法核算坏账损失避免了直接转销法的缺点。企业可以将预计未来不能收回的应收账款作为坏账损失计入费用,既体现了谨慎原则,又符合收入和费用的配比要求;既避免了企业虚盈实亏,又在一定程度上消除或减少了坏账损失给企业带来的风险。在财务报表上列示应收账款的净额,可以及时反映企业应收账款可能发生的坏账损失,从而能更加清楚地反映企业真实的财务状况。

按照我国现行企业会计准则的要求,企业应采用备抵法核算坏账损失。

5.1.3　应收账款的期末计量

应收账款的期末计量,实际上是在备抵法下,期末计提坏账准备,并使应收账款以可收回的净额反映。报表反映的应收账款是"应收账款"账户期末借方余额减去"坏账准备"账户期末贷方余额后的应收账款净额。

企业采用备抵法进行坏账核算时,预先估计坏账损失的方法有应收账款余额百分比法和账龄分析法等。坏账准备方法一经确定,不得随意变更;如需变更,应当在财务报表附注中予以说明。

视频 5-1　应收账款备抵法

1.应收账款余额百分比法

应收账款余额百分比法是根据会计期末应收账款的余额和估计的坏账率,估计坏账损失和计提坏账准备的方法。采用这种方法时,每期所估计的坏账准备应根据坏账准备占应收账款余额的经验比例和该期应收账款的余额确定。

期末应计提的坏账准备可按下列公式计算：

$$坏账准备账户应保留余额＝应收账款期末余额×估计的坏账准备金比例$$

当期应提取的坏账准备＝坏账准备账户应保留余额－（＋）"坏账准备"账户计提前的贷方（或借方）余额

按上述计算公式得出的结果，如果应保留的余额大于期末计提前的贷方余额，应按其差额补提坏账准备；如果应保留的余额小于期末计提前的贷方余额，应按其差额冲回多提的坏账准备；此外，当期末计提前"坏账准备"账户出现借方余额时，则按应保留的余额与"坏账准备"账户借方余额之和提取坏账准备。

【例5-4】 20×0年年末，明达公司"坏账准备"账户的贷方余额为20 000元，应收账款余额为2 000 000元，明达公司决定按10％计提坏账准备。

应编制的会计分录如下：

借：信用减值损失　　　　　　　　　　　　　　　　　　　　180 000
　　贷：坏账准备　　　　　　　　　　　　　　　　　　　　　　　180 000

20×0年年末计提坏账准备：

20×0年年末按应收账款的10％确定的坏账准备应保留金额为200 000元（2 000 000×10％），而"坏账准备"账户的贷方余额已为20 000元，因此本年年末应补提的坏账准备金额为180 000元（200 000－20 000）。

明达公司20×1年年度有关坏账的情况如下：

（1）4月20日收到开户银行的收账通知，上年已转销的一笔坏账50 000元又收回，已存入银行。

首先恢复已经转销的应收账账款：

借：应收账款　　　　　　　　　　　　　　　　　　　　　　50 000
　　贷：坏账准备　　　　　　　　　　　　　　　　　　　　　　　50 000

同时，实际收回时：

借：银行存款　　　　　　　　　　　　　　　　　　　　　　50 000
　　贷：应收账款　　　　　　　　　　　　　　　　　　　　　　　50 000

（2）7月3日，发生坏账损失30 000元。

借：坏账准备　　　　　　　　　　　　　　　　　　　　　　30 000
　　贷：应收账款　　　　　　　　　　　　　　　　　　　　　　　30 000

（3）20×1年年末，明达公司应收账款余额为1 000 000元，根据应收账款的质量情况，明达公司决定仍按10％计提坏账准备。应编制的会计分录为：

借：坏账准备　　　　　　　　　　　　　　　　　　　　　　120 000
　　贷：信用减值损失　　　　　　　　　　　　　　　　　　　　　120 000

20×1年年末计提坏账准备：

20×1年年末按应收账款的10％确定的坏账准备应为100 000元（1 000 000×10％），而此时"坏账准备"账户的贷方余额为220 000元（200 000＋50 000－30 000），因此本年年末应冲销多提的坏账准备金额为120 000元（220 000－100 000）。

在计算坏账准备的计提金额时，应该注意应保留金额与应计提金额的区别与联系。两者的区别为：直接影响利润的是应计提金额，而不是应保留金额；两者的联系为：应计提金额的大小直接受到应保留金额大小的影响，一般先确定应保留的坏账准备金金额，也即先确定坏账准备账户的期末余额,然后再倒推出本期应计提的金额。

【例 5-5】 明达公司某年年末应收账款余额为 400 000 元,第 2 年发生了坏账损失10 000元,年末应收账款余额为 300 000 元,第 3 年的期末应收账款余额为 200 000 元。该企业估计坏账损失一般占应收账款余额的 3%

第 1 年末提取坏账准备(首次)

借:信用减值损失 12 000

　　贷:坏账准备 12 000

第 2 年发生坏账损失时,冲销应收账款

借:坏账准备 10 000

　　贷:应收账款 10 000

第 2 年年末提取坏账准备

借:信用减值损失 7 000

　　贷:坏账准备 7 000

第 3 年提取坏账准备

借:坏账准备 3 000

　　贷:信用减值损失 3 000

2. 账龄分析法

账龄分析法是根据应收账款入账时间的长短,并结合以往的经验来估计坏账损失、计提坏账准备的一种方法。虽然应收账款能否收回及其回收的程度与应收账款的过期长短并无直接联系,但一般来说,账款拖欠的时间越长,发生坏账的可能性越大。因此,将全部应收款按账龄分成若干组别,分别估计各组发生坏账的概率,进而求得应计提的坏账准备金。账龄组的划分,可通过编制账龄分析表进行。表 5-5 为浙江锦盛在 IPO 发行申请时按账龄分析法下计提的坏账准备金比例及其与同行公司的比较。

表 5-5　账龄分析法下浙江锦盛与同行公司坏账准备金比例比较　　单位:%

账龄	通产丽星	裕同科技	帝欧家居	瑞远新材	久灵早教	柏星龙	发行人
1 年以内	3	2	5	3	5	5	5
1~2 年	10	10	10	10	10	10	10
2~3 年	30	20	50	30	20	20	30
3~4 年	100	100	80	50	50	50	100
4~5 年	100	100	90	80	80	50	100
5 年以上	100	100	100	100	100	100	100

资料来源:浙江锦盛招股说明书。

在采用账龄分析法时,期末估计的坏账准备应同账面上原有的坏账准备进行比较,并调整"坏账准备"账户金额,其核算原理与应收账款余额百分比法相同,两者的区别仅在于估计坏账的比例在账龄分析法下更加具体。

【例 5-6】 明达公司原来采用应收账款余额百分比法核算坏账,坏账准备按应收账款余额的 5% 计提。为更合理地核算坏账,明达公司董事会决定自 20×0 年起按账龄分析法计提坏账准备:账龄1年以内的,按其余额的10%计提;账龄1～2年的,按其余额的20%计提;账龄2～3年的,按其余额的40%计提;账龄3年以上的,按其余额的80%计提。明达公司20×0年年末会计报表中应收账款账面价值为借方余额15 200万元,其中应收账款账面余额为借方余额16 000万元,坏账准备余额为贷方余额800万元。

明达公司20×0年应收账款账龄资料如表5-6所示。

表5-6 明达公司20×0年应收账款账龄资料   单位:万元

账龄	年初账面余额	年末账面余额
1年以内	3 000	9 000
1～2年	5 000	2 000
2～3年	4 000	3 000
3年以上	—	2 000
合计	12 000	16 000

明达公司20×0年应该计提的坏账准备金额计算如下:

应保留的坏账准备金余额＝9 000×10%＋2 000×20%＋3 000×40%＋2 000×80%
＝4 100(万元)

期末计提前已经保留的坏账准备金额为800万元,因此要求补提4 100－800＝3 300(万元)

会计分录为:

借:信用减值损失   3 300
　　贷:坏账准备   3 300

5.2 应收票据

从广义上讲,应收票据作为一种债权凭证,应包括企业持有的未到期或未兑现的各种票据,如汇票、本票和支票等。但在我国实务中,支票、银行本票及银行汇票均为见票即付的票据,无须将其列为应收票据予以处理。因此,我国的应收票据仅指企业持有的未到期或未兑现的商业汇票。

应收票据是指企业在采用商业汇票结算方式下,因销售商品、提供劳务等而收到的商业汇票,包括银行承兑汇票和商业承兑汇票。承兑是指汇票付款人承诺在汇票到期日支付汇票金额的票据行为。商业汇票必须经承兑后方可生效。银行承兑汇票的承兑人是承兑申请人的开户银行,商业承兑汇票的承兑人是付款人。在银行开立存款账户的法人及其他组织之间须具有真实的交易关系或债权、债务关系,才能使用商业汇票。

商业汇票按是否计息,可分为带息商业汇票和不带息商业汇票两种。商业汇票是一种延迟结清销货的票据,故与应收账款一样,均属企业由于赊销产品、提供劳务形成的债权。但和应收账款相比,应收票据具有以下特点:首先,应收票据是具有合法凭证的债权,因而比应收账款更具有法律上的约束力;其次,商业汇票的流动性较强,持票人可将持有的商业汇票据提前贴现。

为了反映应收票据的增减变动及其结存情况,企业应设置"应收票据"账户,该账户借方登记因销售商品、提供劳务等收到的商业汇票票面金额;贷方登记到期收回、到期承兑人拒付及未到期向银行贴现的商业汇票票面金额。期末借方余额表明企业持有的商业汇票的票据金额。"应收票据"账户一般按开出、承兑商业汇票的单位进行明细核算。

5.2.1　应收票据的初始计量

应收票据入账价值的确定有两种方法:一种是按照票据的面值入账,另一种是按照票据未来现金流量的现值入账。按票据面值入账比较简单、实用,按票据到期值的现值入账比较科学、合理。由于我国目前使用的商业汇票的期限一般较短,最长为 6 个月,商业汇票利息金额相对来说不大,因此,根据重要性原则,为了简化核算手续,应收票据以其面值作为入账价值。

企业因销售商品、提供劳务等而收到的商业汇票,无论是带息票据还是不带息票据,均按商业汇票的票面金额,借记"应收票据"账户,按照销售发票上不含税的销售价款确认营业收入,贷记"主营业务收入"账户,按照销售发票上增值税额,贷记"应交税费——应交增值税(销项税额)"等账户。

【例 5-7】　明达公司 20×1 年 7 月 1 日销售库存商品一批,价款为 40 000 元,增值税为 5 200 元,收到购货方 B 公司签发并承兑的期限为 60 天、金额为 45 200 元的商业汇票一张。

借:应收票据　　　　　　　　　　　　　　　　　　　　　　　　　　　45 200
　　贷:主营业务收入　　　　　　　　　　　　　　　　　　　　　　　40 000
　　　　应交税费——应交增值税(销项税额)　　　　　　　　　　　　　5 200

5.2.2　应收票据的期末计量

1.应收票据的坏账问题

应收票据有明确的票据到期日,除非发生特殊情况,一般在到期日前都不认为票据会发生坏账,所以应收票据期末一般不计提坏账准备。若在票据到期日有确凿证据证明不能收回或收回的可能性不大时,应将其账面余额转入应收账款,并对应收账款计提相应的坏账准备。

2.带息票据期末计提利息的问题

对于带息票据来说,在票据到期之前,尽管利息尚未实际收到,但企业已经取得收取票据利息的权利。对于带息商业汇票持有期间的利息,企业应按照权责发生制原则于会计期末反映这部分利息收入,并将应收未收的利息作为应收票据的增加额予以记录。会计期末应计提应收票据利息时,借记"应收票据"账户,贷记"财务费用"账户。至于企业是于月末、季末还是于年末对企业持有的应收票据计提票据利息,应根据企业经营情况及票据利息情况而定。

如果应收票据的利息金额较大,对企业经营成果影响较大,应按月计提利息;如果应收票据的利息金额不大,对企业经营成果影响较小,可以于季末或年末计提应收票据的利息。但企业至少应于会计年末计提应收票据的利息,以便正确计算企业的财务成果。

视频 5-2　应收票据初始计量与期末计量

【例 5-8】 明达公司于 20×1 年 8 月 1 日销售商品一批,价款为 1 000 000 元,增值税为 130 000 元。收到金额为 1 130 000 元的商业汇票一张,年利率为 6%,期限为 5 个月。应编制的会计分录如下:

(1)8 月 1 日收到票据时

借:应收票据   1 130 000

  贷:主营业务收入   1 000 000

    应交税费——应交增值税(销项税额)   130 000

(2)12 月 31 日计算应收票据利息时

借:应收票据   28 250

  贷:财务费用   28 250

上述会计分录中的金额计算:1 130 000×6%×5÷12＝28 250(元)

5.2.3 应收票据到期的处理

商业汇票的持票人在票据到期日可向承兑人收取票据款。

1. 不带息应收票据

不带息应收票据到期值就是票据的面值。应收票据到期收回票款时,应按票面金额,借记"银行存款"账户,贷记"应收票据"账户。商业承兑汇票到期,承兑人无力偿付或违约拒付,收款企业应将到期票据的票面金额转入"应收账款"账户。

【例 5-9】 明达公司于 20×1 年 4 月 1 日销售一批商品给 A 企业,货款为 20 000 元,增值税税率为 13%,当即收到 A 企业开出的 6 个月期、面值为 22 600 元的商业承兑汇票。应编制的会计分录如下:

(1)4 月 1 日甲公司收到票据时

借:应收票据   22 600

  贷:主营业务收入   20 000

    应交税费——应交增值税(销项税额)   2 600

(2)9 月 30 日到期收到票据款时

借:银行存款   22 600

  贷:应收票据   22 600

【例 5-10】 承【例 5-9】,若票据到期,对方拒付或无力付款。9 月 30 日票据到期时,将应收票据转为应收账款的会计分录为:

  借:应收账款——A 企业   22 600

    贷:应收票据   22 600

2. 带息应收票据

带息应收票据的到期值为面值加上利息,按到期款项实际收到的金额借记"银行存款"账户,按票据的票面金额贷记"应收票据"账户,按已计提的利息贷记"应收票据"账户,按其差额(即未计提利息部分)贷记"财务费用"账户。

到期值与利息的计算公式为:

$$带息应收票据到期值＝应收票据面值＋应收票据利息$$
$$应收票据利息＝应收票据面值×票面利率×票据期限$$

　　该公式中,票据期限是指票据签发日到到期日的时间间隔,一般有按月表示和按日表示两种。票据期限按月表示的,票据的期限不考虑各月份实际天数多少,统一按次月对应日为整月计算。票据到期就以到期月份中与出票日相同的那一天为到期日;月末签发的票据,以到期月份的月末那一天为到期日。例如,1 月 31 日签发承兑的期限为 1 个月、2 个月、3 个月和 6 个月的商业汇票,到期日分别为 2 月 28 日、3 月 31 日、4 月 30 日和 7 月 31 日。票据期限按日表示的,应从出票日起按实际经历天数计算。在实际工作中,为了计算方便,通常把一年定为 360 天。通常出票日和到期日只能算其中的一天。如 3 月 2 日签发承兑的期限为180 天的商业汇票,其到期日为 8 月 29 日;1 月 31 日(当年 2 月份为 28 日)签发承兑的期限为 30 天、60 天、90 天的商业汇票,其到期日分别为 3 月 2 日、4 月 1 日、5 月 1 日。由于应收票据的票面利率一般为年利率,因此计算利息时要对年利率进行转换,转换成月利率(年利率/12)或日利率(年利率/360)。

　　【例 5-11】　明达公司持有一张面值为 100 000 元的商业汇票,年利率为 6％,票据出票日为 20×1 年 7 月 20 日,票据期限为 3 个月。商业汇票到期,如数收回本息。

　　商业汇票利息＝100 000×6％×3÷12＝1 500(元)

　　10 月 20 日票据到期日,收回款项时应编制会计分录如下(假设在持有期间没有计提过利息收入):

借:银行存款	101 500
贷:应收票据	100 000
财务费用	1 500

　　【例 5-12】　明达公司持有一张面值为 100 000 元的商业承兑汇票,年利率为 6％,票据出票日为 20×0 年 10 月 31 日,票据期限为 3 个月。票据到期,收到全部票款。应编制的会计分录为:

　　(1)20×0 年末计提应收利息

借:应收票据	1 000
贷:财务费用	1 000

　　分录中,当年应计利息＝100 000×6％×2÷12＝1 000(元)。

　　(2)20×1 年 1 月 31 日票据到期

借:银行存款	101 500
贷:应收票据	101 000
财务费用	500

　　分录中,当年利息＝100 000×6％×1÷12＝500(元)

　　【例 5-13】　承【例 5-12】,如果该票据到期时,付款人账户资金不足,由银行退票。则应编制的会计分录如下:

借:应收账款	101 500
贷:应收票据	101 000
财务费用	500

到期不能收回的应收票据,转入"应收账款"账户核算后,期末不再计提利息,其所包含的利息,在有关备查簿中进行登记,待实际收到时再冲减当期的财务费用。

5.2.4　应收票据贴现的处理

应收票据贴现是将企业持有的商业汇票在到期前转变为货币资金的一种方式。企业如急需现金,可持未到期的商业汇票向银行申请贴现。贴现实际上是持票人以商业汇票向银行转让票据并贴付一定利息以兑取现金的行为。贴现对持票人来说是出让票据,提前收回垫支于商业信用的资金;对银行来说,是与商业信用相结合的一种银行授信业务。

将商业汇票贴现后,企业可以从银行取得贴现款。贴现款的计算方式如下:

$$贴现款 = 票据到期值 - 贴现息$$
$$贴现息 = 票据到期值 \times 贴现率 \times 贴现天数 \div 360$$

持未到期的商业汇票向银行贴现,应按实际收到的金额(即减去贴现息后的净额),借记"银行存款"等账户,按商业汇票的票面金额,贷记"应收票据"账户,两者差额计入"财务费用"账户。由于票据贴现净额与票面面值之间产生的差额存在不同的情况,故财务费用可能出现在借方,也可能出现在贷方。

【例5-14】　明达公司一张面值100 000元,利率为6%,90天后到期的银行承兑汇票,公司已持有30天,现向银行贴现,贴现率为8%。

先计算贴现额:

票据到期价值 = $100\,000 \times (1 + 6\% \times 90 \div 360) = 101\,500$(元)

应贴付给银行的贴现息 = $101\,500 \times 8\% \times 60 \div 360 = 1\,353$(元)

贴现额 = $101\,500 - 1\,353 = 100\,147$(元)

应编制的会计分录如下:

借:银行存款　　　　　　　　　　　　　　　　　　　　　　　　100 147
　　贷:应收票据　　　　　　　　　　　　　　　　　　　　　　100 000
　　　　财务费用　　　　　　　　　　　　　　　　　　　　　　　　147

上例中银行承兑汇票贴现基本上不存在到期不能收回票款的风险,可视为不带追索权的商业汇票贴现,符合资产终止确认的条件。但企业将商业承兑汇票贴现时,企业并未转嫁票据到期不能收回票据款的风险,在法律上负有连带偿还责任,属于带有追索权的票据贴现。由于不符合资产的终止确认条件,会计上不应冲销应收票据账户,一般根据实际收到的贴现款借记"银行存款",按票据到期值贷记"短期借款"。

【例5-15】　明达公司持有不带息商业票据一张,金额300 000元,承兑期5个月,公司持有一个月后向银行申请贴现,带追索权,年贴息率5%。

先计算贴现额:

到期值 = $300\,000$(元)

贴现值 = $300\,000 \times 5\% \times 4 \div 12 = 5\,000$(元)

贴现净额 = $300\,000 - 5\,000 = 295\,000$(元)

应编制的会计分录如下:

```
借：银行存款                                          295 000
    财务费用                                            5 000
  贷：短期借款                                                    300 000
```

票据到期日，无论票据付款人是否足额向贴现银行支付票款，贴现的票据已经满足金融资产终止确认的条件，会计上应该终止确认应收票据。

5.2.5　应收票据背书的处理

实务中，企业可以将自己持有的商业汇票背书转让。背书是指在票据背面或者粘单上记载有关事项并签章的票据行为。背书转让的，背书人应当承担票据责任。通常情况下，企业将持有的商业汇票背书转让以取得所需物资时，按照应计入取得物资成本的金额，借记"在途物资""材料采购""原材料""库存商品"等科目，按照增值税专用发票上注明的可抵扣的增值税额，借记"应交税费——应交增值税（进项税额）"科目，按商业汇票的票面金额，贷记"应收票据"科目，如有差额，借记或贷记"银行存款"等科目。

【例 5-16】　假定明达公司将应收票据 1 695 000 元背书转让，以取得生产经营所需的 A 种材料，该材料价款为 1 500 000 元，适用的增值税税率为 13%。甲公司应编制如下会计分录：

```
借：原材料                                          1 500 000
    应交税费——应交增值税（进项税额）                     195 000
  贷：应收票据                                                  1 695 000
```

5.3　预付账款

预付账款，是指企业按照购货合同或劳务合同规定，预先以货币资金或货币等价物支付给供货方或提供劳务方的款项，是企业的债权。

"预付账款"账户用来核算企业按合同规定预付的款项。该账户借方登记预付和补付的款项；贷方登记实际支付和退回多付的款项；期末如为借方余额，反映企业预付的款项，期末如为贷方余额，反映企业尚未补付的款项。本账户可按供货单位进行明细核算。

企业预付账款时，应借记"预付账款"账户，贷记"银行存款"账户。企业收到预购的材料或商品时，应根据发票账单等列明的应计入购入货物成本的金额，借记"原材料"等账户，按专用发票上注明的增值税，借记"应交税费——应交增值税（进项税额）"账户，按发票账单注明的应付金额，贷记"预付账款"账户。当预付货款小于采购货物所需支付的款项时，应将不足的部分补付，借记"预付账款"账户，贷记"银行存款"账户；当预付货款大于采购货物所需支付的款项时，对收回的多余款项应借记"银行存款"账户，贷记"预付账款"账户。

案例 5-1　首航高科回复预付账款大额退回

【例 5-17】　根据双方签订的合同，明达公司向 B 企业预付了 30 000 元购货款，10 天后，明达公司收到所购货物和结算凭证，货物价款为 30 000 元，增值税为 3 900 元，明达公司通过银行补付余款。应编制的会计分录如下：

（1）预付货款时

借:预付账款   30 000

  贷:银行存款   30 000

（2）收到货物时

借:原材料   30 000

  应交税费——应交增值税（进项税额）   3 900

    贷:预付账款   33 900

（3）通过银行补付货款时

借:预付账款   3 900

   贷:银行存款   3 900

（4）如果B企业发运来10 000元材料，余款通过银行退回时

借:原材料   10 000

  应交税费——应交增值税（进项税额）   1 300

   贷:预付账款——B企业   11 300

借:银行存款   18 700

   贷:预付账款——B企业   18 700

在会计实务中，对预付账款业务不多的企业，为了简化核算，可以不单独设置"预付账款"账户，可以通过"应付账款"账户核算预付账款业务。预付货款时，借记"应付账款"账户，贷记"银行存款"账户，收到材料或商品时再予以转销。会计期末，"应付账款"所属明细账户有借方余额的，应将这部分借方余额在资产负债表的"预付账款"列示。

企业的预付账款作为一种债权，同应收账款、其他应收款一样，也存在发生坏账的可能，当有确凿证据表明其难以收回，或者因供货单位破产、撤销等原因已无望再收到所购货物的，应比照应收账款和其他应收款的坏账处理方法进行会计处理。

5.4　其他应收款

其他应收款项属于短期性债权。它是指除应收账款、应收票据、预付账款以外的各种应收及暂付款项，主要有以下内容：

（1）应收的各种赔款、罚款，包括应向责任者个人和保险公司收取的财产物资等损失的赔偿款项；

（2）应收出租包装物的租金；

（3）应向职工个人收取的各种垫付款项，如为员工垫付的水电费、应由职工负担的医药费和房租费等；

（4）备用金；

（5）存出的保证金，如包装物押金等；

（6）应收、暂付上级单位和下属单位的款项；

（7）其他应收、暂付款项。

企业发生的拨出用于投资、购买物资的各种款项，在尚未进行投资或购买物资之前，属

于企业的其他货币资金,该类款项应通过"其他货币资金"账户进行核算,不属于其他应收款的范围。

"其他应收款"借方登记企业发生的各项其他应收款;贷方登记企业收到和结算的其他应收款;期末余额一般在借方,反映企业尚未收回的其他应收款项。"其他应收款"账户应按项目分类,并按不同的债务人设置明细账,进行明细核算。

【例 5-18】 明达公司租入包装物一批,以银行存款向出租方支付押金 3 000 元。之后,租入包装物按期如数退回,公司收到出租方退还的押金 3 000 元,已存入银行。应编制的会计分录如下:

(1)支付押金时

借:其他应收款　　　　　　　　　　　　　　　　　　　　　　3 000
　　贷:银行存款　　　　　　　　　　　　　　　　　　　　　　　　3 000

(2)收到退还的押金时

借:银行存款　　　　　　　　　　　　　　　　　　　　　　　3 000
　　贷:其他应收款　　　　　　　　　　　　　　　　　　　　　　　3 000

【例 5-19】 明达公司以银行存款替副总经理垫付应由其个人负担的医疗费用 5 000 元,拟从其工资中扣除。应编制的会计分录如下:

(1)垫支时

借:其他应收款　　　　　　　　　　　　　　　　　　　　　　5 000
　　贷:银行存款　　　　　　　　　　　　　　　　　　　　　　　　5 000

(2)扣款时

借:应付职工薪酬　　　　　　　　　　　　　　　　　　　　　5 000
　　贷:其他应收款　　　　　　　　　　　　　　　　　　　　　　　5 000

企业发生的其他应收款业务同企业的应收账款业务一样,存在着难以回收的可能性。企业应当定期或者至少于每年年度终了时,对其他应收款项进行检查,预计其可能发生的坏账损失,计提坏账准备。

案例 5-2 三棵树应收款项计提大额坏账现首亏

【案例分析】深圳证券交易所对红宇新材依赖减值转回实现扭亏为盈下发年报问询函

红宇新材发布的年报将 2019 年称为"公司生死攸关的一年",幸运的是,公司成功扭亏为盈,闯过了这道生死关。财报显示,2019 年公司实现营业收入约 1.23 亿元,同比增长 17.89%;实现净利润约 4796.95 万元,同比增长 116.82%。具体数据如表 5-7 所示。

之所以称为"生死攸关",是因为红宇新材已经连续两年亏损。"2017 年公司的经营遭遇很大的困难和挑战,多因素导致公司出现上市以来首次年度亏损",红宇新材在 2017 年年报中写道,公司产品售价不能随着生产成本的上升而提高,公司耐磨铸件产品毛利率下降明显;公司 PIP 技术的推广仍然处于初期阶段,应用规模尚未有效扩大,历史形成的应收账款坏账准备计提较大。2017 年,公司实现营业收入 1.51 亿元,较上年同期下降 23.94%;实现归属于母公司净利润-4 989.88 万元,较上年同期下降 586.44%。

表 5-7　红宇新材主要会计数据和财务指标　　　　　　　　　　单位：元

项目	2019 年	2018 年	本年比上年增减	2017 年
营业收入项目/元	123 285 949.34	104 574 832.38	17.89％	151 142 966.51
归属于上市公司股东的净利润/元	47 969 549.63	−285 170 758.78	116.82％	−49 898 812.74
归属于上市公司股东的扣除非经常性损益的净利润/元	−21 573 413.31	−208 030 291.93	89.63％	−48 874 403.38
经营活动产生的现金流量净额/元	55 828 593.64	28 909 069.08	93.12％	19 948 637.80
基本每股收益/(元/股)	0.11	−0.65	116.92％	−0.11
释释每股收益/(元/股)	0.11	−0.65	116.92％	−0.11
加权平均净资产收益率	10.20％	−48.40％	58.60％	−6.54％
	2019 年年末	2018 年年末	本年末比上年末增减	2017 年年末
资产总额/元	585 591 567.71	628 296 940.24	−7.27％	1 017 729 885.30
归属于上市公司股东的净资产/元	494 489 703.59	446 520 153.96	10.74％	731 816 677.11
截止披露前一交易日的公司总股本/股	441 295 483			

　　到了 2018 年，数据显示，公司实现营业收入 1.06 亿元，较上年同期下降 29.30％；实现利润总额−3.01 亿元，较上年同期下降 421.16％；实现归属于上市公司股东净利润−2.85亿元，较上年同期下降 471.48％。

　　根据有关规定，若上市公司最近三年连续亏损，深圳证券交易所可以决定暂停其上市。从 2019 年下半年开始，红宇新材就不断发布退市风险提示。可以说，此次扭亏成功地将红宇新材从退市边缘拉了回来。

　　从红宇新材的年报来看，大额的坏账转回和政府补助成扭亏关键，如公司披露的非经常性损益表如表 5-8 所示。

表 5-8　非经常性损益项目及金额　　　　　　　　　　单位：元

项目	2019 年金额	2018 年金额	2017 年金额	说明
非流动资产处置损益(包括已计提资产减值准备的冲销部分)	145 919.53	−2 740 087.98	−1 287 916.11	
计算当期损益的政府补助(与企业业务密切相关，按照国家统一标准定额或定量享受的政府补助除外)	21 963 932.28	1 748 788.40	629 289.15	
除同公司正常经营业务相关的有效套期保值业务外，持有交易性金融资产、衍生金融资产、交易性金融负债、衍生金融负债产生的公允价值变动损益，以及处置交易性金融资产、衍生金融资产、交易性金融负债、衍生金融负债和其他债权投资取得的投资收益	4 478 515.96	1 727 791.29		
单独进行减值测试的应收款项、合同资产减值准备转回	41 368 745.00			
除上述各项之外的其他营业外收入和支出	1 862 486.81	−81 514 498.93	−184 002.24	
减：所得税影响额	0.00	0.00	−269.35	

年报显示,2019 年,公司盈利 4 796.95 万元,因转回 2018 年的坏账准备形成收益 4 136.87 万元。值得注意的是,上述坏账准备是公司在 2018 年年末对应收深圳双十科技有限公司、深圳市银浩自动化设备有限公司、深圳眼千里科技有限公司的 7 467.59 万元预付股权转让款计提的。2018 年年报披露的原因为"预计无法全部收回,公司已通过合法途径冻结部分资产"。

公司 2019 年年报附注披露如表 5-9 所示。

表 5-9 本期坏账准备转回或收回金额 单位:元

单位名称	转回或收回金额	收回方式
深圳双十科技有限公司	15 567 565.00	银行存款
深圳市银浩自动化设备有限公司	15 565 365.00	银行存款
深圳眼千里科技有限公司	10 235 815.00	银行存款
合计	41 368 745.00	—

资料来源:红宇新材 2019 年年报。

公司在 2019 年年报附注中对此作了特别解释:截止到 2018 年 12 月 31 日,深圳三公司股东未履行还款义务。由于终止协议中约定本次股权收购终止事宜造成双方所涉及的相关税、费由公司承担,且存在一定的税款承担风险;深圳三公司股东被列入税务异常名单,并以公司应当承担税费为由,一直未履行退款义务,后续存在继续违约的可能,公司预付股权转让款收回存在较大不确定性。根据企业会计准则,公司按照终止协议对到期未收回的预付股权转让款 3 766.80 万元进行全额计提,对未到期的预付股权转让款 3 700.79 万元按账龄计提 10%,即 370.08 万元,组合后总计计提坏账准备 4 136.87 万元。本期公司全力追缴深圳三公司股东欠款并经艰难沟通共计收到深圳三公司退还的全部预付股权转让款及资金占用费合计 7 663.13 万元。公司在收回深圳三公司全部预付股权转让款后,根据企业会计准则,冲回已计提的坏账准备 4 136.87 万元。

对此,深交所在年报问询函中开门见山地提出疑问,要求红宇新材说明一年内对其计提坏账准备又转回的合理性,公司 2018 年计提坏账准备是否谨慎合理,是否存在调节利润规避暂停上市的情形。

除了大额坏账准备转回之外,红宇新材 2019 年收到的政府补助也比同期增加了不少。年报显示,在报告期内,红宇新材收到政府补助 2 268.57 万元,同比增加 772.47%,计入其他收益的金额为 2 196.39 万元,占当期净利润的比例为 45.79%。

红宇新材案例说明坏账准备的计提与转回容易成为操纵利润的工具,如果计提与转回理由不充分,很可能会受到交易所的质疑,这也提示投资者在决策时要注意对利润数据的合理解读。

(资料来源:创业板年报问询函〔2020〕第 10 号;http://finance.sina.com.cn/stock/re/news/cn/2020-03-27/doc-limxyqua3591265.shtml)

案例思考:

(1)红宇新材 2019 年盈利 4 796.95 万元,因转回 2018 年的坏账准备形成的收益就达 4 136.87 万元。请分析坏账准备的转回如何对利润产生影响。

(2)请作出收回坏账的会计分录,并分析坏账收回对利润的影响。

【本章小结】

应收款项是企业在日常经营中产生的短期债权,其中最主要的是应收账款,它是企业销售商品而发生的债权。遵循谨慎原则和配比原则,企业采用备抵法核算其坏账损失,坏账准备的计提不仅影响资产负债表应收账款的报表例示,而且也会影响利润表的本期利润,因此合理计提是关键。一般按照账龄分析法估计各账龄阶段的坏准备金比例,并与同行公司进行对比分析。计提坏账准备金时先按照估计的比例乘以应收账款余额得出坏账准备金账户应保留的余额,然后根据坏账准备账户计提前的金额倒推出本期应该计提的金额,直接影响利润的是本期应计提的金额。注意坏账准备应保留金额与应计提金额的区别与联系,两者的区别如下:直接影响利润的是应计提金额,而不是应保留金额;两者的联系如下:应计提金额的大小直接受到应保留金额的影响。变更坏账准备金计提比例会直接影响利润,坏账的重新收回通过坏账准备金账户也会对利润发生重大影响,所以在现实中要高度关注上市公司是否出现这两种行为,并分析行为出现的依据是否合理。

应收票据也是企业销售商品而发生的债权。应收票据比应收账款具有更强的流动性,因此应收票据资产质量更高。应收票据按照承兑人分为银行承兑汇票与商业承兑汇票,按照是否带息分为带息票据与不带息票据。银行承兑汇票的质量比商业承兑汇票高,带息票据应在期末计提利息。应收票据可以贴现或背书转让,以满足企业流动资金的需求,贴现所得与应收票据面值的差额计入财务费用。票据到期无法收回,应将应收票据转为应收账款,并按照应收账款的相关要求进行坏账准备金的计提。

预付账款是因为采购业务而发生的债权。企业一般为了锁定采购价格或者为了保障材料的及时供应而预付部分采购款项,预付后购入的材料款先用预付账款抵消,不足的用银行存款等支付。当有确凿证据表明其难以收回,或者因供货单位破产、撤销等原因已无望再收到所购货物的,应比照应收账款的坏账处理方法进行会计处理。

除应收账款、应收票据、预付账款以外的各种应收及暂付款项,作为其他应收款。企业发生的其他应收款业务同企业的应收账款业务一样,存在着难以收回的可能性。企业应当定期或者至少于每年年度终了时,对其他应收款项进行检查,预计其可能发生的坏账损失,计提坏账准备,但不合理计提以及坏账转回都有可能成为操纵利润的工具。

【练习题】

习题 1

甲公司为增值税一般纳税人,20×0 年 12 月初"应收账款"科目借方余额 800 000 元,"坏账准备"科目贷方余额 80 000 元。

20×1 年 12 月甲公司发生如下经济业务:

(1)10 日,采用委托收款方式向乙公司销售一批商品,发出的商品满足收入确认条件,开具的增值税专用发票上注明的价款为 500 000 元,增值税为 65 000 元;用银行存款为乙公司垫付运费 40 000 元,增值税为 3 600 元。上述全部款项至月末未收到。

(2)25 日,因丙公司破产,应收丙公司账款 40 000 元不能收回,经批准确认为坏账并予以核销。

(3)31 日,经评估,甲公司确定"坏账准备"的比例为应收账款余额的 10%。

要求:

编制上述业务的会计分录。

习题 2

甲公司 12 月 31 日的应收账款总账科目所属明细账户的借方余额为 1 200 万元,其中,有应收 A 企业的应收账款 400 万元。由于 A 企业财务困难,预计只能收回其中的 70%。其他应收账款的账龄及估计坏账损失如表 5-10 所示。

表 5-10　甲公司 12 月 31 日的应收账款情况

应收账款账龄	应收账款金额/元	估计比例/%	估计损失金额/元
未到期	300	0.5	1.5
过期一个月	200	1	2
过期两个月	150	2	3
过期三个月	100	3	3
过期三个月以上	50	5	2.5
合计	800	—	12

假设调整前"坏账准备"账户的余额分别为借方 200 万元或贷方 200 万元。

要求:

为以上两种情况计算年末应计提的坏账准备金额,并作会计处理。

习题 3

甲公司 20×1 年年末开始计提坏账准备,采用应收账款余额百分比法,计提比例 5%。20×1 年年末,应收账款余额为 100 万元;20×2 年发生坏账 8 万元,年末有应收账款 120 万元;20×3 年收回坏账 3.5 万元,年末有应收账款 90 万元。

要求:

作出 20×1 年、20×2 年和 20×3 年的相关会计处理。

习题 4

甲公司发生以下业务:

(1)20×1 年 2 月 1 日销售产品一批,价款 20 万元,增值税税率为 13%。发出产品后,收到带息银行承兑汇票一张,年利率 12%,期限 6 个月,票面价值 226 000 元。

(2)5 月 1 日,将该票据贴现,贴现率为 10%。

(3)6 月 1 日,公司销售产品一批给 D 公司,产品售价为 25 000 元,增值税为 3 250 元,收到 D 公司承兑的期限为 3 个月、面值为 28 250 元的商业汇票一张。

要求:

为上述业务进行必要的计算和账务处理。

习题 5

甲公司 20×1 年 9 月 1 日销售一批产品给 A 公司,货已发出,发票上注明的销售收入为 10 万元,增值税为 1.3 万元,收到 A 公司转来的商业承兑汇票一张,期限 6 个月,票面利率为 9%,票面价值 113 000 元。

要求:

编制甲公司收到票据、期末计提利息及到期收回本息的相关分录。

习题 6

甲公司发生以下业务:

(1)公司开出现金支票,支付采购员李华暂借差旅费 1 200 元,之后李华报销差旅费 1 100 元,余款交回现金。

(2)公司为采购材料租用销货方包装物一批,开出一张转账支票用以支付包装物押金 2 000 元。

(3)公司预付给红星机械厂 40 000 元用于购货。

(4)公司本年年末预付下年财产保险费 60 000 元。

要求:

编制上述业务的会计分录。

在线自测

第6章

存　货

■■■ 问题导入：沃华医药的存货发生跌价了吗？

　　根据沃华医药披露的 2020 年年报，资产负债表中列的示存货 2020 年 12 月 31 日为 114 643 446.09元。那么，这些存货具体包括哪些项目？这些存货账面余额为多少？已计提跌价准备多少？如何计提存货的跌价准备？存货报表列的示金额与存货余额、跌价准备有什么样的关系？表 6-1 是沃华医药资产负债表资产部分的摘录，表 6-2、表 6-3 是与存货相关的报表附注披露内容。

表 6-1　沃华医药资产负债表（资产部分）

2020 年 12 月 31 日　　　　　　　　　　　　　　　　　　　　　　单位：元

项目	2020 年 12 月 31 日	2019 年 12 月 31 日
流动资产：		
货币资金	494 426 490.02	300 688 659.97
应收票据	11 658 065.08	1 952 679.41
应收账款	115 511 756.12	97 574 656.48
应收款项融资	39 913 534.92	23 152 072.92
预付款项	4 349 017.34	7 332 181.91
其他应收款	3 121 148.70	90 293 167.47
存货	114 643 446.09	95 654 152.81
其他流动资产	10 543 387.78	2 563 272.49
流动资产合计	794 166 846.05	619 210 843.46
非流动资产：		
固定资产	469 247 484.89	258 439 287.16
在建工程		45 599 825.47
无形资产	55 687 975.38	32 787 133.48
商誉	46 045 439.52	46 045 439.52
递延所得税资产	3 960 965.91	5 731 284.73
其他非流动资产	986 188.70	208 000.00
非流动资产合计	575 928 054.40	388 810 970.36
资产总计	1 370 094 900.45	1 008 021 813.82

表 6-2　沃华医药报表附注披露的存货分类项目　　　　　　　　　　　单位:元

项目	期末余额			期初余额		
	账面余额	存货跌价准备或合同履约成本减值准备	账面价值	账面余额	存货跌价准备或合同履约成本减值准备	账面价值
原材料	42 044 367.83	134 020.74	41 910 347.09	19 672 504.06	135 367.73	19 537 136.33
在产品	11 742 996.44		11 742 996.44	13 346 102.12		13 346 102.12
库存商品	48 874 114.91	2 394 443.48	46 479 671.43	47 891 356.19	1 341 179.79	46 550 176.40
自制半成品	9 366 607.46		9 366 607.46	10 376 158.97		10 376 158.97
包装物	3 673 991.40	112 014.56	3 561 976.84	4 403 198.93	8 334.55	4 394 864.38
低值易耗品	1 581 846.83		1 581 846.83	1 449 714.61		1 449 714.61
合计	117 283 924.87	2 640 478.78	114 643 446.09	97 139 034.88	1 484 882.07	95 654 152.81

表 6-3　沃华医药报表附注披露的存货跌价准备分类项目　　　　　　　单位:元

项目	期初余额	本期增加金额		本期减少金额		期末余额
		计提	其他	转回或转销	其他	
原材料	135 367.73			1 346.99		134 020.74
库存商品	1 341 179.79	3 216 088.72		2 162 825.03		2 394 443.48
包装物	8 334.55	103 680.01		0.00		112 014.56
合计	1 484 882.07	3 319 768.73		2 164 172.02		2 640 478.78

根据上述资料发现,报表中存货 114 643 446.09 元是存货账面余额减去存货跌价准备余额,具体项目由原材料、在产品、库存商品、自制半成品、包装物及低值易耗品构成。存货跌价准备主要发生在原材料、库存商品及包装物等三大存货项目中,涉及计提、转回或转销。存货入账的金额是什么口径?存货跌价准备的计提及转回怎样影响报表的资产与利润?本章内容将围绕这些问题展开。

存货是企业维持正常经营运转需求的必要保障,是企业持有的用于出售或继续生产产成品、半成品或生产过程中所用的原材料、辅料、耗材等。

企业的存货通常包括以下内容:

(1)原材料,是指直接或间接用于产品生产的各种物资。它们或者形成产品实体的一部分,或者有助于产品的形成。一般包括原料及主材料、辅助材料、外购半成品、修理用备件、燃料等。

(2)在产品,是指正在生产各阶段进行加工或装配的尚未完工的产成品。

(3)半成品,是指经过一定生产过程并已检验合格交付半成品仓库保管,但尚未制造完工成为产成品,仍需进一步加工的中间产品。

(4)产成品,是指已经完成全部生产过程,并已验收入库,可以对外销售的产品。

(5)商品,是指商品流通企业外购或委托加工完成验收入库用于销售的各种产品。

(6)周转材料,是指企业能够多次使用但不符合固定资产定义的材料,如为了包装本企业商品而储备的各种包装物,各种工具、管理用具、玻璃器皿、劳动保护用品以及在经营过程中周转使用的容器等低值易耗品。

6.1　存货的初始计量

存货采用实际成本进行计价。存货的取得主要有两种途径，一是外购，二是自制。下面就按这两种情况介绍存货的入账价值的确定和会计处理方法。

6.1.1　外购存货的计价及会计处理

1.采购成本的构成

外购存货的实际成本涉及企业从采购到入库前所发生的全部支出，包括购买价款、相关税费、运输费、装卸费、保险费等其他与存货采购相关的费用支出。

其中，存货的购买价款是指企业购入的材料或商品的发票账单上列明的价款，但不包括按照规定可以抵扣的增值税进项税额。税费主要是指购买存货发生的消费税、进口关税等。按照相关税法的规定，一般纳税人采购材料取得符合增值税要求的相关发票时，发票上的税款可以抵扣，因此，存货的采购成本中不包括可以抵扣的增值税。其他可归属于存货采购成本的费用是指采购成本中除上述各项以外的可归属于存货采购的费用，如在存货采购过程中发生的仓储费、包装费、运输途中的合理损耗、入库前的挑选整理费用等。运输途中的合理损耗，是指商品在运输过程中，因商品性质、自然条件及技术设备等因素，所发生的自然的或不可避免的损耗。例如，汽车在运输煤炭、化肥等过程中的自然散落以及易挥发产品在运输过程中的自然挥发。

需要注意的是，仓储费用不应该计入原材料的采购成本。仓储费用是指企业在存货采购入库后发生的储存费用，应在发生时计入当期损益。但是，在生产过程中为达到下一个生产阶段所必需的仓储费用应计入存货成本。比如，某种酒类产品生产企业为使生产的酒达到规定的产品质量标准而必须发生的仓储费用应计入酒的成本，而不应计入当期损益。

2.外购存货的账户设置

（1）"原材料"账户。为了反映外购材料的增减变动，需要设置"原材料"账户，该账户借方登记已经入库的外购材料的实际成本，贷方登记生产产品或其他用途领用的原材料成本，余额在借方，表示企业库存的材料余额。

（2）"库存商品"账户。外购商品设置"库存商品"账户，反映外购库存商品的增减变动，该账户借方登记外购商品的实际成本，贷方登记销售商品的成本，余额在借方，表示企业库存的商品余额。

（3）"在途物资"账户。为了反映已经采购但尚未入库的存货增减变动，需要设置"在途物资"账户，其借方登记外购但尚未入库存货的实际成本，贷方结转已经入库的存货成本，期末余额反映尚在运输途中的各种存货。

3.外购存货的会计处理

根据企业存货与发票到达时间，外购存货的会计处理可分为三种情况。

(1)存货与发票账单同时到达

【例6-1】 明达公司于20×2年3月1日外购甲材料,原材料价款为1 000 000元,增值税专用发票上注明的税款为130 000元;运费为500元,增值税专用发票上注明的税款为45元;装卸费为200元。全部用银行存款支付。

3月1日外购甲材料,应编制的会计分录如下:

借:原材料——甲材料 1 000 700
　应交税费——应交增值税(进项税额) 130 045
　　贷:银行存款 1 130 745

若商品流通企业发生外购商品业务,金额与【例6-1】相同,则会计分录为:

借:库存商品——甲商品 1 000 700
　应交税费——应交增值税(进项税额) 130 045
　　贷:银行存款 1 130 745

(2)存货已到,发票未到

存货已到、发票未到的情况是指存货已经验收入库,但发票账单尚未到达,企业无法准确计量存货成本。针对这种情况,平时可暂不作处理,于月末按暂估价入账,下月初用红字冲回,等账单到达后再入账。

【例6-2】 明达公司于20×2年3月20日外购乙材料100千克,3月22日材料运达。4月7日结算凭证到达,增值税专用发票上注明的货款及税费分别为1 000元与130元,凭证收到后以银行存款付讫。本月同期曾购乙材料100千克,材料价格为900元。

3月22日可暂不入账。

3月31日,按暂估价900元入账,应编制的会计分录如下:

借:原材料——乙 900
　　贷:应付账款 900

4月1日,作红字分录:

借:原材料——乙 (900)
　　贷:应付账款 (900)

4月7日,结算凭证到达,按照发票金额入账,应编制的会计分录如下:

借:原材料——乙 1 000
　应交税费——应交增值税(进项税额) 130
　　贷:银行存款 1 130

(3)发票已到,存货未到

发票已到、存货未到的情况是指发票账单已经到达,但货物尚在运输途中或货物已到但尚未验收入库。此时,我们采用"在途物资"账户核算尚未验收入库的存货,等验收入库后再转入"原材料"账户。"在途物资"属于资产类账户,借方登记购入但尚未入库的存货。

【例6-3】 明达公司于20×2年4月25日外购丙材料,4月27日收到通知丙材料已发出,同时收到账单,增值税专用发票上注明的材料货款为3 000元,税款为390元,以银行存款支付。5月2日,收到丙材料并验收入库。

应编制的会计分录如下:

4月27日,收到账单时

借:在途物资   3 000

  应交税费——应交增值税(进项税额)   390

   贷:银行存款   3 390

5月2日,收到丙材料并验收入库时

借:原材料——丙   3 000

   贷:在途物资   3 000

6.1.2 自制存货的计价及会计处理

1.生产成本的构成

自制存货主要是企业在产品生产过程中支付的材料费用、人工成本及其他相关的车间费用等,简言之,就是"料""费""工",即生产产品的实际生产成本。生产成本由三大成本项目构成,包括直接材料费、直接人工费及制造费用。直接材料是指生产产品直接构成产品实体而领用的原材料,直接人工是为生产产品而直接发生的生产工人的工资薪酬,制造费用是指生产产品发生的间接生产费用,如车间管理人员工资,车间设备的折旧费、维修费,车间的照明用电等。

2.自制存货账户的设置

自制存货成本通过"生产成本"与"制造费用"账户核算。"生产成本"账户的借方登记生产产品发生的直接生产费用,贷方登记已经完工入库产品转出的生产成本,余额表示尚在加工的产品生产成本。"制造费用"账户的借方登记生产产品发生的间接生产费用,期末将制造费用从"制造费用"账户的贷方分配转入各种产品"生产成本"账户的借方。自制存货也要运用"库存商品"账户,生产产品完工入库的产品从"生产成本"账户的贷方转入"库存商品"的借方。

案例 奥特维存货高增长

【例6-4】 明达公司为生产甲产品发生的经济业务以及相应的会计分录如下:

(1)20×2年3月10日为生产甲产品领用原材料5 000元。

借:生产成本——甲   5 000

   贷:原材料   5 000

(2)3月份发生甲产品的直接人工费用为3 000元。

借:生产成本——甲   3 000

   贷:应付职工薪酬   3 000

(3)3月份发生车间管理人员工资为2 000元。

借:制造费用   2 000

   贷:应付职工薪酬   2 000

(4)生产设备计提折旧1 000元。

借:制造费用   1 000

   贷:累计折旧   1 000

(5)月末将制造费用转入生产成本,其中甲产品负担60%,乙产品负担40%。

借:生产成本——甲   1 800

     ——乙   1 200

   贷:制造费用   3 000

（6）本月生产的甲产品已经全部完工入库。

借：库存商品   9 800

 贷：生产成本   9 800

6.2　存货发出的计量

6.2.1　存货数量的确定

企业对存货的管理可以采用实地盘存制或永续盘存制，不同制度下存货数量的确定规则存在差异。

1. 实地盘存制

实地盘存制又称定期盘存制，是通过对期末库存存货的实物盘点，确定期末存货并推算当期销货成本的方法。实地盘存制无须通过账面连续记录得出期末存货，并假定除期末库存以外的存货均已出售，从而倒轧出销货成本，因此，在实地盘存制下，日常经营中因销售而减少的存货不予记录，只登记增加的存货。实地盘存制的计算公式为：

$$期末存货成本＝期末存货实地盘点数量×存货单价$$
$$发出存货成本＝期初存货成本＋本期购货成本－期末存货成本$$

实地盘存制的优点是核算工作比较简单，工作量较小。缺点是手续不够严密，不能通过账簿随时反映和监督各项财产物资的收、发、结存情况，反映的数字不精确，仓库管理中尚有多发少发、物资毁损、盗窃、丢失等情况，在账面上均无反映，而全部隐藏在本期的发出数内，不利于存货的管理，也不利于监督检查。因此，实地盘存制只适用数量大、价值低、收发频繁的存货。

在实务中，一般只是用于核算那些价值低和数量不稳定、损耗大的鲜活商品。

2. 永续盘存制

永续盘存制又称账面结存制，是对存货的日常记录既登记收入数，又登记发出数，通过结账，能随时反映账面结存数的一种存货核算方法。采用永续盘存制，会计期末通常也要进行实地盘点，但盘点目的不同，通过盘点确定存货的实存数，与账面数核对。如果发现盘盈盘亏，要通过"待处理财产损溢"账户进行账面调整，以保证账实相符。永续盘存制的计算公式为：

$$存货账面期末余额＝存货账面期初余额＋本期存货增加数－本期存货减少数$$

相对于实地存制盘而言，永续盘存制下存货明细账的会计核算工作量较大，尤其是月末一次结转销售成本或耗用成本时，存货结存成本及销售或耗用成本的计算工作比较集中；采用这种方法还需要将财产清查的结果同账面结存进行核对，在账实不符的情况下还需要对账面记录进行调整。但永续盘存制可以通过存货的明细账记录随时反映某一存货在一定会计期间内收入、发出及结存的详细情况，有利于加强对存货的管理与控制，而且发出数量的确定也比较准确。

从加强存货的管理,提供管理所需会计信息的角度出发,除特殊情况采用实地盘存制外,应尽量采用永续盘存制。本书后续相关内容都基于永续盘存制。

6.2.2 发出存货的计价方法

对于存货发出成本的计量,会计上有个别认定法、加权平均法、先进先出法和后进先出法等多种计价方法。根据我国企业会计准则的规定,企业可以选用个别认定法、加权平均法和先进先出法等进行存货发出的计量核算。加权平均法又可以分为全月一次加权平均法与移动加权平均法。

1.个别认定法

个别认定法是假设存货具体项目的实物流转与成本流转相一致,按照各种存货逐一辨认各批发出存货和期末存货所属的购进批别或生产批别,分别按其购入或生产时所确定的单位成本计算各批发出存货和期末存货成本的方法。在这种方法下,把每一种存货的实际成本作为计算发出存货成本和期末存货成本的基础。

个别认定法的成本计算准确,符合实际情况,但在存货收发频繁的情况下,其发出成本分辨的工作量较大。因此,这种方法通常适用于不进行批量化生产、产品单价较高、一般不能替代使用的存货及为特定项目专门购入或制造的存货,如珠宝、名画等贵重物品。

2.全月一次加权平均法

全月一次加权平均法通常是以月份为计量周期,以月初存货成本与当月进货成本之和除以月初存货与当月进货总量来计算当月产品平均成本的方法。全月一次加权平均法以公式表示如下:

$$存货单位成本=\frac{月初库存存货实际成本+\sum\left(\begin{array}{l}本月某批进货实际单位成本\\ \times 本月某批进货数量\end{array}\right)}{月初库存存货数量+本月各批进货数量之和}$$

$$本月发出存货的成本=存货单位成本\times 本月发出存货数量$$

$$本月月末存货的成本=存货单位成本\times 月末存货数量$$

全月一次加权平均法只需每月计价一次,各月存货成本变化不大,相对于其他方法较为便捷。但全月一次加权平均法只有在月末才能知道当月存货单位成本,不利于及时控制存货成本。

3.移动加权平均法

移动加权平均法是在全月一次加权平均法的基础上,以每次进货为节点计算产品成本的计价方法。移动加权平均法下,企业每次进货都要以进货前成本与当次进货成本作一次加权平均,并将新的加权平均后的成本作为存货的成本进行核算。

移动加权平均法克服了全月一次加权平均法下企业只能在月末获知当月产品成本的缺点,计量较为准确,但同时加大了企业日常成本核算工作量。

4.先进先出法

先进先出法是指先发出的存货按先入库存货的单位成本进行计价的一种方法。这种方法的成本流动假设是先入库的存货先发出,如果发出的批量超过最先收进的那一批量时,超过部分要按下一批收进的单价计算。期末存货按最近的单位成本计价。

5.后进先出法

后进先出法是指发出存货按最近入库存货的单位成本进行计价的一种方法。这种方法的成本流动假设刚好与先进先出法相反,即假定后入库的存货先发出,如果发货量超过当时最后入库的批量时,超过部分依次按上一批入库存货的单位成本计算。期末存货则按较早入库存货的单位成本计价。

6.2.3 发出存货的会计处理

存货的发出根据领用存货目的进行相应会计处理,或为进一步生产需要,或为销售商品等。

1.原材料的发出

企业发出原材料主要用于直接生产产品,或者是车间为几种产品的生产共同消耗领用,也有可能企业行政管理部门为管理领用。企业按照领用材料的用途,借记"生产成本""制造费用""管理费用"等科目,贷记"原材料"科目。

【例 6-5】 明达公司按先进先出法计算发出材料成本。20×2 年 3 月 1 日结存 B 材料 3 000 千克,每千克实际成本为 10 元;3 月 5 日和 3 月 20 日分别购入该材料9 000 千克和 6 000 千克,每千克实际成本分别为 11 元和 12 元;3 月 10 日和 3 月 25 日分别发出 B 材料 10 500 千克和 6 000 千克,全部用于生产车间生产产品。3 月份,B 材料发出和结存成本计算结果如下:

3 月 10 日发出 B 材料成本 = 3 000×10+7 500×11 = 112 500(元)

3 月 25 日发出 B 材料成本 = (9 000-7 500)×11+4 500×12 = 70 500(元)

3 月份发出 B 材料成本合计 = 112 500+70 500 = 183 000(元)

甲公司根据计算结果应编制如下会计分录:

3 月 10 日发出 B 材料时

借:生产成本   112 500

   贷:原材料——B 材料   112 500

3 月 25 日发出 B 材料时

借:生产成本   70 500

   贷:原材料——B 材料   70 500

2.产成品的发出

因销售发出库存商品时,需要通过"库存商品"账户进行会计处理,借方登记外购商品的实际成本,当生产完工时将完工产品的实际生产成本从"生产成本"账户的贷方转入"库存商品"账户的借方;当库存商品销售实现时,将销售商品的实际成本从"库存商品"账户的贷方转为"主营业务成本"账户的借方。

【例 6-6】 明达公司 20×2 年 8 月甲商品入库、发出及结存的有关数据如下:

8 月 1 日期初结存   300 件   单价 5 元

8 月 7 日入库   900 件   单价 7 元

8 月 12 日销售   800 件

8 月 15 日入库   600 件   单价 8 元

8月19日销售　　　　800件

8月23日入库　　　　200件　　　单价10元

8月31日结存　　　　400件

按各种方法计算的本期发出存货1 600件的成本：

（1）月末一次加权平均法

$$加权平均成本 = \frac{300 \times 5 + 900 \times 7 + 600 \times 8 + 200 \times 10}{300 + 900 + 600 + 200} = 7.3（元）$$

本月销货成本 = 1 600 × 7.3 = 11 680（元）

期末存货成本 = 400 × 7.3 = 2 920（元）

月末一次加权平均法下本月销售商品的实际成本为11 680元，会计分录为：

借：主营业务成本　　　　　　　　　　　　　　　　　　　　　　　　　　11 680

　　贷：库存商品　　　　　　　　　　　　　　　　　　　　　　　　　　　　　11 680

（2）移动加权平均法

移动加权平均法计算甲商品的有关成本如表6-4所示。

各项加权平均计算如下：

$$7日入库后的移动加权平均成本 = \frac{300 \times 5 + 900 \times 7}{300 + 900} = 6.5（元）$$

$$15日入库后的移动加权平均成本 = \frac{2600 + 4800}{400 + 600} = 7.4（元）$$

$$23日入库后的移动加权平均成本 = \frac{1480 + 2000}{200 + 200} = 8.7（元）$$

表6-4　甲商品明细账

（按移动加权平均法计价）

单位：件、元

20×2年		摘要	收入			发出			结存		
月	日		数量	单价	金额	数量	单价	金额	数量	单价	金额
8	1	期初							300	5.0	1 500
	7	入库	900	7	6 300				1 200	6.5	7 800
	12	发出				800	6.5	5 200	400	6.5	2 600
	15	入库	600	8	4 800				1 000	7.4	7 400
	19	发出				800	7.4	5 920	200	7.4	1 480
	23	入库	200	10	2 000				400	8.7	3 480
8	31	本月发生额及月末余额	1 700		13 100	1 600		11 120	400	8.7	3 480

移动加权平均法下本月销售商品的实际成本为11 120元，会计分录为：

借：主营业务成本　　　　　　　　　　　　　　　　　　　　　　　　　　11 120

　　贷：库存商品　　　　　　　　　　　　　　　　　　　　　　　　　　　　　11 120

（3）先进先出法

按先进先出法计算的发出存货成本如表6-5所示。

先进先出法下本月销售商品的实际成本为 11 000 元,会计分录为:

借:主营业务成本　　　　　　　　　　　　　　　　　　　　　　　　11 000
　　贷:库存商品　　　　　　　　　　　　　　　　　　　　　　　　　　11 000

表 6-5　甲商品明细账

（按先进先出法计价）　　　　　　　　　　　　　　　　　　　单位:件、元

20×2年		摘要	收入			发出			结存		
月	日		数量	单价	金额	数量	单价	金额	数量	单价	金额
8	1	期初							300	5	1 500
	7	入库	900	7	6 300				300	5	
									900	7	7 800
	12	发出				300	5	1 500			
						500	7	3 500	400	7	2 800
	15	入库	600	8	4800				400	7	
									600	8	7 600
	19	发出				400	7	2 800			
						400	8	3 200	200	8	1 600
	23	入库	200	10	2 000				200	8	
									200	10	3 600
		本月发生额							200	8	
8	31	及月末余额	1 700		13 100	1 600		11 000	200	10	3 600

6.3　存货的期末计量

6.3.1　存货跌价准备的原则与方法

视频 6-2　存货的期末计价与期末盘点

　　由于市场环境的变化,企业的存货很可能会出现可变现净值低于账面实际成本的情况,此时表明企业的存货发生了减值,按照谨慎性信息质量的要求,必须对可能发生的减值损失预计入账,我们采用的方法是成本与可变现净值孰低法。成本与可变现净值孰低法要求,在会计期末,存货应当按照成本与可变现净值孰低计量,即比较存货历史成本与期末可变现净值(市价),以较低者作为期末的存货价值。当历史成本低于可变现净值时,存货按历史成本计量;反之,当历史成本高于可变现净值时,说明存货价格下跌,应按可变现净值计量存货价值,而将历史成本与可变现净值差额计入存货跌价准备。

6.3.2　存货跌价准备的计提

会计上采用备抵法核算可变现净值与存货历史成本差额。

为了反映存货跌价准备的计提、转销等情况,企业应设置"存货跌价准备"账户,它属于资产类账户,也是"原材料"等存货账户的备抵调整账户。提取跌价准备时,记入该账户的贷方,存货发出转销跌价准备及市价恢复转回多提的跌价准备金时,记入该账户的借方,期末贷方余额反映企业已提取尚未转销的存货跌价准备数额。该账户可按存货的类别进行明细核算。

以备抵法核算存货,应计算期末跌价准备应保留的余额与本期应计提的金额:

$$期末跌价准备应保留的余额＝成本－可变现净值$$
$$本期跌价准备应计提的金额＝应保留的余额－计提前贷方余额$$

当成本减去可变现净值小于零时,应保留的余额为零,此时应当冲销"存货跌价准备"账户的贷方余额,作计提存货跌价准备的反方向分录。

【例 6-7】　明达公司 20×2 年 12 月 31 日甲、乙、丙三种存货的相关资料如表 6-6 所示。

表 6-6　存货成本与可变现净值的比较　　　　　　　　　　　　　　单位:元

品种	成本	可变现净值	成本与可变现净值孰低法下金额
甲	300 000	260 000	260 000
乙	320 000	350 000	320 000
丙	280 000	250 000	250 000

此前,明达公司"存货跌价准备——甲产品"账户贷方余额 8 000 元,"存货跌价准备——乙产品"账户贷方余额 5 000 元,"存货跌价准备——丙产品"账户贷方余额 50 000 元。

对于甲产品来说,可变现净值低于成本,需要按可变现净值核算期末价值,并将差额部分计入"存货跌价准备"。应编制的会计分录如下:

借:资产减值损失——甲产品　　　　　　　　　　　　　　　　　　32 000
　贷:存货跌价准备——甲产品　　　　　　　　　　　　　　　　　　　　32 000

分录中甲产品应计提的存货跌价准备金额计算如下:

期末跌价准备应保留的余额＝300 000－260 000＝40 000(元)
本期跌价准备应计提的金额＝40 000－8 000＝32 000(元)

对于乙产品来说,可变现净值高于成本,直接以历史成本作为期末存货成本即可。此时,应将原有"存货跌价准备——乙产品"账户贷方余额予以冲销。应编制的会计分录如下:

借:存货跌价准备——乙产品　　　　　　　　　　　　　　　　　　5 000
　贷:资产减值损失——乙产品　　　　　　　　　　　　　　　　　　　　5 000

对于丙产品来说,可变现净值低于成本,需要按可变现净值核算期末价值。应编制的会计分录如下:

借:存货跌价准备——乙产品　　　　　　　　　　　　　　　　　　20 000
　贷:资产减值损失——乙产品　　　　　　　　　　　　　　　　　　　　20 000

分录中丙产品应计提的存货跌价准备金额计算如下：

期末跌价准备应保留的余额＝280 000－250 000＝30 000(元)

本期跌价准备应计提的金额＝30 000－50 000＝－20 000(元)

6.4 存货清查的会计处理

企业在日常经营过程中，往往由于保管不善、收发核算失误、意外事故等造成存货的毁损、遗失或盈余。因此，在永续盘存制下，企业需要在期末对存货数量进行清查，以保证账实相符。清查的方法主要是盘点。

存货盘查的结果主要有两种：账实相符与账实不符。其中，账实不符又包括存货的盘盈与盘亏两种结果。存货盘盈是指盘点的实际存货数量多于账面数量，存货盘亏是指盘点的实际存货数量少于账面数量。对于存货的盘盈与盘亏，必须进行会计处理，以实现账实相符。企业一般应该设置"待处理财产损溢"账户进行会计处理，并分两步完成盘盈或盘亏的处理过程。第一步，发现盘盈或盘亏时，一方面调整对应的存货账户，另一方面计入"待处理财产损溢"账户，盘盈时计入"待处理财产损溢"的贷方，盘亏时计入"待处理财产损溢"的借方；第二步，报经领导或主管部门批准，在期末结账前转销"待处理财产损溢"账户。

6.4.1 盘盈的会计处理

盘盈的存货，应按其重置成本作为入账价值，并通过"待处理财产损溢"账户进行会计处理，按管理权限报经批准后，冲减当期管理费用。

【例6-8】明达公司20×2年6月30日进行原材料盘点，盘点后发现甲材料盘盈600元。后查明原因，为原材料收发计量误差，7月5日经批准后冲销管理费用。

6月30日应编制的会计分录如下：

借：原材料——甲 600

　　贷：待处理财产损溢 600

7月5日应编制的会计分录如下：

借：待处理财产损溢 600

　　贷：管理费用 600

6.4.2 盘亏的会计处理

出现存货盘亏时，同样需要先转入"待处理财产损溢"账户以使账实相符。

按管理权限报经批准后，根据造成存货盘亏或毁损的原因，分以下情况进行处理：

(1)属于计量收发差错和管理不善等原因造成的存货短缺，应先扣除残料价值、可以收回的保险赔偿和过失人赔偿，将净损失计入管理费用。

(2)属于自然灾害等非常原因造成的存货毁损，应先扣除处置收入(如残

知识拓展6-2 年末存货毁损会计处理的改进建议

料价值)、可以收回的保险赔偿和过失人赔偿,将净损失计入营业外支出。

【例 6-9】 明达公司 20×2 年 6 月 30 日进行原材料盘点,盘点后发现乙材料毁损 3 000 元。后查明原因,主要系仓储员过失造成。7 月 10 日经批准,由仓储员赔偿 1 800 元,500 元作为管理制度不善处理,700 元为台风洪水造成的毁损。

6 月 30 日应编制的会计分录如下:

借:待处理财产损溢   3 000

  贷:原材料——乙   3 000

7 月 10 日应编制的会计分录如下:

借:管理费用   500

  营业外支出   700

  其他应收款   1 800

  贷:待处理财产损溢   3 000

【案例分析】FS 公司通过虚增存货虚减主营业务成本的方式虚增利润

FS 公司处于钢铁行业。2010 年至 2016 年度、2017 年 1 月至 9 月,FS 公司通过伪造、变造原始凭证及记账凭证,修改物供系统、成本核算系统、财务系统数据等方式调整存货中"返回钢"数量、金额,虚增涉案期间各期报告的期末存货。2010 年至 2016 年度、2017 年 1 月至 9 月,FS 公司累计虚增存货 1 989 340 046.30 元,从而少结转主营业务成本 1 989 340 046.30 元,累计虚增利润总额 1 901 945 340.86 元。其中,2010—2013 年,各年虚增存货、虚减成本、虚增利润的金额完全相等。而从 2014 年开始,为了掩盖存货账面不断虚增的情况,FS 公司将部分存货转入在建工程,进一步转入固定资产,并与真实固定资产一样计提折旧,所以 2014—2017 年虚增的利润稍小于虚减的存货,但各年虚增的利润依然巨大,导致 2010—2017 年各年的事实亏损都报告为盈利。具体见表 6-7。

表 6-7 FS 公司 2010—2017 年虚增利润金额   单位:元

年份	虚增存货金额	少记主营业务成本	虚增利润总额
2010	71 002 264.30	71 002 264.30	71 002 264.30
2011	487 921 246.00	487 921 246.00	487 921 246.00
2012	559 851 922.00	559 851 922.00	559 851 922.00
2013	184 446 258.00	184 446 258.00	184 446 258.00
2014	185 060 636.00	185 060 636.00	170 679 305.58
2015	163 090 290.00	163 090 290.00	144 915 856.06
2016	186 675 886.00	186 675 886.00	155 339 348.24
2017.1—9	151 291 544.00	151 291 544.00	127 789 140.68

"返回钢"是指炼钢车间作业过程中由于成分比例差异等各种原因而报废的铸余、钢锭、包底和轧钢车间作业产生的切头、切尾及轧制废品等,虽然钢铁行业在生产经营过程中客观上存在"返回钢"的可能性,但返回钢的数量巨大就值得质疑了。再加上大量的返回钢导致主营业务成本偏低,从而使得毛利率远高于同行公司,这是发现 FS 公司运用返回钢虚增利润的主要疑点。如图 6-1 所示,FS 公司主营产品中合金结构钢和不锈钢的毛利率在 2014—2016 年出现了不同程度的较明显上涨。将 FS 公司不锈钢毛利率与目前我国规模较大的不锈钢公司——太钢不锈(000825)进行比较,如表 6-8 所示,FS 公司的不锈钢毛利率在 2014—2016 年三年间一直高于不锈钢行业龙头太钢不锈。

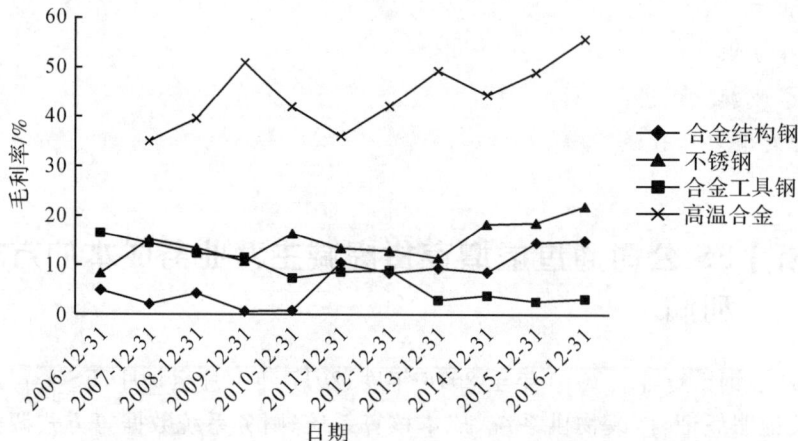

图 6-1　2006—2017 年 FS 公司主营产品毛利率

表 6-8　2014—2016 年 FS 公司与太钢不锈的不锈钢毛利率对比　　　　　单位:%

年份	FS 公司	太钢不锈
2014	18.32	13.11
2015	18.50	8.57
2016	21.87	17.25

总之,2010—2017 年期间,FS 公司持续通过虚增存货进行利润的操纵和调整,而且参与公司财务造假的高层管理人员人数众多。2019 年 5 月 20 日,中国证监会发布《行政处罚决定书》,对 FS 公司及有关人员进行了 5 万元到 60 万元不等的处罚。

案例思考:

(1)通过对 FS 公司案例的理解,你认为 FS 公司对"返回钢"作了怎样的会计分录?

(2)FS 公司为什么要将部分"返回钢"增加的存货转入"在建工程"?

【本章小结】

存货是企业的流动资产,主要包括原材料、在途物资、库存商品、在产品等。

存货取得时按实际成本确认入账,其中外购存货的实际成本主要包括买价、运输途中的保险费、运输途中的合理损耗及入库前发生的各种整理挑选费用。一般纳税人购进材料取得增值税发票,则发票上的增值税进项税额可以抵扣,因此不计入原材料的实际成本,而是记入应交税费——应交增值税的借方。自制存货主要指生产产品,生产产品的实际成本包括直接材料费、直接人工费及制造费用。制造费用是间接生产费用,先在制造费用账户的借方归集,月末按照一定的标准分配转入各种产品的生产成本。

现行企业会计准则规定,存货发出的计价可以采用先进先出法、加权平均法及个别认定法。企业一旦选定某一种方法后,应该在一定时期保持一致,不得随意变更,否则会影响前后各期利润的可比性。发出原材料时,一般借记生产成本及制造费用,贷记原材料;发出库存商品时,一般借记主营业务成本,贷记库存商品。

会计期末,存货按成本与可变现净值孰低法计量,以确定存货的跌价准备和由此产生的减值损失。当成本大于可变现净值时,将成本大于可变现净值的差额称为存货跌价准备账户应保留的余额,再将应保留的余额与原有的跌价准备余额进行比较,应保留的余额大于原有的跌价准备余额时应该补提差额,应保留的余额小于原有的跌价准备余额时应该转回差额。当成本小于可变现净值时,存货跌价准备账户应保留的余额为零,此时应该转回跌价准备账户的原余额。计提时引起利润减少,转回时会引起利润增加。

会计期末,还应该对存货进行盘点,以便检查账实是否相符。对于发现的盘盈或盘亏,一般先通过"待处理财产损溢"账户进行登记,并补记(盘亏时冲销)存货账户,然后通过查清原因报经批准对待处理财产损溢作转销处理。

【练习题】

习题 1

甲公司为增值税一般纳税人,增值税税率为13%。原材料采用实际成本法核算,原材料发出采用月末一次加权平均法计价。

20×1年4月,与A材料相关的资料如下:

(1)1日,"原材料——A材料"账户余额30 000元(共3 000千克,其中含3月末验收入库但因发票账单未到而以3 000元暂估入账的A材料300千克)。

(2)5日,收到3月末以暂估价入库A材料的发票账单,货款为2 800元,增值税为364元,对方代垫运输费500元,全部款项已用转账支票付讫。

(3)8日,以汇兑结算方式购入A材料4 000千克,发票账单已收到,货款为48 000元,增值税为6 240元;运输费为1000元,增值税为90元。材料尚未到达,款项已由银行存款支付。

(4)11日,收到8日采购的A材料,验收时发现只有3 980千克。经检查,短缺的20千克确定为运输途中的合理损耗,A材料验收入库。

(5)18日,持银行汇票50 000元购入A材料3 000千克,增值税专用发票上注明的货款为33 000元,增值税为4 290元;运输费为2 000元,增值税为180元。材料已验收入库,剩余票款退回并存入银行。

(6)21日,基本生产车间自制A材料100千克验收入库,总成本为1 200元。

(7)30日,根据"发料凭证汇总表"的记录,4月份基本生产车间为生产产品领用A材料6 000千克,车间管理部门领用A材料1 000千克,企业管理部门领用A材料1 000千克。

要求：

(1)计算甲公司 4 月份发出 A 材料的单位成本。

(2)根据上述资料，编制甲公司 4 月份与 A 材料有关的会计分录。

习题 2

甲公司 20×2 年 5 月初存货 10 000 件，成本为 50 000 元，5 月 10 日和 25 日分别销货 20 000 件和 40 000 件。本期进货情况如表 6-9 所示。

表 6-9　甲公司 20×2 年 5 月某存货的进货情况

日期	单价/元	数量/件
5 月 7 日	5.10	30 000
5 月 18 日	5.15	20 000
5 月 20 日	5.20	30 000
5 月 28 日	5.25	10 000

要求：

分别采用全月一次加权平均法、先进先出法计算 20×2 年 5 月发出存货成本和结存存货成本。

习题 3

甲公司对存货的期末计价采用成本与可变现净值孰低法。该公司存货有关资料如下：

20×0 年年末，B 库存商品余额为 0 元；

20×1 年年末，B 库存商品的账面成本为 85 000 元，可变现净值为 82 000 元；

20×2 年年末，B 库存商品的账面成本为 120 000 元，可变现净值为 110 000 元；

20×3 年年末，B 库存商品的账面成本为 150 000 元，可变现净值为 155 000 元；

要求：

根据上述资料编制 20×1 年年末、20×2 年年末和 20×3 年年末计提存货跌价准备业务的会计分录。

习题 4

甲公司发生下列业务：

(1)公司在财产清查中盘盈 J 材料 100 千克，实际单位成本 100 元，经查属于材料收发计量方面的错误。

(2)公司在财产清查中发现盘亏 K 材料 50 千克，实际单位成本 300 元，经查属于一般经营损失。

(3)公司在财产清查中发现毁损 L 材料 100 千克，实际单位成本 500 元，经查材料保管员的过失有一定责任，按规定由其个人赔偿 30 000 元，残料办理入库手续，价值 5 000 元，其余作为经营损失。

(4)公司因台风造成一批库存材料毁损,实际成本 80 000 元,根据保险责任范围及保险合同规定,应由保险公司赔偿 40 000 元。

要求:

根据上述经济业务编制相关会计分录。

在线自测

第7章

长期股权投资

■■■ 问题导入：华丽家族的长期股权投资由哪些项目构成？

根据华丽家族披露的 2019 年年报，资产负债表中列示的长期股权投资于 2019 年 12 月 31 日为 1 453 232 675.35 元。那么，长期股权投资包括哪些投资项目？这些长期股权投资余额为多少？有怎样的增减变动？是否有减值情况？长期股权投资报表列示金额与余额、减值准备有什么样的关系？表 7-1 是华丽家族资产负债表资产部分的摘录，表 7-2 是与长期股权投资相关的报表附注披露内容。

表 7-1　华丽家族资产负债表（资产部分）

2019 年 12 月 31 日　　　　　　　　　　　　　　　　　单位：元

项目	附注	2019 年 12 月 31 日	2018 年 12 月 31 日
流动资产：			
货币资金		598 126 880.96	420 951 064.72
应收票据		416 000.00	
应收账款		7 436 039.89	16 125 067.53
应收款项融资			
预付款项		796 398.65	4 755 218.08
其他应收款		131 715 318.60	21 739 391.85
存货		2 429 256 360.82	2 572 875 900.35
其他流动资产		106 561 877.08	650 751 370.23
流动资产合计		3 274 308 876.00	3 687 198 012.76
非流动资产：			
可供出售金融资产			1 329 753 257.86
长期股权投资		1 453 232 675.35	1 450 421 563.86
其他权益工具投资		1 310 897 262.74	
投资性房地产		324 500 382.44	269 698 575.91
固定资产		83 249 198.26	105 393 959.88
在建工程			123 609 309.44
无形资产		67 588 520.73	211 092 253.21
开发支出			2 048 600.30
商誉			
长期待摊费用		40 905 799.53	3 901 497.88
递延所得税资产		13 264 986.93	2 639 871.99
其他非流动资产		253 520.00	80 253 520.00
非流动资产合计		3 293 892 345.98	3 578 812 410.33
资产总计		6 568 201 221.98	7 266 010 423.09

表 7-2 华丽家族报表附注披露的无形资产明细项目

单位:元

被投资单位	期初余额	本期增减变动								期末余额	减值准备期末余额
		增加投资	减少投资	权益法下确认的投资损益	其他综合收益调整	其他权益变动	宣告发放现金股利或利润	计提减值准备	其他		
一、合营企业											
小计											
二、联营企业											
华泰期货有限公司	1 237 814 766.52			36 267 225.48	629 457.61					1 274 711 449.61	
上海瑞力文化发展股权投资基金合伙企业	122 949 604.04	22 500 000.00		−394 669.70						145 054 934.34	
上海复旦泰生物技术有限公司	51 751 868.42			−648 511.42				19 452 886.97		51 103 357.00	20 900 565.60
北京科兴莱达国际医疗器械有限公司	31 885 756.48			−1 489 506.73				24 026 893.27		30 396 249.75	27 132 749.75
浙江大承机器人科技有限公司	10 573 103.51			−262 684.66				10 310 418.85		10 310 418.85	10 310 418.85
小计	1 454 975 098.97	22 500 000.00		33 471 852.97	629 457.61			53 790 199.09		1 511 576 409.55	58 343 734.20
合计	1 454 975 098.97	22 500 000.00		33 471 852.97	629 457.61			53 790 199.09		1 511 576 409.55	58 343 734.20

　　根据上述资料,华丽家族报表列示的长期股权投资为 1 453 232 675.35 元,是对华泰期货、上海瑞力等 5 家联营企业的投资共计余额 1 511 576 409.55 元,减去减值准备期末余额 58 343 734.20 元,称为长期股权投资账面价值。从表 7-2 看,长期股权投资的增减主要包括追加投资、权益法确认的投资收益、对方企业宣告发放股利及计提减值准备等,我们可以观察到华丽家族本期对上海复旦海泰生物技术有限公司(简称"复旦海泰")、北京科兴邦达国际医疗器械有限公司(简称"科兴邦达")、浙江大承机器人科技有限公司(简称"大承机器人")计提了减值准备,共计约 5 379 万元。那么长期股权投资的期末余额如何具体形成? 减值准备反映了什么情况? 什么是权益法? 本章将围绕这些问题展开。

　　长期股权投资不同于交易性金融资产、债权投资、其他债权投资、其他权益工具投资,后面四个项目属于金融资产,长期股权投资属于经营资产。

7.1　长期股权投资的含义及账户设置

　　长期股权投资是指企业通过投出各种资产取得被投资企业股权,不准备随时出售的投资。长期股权投资根据投资企业对被投资单位的影响程度分为三类:投资方对被投资单位实施控制的权益性投资、具有重大影响的权益性投资,以及对其合营企业的权益性投资。

7.1.1　控制型的权益性投资

　　控制,是指投资方拥有通过参与被投资方的相关活动而享有可变回报的权力,并且有能力运用对被投资方的权力影响其回报金额。也即投资方有权决定被投资单位的财务政策和经营政策。投资方能够对被投资单位实施控制的,被投资单位为其子公司。一般当投资企业直接拥有被投资单位 50% 以上的股份时,投资企业对被投资单位具有控制权。这种类型的长期股权投资往往表现为母子公司关系。

7.1.2　重大影响型的权益性投资

　　重大影响,是指对一个企业的财务和经营政策有参与决策的权力,但并不能够控制或者与其他方一起共同制定这些政策,往往指对联营企业的投资。投资企业直接或通过子公司间接拥有被投资单位 20% 以上但低于 50% 的表决权股份时,一般认为对被投资单位具有重大影响。

7.1.3　对合营企业的权益性投资

　　合营企业,是指一项由两个或两个以上的参与方共同控制的企业。任何一个参与方都不能够单独控制该企业,对该企业具有共同控制的任何一个参与方均能够阻止其他参与方或参与方组合单独控制该企业。各合营方可能通过合同或协议的形式任命其中的一个合营方对合营企业的日常活动进行管理,但其必须在各合营方已经一致同意的财务和经营政策范围内行使管理权。

长期股权投资的增减变动需要设置"长期股权投资"账户核算,该账户属于资产类账户。借方登记取得长期股权投资的实际成本,贷方登记处置的长期股权投资的实际成本,余额一般在借方,表示持有的长期股权投资的实际成本。该账户可以设立"成本"与"损益调整"两个明细科目,账户的借贷方登记还会因为不同的投资类型而出现差别,具体在下面内容中介绍。

7.2　长期股权投资的初始计量

长期股权投资的入账价值为企业取得长期股权投资所付出的实际成本,具体包含实际支付的股权购买价款、手续费、税金、佣金等费用。企业在支付对价取得长期股权投资时,对于实际支付的价款中包含的对方已经宣告但尚未发放的现金股利或利润,不进入长期股权投资的入账价值,而应作为"应收股利"构成企业的一项债权。

长期股权投资的入账价值用公式表示如下:

长期股权投资成本＝买价＋手续费＋税金＋佣金等费用－已宣告尚未支取的现金股利

【例 7-1】　明达公司于 20×1 年 1 月 1 日以银行存款购入 A 公司 30％的股权,确认为长期股权投资,对 A 公司有重大影响,实际支付购买价款 3 000 000 元,并支付相关审计费用 53 000 元,其中 3 000 元为可以抵扣的增值税。根据上述资料,明达公司取得长期股权投资的会计分录如下:

借:长期股权投资——投资成本　　　　　　　　　　　　　　　　3 050 000

　　应交税费——应交增值税(进项税额)　　　　　　　　　　　　3 000

　　贷:银行存款　　　　　　　　　　　　　　　　　　　　　　3 053 000

7.3　长期股权投资的后续计量

长期股权投资的核算方法主要有两种:成本法和权益法。在取得初始投资或追加投资时,两者均按照实际成本入账,但在后续计量方面两者有所区别,即企业的长期股权投资入账价值是否需要根据被投资企业所有者权益的变动而有所变动。成本法下,长期股权投资的入账价值始终按照投资成本计价,不反映被投资企业所有者权益的变动状况。而权益法下,长期股权投资的入账价值随被投资企业所有者权益变动情况而变动。

视频 7-1　长期股权投资的后续计量

7.3.1　成本法

1.成本法的适用范围

投资方能够对被投资单位实施控制的长期股权投资应当采用成本法核算。即投资企业持有的对子公司投资,母公司个别财务报表中按成本法核算,但最终需要采用合并报表的形式加以反映。

2. 成本法下的后续计量

采用成本法核算的长期股权投资,应按照初始投资成本计价,一般不按照被投资企业利润或权益变动进行变更,只有在追加或收回投资以及长期股权投资减值时,才调整长期股权投资的账面价值。

成本法下,当被投资企业宣告发放现金股利时,投资企业应作为投资收益处理,相应股利份额计入"投资收益"账户的贷方。

【例7-2】 明达公司于20×0年1月1日取得甲公司70%的股权计300 000股,每股价格6.5元,另支付相关税费106 000元,其中6 000元为可以抵扣的增值税。20×0年甲公司实现净利润10 000 000元,20×1年2月6日,甲公司宣告分派现金股利,明达公司按照持股比例可取得80 000元(税后)。甲公司于20×1年2月12日实际分派现金股利。

由于明达公司对甲公司的权益性投资属于控制型投资,因此,明达公司对此项长期股权投资采用成本法进行账务处理。

(1)20×0年1月1日取得股权、支付价款时:

借:长期股权投资　　　　　　　　　　　　　　　　　　　　　　2 050 000
　　应交税费——应交增值税(进项税额)　　　　　　　　　　　　　6 000
　　贷:银行存款　　　　　　　　　　　　　　　　　　　　　　　2 056 000

(2)20×0年乙公司实现净利润10 000 000元,明达公司不用作会计处理。

(3)20×1年2月6日甲公司宣告分派股利时:

借:应收股利　　　　　　　　　　　　　　　　　　　　　　　　80 000
　　贷:投资收益　　　　　　　　　　　　　　　　　　　　　　　　80 000

(4)20×1年2月12日收到现金股利时:

借:银行存款　　　　　　　　　　　　　　　　　　　　　　　　80 000
　　贷:应收股利　　　　　　　　　　　　　　　　　　　　　　　　80 000

7.3.2　权益法

1. 权益法的适用范围

投资企业对被投资单位具有共同控制或重大影响的长期股权投资,即对合营企业投资及对联营企业投资,应当采用权益法核算。

2. 权益法下的后续计量

权益法下,长期股权投资的初始投资成本大于投资时应享有被投资单位可辨认净资产公允价值份额的,视同为商誉,不需要调整长期股权投资的初始投资成本。长期股权投资的初始投资成本小于应享有被投资单位可辨认净资产公允价值份额的,需要调整长期股权投资的初始投资成本,根据其差额借记"长期股权投资"账户,同时贷记"营业外收入"账户,使得长期股权投资入账价值与应享有的被投资单位可辨认净资产公允价值份额保持一致。

【例7-3】 承【例7-1】,若购买日,A公司所有者权益账面价值为10 000 000元,公允价值为13 000 000元,则明达公司必须调整初始投资成本与享有A公司可辨认净资产公允价值份额的差额,编制会计分录如下:

明达公司享有净资产公允价值的份额＝13 000 000×30％＝3 900 000(元)

明达公司应调整投资成本＝3 900 000－3 050 000＝850 000(元)

借:长期股权投资——投资成本　　　　　　　　　　　　　　　　　　　　　850 000

　　贷:营业外收入　　　　　　　　　　　　　　　　　　　　　　　　　　　　　850 000

持有投资期间,随着被投资单位所有者权益的变动相应调整增加或减少长期股权投资的入账价值。即对属于因被投资单位实现净利润或发生亏损所产生的所有者权益的变动,投资企业按照持股比例计算应享有的份额,增加或减少长期股权投资的入账价值,同时确认为当期投资损益,投资收益计入"投资收益"账户的贷方,投资损失计入"投资收益"账户的借方。

被投资单位宣告分派现金股利或利润时,投资企业按持股比例计算应分得的部分,一般应冲减长期股权投资的入账价值。

采用权益法进行长期股权投资的核算,可以在"长期股权投资"科目下设置"投资成本""损益调整"等明细科目。其中,"投资成本"明细科目反映购入时在被投资企业按公允价值确定的所有者权益中占有的份额及初始投资成本大于占有份额形成的商誉;"损益调整"明细科目反映购入股权以后随着被投资企业留存收益的增减变动而享有份额的调整数。

【例 7-4】　明达公司于 20×0 年 1 月 1 日取得上市公司乙公司 40％的股权,价款与交易直接费用等成本共为 20 000 000 元。假定 20×0 年 1 月 1 日乙公司可辨认净资产的账面价值与公允价值相同,为 50 000 000 元。20×0 年乙公司实现净利润 20 000 000 元,20×1 年 2 月 6 日,乙公司宣告分派利润,明达公司按照持股比例可取得 900 000 元。乙公司于 20×1 年 2 月 12 日实际分派利润。

由于明达公司对乙公司有表决权股份的持股比例已达到了 40％,对其经营和财务政策会产生重大影响,因此,明达公司对此项长期股权投资采用权益法进行账务处理。

(1)20×0 年 1 月 1 日取得股权、支付价款时:

借:长期股权投资——成本　　　　　　　　　　　　　　　　　　　　　20 000 000

　　贷:银行存款　　　　　　　　　　　　　　　　　　　　　　　　　　　　20 000 000

(2)20×0 年末确定乙公司取得利润时:

借:长期股权投资——损益调整　　　　　　　　　　　　　　　　　　　　8 000 000

　　贷:投资收益　　　　　　　　　　　　　　　　　　　　　　　　　　　　8 000 000

上述分录中的金额计算:20 000 000×40％＝8 000 000(元)

(3)20×1 年 2 月 6 日乙公司宣告分派股利时:

借:应收股利　　　　　　　　　　　　　　　　　　　　　　　　　　　　　900 000

　　贷:长期股权投资——损益调整　　　　　　　　　　　　　　　　　　　　900 000

(4)20×1 年 2 月 12 日收到现金股利时:

借:银行存款　　　　　　　　　　　　　　　　　　　　　　　　　　　　　900 000

　　贷:应收股利　　　　　　　　　　　　　　　　　　　　　　　　　　　　900 000

7.4　长期股权投资的期末计量

每年年末,企业应对长期股权投资的账面价值进行检查,如果出现减值迹象,应对其可收回金额进行估计。可收回金额应当根据长期股权投资的公允价值减去处置费用后的净额与长期股权投资预计未来现金流量的现值两者之间的较高者确定。

如果长期股权投资可收回金额低于账面价值,说明长期股权投资已经发生减值损失,应当按照相关准则的规定将长期股权投资的账面价值减记至可收回金额,即计提减值准备,同时确认为减值损失,计入"资产减值损失"账户的借方。长期股权投资的减值准备在提取以后,不允许转回。

【例 7-5】　承【例 7-2】,明达公司于 20×1 年 12 月 31 日对该项长期股权投资进行减值测试,预计其可收回金额为 1 850 000 元,则计提减值准备的会计分录为:

借:资产减值损失　　　　　　　　　　　　　　　　　　　　　200 000

　　贷:长期股权投资减值准备　　　　　　　　　　　　　　　　　　200 000

【例 7-6】　承【例 7-4】,明达公司于 20×1 年 12 月 31 日对该项长期股权投资进行减值测试,预计其可收回金额为 25 000 000 元,则计提减值准备的会计分录为:

此时,长期股权投资的账面价值=2 000+800-90=2 710(万元)

应计提减值准备:2 710-2 500=210(万元)

借:资产减值损失　　　　　　　　　　　　　　　　　　　　2 100 000

　　贷:长期股权投资减值准备　　　　　　　　　　　　　　　　　2 100 000

企业会计准则规定,长期股权投资的减值准备在提取后不得转回。

7.5　长期股权投资的处置

案例 360 股权
投资损失与减
值巨大

企业处置长期股权投资时,应相应结转与所售股权相对应的长期股权投资的账面价值,包括长期股权投资的成本、损益调整,以及已经计提的减值准备,出售所得价款与处置长期股权投资账面价值之间的差额,应确认为处置损益,计入"投资收益"账户,借方表示投资损失,贷方表示处置时获得的投资收益。

【例 7-7】　明达公司原持有丙公司长期股权投资,并按权益法进行核算。20×1 年 11 月 30 日,明达公司出售所持有丙公司股权中的 5%,出售时明达公司账面上对丙公司长期股权投资的构成如下:投资成本为 10 000 000 元,损益调整为 2 000 000 元。该长期股权投资已计提减值准备 1 000 000 元,出售取得价款 2 000 000 元。

明达公司确认处置损益的会计分录如下:

```
借：银行存款                                    2 000 000
    长期股权投资减值准备                           50 000
  贷：长期股权投资——成本                                500 000
                  ——损益调整                           100 000
      投资收益                                        1 450 000
```

【案例分析】华丽家族收到年报问询函，计提长期股权投资减值准备受关注

2020 年 5 月 20 日晚间，华丽家族（600503）披露收到上海证券交易所下发的《关于对公司 2019 年年度报告的事后审核问询函》，要求公司从大额计提资产减值准备、财务信息及业务规划等方面进一步补充披露相关信息。其中，有关于长期股权投资减值准备问题原文表达如下。

关于长期股权投资。公司本期对长期股权投资计提资产减值准备 5 379.02 万元，主要涉及三家联营企业的生产经营存在一定问题。请公司补充说明：①公司入股三家联营企业的背景，目前上述企业的财务和经营状况，前期投资决策是否审慎；②结合减值计提方法和公司实际情况等，说明本期减值测试是否合理充分，前期是否存在减值计提不充分、审计结论不客观的情形。

华丽家族于 2020 年 5 月 26 日进行了答复。相关答复如下。

（1）公司入股三家联营企业的背景，目前上述企业的财务和经营状况，前期投资决策是否审慎。

复旦海泰主要从事生物技术研究与开发；科兴邦达主要从事静脉输液器和吻合器的研发、生产及销售；大承机器人主要从事服务型机器人的研发、生产与销售。《中国制造 2025》明确把生物医药及高性能医疗器械作为重点发展的十大领域之一；把加快推进国内先进重大技术设备研发、推广先进制造系统与设备、发展智能装备与智能产品作为未来发展重点之一。公司对上述三家联营企业的投资是基于对产业发展前景的看好，为公司的发展培育新的利润增长点。

上述三家联营企业 2019 年度财务状况如表 7-3 所示。

表 7-3　2019 年度三家联营企业的财务状况　　　　　　　　单位：万元

公司名称	资产总额	负债总额	未分配利润	净利润
复旦海泰	13 329	6 257	−8 188	−413
科兴邦达	4 406	7 014	−10 617	−1 506
大承机器人	879	11	−232	−88

前期投资决策方面，公司于 2015 年 8 月取得复旦海泰 25% 的股权，复旦海泰以治疗性疫苗国家工程实验室为技术依托，主要研发产品系"乙克"最终产品，是一种针对乙型肝炎的药物；公司于 2018 年 9 月取得科兴邦达 9.89% 的股权，科兴邦达拥有全系列自主知识产权的吻合器系列产品，是国内少数开发出电动吻合器的厂商，并设计出国内唯一的钉仓自动化生产线；公司于 2017 年 8 月取得大承机器人 29.73% 的股权，大承机器人团队具备完整机器人产品设计研发能力，并拥有多项核心技术。结合上述企业拥有的研发团队、技术专利以及

市场应用前景等因素,并经公司董事会或管理层会议审议,作出了对上述三家联营企业的投资决定,投资决策是审慎的。

(2)结合减值计提方法和公司实际情况等,说明本期减值测试是否合理充分,前期是否存在减值计提不充分、审计结论不客观的情形。

公司管理层结合联营企业自身发展状况、所属行业同类型公司情况以及盈利能力等因素对上述三家联营企业计提了相应减值。复旦海泰主要从事乙肝疫苗"乙克"的研究开发,由于对样本的筛选须满足严格的标准,故合格样本的采集较为困难,研发进展缓慢。公司于2018年参考中介机构出具的资产评估报告,对其计提相应减值145万元。复旦海泰近年除极少量检测业务外,无其他实际经营活动,目前处于持续亏损状态。截至2019年年底,"乙克"项目仍未取得重大突破。另外,复旦海泰于2016年3月收到国家补助1 500万元,用于治疗性疫苗国家工程实验室项目,2019年该项目终止,按照相关规定上述国家补助须返还。故2019年,复旦海泰出现明显减值迹象,对其进行减值测试,并参考了联营方其他股东于2019年转让其所持复旦海泰股份并在上海联合产权交易所公告的挂牌转让价格,于2019年对复旦海泰计提相应资产减值准备1 945.29万元。

科兴邦达2019年取得销售收入855.47万元,较2018年的2 743.50万元出现大幅下滑。由于其销售未达预期且缺乏经营性现金流,未来经营发展情况存在不确定性,公司对所持科兴邦达股权的权益价值进行减值测试。公司聘请了上海东洲资产评估有限公司,以2019年12月31日为基准日,对上述权益价值进行评估,并于2020年4月11日出具了东洲评报字〔2020〕第0451号《资产评估报告》。根据该报告的评估结论,公司对科兴邦达计提资产减值准备2 402.69万元。

大承机器人自2017年8月成立起一直处于服务型机器人的研发阶段,截至2019年12月31日,尚未形成有效收入。因大承机器人系2017年下半年新设企业,2018年尚处投入期,且2018年年末的货币资金余额为460万元,尚能满足其日常经营的资金需求,故未于当期对其计提减值。截至2019年12月31日,其货币资金余额仅剩10.5万元。此外,其控股股东无后续资金投入计划,未来持续经营能力存在重大不确定性。因此,公司于2019年对该项投资计提减值准备1 031.04万元。

综上,公司对上述三家联营企业的股权投资遵循企业会计准则的规定,各会计年度均进行了减值测试,并按照谨慎性原则合理充分地计提了相应减值准备。

从华丽家族收到交易所问询函及答复交易所问询函的内容中,我们可以注意到以下方面。

(1)每年年末,企业应对长期股权投资的账面价值进行检查。如果发生减值,应该计提长期股权投资减值准备。根据华丽家族2019年年报,长期股权投资于2019年12月31日的余额为1 453 232 675.35元(见表7-1),其具体构成为五家联营企业的投资,其中对三家联营企业计提了减值准备(见表7-2)。这三家中的复旦海泰与科兴邦达在本年年末前就计提过减值准备。报表列示的长期股权投资金额为长期股权投资账户的期末余额1 511 576 409.55元减去减值准备期末余额58 343 734.20元后的净额。计提减值准备金的大小,不仅直接影响利润表,也会影响资产负债表金额。

(2)合理计提的基础是确定资产的可收回金额。按照企业会计准则的规定,减值测试结果表明资产的可收回金额低于其账面价值的,按其差额计提减值准备并计入减值损失。可收回金额为资产的公允价值减去处置费用后的净额与资产预计未来现金流量的现值两者之间的较高者。资产的公允价值根据公平交易中销售协议价格确定;不存在销售协议但存在资产活跃市场的,公允价值按照该资产的买方出价确定;不存在销售协议和资产活跃市场的,则以可获取的最佳信息为基础估计资产的公允价值。处置费用包括与资产处置有关的法律费用、相关税费、搬运费以及为使资产达到可销售状态所发生的直接费用。资产预计未来现金流量的现值,按照资产在持续使用过程中和最终处置时所产生的预计未来现金流量,选择恰当的折现率对其进行折现后的金额加以确定。资产减值准备按单项资产为基础计算并确认,如果难以对单项资产的可收回金额进行估计的,以该资产所属的资产组确定资产组的可收回金额。

华丽家族对三家联营企业准备金采用了单项分别计提。其中,公司持有的上海复旦海泰生物技术有限公司股权,按照联营方其他股东在上海联合产权交易所公告的挂牌转让价格计提减值准备 19 452 886.97 元(报表及答复函未披露挂牌转让价格的具体情况)。北京科兴邦达国际医疗器械有限公司因其销售未达预期缺乏经营性现金流,未来经营存在不确定性,按照东洲评报字〔2020〕第 0451 号《资产评估报告》,公司对其持有的股权计提减值 24 026 893.27 元(报表及答复函未披露评估报告评估的公司价值)。浙江大承机器人科技有限公司因其缺乏经营性资金投入和研发,未来经营存在重大不确定性,公司对其持有的股权进行了全额计提减值 10 310 418.85 元,但报表与答复函均未具体说明全额计提的原因。

根据华丽家族长期股权投资减值准备的计提情况,我们建议上市公司对于资产减值计提依据应予更充分的披露,交易所对上市公司年报披露的问题,不仅应该有问询函,更应该对问询函的答复质量给予高度关注,如要求公司在答复函中公布具体的资产减值计提的依据。

(资料来源:华丽家族对上海证券交易所《关于华丽家族股份有限公司 2019 年年度报告事后审核问询函》的回复公告)

案例思考:

(1)分析计提长期股权投资减值准备,会对当年及未来的利润产生怎样的影响?

(2)什么情况下必须计提长期股权投资减值准备?计提金额如何确定?华丽家族计提的长期股权投资减值准备充分吗?

【本章小结】

长期股权投资是一种非流动资产。长期股权投资根据投资企业对被投资单位的影响程度分为三类:投资方对被投资单位实施控制的权益性投资、具有重大影响的权益性投资,以及对其合营企业的权益性投资。

长期股权投资的入账价值为企业取得长期股权投资所付出的实际成本。具体包含实际支付的股权购买价款、手续费、税金、佣金等费用。

长期股权投资的后续计量有成本法与权益法的区分。成本法下,不按照被投资企业利润或权益变动进行变更,只有在追加或收回投资以及长期股权投资减值时,才调整长期股权投资的账面价值,长期股权投资账户始终反映的是投资成本。而权益法下,长期股权投资的入账价值及投资收益随被投资企业所有者权益,特别是净利润的变动而变动。投资企业对被投资单位具有共同控制或重大影响的长期股权投资,即对合营企业投资及对联营企业投资,应当采用权益法核算。投资方能够对被投资单位实施控制的长期股权投资应当采用成本法核算,即投资企业持有的对子公司投资,母公司个别财务报表中按成本法核算,但最终须采用合并报表的形式加以反映。

每年年末，应对长期股权投资是否发生了减值进行测试。如果长期股权投资可收回金额低于账面价值，应当计提减值准备，同时确认为减值损失，计入"资产减值损失"账户的借方。长期股权投资的减值准备在提取以后，不允许转回。

转让长期股权投资时，企业必须注销长期股权投资、长期股权投资减值准备账户的余额，并通过投资收益账户反映转让长期股权投资的盈利或亏损。

【练习题】

习题 1

甲公司发生有关长期股票投资的经济业务如下：

（1）20×1 年 2 月 1 日，购入 A 股份公司股票 100 万股，每股成交价 3 元，印花税、手续费 2 000 元，占 A 股份公司有表决权资本的 55%，准备长期持有。款项均以银行存款支付。

（2）20×2 年 3 月 5 日，A 公司报告 20×1 年度盈利 5 000 万元，并宣告发放 20×1 年度的现金股利，每股 0.20 元。

（3）20×2 年 3 月 28 日，公司收到现金股利，存入银行。

（4）20×3 年 4 月 2 日，A 公司宣告分派 20×2 年度现金股利，每股 0.30 元。

（5）20×3 年 4 月 30 日，公司收到现金股利存入银行。

要求：

根据上述资料编制甲公司相关会计分录。

习题 2

甲公司 20×1 年至 20×3 年与投资业务有关的资料如下：

（1）20×1 年 1 月 1 日，甲公司以银行存款 600 万元，购入乙股份有限公司（简称乙公司）股票，占乙公司有表决权股份的 30%，对乙公司的财务和经营政策具有重大影响。不考虑相关费用，假定 20×1 年 1 月 1 日乙公司可辨认净资产的账面价值与公允价值相同，金额为 2 000 万元。

（2）20×1 年度，乙公司实现净利润 2 000 万元。

（3）20×2 年 5 月 2 日，乙公司宣告发放 20×1 年度现金股利 400 万元，并于 20×2 年 5 月 20 日实际发放。

（4）20×2 年度，乙公司发生净亏损 500 万元。

（5）20×2 年 12 月 31 日，甲公司预计对乙公司长期股权投资的可收回金额为 830 万元。

（6）20×3 年度，乙公司发生亏损 200 万元。

要求：

编制甲公司 20×1 年至 20×3 年与投资业务相关的会计分录。

在线自测

第8章

固定资产

■■■ **问题导入：沃华医药的固定资产由哪些项目构成？**

根据沃华医药披露的 2020 年年报，资产负债表中列示的固定资产 2020 年 12 月 31 日为 469 247 484.89元。那么，这些固定资产包括哪些实物资产？这些固定资产原价多少？已计提折旧多少？是否有减值情况？固定资产报表列示金额与原价、折旧、减值准备是什么关系？表 8-1 是沃华医药资产负债表资产部分的摘录，表 8-2 是与固定资产相关的报表附注披露内容。

表 8-1　沃华医药资产负债表(资产部分)

2020 年 12 月 31 日

单位:元

项目	2020 年 12 月 31 日	2019 年 12 月 31 日
流动资产：		
货币资金	494 426 490.02	300 688 659.97
应收票据	11 658 065.08	1 952 679.41
应收账款	115 511 756.12	97 574 656.48
应收款项融资	39 913 534.92	23 152 072.92
预付款项	4 349 017.34	7 332 181.91
其他应收款	3 121 148.70	90 293 167.47
存货	114 643 446.09	95 654 152.81
其他流动资产	10 543 387.78	2 563 272.49
流动资产合计	794 166 846.05	619 210 843.46
非流动资产：		
固定资产	469 247 484.89	258 439 287.16
在建工程		45 599 825.47
无形资产	55 687 975.38	32 787 133.48
商誉	46 045 439.52	46 045 439.52
递延所得税资产	3 960 965.91	5 731 284.73
其他非流动资产	986 188.70	208 000.00
非流动资产合计	575 928 054.40	388 810 970.36
资产总计	1 370 094 900.45	1 008 021 813.82

表 8-2 沃华医药报表附注披露的固定资产项目

项目	房屋及建筑物	机器设备	运输设备	办公设备	合计
一、账面原值					
1.期初余额	217 368 977.83	154 662 668.48	7 021 443.11	22 809 014.86	401 862 104.28
2.本期增加金额	214 626 181.28	39 053 570.35	43 097.35	1 670 448.90	255 393 297.88
(1)购置	687 380.40	4 230 393.31	43 097.35	1 279 825.37	6 240 696.43
(2)在建工程转入	18 158 262.43	28 219 172.23		390 623.53	46 768 058.19
(3)企业合并增加	195 780 538.45	6 604 004.81			202 384 543.26
3.本期减少金额		2 101 325.98		690 365.06	2 791 691.04
处置或报废		2 101 325.98		690 365.06	2 791 691.04
4.期末余额	431 995 159.11	191 614 912.85	7 064 540.46	23 789 098.70	654 463 711.12
二、累计折旧					
1.期初余额	54 392 388.44	70 027 178.36	5 068 621.95	13 848 762.31	143 336 951.06
2.本期增加金额	23 800 953.14	15 708 615.41	445 333.01	2 591 364.32	42 546 265.88
(1)计提	8 333 733.98	15 256 106.91	445 333.01	2 591 364.32	26 626 538.22
(2)企业合并增加	15 467 219.16	452 508.50			15 919 727.66
3.本期减少金额		1 805 082.31		637 794.28	2 442 876.59
处置或报废		1 805 082.31		637 794.28	2 442 876.59
4.期末余额	78 193 341.58	83 930 711.46	5 513 954.96	15 802 332.35	183 440 340.35
三、减值准备					
1.期初余额		78 514.05		7 352.01	85 866.06
2.本期增加金额		1 744 083.16		4 411.91	1 748 495.07
计提		1 744 083.16		4 411.91	1 748 495.07
3.本期减少金额		55 402.53		3 072.72	58 475.25
处置或报废		55 402.53		3 072.72	58 475.25
4.期末余额		1 767 194.68		8 691.20	1 775 885.88
四、账面价值					
1.期末账面价值	353 801 817.53	105 917 006.71	1 550 585.50	7 978 075.15	469 247 484.89
2.期初账面价值	162 976 589.39	84 556 976.07	1 952 821.16	8 952 900.54	258 439 287.16

　　根据上述资料,沃华医药报表列示的固定资产 469 247 484.89 元,等于房屋及建筑物、机器设备、运输设备、办公设备等固定资产加总的期末余额 654 463 711.12 元,减去累计折旧期末余额 183 440 340.35 元及减值准备 1 775 885.88 元,称为固定资产账面价值。那么固定资产的期末余额如何形成?累计折旧如何计提?减值准备反映了什么情况?本章将围绕这些问题展开。

　　企业生产经营活动,除了需要原材料等存货外,还需要房屋及建筑物、机器设备、运输车辆及工具器具等固定资产。

8.1　固定资产的含义及账户设置

固定资产是指企业为生产商品、提供劳务、出租或经营管理而持有的,使用寿命超过一个会计年度的有形资产。

固定资产一般具有以下几个特点。

(1)具有实物形态。固定资产是有形资产,这一特征将固定资产与无形资产区别开来。有些无形资产可能同时符合固定资产的其他特征,例如专利权、土地使用权等,尽管是为了生产经营目的而持有的,使用年限较长,但不具备实物形态,故不属于固定资产的范畴。

(2)持有目的是用于生产商品,不是为了出售。凡不是服务于企业经营目的的任何有形资产都不是企业的固定资产。例如,企业生产的汽车是为了日后销售,而不是为生产经营活动服务,就只能列为存货,而不能作为企业的固定资产。

(3)使用寿命超过一个会计年度。固定资产的使用寿命,是指企业使用固定资产的预计年限,或者该固定资产所能生产产品或提供劳务的数量。通常情况下,使用前者标准计量;对于某些机械设备或运输设备等固定资产,例如汽车等,按其预计行驶里程估计使用寿命,即按后者标准计量。

企业设置"固定资产"账户反映固定资产的增减变动,该账户属于资产类账户,借方登记增加固定资产的实际成本,贷方登记减少固定资产的实际成本,余额在借方,表示现存固定资产的实际成本。

8.2　固定资产的初始计量

固定资产应当按照实际成本进行初始计量。固定资产的实际成本,是指企业购建某项固定资产达到预定可使用状态前所发生的一切合理、必要的支出。这些支出主要包括直接发生的价款、相关税费、运杂费、包装费和安装成本等。

视频 8-1　固定资产的取得

企业购建(包括购进、接受投资、自制、改扩建等)生产用固定资产发生的增值税进项税额可以从销项税额中抵扣,不计入固定资产成本。

企业取得固定资产的方式一般包括购买、自行建造、投资者投入等,取得方式不同,初始计量的方法也各不相同。

8.2.1　外购固定资产

企业外购的固定资产,应按实际支付的买价、相关税费以及使固定资产达到预定可使用状态前所发生的归属于该项资产的运输费、装卸费、安装费和专业人员服务费等之和作为入账价值,借记"固定资产"账户,按可抵扣的增值税进项税额,借记"应交税费"账户,按价税合计金额贷记"银行存款"账户等。购入需要安装的固定资产,应先通过"在建工程"账户反映其实际支付的价款,同时归集所发生的安装费用于"在建工程"账户,在建造过程中可能还会涉及"工程物资"账户。安装完毕交付使用时,再转入"固定资产"账户。

"在建工程"账户核算企业基建、更新改造等在建工程发生的支出,借方登记企业各项在建工程的实际支出,贷方登记完工工程转出的成本,期末借方余额反映企业尚未达到预定可使用状态的在建工程的成本。

"工程物资"账户核算企业为在建工程而准备的各种物资的实际成本,借方登记企业购入工程物资的成本,贷方登记领用工程物资的成本,期末借方余额反映企业为在建工程准备的各种物资的成本。

【例 8-1】 明达公司购入一台不需要安装的生产用设备,取得的增值税专用发票上注明的价款为 300 000 元,进项税额为 39 000 元,包装费、运输费等为 5 000 元,增值税为 450 元,该设备已经交付使用。应编制的会计分录如下:

借:固定资产	305 000
应交税费——应交增值税(进项税额)	39 450
贷:银行存款	344 450

【例 8-2】 明达公司购入一台需要安装的设备,取得的增值税专用发票上注明的价款为 300 000 元,进项税额为 39 000 元,运杂费为 5 000 元,增值税为 450 元,安装费为 10 000 元,所有款项均已用银行存款支付。应编制的会计分录如下。

购入设备时:

借:在建工程	305 000
应交税费——应交增值税(进项税额)	39 450
贷:银行存款	344 450

支付安装费用时:

借:在建工程	10 000
贷:银行存款	10 000

交付使用时,按其全部成本转为固定资产原值:

借:固定资产	315 000
贷:在建工程	315 000

8.2.2　自行建造的固定资产

企业自行建造的固定资产的成本,应按建造该项资产达到预定可使用状态前所发生的必要支出来核算,其中包括工程物资、人工成本、缴纳的相关税费、应予以资本化的借款费用以及应分摊的间接费用等。

企业自营工程主要通过"工程物资"和"在建工程"账户进行核算。"工程物资"账户用于反映企业在自营工程方式下购买的各种物资。"在建工程"账户反映自行建造的固定资产成本的归集和结转,借方归集购建固定资产发生的实际成本,贷方结转已经完工固定资产的实际成本。

【例 8-3】 明达公司采用自营方式建造厂房一幢,用银行存款购入为工程准备的各种物资 200 000 元,相关增值税为 26 000 元,物资购入后全部用于建造厂房,发生的工程人员工资为 30 000 元,支付的其他费用为 6 000 元,工程完工并验收交付使用。应编制的会计分录如下:

(1)购入工程物资时

借:工程物资 200 000

应交税费——应交增值税 26 000

贷:银行存款 226 000

(2)领用工程物资时

借:在建工程——厂房 200 000

贷:工程物资 200 000

(3)支付工程人员工资时

借:在建工程——厂房 30 000

贷:应付职工薪酬——工资 30 000

(4)支付其他费用时

借:在建工程——厂房 6 000

贷:银行存款 6 000

(5)工程完工并验收交付使用,结转工程成本时

借:固定资产——厂房 236 000

贷:在建工程——厂房 236 000

8.2.3 投资者投入的固定资产

企业接受投资者投入的固定资产,其成本应当按照投资合同或协议约定的价值确定,但合同或协议约定价值不公允的除外。同时,按双方协议允许计入注册资本金的金额,贷记“实收资本”账户;按固定资产价税合计金额大于“实收资本”账户的差额,贷记“资本公积”账户。

【例 8-4】 明达公司接受 C 企业投入设备一台,合同约定的价值为 600 000 元,取得的增值税扣税凭证上注明的增值税为 78 000 元。双方约定将固定资产价值的 80% 作为注册资本。应编制的会计分录如下:

借:固定资产 600 000

应交税费——应交增值税(进项税额) 78 000

贷:实收资本 480 000

资本公积 198 000

8.3 固定资产的后续计量

固定资产持有期间,一方面其价值随着生产经营等活动将逐渐减少,另一方面为使得固定资产在较长期发挥正常作用,还要对固定资产进行维修更

视频 8-2 固定资产的后续支出

新,因此需要对固定资产持有期间的价值变化进行后续计量。固定资产的后续计量主要包括固定资产折旧的计提以及后续支出的计量。

8.3.1　固定资产折旧

固定资产折旧是指固定资产在使用过程中,因逐渐磨损与损耗而减少的那部分价值。折旧的计算,是指在固定资产使用寿命内,按照确定的方法对应计折旧额进行系统分摊。应计折旧额,是指应当计提折旧的固定资产的原价扣除其预计净残值后的金额。已计提减值准备的固定资产,还应当扣除已计提的固定资产减值准备累计金额。

1.影响固定资产折旧的因素

影响固定资产折旧的因素主要有固定资产原值、固定资产的预计净残值、固定资产的使用寿命和折旧方法。

（1）固定资产原值

固定资产原值是指企业取得固定资产时的入账价值。固定资产原值会由于新增和报废等原因而发生变动。为简化折旧的计算,在实际工作中,企业一般根据月初固定资产的账面原价计提折旧,当月增加的固定资产,当月不计提折旧;当月减少的固定资产,当月照提折旧。

（2）固定资产的预计净残值

固定资产的预计净残值,是指固定资产预计使用寿命已满时的残值收入扣除预计处置费用后的金额。在计算折旧时,应从固定资产原值中扣除。

（3）固定资产的使用寿命

固定资产的使用寿命长短直接影响各期应计提的折旧额。固定资产的使用寿命是指固定资产预期使用的期限。固定资产的使用寿命,可根据不同固定资产的特点,分别用以下方式表示:使用年数或月数;工作时间数;工作量或产品量。

（4）折旧方法

企业选择的折旧方法不同,计提的折旧额会相差很大。企业可采用的折旧方法有直线法和加速折旧法,具体内容下文将详细介绍。

2.计提固定资产折旧的范围

除以下情况外,企业应对所有固定资产计提折旧:

（1）按规定单独估价作为固定资产入账的土地;

（2）已提足折旧,仍在使用的固定资产;

（3）未提足折旧,提前报废的固定资产。

已达到预定可使用状态,但尚未办理竣工决算的固定资产,应先按估计价值确定成本,并计提折旧;待办理竣工决算手续后,再按照实际成本调整原来的暂估价值,但原已计提的折旧额不需调整。融资租入的固定资产,应当采用与自有应计折旧资产相一致的折旧政策。能够合理确定租赁期届满时取得租赁资产所有权的,应当在租赁期尚可使用寿命内计提折旧;无法合理确定租赁期届满时能够取得租赁资产所有权的,应当在租赁期与租赁资产尚可使用寿命两者中较短的期间内计提折旧。

3.固定资产折旧的计算方法与会计处理

固定资产的折旧方法有直线法和加速折旧法两大类。直线法是将固定资产按时间或工作量在折旧年限内平均计提折旧的方法,包括年限平均法和工作量法。加速折旧法是指固定资产使用前期负担较多的折旧额,而在使用后期负担较少的折旧额,使固定资产的成本能够尽快得以补偿的方法。常用的加速折旧法包括年数总和法和双倍余额递减法。折旧方法一经确定,企业不得随意变更;如需变更,须在有关部门备案,并应当在财务报表附注中予以说明。

（1）年限平均法

年限平均法又称使用年限法,是指将固定资产的折旧额平均地分摊到各期的一种方法。采用这种方法计算的每期折旧额均是相等的。其计算公式如下:

案例 8-1　天宇股份延长房屋建筑物折旧年限

$$年折旧额 = (固定资产原值 - 预计净残值) \div 预计使用寿命（年）$$
$$年折旧率 = (1 - 预计净残值率) \div 预计使用寿命 \times 100\%$$
$$月折旧率 = 年折旧率 \div 12 = 月折旧额 \div 固定资产原值 \times 100\%$$

【例 8-5】　明达公司的一台机器,原价为 30 000 元,预计使用寿命为 5 年,预计净残值为 1 200 元,折旧额的计算如下:

年折旧额 = (30 000 - 1 200) ÷ 5 = 5 760(元)

月折旧额 = 5 760 ÷ 12 = 480(元)

预计净残值率 = 1 200 ÷ 30 000 = 4%

年折旧率 = (1 - 4%) ÷ 5 × 100% = 19.2%

月折旧率 = 19.2% ÷ 12 = 1.6%

使用年限平均法的优点是计算方便,容易操作。但是,它仅强调固定资产的使用时间,而忽略了固定资产的使用程度,因此,它存在一些明显的局限性。事实上,固定资产在不同使用年限提供的经济效益是不同的。一般来讲,固定资产在其使用前期工作效率相对较高,所带来的经济利益也相对较多;而在其使用后期,工作效率一般呈现下降趋势,因而所带来的经济利益也就逐渐下降。年限平均法对此不予考虑,年限平均法适用于各期使用情况大致相同的固定资产。

案例 8-2　裕同科技全面延长固定资产折旧年限

（2）工作量法

工作量法,是根据固定资产总工作量计算单位折旧额,再根据实际工作量计算每期应计提折旧额的一种方法。其计算公式如下:

$$单位折旧额 = (固定资产原值 - 预计净残值) \div 固定资产预计总工作量$$
$$各期折旧额 = 单位折旧额 \times 各期实际工作量$$

工作量应视固定资产使用的具体情况而定,可用固定资产工作时数、产量和行驶里程来度量。

【例 8-6】　明达公司的一辆运货卡车的原价为 600 000 元,预计总行驶里程为 500 000 千米,预计报废时的净残值率为 5%,本月行驶 4 000 千米。该辆汽车的月折旧额计算如下:

单位里程折旧额 = 600 000(1 - 5%) ÷ 500 000 = 1.14(元/千米)

本月折旧额 = 4 000 × 1.14 = 4 560(元)

工作量法的计算简便易行,各期的折旧额与实际工作量挂钩,但是忽略了无形损耗和停用期间的损耗,而且固定资产的预计工作量有时很难估计。此折旧法适用于运输设备的折旧和季节性生产的企业。

(3)双倍余额递减法

双倍余额递减法是在不考虑固定资产净残值的情况下,根据每期期初固定资产账面价值和双倍的直线法折旧率计算固定资产折旧的一种方法。固定资产账面价值等于固定资产的原价减累计折旧减固定资产减值准备后的金额(下同),这里假设不存在减值准备。双倍余额递减法计算公式如下:

$$年折旧率=2÷预计使用寿命×100\%$$
$$年折旧额=各期期初固定资产账面价值×年折旧率$$
$$=(固定资产原价-累计折旧)×年折旧率$$

采用双倍余额递减法计算固定资产折旧时,应当在固定资产折旧年限到期以前两年内转用直线法,将固定资产净值(扣除净残值)的平均摊销值作为最后两年的折旧额。否则,不可能在固定资产使用年限结束时达到账面价值与预计净残值的相符。

采用双倍余额递减法需要注意的是:第一年的折旧基数是固定资产原值,最后两年的折旧方法需要转换,以使得最终账面价值与预计净残值相符。

【例 8-7】 某企业一项固定资产的原价为 1 000 000 元,预计使用年限为 5 年,预计净残值为 4 000 元。按双倍余额递减法计提折旧,每年的折旧额计算如下:

年折旧率=2÷5=40%

第 1 年应计提的折旧额=1 000 000×40%=400 000(元)

第 2 年应计提的折旧额=(1 000 000-400 000)×40%=240 000(元)

第 3 年应计提的折旧额=(1 000 000-400 000-240 000)×40%=144 000(元)

从第 4 年起改用年限平均法(直线法)计提折旧:

第 4 年、第 5 年的年折旧额=[(1 000 000-400 000-240 000-144 000)-4 000]÷2
=106 000(元)

计算的各年折旧额如表 8-3 所示。

表 8-3 固定资产折旧计算表

(双倍余额递减法)

单位:元

年数	账面净值=原价-上期期末累计折旧额	账面净值-预计净残值	年折旧率	年摊销率	年折旧额=年初账面净值×年折旧率	累计折旧=年初累计折旧额+本年折旧额
1	1 000 000	—	40%		400 000	400 000
2	1 000 000-400 000=600 000	—	40%		240 000	640 000
3	1 000 000-640 000=360 000		40%		144 000	784 000
4	1 000 000-784 000=216 000	216 000-4 000=212 000	—	50%	106 000	890 000
5	1 000 000-784 000=216 000	216 000-4 000=212 000	—	50%	106 000	996 000

各月折旧额应根据年折旧额除以 12 计算。

本例中,在固定资产预计使用寿命到期前两年内,将固定资产账面净值 216 000 元扣除预计净残值 4 000 元后的余额 212 000 元在两年内进行平均摊销,每年 106 000 元。从表 8-3 中可以看出,采用这种方法,在固定资产使用到期前的最后两年之前,固定资产的年折旧率保持不变,但随着时间的延长,固定资产的账面净值由于累计折旧的不断增加,而呈现下降的趋势。

(4)年数总和法

年数总和法是指用固定资产的应计折旧总额,乘以一个分数来计算折旧的方法。这个分数的分母为预计使用年限的年数总和,分子是折旧期初尚可使用年限。由于这个分数在逐渐减小,所以折旧额也在逐年递减。计算公式如下:

年折旧率＝折旧期初尚可使用年限÷预计使用年限的年数总和×100%

或者

年折旧率＝(预计使用年限－已使用年限)÷[(预计使用年限＋1)×预计使用年限÷2]

年折旧额＝(固定资产原值－预计净残值)×年折旧率

【例 8-8】 承【例 8-7】,如果采用年数总和法,计算的各年折旧额如表 8-4 所示。

表 8-4 固定资产折旧计算表

(年数总和法)

单位:元

年数	尚可使用年限	原价－预计净残值	折旧率	年折旧额	累计折旧
1	5	996 000	5/15	332 000	332 000
2	4	996 000	4/15	265 600	597 600
3	3	996 000	3/15	199 200	796 800
4	2	996 000	2/15	132 800	929 600
5	1	996 000	1/15	66 400	996 000

本例采用了年数总和法计提固定资产折旧,从表 8-4 可以看出,在这种方法下,各年中固定资产的原价减去预计净残值的余额始终保持不变,一直在改变的是年折旧率,并且随着时间的延长,年折旧率呈现出下降的趋势。

无论采用年限平均法还是加速折旧法,需要特别强调的是,折旧计算公式中的年折旧额不一定指的是一个自然年度的折旧额,因为折旧年度不一定指的是自然年度。这里的折旧年度是指"以固定资产开始计提折旧的月份为起点计算的 1 个年度期间",如某公司 3 月取得某项固定资产,其折旧年度为"从 4 月至第二年 3 月的期间"。

【例 8-9】 明达公司 2019 年 11 月 30 日购入一项固定资产,收到的增值税发票上注明的不含税价款为 200 万元,增值税款为 26 万元。预计使用年限为 5 年,预计净残值为 2 万元,用双倍余额递减法计提折旧。则该设备:

2019 年应计提折旧＝2 000 000×40%÷12＝66 667(元)

2020 年应计提折旧＝66 667×11＋(2 000 000－80 000)×40%÷12＝797 337(元)

（5）固定资产折旧的会计处理

企业设置"累计折旧"账户进行固定资产折旧的会计处理。该账户是"固定资产"的备抵调整账户，贷方登记折旧的计提，借方登记减少的固定资产已提折旧的转销，余额在贷方，表示现存固定资产已提的累计折旧。

在实际工作中，为了简化折旧的计算，可以按照以下公式计算折旧：

$$固定资产月折旧额＝上月计提的固定资产折旧额＋上月增加的固定资产应计提折旧额$$
$$－上月减少的固定资产应计提折旧额$$

企业计提固定资产折旧时，根据固定资产使用部门，借记"制造费用""销售费用""管理费用"等账户，贷记"累计折旧"账户。

【例8-10】 明达公司20×1年6月份根据"固定资产折旧计算表"确定的各车间、销售部门及厂部管理部门应分配的折旧额如下：甲车间为30 000元，乙车间为35 000元，销售部门为8 000元，厂部管理部门为9 000元。应编制的会计分录如下：

借：制造费用——甲车间　　　　　　　　　　　　　　　　30 000
　　　　　　——乙车间　　　　　　　　　　　　　　　　35 000
　　销售费用　　　　　　　　　　　　　　　　　　　　　8 000
　　管理费用　　　　　　　　　　　　　　　　　　　　　9 000
　　贷：累计折旧　　　　　　　　　　　　　　　　　　　　　　82 000

8.3.2　固定资产的后续支出

固定资产的后续支出，是指固定资产在使用过程中发生的更新改造支出、修理费用等。企业的固定资产投入使用后，为了适应新技术发展的需要，或者为维护、提高固定资产的使用效能，往往需要对现有固定资产进行维护、改建、扩建或者改良。

后续支出的处理原则为：符合固定资产确认条件的，应当计入固定资产成本；不符合固定资产确认条件的，应当计入当期损益。

1. 资本化支出

资本化支出是指该支出的发生不仅与本期收入的取得有关，而且与其他会计期间的收入有关，或者主要是为以后会计期间的收入取得所发生的支出。

企业将固定资产进行更新改造的，如符合资本化的条件，应将固定资产的原价、已计提的累计折旧和减值准备转销，将其账面价值转入在建工程，并停止计提折旧。固定资产更新改造发生的后续支出应予资本化，计入"在建工程"账户。待更新改造等工程完工并达到预期可使用状态时，再从"在建工程"账户转入"固定资产"账户，并按重新确定的使用寿命、预计净残值和折旧方法计提折旧。如有被替换的部分，应同时将被替换部分的账面价值从该固定资产原账面价值中扣除；不满足固定资产确认条件的固定资产修理费用等，应当在发生时计入当期损益。

【例8-11】 明达公司对一台设备进行更新改造以提高生产能力，其原账面价值为500 000元，已计提折旧为200 000元。在改造达到预计可使用状态时共发生支出98 000元，全部以银行存款支付。拆除零件的账面价值为7 000元，并变现收到银行存款1 000元。改建工程已经完工,并验收后投入使用。应编制的会计分录如下。

设备转入改扩建时:

借:在建工程 300 000

累计折旧 200 000

贷:固定资产 500 000

更新改造中发生支出时:

借:在建工程 98 000

贷:银行存款 98 000

拆除旧零件获得变现收入时:

借:银行存款 1 000

营业外支出 6 000

贷:在建工程 7 000

完工投入使用时:

借:固定资产 391 000

贷:在建工程 391 000

2. 费用化支出

费用化支出是为了取得本期收益而产生的支出,即该支出仅仅与本期收入有关。

一般情况下,固定资产投入使用后会产生局部损坏,企业为了维持其正常运转,会对其进行必要的维护。固定资产的日常维护支出只是为了确保其正常工作状态,通常不满足固定资产的确认条件,不能进行资本化,应在发生时计入"管理费用"或"销售费用"账户。企业生产车间(部门)和行政管理部门发生的固定资产修理费用等后续支出,计入管理费用;企业设置专设销售机构的,其发生的与专设销售机构相关的固定资产修理费用等后续支出,计入销售费用。

【例 8-12】　明达公司对其办公楼进行维修,维修过程中领用原材料 180 000 元,应支付维修人员薪酬为 22 000 元。应编制的会计分录如下:

借:管理费用 202 000

贷:原材料 180 000

应付职工薪酬 22 000

8.4　固定资产处置

企业固定资产的处置,主要包括固定资产出售、报废和毁损等。固定资产因处置而产生的损益,在发生时计入当期损益。

为反映固定资产的处置,应设置"固定资产清理"账户,该账户属于资产类账户,借方登记转入清理的固定资产的账面价值,清理过程中发生的清理费用也记在借方,贷方登记清理产生的收入。固定资产处置完毕,如果"固定资产清理"账户为贷方余额则是处置净收益,转入"资产处置损益"或"营业外收入"账户的贷方;如果为借方余额则是处置净损失,转入"资产处置损益"或"营业外支出"账户的借方。"固定资产清理"账户登记固定资产处置,一般包括以下四个步骤。

第一步:固定资产转入清理。将清理的固定资产的账面价值(固定资产原值扣减累计折旧和累计减值准备后的金额)转入"固定资产清理"账户。即按账面价值借记"固定资产清理"账户,按已提折旧借记"累计折旧"账户,按已计提的减值准备借记"固定资产减值准备"账户;按固定资产原价,贷记"固定资产"账户。

第二步:清理中发生的各种支出。发生清理费用时,借记"固定资产清理"账户,贷记"银行存款"等账户。

第三步:清理中取得的各项收入。因出售固定资产或残料而取得收入时,或者当发生固定资产保险内的意外毁损而获得保险赔偿时,借记"银行存款""原材料""其他应收款"等账户,贷记"固定资产清理"账户。

第四步:清理净损益的处理。固定资产清理后的净收益,分情况处理:如果是出售固定资产的净收益,借记"固定资产清理"账户,贷记"资产处置损益"账户;如果是报废毁损固定资产的净收益,借记"固定资产清理"账户,贷记"营业外收入"账户。固定资产清理后的净损失,也分情况处理:如果是出售固定资产的净损失,借记"资产处置损益"账户,贷记"固定资产清理"账户;如果是报废毁损固定资产的净损失,借记"营业外支出"账户,贷记"固定资产清理"账户。

【例 8-13】 明达公司出售一旧设备,原价为 300 000 元,已提折旧 120 000 元,支付清理费用 10 000 元,出售收入为 200 000 元,增值税税率为 13%,未提取固定资产减值准备。明达公司应编制的会计分录如下。

(1)固定资产转入清理时:

借:固定资产清理 180 000
　累计折旧 120 000
　贷:固定资产 300 000

(2)支付清理费用时:

借:固定资产清理 10 000
　贷:银行存款 10 000

(3)收到出售价款时:

借:银行存款 226 000
　贷:固定资产清理 200 000
　　应交税费——应交增值税 26 000

(4)结转固定资产清理时:

借:固定资产清理 10 000
　贷:资产处置损益 10 000

由于自然灾害或者意外事故使固定资产遭受损失的,称为毁损。企业应对报废的固定资产办理报废手续,经批准后进行处置清理。报废与毁损的会计处理大致相同。如果毁损的固定资产参加过保险,则可从保险公司获得赔偿;如果是人为原因造成的意外损失,可向过失人索赔。

【例 8-14】 明达公司的一台机器,机器原值为 300 000 元,已计提折旧 140 000 元,已计提减值准备 10 000 元。因火灾报废,保险公司同意赔款 80 000 元,收到残料出售收入 10 000 元,增值税为 1 300 元,存入银行,另有残料作价 1 000 元,由仓库收作维修材料,同时以银行存款支付清理费用 5 000 元。应编制的会计分录如下。

(1)固定资产转入清理时:

借:固定资产清理　　　　　　　　　　　　　　　　　　　　　　　　　150 000
　　累计折旧　　　　　　　　　　　　　　　　　　　　　　　　　　　140 000
　　固定资产减值准备　　　　　　　　　　　　　　　　　　　　　　　 10 000
　　　贷:固定资产　　　　　　　　　　　　　　　　　　　　　　　　300 000

(2)支付清理费用时:

借:固定资产清理　　　　　　　　　　　　　　　　　　　　　　　　　 5 000
　　　贷:银行存款　　　　　　　　　　　　　　　　　　　　　　　　 5 000

(3)收到赔款及残料入库并收到变价收入时:

借:原材料　　　　　　　　　　　　　　　　　　　　　　　　　　　　 1 000
　　银行存款　　　　　　　　　　　　　　　　　　　　　　　　　　　 11 300
　　其他应收款——保险公司　　　　　　　　　　　　　　　　　　　　 80 000
　　　贷:固定资产清理　　　　　　　　　　　　　　　　　　　　　　 91 000
　　　　应交税费——应交增值税　　　　　　　　　　　　　　　　　　 1 300

(4)结转固定资产清理净损失时:

借:营业外支出——非常损失　　　　　　　　　　　　　　　　　　　　 64 000
　　　贷:固定资产清理　　　　　　　　　　　　　　　　　　　　　　 64 000

8.5　固定资产的清查

固定资产是一种价值较高、使用期限较长的有形资产,因此,对于管理规范的企业而言,盘盈、盘亏的固定资产较为少见。企业应当健全制度,加强管理,定期或者至少于每年年末对固定资产进行清查盘点,以保证固定资产核算的真实性和完整性。如果清查中发现固定资产损溢应及时查明原因,在期末结账前处理完毕。

8.5.1　固定资产盘盈

企业为了加强固定资产实物管理,年末应对固定资产进行盘点。盘点中发现的账外固定资产,称为盘盈的固定资产。企业在盘盈固定资产时,作为前期差错处理,即盘盈的固定资产,应按照同类或类似固定资产的市场价格,减去该项资产的价值损耗后的余额,借记"固定资产"账户,贷记"以前年度损益调整"。

【例 8-15】　明达公司期末进行固定资产盘点,发现账外设备一台,同类资产的市场价格为 150 000 元,估计已计提折旧 20 000 元。应编制的会计分录如下:

借：固定资产   130 000

  贷：以前年度损益调整   130 000

8.5.2　固定资产盘亏

固定资产盘亏造成的损失，应当计入当期损益。企业在财产清查中盘亏的固定资产，按盘亏固定资产的账面价值借记"待处理财产损溢——待处理固定资产损溢"账户，按已计提的累计折旧，借记"累计折旧"账户，按已计提的减值准备，借记"固定资产减值准备"账户，按固定资产原价，贷记"固定资产"账户。按管理权限报经批准后处理时，按可收回的保险赔偿或过失人赔偿，借记"其他应收款"账户，按应计入营业外支出的金额，借记"营业外支出——盘亏损失"账户，贷记"待处理财产损溢"账户。

【例 8-16】　明达公司年末对固定资产进行清查时，发现盘亏一台设备，该设备原价为90 000元，已计提折旧30 000元，并已计提减值准备20 000元。经查，设备盘亏的原因与保管员看守不当有一定的关系。经批准，由保管员赔偿15 000元。应编制的会计分录如下：

（1）发现设备盘亏时

借：待处理财产损溢   40 000

  累计折旧   30 000

  固定资产减值准备   20 000

  贷：固定资产   90 000

（2）报经批准后

借：其他应收款   15 000

  营业外支出——盘亏损失   25 000

  贷：待处理财产损溢   40 000

8.6　固定资产的期末计量

固定资产的初始入账价值为历史成本，由于固定资产使用年限较长，市场条件和经营环境的变化、科学技术的进步以及企业经营管理不善等原因，都可能导致固定资产创造未来经济利益的能力大大下降，因此，固定资产的真实价值有可能低于账面价值，在期末必须对固定资产减值损失进行确认。

固定资产可回收金额低于其账面价值的情况称为固定资产减值。如果固定资产由于上述原因导致其可回收的金额低于账面价值的，即发生了固定资产的减值，企业应当按可收回金额低于其账面价值的差额计提固定资产减值准备，并计入当期损益。固定资产减值准备应当按单项资产计提。

企业发生固定资产减值准备时，借记"资产减值损失——计提的固定资产减值准备"账户，贷记"固定资产减值准备"账户。

对于已经发生的资产价值的减值如果不予以确认，必然将导致资产价值的虚夸，不符合真实性原则，也有悖于稳健性要求。因此，企业应当在期末或者至少每年年度终了，对固定资产逐项进行检查,应当计算固定资产的可收回金额,以确定资产是否已经发生减值。

需要强调的是,根据《企业会计准则第 8 号——资产减值》的规定,企业固定资产减值损失一经确认,在以后会计期间不得转回。

【例 8-17】　明达公司 20×0 年 2 月 16 日购入一台设备,原价为 1 100 万元,预计净残值为 20 万元,预计使用年限为 5 年,采用年限平均法计提折旧。20×1 年 12 月 31 日,由于技术的原因,预计该设备可收回的金额为 500 万元,以前年度未对其计提减值准备。应编制的会计分录如下:

该设备月折旧额＝(1 100－20)÷5×12＝18(万元)

该设备截止 20×1 年 12 月 31 日累计折旧＝18×(10＋12)＝396(万元)

该设备截止 20×1 年 12 月 31 日账面价值＝1 100－396＝704(万元)

应计提减值准备＝704－500＝196(万元)

借:资产减值损失——计提的固定资产减值准备　　　　　　　　1 960 000
　贷:固定资产减值准备　　　　　　　　　　　　　　　　　　　　1 960 000

固定资产减值确认后,减值固定资产的未来各期折旧要作相应调整,以使该项固定资产在剩余使用寿命内,合理地分摊调整后的固定资产账面价值。相应调整主要指的是固定资产计提减值准备后,企业应当重新复核固定资产的折旧方法,预计使用寿命和预计净残值,并按新的折旧要素对现有固定资产账面价值计算折旧。

上述设备计提减值后,预计未来使用年限 2 年,净残值为 20 万元,则 20×2 年起的月折旧额:

月折旧额＝(500－20)÷2×12＝20(万元)

【案例分析】鞍钢股份延长折旧年限扭亏为盈

鞍钢股份(000898)是国内大型钢材生产企业,主营生产和销售中厚板、热轧和冷轧等钢铁产品。2010 年前鞍钢股份经营业绩良好,但在 2011 年、2012 两年连续亏损,“鞍钢股份”被“披星戴帽”,股票简称为“＊ST 鞍钢”,2013 年年报鞍钢股份扭亏为盈,终于“脱星摘帽”。2010—2014 年,鞍钢股份利润如表 8-5 所示。那么鞍钢股份 2013 年主要靠什么获得盈利呢?

表 8-5　鞍钢股份 2010—2014 各年利润表现　　　　　　单位:亿元

年份	2010	2011	2012	2013	2014
净利润	19.50	－23.32	－42.52	7.55	9.24

我们发现鞍钢股份在 2011 年和 2013 年曾两次延长固定资产折旧年限。

2011 年 9 月 27 日,鞍钢股份发布《关于调整固定资产折旧年限的公告》,对固定资产折旧年限进行了调整,增加了房屋、建筑物、机械设备的折旧年限。公告表示,公司根据各类固定资产的使用情况,对其实际使用年限进行了重新核定,并决定自 2011 年 10 月 1 日起对部分固定资产使用年限进行调整,调整情况如表 8-6 所示。

表 8-6　鞍钢股份 2011 年折旧年限变更情况

类别	变更前折旧年限/年	变更后折旧年限/年
房屋	20	30
建筑物	20	30
传导设备	15	15
机械设备	10	15
动力设备	11	10
运输设备	10	10
工具及仪器	7	5
管理用具	5	5

　　显然,公司明显拉长了固定资产的折旧年限,公司公告对这一变更给出的解释为:"公司近年来投资于固定资产的力度不断加大,对房屋建筑物的维护和设备的维修加强,提高了房屋建筑物的使用寿命及设备仪器的使用性能,从而在实际上延长了固定资产的使用寿命。"公告中表明,2011 年折旧年限的增加预计将使公司 2011 年度固定资产折旧额减少 5.18 亿元,所有者权益及净利润增加 3.88 亿元。

　　2011 年对钢铁行业来说是跌宕起伏的一年,虽然年初有较好的增长态势,但下半年由于经济增速放缓,下游需求减缓,钢材价格波动运行,第四季度降幅明显。从 2011 年四季度的季报披露的数字中也能看出鞍钢股份在第四季度营业收入相比第三季度骤减 30 亿元,营业成本却没有大幅变化(见表 8-7),导致鞍钢股份 2011 年陷入了亏损的局面,或许鞍钢股份希望能通过延长固定资产折旧年限的方式修饰本年利润,使得本年不遭受亏损,但外部环境的不利变化使得公司作出的固定资产折旧年限变更并没有"力挽狂澜"。2011 年年报表明,鞍钢严重亏损−23.32 亿元,鞍钢股份在 2011 年业绩预告以及年报中披露该年度出现亏损的主要原因是"第四季度钢材价格大幅下降,但主要原燃料价格依然在高位,使公司第四季度陷入亏损局面,导致全年亏损"。

表 8-7　鞍钢股份 2011 年各季度收入与成本情况　　　　　　　　　　　　　　单位:亿元

季度	第一季度	第二季度	第三季度	第四季度
营业收入	225.9	237.4	233.8	207.1
营业成本	209.2	218.0	219.8	217.0

　　随后的 2012 年,钢铁企业的行业环境依然不佳,受国内外经济形势低迷的影响,我国钢铁行业发展遇到较大困难,主要表现为下游需求不振、出口不畅、产能过剩问题突显,钢铁产品价格不断回落,钢铁企业经济效益下滑。这一年,在宏观因素的影响下,鞍钢股份的业绩依旧没有好转,净利润为负,按照监管规则,"鞍钢股份"必然被 ST。

　　如果 2013 年不能扭亏为盈,*ST 鞍钢将面临退市风险。2012 年 11 月 17 日,鞍钢股份又一次调整了固定资产折旧年限。公司发布公告称,鞍钢股份决定从 2013 年 1 月 1 日起对部分固定资产折旧年限进行调整,具体调整方案如表 8-8 所示。

表 8-8 鞍钢股份 2013 年折旧年限变更情况

类别	变更前折旧年限/年	变更后折旧年限/年
房屋	30	40
建筑物	30	40
传导设备	15	19
机械设备	15	19
动力设备	10	12

鞍钢股份在 2011 年的基础上进一步延长部分固定资产的折旧年限,给出的解释与 2011 年基本相同。公司公告表明,增加折旧年限预计较 2012 年少计提折旧费用 12 亿元,使净利润和所有者权益分别增加 9 亿元。

2013 年鞍钢股份终于扭亏为盈,实现净利润 7.55 亿元,2014 年 4 月 9 日,鞍钢股份发布《撤销公司 A 股股票退市风险警示的公告》,股票简称由"*ST 鞍钢"变回"鞍钢股份"。显然,如果没有 2013 年进行折旧年限调整所带来的 9 亿元利润,鞍钢企业净利润仍然为负,就要面临退市风险,鞍钢企业利用两次折旧年限的延长,降低计提的折旧费用,最终实现盈利,从而"脱星摘帽"。

案例情况说明,投资者分析比较各年利润表现时必须关注各年折旧方法是否一致,以便正确判断公司的业绩,作出理性的决策。

(资料来源:往事:鞍钢摘掉 ST 帽子背后.投资时报,2014-04-19;鞍钢股份 2010—2014 年年报)

案例思考:

(1)分析鞍钢股份为什么要在 2011 年及 2013 年延长折旧年限?

(2)缩短折旧年限往往会发生在什么样的企业?

(3)除延长与缩短折旧年限外,折旧处理上还有什么行为会影响企业的利润增减?

【本章小结】

固定资产是使用寿命超过一个会计年度,为生产商品、提供劳务而持有的房屋建筑物、机器设备等。固定资产的价值应该在有效服务期内按一定的方法计算折旧,以便将价值分摊到各期的成本费用中,折旧方法主要有年限平均法及加速折旧法,不同的折旧方法会给使用期间的各会计年度带来不同的成本费用金额。因此,变更折旧计算相关的折旧年限、残值率、折旧方法都会影响折旧在本年及未来各年的分布,从而影响利润。在进行公司前后年度利润对比时需要特别关注折旧要素有没有发生变化,以便对业绩变动有更合理的评价。

固定资产在使用过程中发生的更新改造支出、修理费用应该严格区分资本化与费用化。更新改造支出一般使得固定资产效率提高,如产品产量有明显提高或产品质量有明显改善,此时可将支出进行资本化,而日常修理支出应该费用化,减少当期利润。企业进行更新改造时应该停止固定资产的使用,将待改造的固定资产净值转入"在建工程"账户,改造完毕后再转入固定资产。

企业出售、转让、报废固定资产或发生固定资产毁损,应当通过"固定资产清理"账户处理,企业出售、转让固定资产发生的清理净损益转入"资产处置损益",企业报废、毁损固定资产发生的清理净损益转入"营业外收入"或"营业外支出"。

企业至少于每年年末对固定资产进行清查盘点，以保证固定资产核算的真实性和完整性。对于发现的盘亏，首先冲减固定资产账面记录以使得账实相符，同时，盘亏金额计入"待处理财产损溢"账户，并报经批准转入"其他应收款"及"营业外支出"。

固定资产可回收的金额低于账面价值就表明固定资产发生了减值，企业应当在期末按可收回金额低于其账面价值的差额计提固定资产减值准备，并计入当期损益。固定资产减值准备应当按单项资产计提。企业固定资产减值损失一经确认，在以后会计期间不得转回。

【练习题】

习题 1

甲公司为增值税一般纳税人，发生了以下业务：

1. 20×0 年 2 月 1 日，购入一台需要安装的生产用机器设备，取得的增值税专用发票上注明的设备价款为 500 000 元，增值税进项税额为 65 000 元，款项已通过银行支付。

2. 安装上述设备时，领用本公司原材料一批，价值 30 000 元，应计安装工人的工资为 4 900 元。

3. 上述设备安装完毕，交付使用。

4. 20×0 年 8 月 1 日购入一栋办公楼，取得的增值税专用发票上注明的价款为 10 000 万元，增值税为 900 万元，款项已经支付。

要求：假定不考虑其他相关税费，作出甲公司会计分录。

习题 2

甲公司有关设备购进的情况如下：

20×1 年 12 月购入 A 设备，增值税专用发票上注明的设备价款为 100 000 元，增值税为 13 000 元，预计使用年限为 5 年，预计净残值为 2 000 元。

要求：

(1) 计算采用年限平均法计提折旧时各年的折旧额。

(2) 计算采用双倍余额递减法计提折旧时各年的折旧额。

(3) 计算采用年数总和法计提折旧时各年的折旧额。

习题 3

假设甲公司发生的业务如下：

(1) 20×1 年 12 月 30 日，甲公司自行建成了一条生产线，建造成本为 1 136 000 元；采用年限平均法计提折旧；预计净残值率为 3%，预计使用寿命为 6 年。

(2) 20×3 年 12 月 31 日，由于生产的产品适销对路，上述生产线的生产能力已难以满足公司生产发展的需要，但若新建生产线则建设周期过长，甲公司决定对现有生产线进行改扩建，以提高其生产能力。假定该生产线未发生减值。

(3) 20×3 年 12 月 31 日至 20×4 年 3 月 31 日，经过 3 个月的改扩建，完成了对这条生产线的改扩建工程，共发生支出 537 800 元，全部以银行存款支付。

(4) 该生产线改扩建工程达到预定可使用状态后,大大提高了生产能力,预计将其使用寿命延长 4 年,即为 10 年(含改扩建期间)。假定改扩建后的生产线的预计净残值率为改扩建后固定资产账面价值的 3%;折旧方法仍为年限平均法。

为简化计算过程,整个过程不考虑其他相关税费;公司按年度计提固定资产折旧。

要求:根据上述资料作出甲公司 20×3 年与 20×4 年的会计处理。

习题 4

A 公司发生了以下业务:

20×3 年 12 月对一项固定资产的某一主要部件电动机进行了更换,该固定资产为 20×0 年 12 月购入,原价为 600 万元,采用年限平均法计提折旧,使用寿命为 10 年,预计净残值为 0。20×4 年 1 月新购置电动机的价款为 400 万元,增值税为 52 万元,款项已经支付;符合固定资产确认条件,被更换的部件原价为 300 万元,不考虑主要部件变价收入。20×4 年 3 月 31 日,该固定资产达到预定可使用状态。

要求:作出 A 公司上述相关业务的会计分录。

习题 5

甲公司发生了以下业务:

公司年末对固定资产进行清查时,发现丢失一台设备。该设备原价 52 000 元,已计提折旧 20 000 元,并已计提减值准备 12 000 元。经查,该设备丢失的原因在于保管员看守不当,经批准,由保管员赔偿 5 000 元。

要求:不考虑增值税的影响,编制甲公司的相关会计分录。

习题 6

甲公司发生了以下业务:

20×0 年 6 月 30 日出售 M 设备一台,设备原价为 200 万元,已计提折旧 120 万元,计提减值准备 10 万元,出售取得价款 45.2 万元(包含增值税 5.2 万元),另发生相关清理费用 2 万元,以银行存款支付。

要求:根据上述资料编制会计分录。

在线自测

第 9 章

无形资产

■■■ **问题导入：科大讯飞的无形资产由哪些项目构成？**

　　根据科大讯飞披露的 2017 年年报，资产负债表中列示的无形资产 2017 年 12 月 31 日为 1 133 089 927.37 元。那么，这些无形资产包括哪些项目？这些无形资产原价多少？已计提摊销多少？是否有减值情况？无形资产报表列示金额与原价、摊销、减值准备是什么关系？表 9-1 是科大讯飞资产负债表资产部分的摘录，表 9-2 与表 9-3 是与无形资产相关的报表附注披露内容。

表 9-1　科大讯飞资产负债表（资产部分）

2017 年 12 月 31 日

单位：元

项目	期末余额	期初余额
流动资产：		
货币资金	2 644 108 960.38	2 540 362 526.09
应收票据	93 423 669.50	29 556 818.48
应收账款	2 552 450 043.67	1 797 815 618.09
预付款项	41 179 959.26	54 305 987.70
应收股利	464 755.18	464 755.18
其他应收款	318 850 265.71	284 485 064.36
存货	890 407 201.90	604 036 357.93
一年内到期的非流动资产	298 054 825.05	46 689 439.43
其他流动资产	403 652 431.89	175 168 875.75
流动资产合计	7 242 592 112.54	5 532 885 443.01
非流动资产：		
可供出售金融资产	398 244 400.00	298 985 000.00
长期应收款	536 139 688.54	279 079 931.10
长期股权投资	316 971 608.29	289 174 050.93
投资性房地产	19 687 990.86	20 336 218.62
固定资产	1 453 837 674.34	1 059 693 490.41
在建工程	194 635 102.27	271 336 283.58
无形资产	1 133 089 927.37	1 070 726 351.15
开发支出	558 222 006.17	291 117 840.27
商誉	1 122 148 174.74	1 125 709 385.98

续表

项目	期末余额	期初余额
长期待摊费用	35 217 518.87	14 280 052.06
递延所得税资产	270 132 106.89	134 725 338.08
其他非流动资产	59 418 042.11	25 893 000.00
非流动资产合计	6 097 744 240.45	4 881 056 942.18
资产总计	13 340 336 352.99	10 413 942 385.19

表 9-2　科大讯飞报表附注披露的无形资产明细项目

单位:元

项目	土地使用权	专利权	非专利技术	软件	合计
一、账面原值					
1.期初余额	520 947 062.15		14 880 667.30	1 170 774 468.73	1 706 602 198.18
2.本期增加金额			2 954 876.89	310 049 984.80	313 004 861.69
(1)购置			2 954 876.89	28 789 275.96	31 744 152.85
(2)内部研发				281 260 708.84	281 260 708.84
(3)企业合并增加					
3.本期减少金额				277 750 459.98	277 750 459.98
(1)处置				262 325 282.89	262 325 282.89
(2)其他转出				15 425 177.09	15 425 177.09
4.期末余额	520 947 062.15		17 835 544.19	1 203 073 993.55	1 741 856 599.89
二、累计摊销					
1.期初余额	17 834 100.57		12 469 309.49	605 572 436.97	635 875 847.03
2.本期增加金额	12 190 228.51		1 881 519.15	234 311 513.53	248 383 261.19
计提	12 190 228.51		1 881 519.15	234 311 513.53	248 383 261.19
3.本期减少金额				275 492 435.70	275 492 435.70
(1)处置				262 325 282.89	262 325 282.89
(2)其他转出				13 167 152.81	13 167 152.81
4.期末余额	30 024 329.08		14 350 828.64	564 391 514.80	608 766 672.52
三、减值准备					
1.期初余额					
2.本期增加金额					
计提					
3.本期减少金额					
处置					
4.期末余额					
四、账面价值					
1.期末账面价值	490 922 733.07		3 484 715.55	638 682 478.75	1 133 089 927.37
2.期初账面价值	503 112 961.58		2 411 357.81	565 202 031.76	1 070 726 351.15

表 9-3　科大讯飞报表附注披露的开发支出明细项目　　　　单位:元

| 项目 | 期初余额 | 本期增加金额 | | 本期减少金额 | | 期末余额 |
		内部开发支出	其他	确认为无形资产	转入当年损益	
开发阶段资本化支出	291 117 840.27	549 300 540.48		281 260 708.84	935 665.74	558 222 006.17
合计	291 117 840.27	549 300 540.48		281 260 708.84	935 665.74	558 222 006.17

　　根据上述资料,科大讯飞报表列示的无形资产 1 133 089 927.37 元,等于土地使用权、非专利技术、软件等无形资产加总的期末余额 1 741 856 599.89 元,减去累计摊销期末余额 608 766 672.52 元及减值准备 0 元,称为无形资产账面价值。从表 9-2 看,无形资产增加的来源有外购与内部研发,其中本期内部研发新增无形资产 281 260 708.84 元,这也与表 9-3 开发支出中确认为无形资产的金额一致。那么无形资产的期末余额如何形成?累计摊销如何计提?减值准备反映了什么情况?开发支出除转入无形资产外,还有转入当年损益,两者如何划分?本章将围绕这些问题展开。

　　无形资产是非流动资产,具有资产的一般特性,但与其他资产相比,无形资产具有以下特征:第一,没有实物形态。无形资产区别于固定资产和存货等其他资产的显著特征是没有实物形态,摸不着、看不见,但却具有极大的潜在价值,是有助于企业取得超额收益的一种特殊权利。通常表现为某种权力、技术或获取超额利润的综合能力,如土地使用权、非专利技术等。第二,具有可辨认性。所谓可辨认性,是指无形资产能够从企业中分离出来,是一个单独的存在,可用于出售或对外投资。商誉是与企业整体价值联系在一起的,无法与企业自身分离,不具有可辨认性,不属于本节所指的无形资产。

9.1　无形资产的含义及账户设置

9.1.1　无形资产的含义及分类

　　无形资产是指企业拥有或控制的没有实物形态的可辨认的非货币性长期资产,包括专利权、非专利技术、商标权、著作权、土地使用权和特许权等。

　　1.专利权

　　专利权是指国家专利主管机关依法授予发明创造专利申请人,对其发明创造在法定期限内所享有的专有权利,包括发明专利权、实用新型专利权和外观设计专利权。《中华人民共和国专利法》(简称《专利法》)规定:专利权分为发明专利和实用新型及外观设计专利两种,自申请日期计算,发明专利权的期限为 20 年,实用新型及外观设计专利权的期限为 10 年。发明者在取得专利权后,在有效期限内将享有专利的独占权。

　　2.非专利技术

　　非专利技术,也称专有技术。它是指专利权未经申请的没有公开的专门技术、工艺规程、经验和产品设计等。非专利技术因为未经法定机关按法律程序批准和认可，所以它不受法律保护。非专利技术没有法律上的有效年限，但事实上具有专利权的效用。

3. 商标权

商标权是商标所有者将某类指定的产品或商品上使用的特定名称或图案（即商标），依法注册登记后，取得受法律保护的独家使用权利。商标权的内容包括独占使用权和禁止使用权。商标是用来辨认特定商品和劳务的标记，代表着企业的一种信誉，从而具有相应的经济价值。《中华人民共和国商标法》（简称《商标法》）规定，注册商标的有效期限为 10 年，期满可依法延长。

4. 著作权

著作权又称版权，是指作者对其创作的文学、科学和艺术作品依法享有的某些特殊权利。著作权可以转让、出售或者赠与。著作权包括发表权、署名权、修改权、保护作品完整权、使用权和获得报酬的权利等。

5. 土地使用权

土地使用权是指国家特许某一企业在一定期间内对国有土地享有开发、利用、经营的权利。土地使用权有长期固定的，也有临时的。长期以来，我国城乡企业一般都通过行政划拨的方式，从各级政府无偿取得土地使用权。根据法律规定，在我国境内的土地都属于国家或集体所有，任何单位和个人不得侵占、买卖、出租或非法转让。国家和集体可以依照法定程序对土地使用权实行有偿出让，企业也可以依照法定程序取得土地使用权，或将已取得的土地使用权依法转让。企业取得土地使用权的方式大致有：划拨取得、外购取得、投资者投入取得等。通常情况下，以缴纳土地出让金等方式外购的土地使用权、投资者投入等方式取得的土地使用权作为无形资产核算。

6. 特许权

特许权又称特许经营权、专营权。特许权通常有两种形式：一种是由政府机构授权，准许特定企业在某一地区经营或销售某种特定商品的权利，如烟草专卖权、邮电通信等专营权；另一种是指企业间签订合同，允许一家企业使用另一家企业的商标、商号、技术秘密等专利，如建立连锁商店。会计上的专营权主要是指第二种情况。

9.1.2　无形资产的来源

无形资产按照来源途径，可以分为外来的无形资产和自创的无形资产。外来的无形资产是指企业从国内外科研单位及其他企业以购进、接受投资等方式从企业外部取得的无形资产。自创的无形资产是企业自行研制、开发的无形资产。

无形资产按照是否具有确定的经济寿命期限，可以分为期限确定的无形资产与期限不确定的无形资产。期限确定的无形资产是指在有关法律中规定有最长有效期限的无形资产，如专利权、商标权、著作权、土地使用权等，这些无形资产在法律规定的有效期限内受法律保护；有效期满后，如果企业未继续办理相关手续，将不再受法律保护。期限不确定的无形资产是指没有相应法律规定其有效期限，其经济寿命难以准确估计的无形资产，如非专利技术。这些无形资产的经济寿命受技术进步的快慢及技术保密工作的好坏等因素的影响，因此，其价值会随着技术进步及泄密等因素而发生减值。

9.1.3　无形资产账户的设置

企业设置"无形资产"账户反映无形资产的增减变动,该账户属于资产类账户,借方登记增加无形资产的实际成本,贷方登记减少无形资产的实际成本,余额在借方,表示现有无形资产的实际成本。

9.2　无形资产的初始计量

9.2.1　外购无形资产

视频 9-1　无形资产的取得与摊销

外购无形资产应以实际成本作为入账价值,包括买价、相关的税费以及直接归属于使该项资产达到预定用途所发生的其他支出。但不包括下列各项支出:①为引入新产品进行宣传发生的广告费、管理费用以及其他间接费用;②无形资产已经达到预定用途后发生的费用。一般纳税人外购无形资产取得增值税专用发票,发票上的增值税税款可以抵扣,不计入无形资产的入账价值,作为"应交税费——应交增值税(进项税额)"登记。

企业购入各项无形资产时,应按实际支出,借记"无形资产"账户,贷记"银行存款"账户。

【例 9-1】　明达公司从外部某单位购入一项专利权,增值税专用发票上注明的不含增值税的价款为 300 000 元,增值税为 18 000 元,用银行存款付讫。明达公司应编制的会计分录如下:

```
借:无形资产——专利权                                    300 000
    应交税费——应交增值税(进项税额)                      18 000
    贷:银行存款                                          318 000
```

9.2.2　投资者投入的无形资产

投资者投入的无形资产的成本,应当按照投资合同或协议约定的价值确定;如果合同或协议约定价值不公允,则应按无形资产的公允价值入账。

企业在取得投资者投入的无形资产时,应按合同协议或公允价值,借记"无形资产"账户,贷记"实收资本"账户。

【例 9-2】　明达公司接受 B 公司投资的一项 A 专利权,该项专利权经评估后,双方确定的不含税价款为 200 000 元,B 公司提供的增值税发票上注明的增值税为 12 000 元。明达公司应编制的会计分录如下:

```
借:无形资产——A 专利权                                  200 000
    应交税费——应交增值税(进项税额)                      12 000
    贷:实收资本                                          212 000
```

9.2.3　自行开发的无形资产

从理论上讲,企业自行开发的无形资产的入账价值应当包括研究开发过程中所发生的一切支出,如参与研究和开发活动人员的工资和其他有关费用、研究和开发活动消耗的材料、用于研究和开发活动的设备和设施的折旧费、与研究开发活动有关的间接费用和其他费用等。但是,由于研究和开发活动的结果极不确定,往往不一定能成功,因此一般将企业内部研究开发项目的支出区分为研究阶段支出与开发阶段支出。

1.研究阶段

研究是指为获取并理解新的科学或技术知识而进行的独创性的有计划调查。研究活动包括以获取新知识为目的的活动,研究成果或其他知识的应用研究、评价和最终选择,材料、设备、产品、工序、系统或劳务替代品的研究等。

研究阶段是探索性的,是为进一步的开发活动所做的资料及相关方面的准备,已进行的研究活动将来是否转入开发、开发后是否会形成无形资产等均具有较大的不确定性。在这一阶段不会形成阶段性成果。因此,该阶段的支出应当于发生时直接计入当期损益。

2.开发阶段

开发是指在进行商业性生产或使用前,将研究成果或其他知识应用于某项计划或设计,以生产出新的或具有实质性改进的材料、装置、产品等的活动。例如,生产前或使用前的原型和模型的设计、建造和测试,含新技术的工具、夹具、模具和冲模的设计,不具有商业性生产经济规模的试生产设施的设计、建造和运营,新的或经改造的材料、设备、产品、工序、系统或服务所选定的替代品的设计、建造和测试等。

案例 9-1　恒瑞医药研发支出开始资本化

相对研究阶段而言,开发阶段在很大程度上基本形成了一项新产品或新技术。其特点在于具有很强的针对性,并且形成成果的可能性较大。企业如果能够证明满足无形资产的定义及相关确认条件,则所发生的支出就可以资本化,确定为无形资产。

3.自行开发的无形资产的会计核算

为了核算企业研究与开发无形资产过程中发生的各项支出,企业应设置"研发支出"账户,该账户为成本类账户,借方登记实际发生的研发支出;贷方登记转为无形资产和管理费用的金额;借方余额反映企业正在进行的研究开发项目中满足资本化条件的支出。企业应当按照研究开发项目,分别对"费用化支出"与"资本化支出"进行明细核算。

在研究阶段的支出全部费用化,发生时,借记"研发支出——费用化支出"进行明细核算,贷记"银行存款""原材料""应付职工薪酬"账户等。

在开发阶段的支出符合资本化条件的予以资本化,借记"研发支出——资本化支出"账户,贷记"银行存款""原材料""应付职工薪酬"账户等。

在开发阶段的支出不符合资本化条件的计入当期损益,借记"研发支出——费用化支出"账户,贷记"银行存款"账户等。

案例 9-2　苏交科首次将研发支出部分资本化

如果确定无法区分研究阶段的支出和开发阶段的支出,应将其所发生的研发支出全部费用化,计入当期损益,借记"研发支出——费用化支出"账户,贷记"银行存款"账户等。

研究开发项目达到预定用途形成无形资产的,应按"研发支出——资本化支出"账户的余额,借记"无形资产"账户,贷记"研发支出——资本化支出"账户。

期末,应将"研发支出——费用化支出"账户归集的金额转入"管理费用"账户,借记"管理费用"账户,贷记"研发支出——费用化支出"账户。

【例 9-3】 明达公司正在研究开发一项新工艺,从 1 月到 5 月,该公司在研究过程中发生材料费、人工费等共计 500 000 元,以银行存款支付。经测试,该项研发活动完成了研究阶段。6 月,该公司开始进入开发阶段,从 6 月到 9 月,又发生相关支出 420 000 元,该支出符合资本化要求。9 月 30 日,该型新工艺达到预定用途,并满足无形资产确认的条件,登记注册时发生的费用为 8 000 元,增值税为 480 元。上述业务的会计分录如下:

(1)1—5 月,归集研究阶段发生的支出

借:研发支出——费用化支出　　　　　　　　　　　　　　　　　　500 000

　　贷:银行存款　　　　　　　　　　　　　　　　　　　　　　　　　500 000

(2)6—9 月,归集开发阶段发生的支出

借:研发支出——资本化支出　　　　　　　　　　　　　　　　　　420 000

　　贷:应付职工薪酬(原材料等)　　　　　　　　　　　　　　　　　420 000

(3)9 月 30 日,该项新技术达到预定用途

借:无形资产　　　　　　　　　　　　　　　　　　　　　　　　　428 000

　　应交税费——应交增值税(进项税额)　　　　　　　　　　　　　　480

　　贷:研发支出——资本化支出　　　　　　　　　　　　　　　　　420 000

　　　　银行存款　　　　　　　　　　　　　　　　　　　　　　　　　8 480

(4)期末,将费用化的研发支出转入管理费用

借:管理费用　　　　　　　　　　　　　　　　　　　　　　　　　500 000

　　贷:研发支出——费用化支出　　　　　　　　　　　　　　　　　500 000

9.3　无形资产的后续计量

无形资产的后续计量主要是指无形资产在使用期间的摊销。

企业应当于取得无形资产时分析判断其使用寿命。无形资产的使用寿命为有限的,应当估计该使用寿命的年限或者构成使用寿命的产量等类似计量单位数量,使用寿命有限的无形资产应当摊销;无法预见无形资产为企业带来经济利益期限的,应当视为使用寿命不确定的无形资产,使用寿命不确定的无形资产不应摊销,但应在期末进行减值测试。

9.3.1　无形资产摊销的方法

无形资产通常采用直线法摊销。

企业摊销无形资产,应当自无形资产提供使用时起,至不再作为无形资产确认时止。即当月增加的无形资产,当月开始摊销;当月减少的无形资产,当月不再摊销。

无形资产的应摊销金额为其成本扣除预计残值后的金额。使用寿命有限的无形资产,

如果有第三方承诺在无形资产使用寿命结束时购买该项无形资产,或可以根据活跃市场得到预计残值信息,则可以预计其净残值;否则,其残值一般视为零。

已计提减值准备的无形资产,还应扣除已计提的无形资产减值准备累计金额。

9.3.2　无形资产摊销的会计处理

无形资产的摊销金额一般应当计入当期损益(管理费用)。但如果某项无形资产是专门用于生产某种产品或者其他资产,其所包含的经济利益是通过转入到所生产的产品或其他资产中实现的,则无形资产的摊销金额应当计入相关资产的成本。例如,某项专利用于生产产品,则该专利的摊销金额应构成所生产产品成本的一部分,计入该产品的制造费用。

企业一般要设置"累计摊销"账户,反映无形资产的摊销情况。累计摊销是无形资产的调整(备抵)账户,其性质与固定资产核算中的累计折旧账户基本相同。贷方登记企业计提的无形资产摊销;借方登记处置无形资产转出的累计摊销,期末贷方余额反映企业现有无形资产的累计摊销额,按无形资产项目设置明细账。企业对无形资产摊销,应借记"管理费用""制造费用"等账户,贷记"累计摊销"账户。

【例 9-4】　明达公司拥有的一项专利权,成本为 480 000 元,合同规定的受益年限为 10年,则该公司每月摊销 4 000 元,应编制的会计分录如下:

借:管理费用等 　　　　　　　　　　　　　　　　　　　　　　　　　　　4 000
　　贷:累计摊销——专利权　　　　　　　　　　　　　　　　　　　　　　　　4 000

使用寿命不确定的无形资产不需要摊销,但是应当在每个会计期末进行减值测试,其减值测试的方法应按照资产减值的原则进行处理,如表明已发生减值,则需要计提减值准备。

企业应当在每个会计期末对使用寿命不确定的无形资产的使用寿命进行复核。如果有证据表明无形资产的使用寿命是有限的,应当估计其使用寿命,并按照以上原则进行摊销。

9.4　无形资产的处置

无形资产的处置,主要包括无形资产的出售、出租,或者是无形资产无法给企业带来经济利益,则应将其予以终止确认并转销。

9.4.1　无形资产的出售

转让无形资产的所有权,也就意味着企业放弃对无形资产的占有、使用、收益、处置的权利,而将这些权利转移给购买方。所以,应注销已转让的无形资产账面上的摊余价值,即注销无形资产和累计摊销,相关的减值准备也应一并转销。所取得的价款与无形资产摊余价值的差额,应确认为资产处置损益。

当企业出售无形资产时,按实际取得的转让收入,借记"银行存款"等账户;按已计提的累计摊销额,借记"累计摊销"账户;按该项无形资产已计提的减值准备,借记"无形资产减值准备"账户;按无形资产的账面余额,贷记"无形资产"账户;按应支付的相关税费,贷记"银行存款""应交税费"等账户;按其差额,贷记"资产处置损益——非流动资产处置利得"账户或借记"资产处置损益——非流动资产处置损失"账户。

【例 9-5】 明达公司将拥有的一项商标权出售,收取的价款为 200 000 元,增值税为 12 000 元,该项商标权的成本为 160 000 元,已摊销 40 000 元。应编制的会计分录如下:

借:银行存款		212 000
累计摊销——商标权		40 000
贷:无形资产——商标权		160 000
应交税费——应交增值税		12 000
资产处置损益——处置非流动资产利得		80 000

9.4.2　无形资产的出租

如果企业只是让渡无形资产的使用权,则意味着它仍拥有该项无形资产的占有、使用、收益、处置的权利,受让方只有使用权,没有所有权。因此,这项资产仍应作为企业的无形资产,保留其账面价值,继续进行摊销。会计上只需要核算取得的租金收入及其相关的履约费用。

取得租金时,借记"银行存款"等账户,贷记"其他业务收入"等账户;摊销出租无形资产成本并发生与出租该无形资产有关的各种费用支出时,借记"其他业务成本"账户,贷记"累计摊销"等账户。

【例 9-6】 承【例 9-5】的资料,假如明达公司只是将商标出租给其他单位,合同约定受让方每年按销售收入的 6% 支付使用费。当年,受让企业的销售收入为 500 000 元,同时受让企业支付增值税 1 800 元,该无形资产每月摊销额为 2 000 元。应编制的会计分录如下:

(1)取得收入 30 000 元时

借:银行存款		31 800
贷:其他业务收入		30 000
应交税费——应交增值税(销项税额)		1 800

(2)出租后,每月摊销无形资产时

借:其他业务成本		2 000
贷:累计摊销——商标权		2 000

9.4.3　无形资产的报废

当无形资产预期不能为企业带来未来经济利益时,就不再符合无形资产的定义,应将其报废转销,其账面价值转作当期损益。转销时,按已摊销的金额,借记"累计摊销"账户;按其账面余额,贷记"无形资产"账户;按其差额,借记"营业外支出"账户;已计提减值准备的,还应同时结转减值准备。

【例 9-7】 明达公司原拥有一项非专利技术,采用直线法进行摊销,预计使用期限为 10 年。现该项非专利技术已被内部研发成功的新技术所替代,并且根据市场调查,用该非专利技术生产的产品已没有市场,预期不能再为企业带来任何经济利益,故应当予以转销。转销时,该项非专利技术的成本为 6 000 000 元,已摊销 6 年,累计计提减值准备 1 600 000 元,该项非专利技术的残值为 0。假定不考虑其他相关因素。应编制的会计分录如下:

借:累计摊销	3 600 000
无形资产减值准备——专利权	1 600 000
营业外支出——处置非流动资产损失	800 000
贷:无形资产——专利权	6 000 000

9.5　无形资产的期末计量

会计期末,企业应该检查无形资产是否发生了减值,并对已经发生减值的无形资产计提减值准备。衡量无形资产是否发生减值的标准是其可收回金额。

可收回金额应当根据无形资产的公允价值减去处置费用后的净额与无形资产预计未来现金流量的现值两者之间的较高者确定。

如果无形资产的账面价值(无形资产的原价—无形资产减值准备—累计摊销,下同)超过其可收回金额,则应按超过部分确认无形资产减值准备。企业计提的无形资产减值准备计入当期的"资产减值损失"。借记"资产减值损失——计提的无形资产减值准备"账户,贷记"无形资产减值准备"账户。

无形资产减值损失确认后,减值无形资产的摊销费用应当在未来期间作相应调整,以使得该项无形资产在剩余使用寿命内,系统地分摊调整后的无形资产账面价值。

无形资产减值损失一经确认,在以后会计期间不得予以转回。

案例 9-3　西藏药业无形资产计提减值 4.6 亿元

【例 9-8】　明达公司 20×1 年 1 月 15 日购入一项专利权,实际成本为 200 000 元,预计使用年限为 10 年。20×5 年 12 月 31 日,该项专利权发生减值,预计未来现金流量的现值为 80 000 元,公允价值减处置费用后的净额为 90 000 元。该项专利权发生减值以后,预计剩余使用年限为 4 年。20×8 年 1 月 25 日,明达公司将该专利权出售,取得的价款为 50 000 元,增值税为 3 000 元。根据以上资料,相关计算及会计分录如下:

(1)计算该项专利权在 20×5 年 12 月 31 日计提减值准备前的累计摊销和账面价值。

每年摊销=200 000÷10=20 000(元)

累计摊销=20 000×5=100 000(元)

账面价值=200 000−100 000=100 000(元)

(2)计算该项专利权在 20×5 年 12 月 31 日应计提的减值准备金额。

可收回金额=90 000(元)

应计提减值准备=100 000−90 000=10 000(元)

借:资产减值损失	10 000
贷:无形资产减值准备	10 000

(3)计算剩余使用年限内每年的摊销额。

年摊销额=90 000÷4=22 500(元)

(4)计算该项专利权在 20×8 年 1 月 25 日的累计摊销和账面价值。

20×6 年 1 月至 20×7 年 12 月的摊销额＝22 500×2＝45 000(元)

累计摊销＝100 000＋45 000＝145 000(元)

账面价值＝200 000－145 000－10 000＝45 000(元)

(5)计算 20×8 年 1 月 5 日出售专利权的净损益。

净损益＝500 00－45 000＝5 000(元)

借：银行存款	53 000
累计摊销	145 000
无形资产减值准备	10 000
贷：无形资产	200 000
应交税费——应交增值税(销项税额)	3 000
资产处置损益	5 000

【案例分析】科大讯飞研发支出的资本化率

科大讯飞作为一家技术导向的公司，又处在人工智能这条重投入的赛道上，坚持在研发上保持较高比例的增幅，保持或建立技术优势。科大讯飞为了保持自己的竞争优势，在研发方面投入了巨大资金。

根据企业会计准则的要求，企业可以根据其研发的进度对研发支出进行资本化或者费用化的处理，高新技术行业企业，通常具有较高的研发支出，其对于研发支出的会计处理也非常不同。部分企业，如恒生电子，将研发支出全部费用化在当期扣除；部分企业，如川大智胜，将研发支出全部资本化，从而减少了当期费用，增加了未来的摊销。而科大讯飞选择将50%左右的研发支出进行了资本化，属于行业较高的水平。

1.科大讯飞研发投入及资本化的纵向关注

整体来看，科大讯飞在加大研发投入的同时，不断增加研发支出资本化的金额。2014—2017 年，公司研发支出资本化金额由 2.02 亿元增加到 5.49 亿元，年平均增长率 40.35%，资本化研发投入占研发投入的比例由 39.61% 上升到 47.96%。

从公司的研发投入情况来看，2017 年度公司进一步加大了研发投入，投入资金 11.45 亿元，同比上年增长 61.51%。同时，公司保持了 47.96% 的研发投入资本化率，这使得资本化金额达到 5.49 亿元，同比增长 47.73%。具体见表 9-4。

公司研发投入的资本化比重越高，计入管理费用的金额就会越少，即研发投入资本化后减少了相当一部分当期管理费用，增加了当期的利润。2014—2017 年，科大讯飞研发投入资本化金额占净利润的比例由 52.22% 上升到 114.63%，2017 年公司研发投入资本化金额(5.49 亿元)大于公司的净利润(4.97 亿元)。在净利润扣除当年政府补助后，其相应比例数值更大。这意味着假如科大讯飞研发投入没有进行资本化，公司 2017 年就处于亏损状态。具体见表 9-5。

表 9-4　科大讯飞 2014—2017 年研发投入及资本化情况

年份	研发投入		资本化研发投入		研发投入资本化率（研发投入资本化金额占研发投入的比例）/%
	金额/百万元	增长率/%	金额/百万元	增长率/%	
2014	518.06	—	202.85	—	39.16
2015	577.30	11.40	239.50	18.07	41.49
2016	709.13	22.84	371.82	55.25	52.43
2017	1 145.33	61.51	549.30	47.73	47.96

表 9-5　科大讯飞 2014—2017 年研发投入资本化占利润之比

研发投入	2014 年	2015 年	2016 年	2017 年
资本化研发投入/百万元	202.85	239.50	371.82	549.30
研发投入资本化金额占研发投入的比例/%	39.16	41.49	52.43	47.96
研发投入资本化金额占净利润的比例/%	52.22	54.86	74.85	114.63
研发投入资本化金额占扣除政府补助净利润的比例/%	70.60	73.39	100.82	136.60

2. 科大讯飞研发投入及资本化的横向关注

与相关行业主要竞争者的研发投入资本化情况作比较，可以更好地对科大讯飞研发投入资本化率的水平进行判断。为了更好地比较，此处选取在中国 A 股上市的 15 家企业作为比较对象，该 15 家企业分别属于生物识别、智能音箱、人工智能行业，与科大讯飞业务所属领域保持一致，从而可以更好地比较研发投入资本化情况。

通过分析这 15 家公司的研发投入资本化率，见表 9-6、表 9-7 和表 9-8，2017 年度，生物识别类企业平均资本化率为 29.36%，智能音箱类企业平均资本化率为 9.98%，人工智能类企业平均资本化率为 14.72%，均低于科大讯飞研发投入资本化率的 47.96%。其中，两家公司（紫光国微、川大智胜）的资本化率高于科大讯飞，值得一提的是，有多家公司的资本化率为 0，如恒生电子、海康威视等，这从侧面反映出这些公司的利润承压能力较强。

表 9-6　生物识别行业部分企业研发投入资本化情况

企业	研发投入/百万元		资本化研发投入/百万元		研发投入资本化率（研发投入资本化金额占研发投入的比例）/%	
	2016 年	2017 年	2016 年	2017 年	2016 年	2017 年
汇顶科技	307.99	596.67	0.00	0.00	0.00	0.00
恒生电子	1050.91	1292.43	0.00	0.00	0.00	0.00
海康威视	2433.40	3194.22	0.00	0.00	0.00	0.00
紫光国微	443.87	502.80	252.10	292.60	56.80	58.19
川大智胜	55.67	55.89	50.61	49.52	90.02	88.61

表9-7 智能音箱行业部分企业研发投入资本化情况

企业	研发投入/百万元		资本化研发投入/百万元		研发投入资本化率(研发投入资本化金额占研发投入的比例)/%	
	2016 年	2017 年	2016 年	2017 年	2016 年	2017 年
信维通信	109.15	168.67	0.00	0.00	0.00	0.00
全志科技	329.82	342.18	0.00	0.00	0.00	0.00
国光电器	152.46	182.47	0.83	1.27	0.54	0.70
拓邦股份	136.53	206.98	26.69	45.29	19.55	21.88
歌尔股份	1 338.84	1 696.51	315.16	463.86	23.54	27.34

表9-8 人工智能行业部分企业研发投入资本化情况

企业	研发投入/百万元		资本化研发投入/百万元		研发投入资本化率(研发投入资本化金额占研发投入的比例)/%	
	2016 年	2017 年	2016 年	2017 年	2016 年	2017 年
紫光股份	1 783.78	3 049.28	12.75	0.00	0.71	0.00
中科创达	146.66	144.39	10.05	14.30	6.85	9.90
汉王科技	55.97	78.99	14.89	4.10	26.60	5.20
中兴通讯	12 762.10	12 962.20	1 447.30	1 615.60	11.34	12.46
中科曙光	185.83	231.95	142.61	197.94	43.42	46.04

　　对上述15家企业进行筛选,剔除掉研发投入资本化率为0的企业,将剩下9家企业2016—2017年"研发投入资本化金额占净利润的比例"与科大讯飞相应比例作比较,见表9-9。可以看出,科大讯飞的这一比例在这10家企业中处于第二名的高水平,科大讯飞的此指标超过平均水平。

表9-9 部分比较企业资本化研发投入与净利润情况

企业	净利润/百万元		资本化研发投入/百万元		研发投入资本化金额占净利润的比例/%	
	2016 年	2017 年	2016 年	2017 年	2016 年	2017 年
紫光国微	332.86	278.73	252.10	292.60	75.74	104.98
川大智胜	42.86	48.93	50.61	49.52	118.08	101.21
国光电器	55.3	127.96	0.83	1.27	1.50	0.99
拓邦股份	153.48	224.72	26.69	45.29	17.39	20.15
歌尔股份	1 608.95	2 106.75	315.16	463.86	19.59	22.02
紫光股份	1 193.52	2 630.87	12.75	0.00	1.07	0.00
中科创达	12.06	76.14	10.05	14.30	8.37	18.78
汉王科技	24.48	48.17	14.89	4.10	60.83	8.51
中科曙光	240.12	326.66	142.61	197.94	59.39	60.60

企业	净利润/百万元		资本化研发投入/百万元		研发投入资本化金额占净利润的比例/%	
	2016 年	2017 年	2016 年	2017 年	2016 年	2017 年
均值					40.22	37.47
科大讯飞					74.85	114.63

3.科大讯飞研发投入资本化的合理性分析

科大讯飞研发投入资本化比例明显高于行业平均水平,而且在 2017 年已经超出了净利润,2017 年净利润为 479 179 742.67 元,资本化的研发投入为 549 300 540.48 元。如果像恒生电子一样进行零资本化,科大讯飞 2017 年就会出现亏损。

公司将较大一部分研发支出资本化,一方面可能是其研发效率和研发进度的一种体现,另一方面这一会计处理会使得公司的财务报表的利润表现较为稳定,能够向外界传达较好的信息,从而有利于公司进行再次融资。所以从公司的战略层面来看,这样的会计处理有一定的合理性。

但是,在存在合理性的同时,这种会计处理也存在一定的财务风险,较高的资本化使得未来摊销的金额大量增加,如果公司未来盈利能力不能同步增强,则会面临较大的摊销压力。另外,公司资本化的研发投入,一部分转为无形资产,另一部分留在开发支出账上,如2017 年(见表 9-3),开发投入的不足 50% 形成了无形资产,其余的 50% 多形成了开发支出账户的期末余额,2017 年年末开发支出的期末余额达到了 558 222 006.17 元,由此可见,公司的研发投入有大部分累积在开发支出的账户里面,这部分金额既不进行摊销,也未转化为资产,从而对未来公司的财务状况造成了隐患。

（资料来源:科大讯飞年报;黄子容.科大讯飞研发支出资本化的案例研究.北京:中国财政科学研究院,2019）

案例思考:

(1)你认为科大讯飞研发支出资本化比例合理吗？为什么？

(2)研发支出资本化金额一般体现在哪两个账户中？

(3)如果一家企业资产负债表中开发支出金额长期过大,意味着什么？会对企业现在及未来的财务状况产生怎样的影响？

【本章小结】

无形资产是指企业拥有或控制的没有实物形态的可辨认的非货币性长期资产,包括专利权、非专利技术、商标权、著作权、土地使用权和特许权等。

企业取得无形资产时按照无形资产的实际成本入账。无形资产的取得可以分为外来的与自行开发的两种来源,外来的无形资产其实际成本包括买价及无形资产达到可用状态前发生的所有支出;自行开发的无形资产其实际成本的确定相对复杂,必须把企业自行开发无形资产的过程划分为研究阶段与开发阶段,对研究阶段发生的支出进行费用化,而对开发阶段发生的与最终形成的无形资产有关联的支出进行资本化,即令这部分实际成本构成无形资产的价值。企业应该合理划分研发无形资产的资本化支出与费用化支出。

使用寿命确定的无形资产,应该在使用期间摊销无形资产价值,通过设立"累计摊销"账户记录无形资产的摊销,同时增加"管理费用"或"制造费用"。企业必须合理估计无形资产的寿命,以便合理摊销无形资产的价值。

出售无形资产时,企业必须注销无形资产、累计摊销、无形资产减值准备等账户的余额,并通过资产处置损益账户反映出售无形资产的盈利或亏损。报废无形资产时,企业也必须注销无形资产、累计摊销、无形资产减值准备等账户的余额,并将损失计入"营业外支出"账户。

会计期末,企业应检查无形资产是否发生了减值,并对已经发生减值的无形资产计提减值准备。无形资产减值损失确认后,减值无形资产的摊销费用应当在未来期间作相应调整,按照新的无形资产价值以及新的使用年限进行摊销。

【练习题】

习题 1

甲公司 20×1 年 1 月 1 日从 B 公司购入一项专利权,以银行存款支付买价 200 万元和税款 12 万元。该专利权自可供使用时起至不再作为无形资产确认时止的年限为 10 年,假定甲公司于年末一次计提全年无形资产摊销。20×2 年 12 月 31 日进行该无形资产的减值测试,估计可收回金额为 150 万元,20×3 年 1 月 28 日,甲公司将上项专利权出售给 C 公司,取得收入 140 万元、税款 8.4 万元,均存入银行。

要求:

(1)编制甲公司购买专利权的会计分录。

(2)计算该项专利权的年摊销额并编制有关会计分录。

(3)编制计提减值准备的会计分录。

(4)编制与该专利权转让有关的会计分录并计算转让的净损益。

习题 2

甲公司 20×1 年 10 月起自行研究开发一项专利。当年主要从事调查、评价,发生费用 50 000 元;根据研究结果,20×2 年正式进行专利技术开发,当年发生费用 200 000 元,其中与专利权形成直接关联的有 150 000 元,在申请专利权的过程中,又发生注册费、律师费等相关费用 15 000 元,上述相关费用均用银行存款支付。

要求:编制研究开发该项专利权的相关会计分录。

在线自测

第 10 章

负 债

■■■ **问题导入：汤臣倍健公司的负债分别由哪些项目构成？**

根据汤臣倍健公司披露的 2021 年年报，该公司资产负债表列示的负债截至 2021 年 12 月 31 日为 2 429 411 332.90 元，由流动负债和非流动负债两大类负债构成，其中流动负债合计 2 071 194 726.69 元，分别由应付账款、合同负债、应付职工薪酬、应交税费、其他应付款、一年内到期的非流动负债及其他流动负债项目构成；非流动负债合计 358 216 606.21 元，分别由租赁负债、长期应付职工薪酬、预计负债、递延收益、递延所得税负债项目构成。表 10-1 是汤臣倍健公司 2021 年资产负债表负债部分的摘录。

表 10-1　汤臣倍健公司资产负债表（负债部分）

2021 年 12 月 31 日　　　　　　　　　　　　　　　　　　单位：元

项目	2021 年 12 月 31 日	2020 年 12 月 31 日
流动负债：		
应付账款	408 068.236.94	349 636 376.63
合同负债	869 870 402.10	867 403 450.93
应付职工薪酬	221 922 065.35	247 022 455.83
应交税费	66 375 707.95	57 367 274.82
其他应付款	400 040 211.65	541 048 169.35
一年内到期的非流动负债	32 587 773.68	102 849 056.89
其他流动负债	72 330 329.02	72 396 069.92
流动负债合计	2 071 194 726.69	2 237 722 854.37
非流动负债：		
长期借款		143 700 000.00
租赁负债	41 399 854.31	
长期应付职工薪酬	1 277 121.14	1 335 450.97
预计负债	500 000.00	
递延收益	94 031 121.64	97 336 039.12
递延所得税负债	221 026 518.12	217 791 477.54
非流动负债合计	358 216 606.21	460 162 967.63
负债合计	2 429 411 332.90	2 697 885 822.00

负债是企业重要的筹资来源，适度负债对企业持续健康发展至关重要。那么会计上是如何定义负债要素的？负债的确认应符合哪些条件？流动负债和非流动负债的划分标准是

什么？一个企业的流动负债和非流动负债主要的组成项目有哪些？应如何进行各种流动负债项目和非流动负债项目的核算？本章将围绕这些问题展开介绍。

10.1　负债概述

10.1.1　负债的定义和特征

负债是指企业过去的交易或事项形成的，预期会导致经济利益流出企业的现时义务。根据负债的定义，负债具有以下几个方面的特征。

1.负债的产生源于企业过去发生的交易或事项

负债是由企业过去已经发生的交易或事项导致的。如应付账款的产生源于企业已发生的赊购货物的业务，短期借款和长期借款的产生源于企业已经发生的借款业务。

2.负债必须是企业承担的现时义务

所谓现时义务，是指企业在现行条件下已经承担的义务，现时义务可以是法定义务，也可以是推定义务。其中，法定义务是指具有约束力的合同或法律法规规定的义务；推定义务是指根据企业公开的承诺或多年来的习惯做法而导致企业将承担的义务。与现时义务相对应的是潜在义务。所谓潜在义务，是指结果取决于未来不确定事项的可能义务。对于潜在义务，企业不应当将其确认为负债。

3.负债的偿还预期将会导致经济利益流出企业

负债的偿还预期会导致经济利益流出企业是负债的本质特征。经济利益流出企业的具体形式多种多样，最常见的是以库存现金或银行存款等货币资金偿还债务，会直接导致货币资金流出企业，当然也可采用以实物资产或无形资产或提供劳务等方式偿还债务而导致相应经济利益流出企业。

10.1.2　负债的确认条件

会计上要确认一项负债，不仅需要符合上述负债的定义，而且还需要同时满足以下两个条件。

1.与该义务有关的经济利益很可能流出企业

负债的确认应当与经济利益流出企业的不确定性程度的判断结合起来，如果有确凿的证据表明与现时义务有关的经济利益很可能流出企业，就应当将其作为负债予以确认；反之，企业即便承担了现时义务，也不符合负债的确认条件，不应将之确认为负债。

2.未来流出经济利益的金额能够可靠地估计

企业要确认负债，必须能够可靠地计量负债的金额，即能够可靠地计量未来经济利益流出企业的金额。如果企业负债形成源于法定义务，其经济利益流出金额通常可以根据法律或合同的规定予以确定；如果企业的负债形成源于推定义务，则其经济利益流出金额往往需要根据履行相关义务所需支出的最佳估计数进行估计确定；如果经济利益流出涉及的未来期间较长，往往还需要考虑货币的时间价值对负债计量金额的影响。

10.1.3　负债的分类

负债通常按其偿还时间的长短,划分为流动负债和非流动负债两类。

1.流动负债

流动负债是指将在一年或超过一年的一个营业周期内偿还的债务。主要包括短期借款、应付票据、应付账款、预收账款、合同负债、应付职工薪酬、应交税费、应付股利、其他应付款等项目。

2.非流动负债

非流动负债是指流动负债以外的负债。包括长期借款、应付债券、长期应付款、租赁负债、预计负债等项目。它是企业向债权人筹集的可供企业长期使用的资金来源,往往与企业长期资产的购建有关。

将负债按其偿还期限划分为流动负债和非流动负债,便于更好地分析企业的财务状况和偿债能力。当然,流动负债与非流动负债的划分是一个动态的过程,随着时间的推移,非流动负债会转化为流动负债,因此,在会计期末企业应对负债进行再分类确认,对将在一年内到期的非流动负债在资产负债表上应转列为流动负债项目予以反映,以便会计信息使用者能更为合理地分析评估企业的短期偿债能力。

10.2　流动负债

10.2.1　短期借款

短期借款是指企业向银行或其他金融机构等借入的期限在一年之内(含一年)的各种借款。短期借款通常是企业为维持正常生产经营所需资金而借入的款项。企业向银行借入款项,必须按规定用途使用,同时还需要依据借款合同约定及时支付利息费用并到期偿还本金。

为总括核算短期借款的借入和偿还情况,企业应设置"短期借款"账户。企业取得短期借款时应记入该账户的贷方,偿还借款时应记入该账户的借方,期末该账户的贷方余额表示尚未偿还的短期借款本金。短期借款账户应按债权人设置明细账进行明细分类核算。

短期借款的核算内容主要包括借款取得、期末计息和借款到期偿还三个方面。

企业从银行或其他金融机构取得借款时,应借记"银行存款"账户,贷记"短期借款"账户。

资产负债表日,企业应根据权责发生制的要求,计算确定应由本期负担的短期借款利息金额,借记"财务费用"账户,贷记"应付利息"账户。在规定的付息日支付利息时,借记"应付利息"账户,贷记"银行存款"账户。

借款到期,偿还借款时,应借记"短期借款"账户,贷记"银行存款"账户。

【例 10-1】　明达公司 20×1 年 7 月 1 日向银行借入短期借款 1 000 000 元,期限为 3 个月,年利率为 6%,根据与银行签订的借款协议,按季结算利息,到期一次归还本金。

根据上述经济业务,企业应编制如下会计分录。

7月1日收到借入的借款时：

借：银行存款　　　　　　　　　　　　　　　　　　　　1 000 000

　　贷：短期借款　　　　　　　　　　　　　　　　　　　　　1 000 000

7—9月末计提每月短期借款利息时：

每月应负担的借款利息＝1 000 000×6%÷12＝5 000元

借：财务费用　　　　　　　　　　　　　　　　　　　　　　5 000

　　贷：应付利息　　　　　　　　　　　　　　　　　　　　　　5 000

10月1日归还本金和支付利息时：

借：短期借款　　　　　　　　　　　　　　　　　　　　1 000 000

　　应付利息　　　　　　　　　　　　　　　　　　　　　15 000

　　贷：银行存款　　　　　　　　　　　　　　　　　　　　1 015 000

10.2.2　应付票据

应付票据是企业购买货物而开出、承兑的商业汇票，包括商业存兑汇票和银行存兑汇票。商业汇票结算方式是一种延期付款的结算方式。应付票据按是否带息分为带息的应付票据和不带息的应付票据两种。

视频10-1　应付票据

企业应设置"应付票据"账户来核算应付票据相关业务。该账户贷方反映企业因购买货物等签发的商业汇票的面值和期末计提的带息票据应付利息，借方反映已支付的应付票据的面值和到期利息，期末贷方余额反映尚未到期的应付票据面值及已计提应付利息。

应付票据的核算内容按其是否带息有所不同，不带息应付票据核算内容包括票据签发和票据到期两个环节，带息应付票据的核算内容除包括上述两个环节外，还包括未到期前期末票据应付利息的计提。

企业购买原材料等货物签发商业汇票时，借记"原材料""应交税费——应交增值税（进项税额）"等账户，按票据面值贷记"应付票据"账户。

企业也可以签发商业汇票用以抵偿应付账款，借记"应付账款"账户，贷记"应付票据"账户。

带息应付票据期末计提本期应负担利息时，借记"财务费用"账户，贷记"应付票据"账户。

应付票据到期，支付到期票款时，借记"应付票据"账户，贷记"银行存款"账户。对带息票据而言，到期价值等于票据面值加上利息之和，因此票据到期时如有票据利息尚未计提，则应借记"应付票据"账户、"财务费用"账户，贷记"银行存款"账户。如果应付票据到期，企业未能如期支付票款，对商业存兑汇票而言，则应将到期票款转入"应付账款"账户，即借记"应付票据"账户、"财务费用"账户，贷记"应付账款"账户；如果银行存兑汇票到期企业未能支付票款，则存兑银行代企业付款后，企业应贷记"短期借款"账户。

【例10-2】　明达公司为增值税一般纳税人，20×1年12月1日从乙公司购入原材料一批，不含税价款60 000元，增值税税率为13%，购销双方约定采用商业汇票结算，明达公司开出一张面值为67 800元的商业存兑汇票给乙公司，该票据的票面利率为6%，期限为2个月，购入原材料已验收入库。明达公司应编制如下会计分录。

20×1年12月1日明达公司开出商业汇票时：

借：原材料　　　　　　　　　　　　　　　　　　　　　　　60 000

　　应交税费——应交增值税（进项税额）　　　　　　　　　7 800

　　　贷：应付票据　　　　　　　　　　　　　　　　　　　　　　67 800

20×1年12月31日计提本月利息时：

每月应负担的利息＝67 800×6％÷12＝339（元）

借：财务费用　　　　　　　　　　　　　　　　　　　　　　339

　　　贷：应付票据　　　　　　　　　　　　　　　　　　　　　　339

20×1年1月31日计提本月利息时：

借：财务费用　　　　　　　　　　　　　　　　　　　　　　339

　　　贷：应付票据　　　　　　　　　　　　　　　　　　　　　　339

20×1年2月1日，票据到期，支付到期票款时：

借：应付票据　　　　　　　　　　　　　　　　　　　　　　68 478

　　　贷：银行存款　　　　　　　　　　　　　　　　　　　　　　68 478

如果明达公司票据到期由于资金紧张无法支付票款，则需要编制如下会计分录：

借：应付票据　　　　　　　　　　　　　　　　　　　　　　68 478

　　　贷：应付账款——乙公司　　　　　　　　　　　　　　　　　68 478

10.2.3　应付账款

应付账款是指企业因购买材料、商品或接受劳务等而产生应在一年内偿付的短期债务。

应付账款通常应在所购货物所有权转移或所接受劳务发生时确认，确认金额为发票账单等凭证上所载明的应付金额。在实际工作中，对于货物已到但发票账单未到的情况，为了客观反映企业所拥有的资产和应承担的义务，一般应于月末按照估计价格确认应付账款，并于下月初用红字冲回，等下月收到发票账单后再根据实际金额入账。

案例10-1 中复神鹰应付与供应商中化六建应收存差异

应付账款应设置"应付账款"账户进行核算，该账户贷方反映应付账款债务的形成，借方反映应付账款债务的偿还，账户期末贷方余额表示期末尚未支付的应付账款金额。该账户需要按债权人开设明细账进行明细分类核算。

企业购买材料、商品等货物形成应付账款时，借记"原材料""库存商品""应交税费——应交增值税（进项税额）"等账户，贷记"应付账款"账户；企业支付应付账款时，借记"应付账款"账户，贷记"银行存款"账户；对于因债权单位撤销等原因而无法支付的应付账款，则借记"应付账款"账户，贷记"营业外收入"账户。

【例10-3】　明达公司为增值税一般纳税人，20×1年4月20日向乙公司购入原材料一批，取得增值税专用发票上注明的不含税价款为200 000元，增值税为26 000元，购入时货款和税款均未支付，原材料已经验收入库，货款和税款于5月20日全额支付。明达公司应编制的会计分录如下。

20×1年4月20日，购入原材料形成应付账款时：

借:原材料	200 000	
应交税费——应交增值税(进项税额)	26 000	
贷:应付账款		226 000

20×1年5月20日支付到期的应付账款时:

| 借:应付账款 | 226 000 | |
| 贷:银行存款 | | 226 000 |

10.2.4　应交税费

企业在开展各种经济活动过程中必须按照国家税法和其他法规的有关规定,承担各种税金和附加费的缴纳义务。应交税费是指企业按照税费等规定计算的各种应该缴纳的税金和附加费,包括增值税、消费税、所得税、城市维护建设税、车船使用税、印花税、教育费附加等,其中增值税、消费税和所得税是企业缴纳的主要税种。

企业应设置"应交税费"账户记录企业纳税义务的形成及税金的缴纳等情况,该账户应按应交税费种类开设明细账户进行明细分类核算。

本章主要介绍应交增值税、应交消费税、应交城市维护建设税与教育费附加的核算,应交所得税核算将在第12章讲述。

1.应交增值税

增值税是以销售货物、提供加工修理修配劳务、提供服务、销售无形资产或者不动产等各项活动的增值额为征税对象征收的一种流转税。在我国境内从事上述经济活动及进口货物的单位和个人为增值税纳税义务人。

按照我国现行制度规定,增值税纳税人按年应税销售额大小和会计核算的健全程度分为一般纳税人和小规模纳税人两种。小规模纳税人是指年应税销售额在规定的数额以下,会计核算不健全的纳税义务人。除小规模纳税人之外的纳税人则为一般纳税人。不同纳税人适用不同的增值税计算方法。

一般纳税人一般采用一般计税方法计算增值税。在一般计税方法下,应纳税额按以下公式计算:

$$应纳税额＝当期销项税额－当期进项税额$$

公式中的"当期销项税额"是指纳税人当期销售货物、提供应税劳务和服务、销售无形资产和不动产收取的增值税额。销售额包括向购买方收取的全部价款和价外费用,但不包括收取的销项税额。销项税额可以按照以下公式计算:

$$销项税额＝销售额×增值税税率$$

一般纳税人适用的增值税税率按照其销售货物提供劳务和服务的内容不同分为13%、9%、6%和零税率四档。

公式中的"当期进项税额"是指纳税人购进货物、接受劳务和服务、购买无形资产或者不动产支付的增值税额。

按照我国增值税暂行条例规定,下列进项税额准予从销项税额中抵扣:①从销售方或提供劳务方取得的增值税专用发票上注明的增值税;②进口货物,从海关取得的进口增值税专用缴款书上注明的增值税额;③购进免税农产品,按照农产品收购发票或销售发票上注明的农产品价格和规定的扣除率计算的进项税额。

如果企业没有按照规定取得增值税扣税凭证,或者增值税扣税凭证上未按照规定注明增值税额的,其进项税额不能从销项税额中抵扣。

当期的销项税额如果小于进项税额,即进项税额不足抵扣时,不足抵扣部分可以结转下期继续抵扣。

如果一般纳税人发生财政部和国家税务总局规定的特定销售行为,也可以选择简易计税法计算增值税。在简易计税法下,应纳税额应按以下公式计算:

$$应纳税额 = 销售额 \times 征收率$$

小规模纳税人按规定需采用简易计税法计算增值税,应纳税额的计算公式为:

$$应纳税额 = 销售额 \times 征收率$$

公式中的销售额不包括增值税额,如果纳税人的销售额中包含了增值税额,则应将之分离为不含税的销售额,计算公式如下:

$$销售额(不含税) = 含税销售额 \div (1 + 征收率)$$

(1)一般纳税人增值税核算

一般纳税人应在"应交税费"账户下设置"应交增值税""未交增值税""待认证进项税额""待转销销项税额""简易计税"等明细账户。在"应交税费——应交增值税"明细账内还需要分设"进项税额""销项税额""进项税额转出""出口退税""已交税额""转出未交增值税""转出多交增值税"等专栏。

①购入货物、接受劳务或服务

一般纳税人购入货物、无形资产或不动产、接受劳务或服务时,按支付的价款借记"原材料""在途物资""库存商品""固定资产""无形资产""管理费用"等账户,按已认证可以抵扣的增值税借记"应交税费——应交增值税(进项税额)账户,按应付或实际支付的价税合计金额贷记"应付账款""应付票据""银行存款"等账户。

【例 10-4】 明达公司为一般纳税人,20×1 年 1 月 3 日从乙公司购入原材料一批,取得增值税专用发票上注明的价款为 200 000 元,增值税为 26 000 元,另向运输公司支付运费 6 000元,增值税为 540 元,并取得增值税专用发票。增值税经税务机关认证可以抵扣,原材料已经验收入库,原材料价款、税款及运费、增值税额均已用银行存款支付。明达公司应编制的会计分录如下:

借:原材料   206 000

   应交税费——应交增值税(进项税额)   26 540

   贷:银行存款   232 540

原材料取得成本 = 200 000 + 6 000 = 206 000(元)

进项税额 = 26 000 + 540 = 26 540(元)

上例中,如果明达公司取得的增值税专用发票尚未通过税务机关认证,则应编制的会计分录如下:

借:原材料 206 000
　　应交税费——待认证进项税额 26 540
　　贷:银行存款 232 540

等税务机关认证后,再转入"应交税费——应交增值税(进项税额)"账户,应编制的会计分录如下:

借:应交税费——应交增值税(进项税额) 26 540
　　贷:应交税费——待认证进项税额 26 540

企业购入货物,若没有取得增值税专用发票,支付的增值税一般不能抵扣销项税额。但若企业购进的是免税农产品,按照增值税法规定可以按照农产品收购发票或销售发票上注明的农产品买价和规定的扣除率计算进项税额,并准予从销项税额中抵扣。

【例10-5】 明达公司为增值税一般纳税人,20×1年1月6日从农民手中购入免税农产品一批,收购发票上注明的价款为50 000元,规定的扣除率为9%,货款已用银行存款支付,农产品尚未验收入库。明达公司应编制的会计分录如下:

借:在途物资 45 500
　　应交税费——应交增值税(进项税额) 4 500
　　贷:银行存款 50 000

进项税额=50 000×9%=4 500(元)

原材料的取得成本=50 000−4 500=45 500(元)

②销售货物、提供劳务或服务

企业销售货物、提供劳务或服务时,应按开具的增值税专用发票上注明的价款和增值税额借记"应收账款""应收票据""银行存款"等账户,按应向购买方收取的货物、劳务或服务的不含税价款贷记"主营业务收入""其他业务收入"等账户,按向购买方收取的增值税额贷记"应交税费——应交增值税(销项税额)"账户。

【例10-6】 明达公司为一般纳税人,20×1年1月16日赊销商品一批,开具的增值税专用发票上注明的价款为500 000元,增值税为65 000元,货款和增值税款尚未收到。明达公司应编制的会计分录如下:

借:应收账款 565 000
　　贷:主营业务收入 500 000
　　　　应交税费——应交增值税(销项税额) 65 000

③发生视同销售行为

企业有时候会发生一些增值税的视同销售行为。所谓视同销售行为,是指这些行为从业务性质角度来看不属于销售行为,但按照增值税暂行条例规定将之视同销售行为,需要计算缴纳增值税。

按照增值税暂行条例及实施细则规定,以下行为均视同销售行为,需要计算缴纳增值税,包括:企业将自产或委托加工货物用于集体福利或个人消费;将自产、委托加工或购买货物分配给股东或投资者;将自产、委托加工或购买货物用于投资;将自产、委托加工或购买货物无偿赠送他人等行为。

需要注意的是,税收上规定的视同销售行为并不意味着会计上对这些行为均应作为销售核算。

【例 10-7】　明达公司为增值税一般纳税人,20×1 年 1 月 25 日以自己生产的 A 产品对乙公司投资,该批产品的成本为 200 000 元,对外售价为 300 000 元。适用的增值税税率为13%,明达公司应编制的会计分录如下:

借:长期股权投资　　　　　　　　　　　　　　　　　　　　　339 000
　贷:主营业务收入　　　　　　　　　　　　　　　　　　　　300 000
　　　应交税费——应交增值税(销项税额)　　　　　　　　　39 000
借:主营业务成本　　　　　　　　　　　　　　　　　　　　　200 000
　贷:库存商品　　　　　　　　　　　　　　　　　　　　　　200 000

【例 10-8】　明达公司为增值税一般纳税人,20×1 年 2 月 1 日将自己生产的 B 产品无偿捐赠给乙公司,该批产品的成本为 100 000 元,对外售价为 140 000 元。则明达公司应编制的会计分录如下:

借:营业外支出　　　　　　　　　　　　　　　　　　　　　　118 200
　贷:库存商品　　　　　　　　　　　　　　　　　　　　　　100 000
　　　应交税费——应交增值税(销项税额)　　　　　　　　　18 200

④不予抵扣的进项税额

企业购入货物时即能认定其进项税额不能抵扣的,如购进货物用于集体福利或个人消费,购进货物用于简易计税项目等,按照规定其进项税额不予抵扣,应计入所购入的货物成本中去。

企业购入货物时不能直接认定其进项税额不能抵扣的,应先记入"应交税费——应交增值税(进项税额)"账户,如果以后这部分货物改变用途用于不予抵扣的用途或发生非常损失,按现行规定,原先已计入进项税额专栏的金额不得从销项税额中抵扣,应通过贷记"应交税费——应交增值税(进项税额转出)"账户转出。

这里的非常损失是指因管理不善造成货物被盗、丢失、霉烂变质,以及因违反法律法规造成货物或不动产被依法没收、销毁、拆除的情形。

【例 10-9】　明达公司为增值税一般纳税人,20×1 年 1 月 28 日因管理不善毁损原材料一批,该批原材料当初购入时支付的价款为 80 000 元,增值税为 10 400 元。明达公司应编制的会计分录如下:

借:待处理财产损溢　　　　　　　　　　　　　　　　　　　　90 400
　贷:原材料　　　　　　　　　　　　　　　　　　　　　　　80 000
　　　应交税费——应交增值税(进项税额转出)　　　　　　　10 400

⑤结算应交增值税及缴纳增值税

月度终了,企业应将本月应交未交增值税自"应交税费——应交增值税(转出未交增值税)"账户转出,转入"应交税费——未交增值税"账户,即借记"应交税费——应交增值税(转出未交增值税)"账户,贷记"应交税金——未交增值税"账户。

若本月有多交增值税,月末应自"应交税费——应交增值税(转出多交增值税)"账户转出,转入"应交税费——未交增值税"账户,即借记"应交税费——未交增值税"账户,贷记"应交税费——应交增值税(转出多交增值税)"账户。

本月上缴上月应交未交增值税时,应借记"应交税费——未交增值税"账户,贷记"银行存款"账户。

【例 10-10】 明达公司 20×1 年 1 月份根据前述"应交税费——应交增值税"账户,计算当月应交增值税并编制会计分录如下:

1 月份可抵扣的进项税额=26 540+4 500−10 400=20 640(元)

1 月份销项税额=65 000+39 000+18 200=122 200(元)

1 月应交增值税=122 200−20 640=101 560(元)

编制的会计分录如下:

借:应交税费——应交增值税(转出未交增值税)　　　　　　　　　　　　　　101 560

　　贷:应交税费——未交增值税　　　　　　　　　　　　　　　　　　　　　101 560

如果一般纳税人发生财政部和国家税务总局规定的特定销售行为,并选择采用简易计税法计算缴纳增值税的,则支付的进项税额不得抵扣。企业应设置"应交税费——简易计税"账户进行核算。根据收到或应收的全部款项借记"银行存款""应收账款"等账户,按照应确认的收入贷记"其他业务收入"等账户,按照应交增值税贷记"应交税费——简易计税"账户。实际缴纳增值税时,应借记"应交税费——简易计税"账户,贷记"银行存款"账户。

(2)小规模纳税人增值税核算

小规模纳税人增值税核算较为简单,应在"应交税费"账户下设置"应交增值税"明细账户进行核算,不需要再设置专栏。

小规模纳税人购进货物或劳务及服务时支付的增值税进项税额,一律不予抵扣,均应计入所购入的货物或劳务及服务成本之中。销售货物或提供劳务服务时,按应征增值税销售额的 3% 计算应交增值税额。小规模纳税人通常采用销售额和应纳增值税额合并定价方法,因此,需要先将含税销售额转换成不含税销售额后再计算应纳增值税额,不含税销售额计算公式如下:

$$销售额(不含税)=含税销售额÷(1+征收率)$$

小规模纳税人销售货物或提供劳务服务时,应按全部价款借记"银行存款""应收账款"等账户,按不含增值税销售额贷记"主营业务收入"等账户,按应纳增值税额贷记"应交税费——应交增值税"账户。

【例 10-11】 某企业为小规模纳税人,20×1 年 10 月份发生下列购销业务:购入原材料一批,取得增值税专用发票上注明的价款为 50 000 元,增值税为 6 500 元,上述价款和税款均已用银行存款支付,原材料已验收入库;销售商品一批,开出的普通发票上注明的价款为206 000 元,款项收到并已存入银行,增值税征收率为 3%。该企业应编制的会计分录如下。

购入原材料时:

借:原材料　　　　　　　　　　　　　　　　　　　　　　　　　　　　　　56 500

　　贷:银行存款　　　　　　　　　　　　　　　　　　　　　　　　　　　56 500

销售商品时:

不含税销售额=206 000÷(1+3%)=200 000(元)

应交增值税=200 000×3%=6 000(元)

```
借：银行存款                                        206 000
    贷：主营业务收入                                        200 000
        应交税费——应交增值税                                  6 000
```

2. 应交消费税

消费税是指对我国境内从事生产、委托加工和进口应税消费品的单位和个人就其应税消费品的销售额或销售数量征收的一种流转税。国家在普遍征收增值税的基础上，选择部分消费品再征收一道消费税，其目的在于正确引导消费方向。

消费税有三种征收方法，一是从价定率计征方法，即按照应税销售额和规定的税率计算征收；二是从量定额计征方法，即按销售数量和单位税额计算征收；三是复合计征方法，即从价和从量复合计算征收。

企业应设置"应交税费——应交消费税"账户核算企业消费税纳税义务的形成和税款的缴纳。

企业将生产的应税消费品对外销售时，按规定计算出应交的消费税，应借记"税金及附加"账户，贷记"应交税费——应交消费税"账户。

【例 10-12】 明达公司为增值税一般纳税人，20×1 年 1 月 5 日销售一批应税消费品，价款为 100 000 元，适用的消费税税率为 10%。明达公司应编制有关消费税的会计分录如下：

```
借：税金及附加                                       10 000
    贷：应交税费——应交消费税                                 10 000
```

企业若发生将生产的应税消费品对外投资、用于在建工程或用于对外无偿捐赠、用于管理部门等方面的行为，这些行为按照规定都是消费税的视同销售行为，企业发生这些视同销售行为时均需要计算应缴纳的消费税，并计入相关的资产成本或费用中去，借记"税金及附加""在建工程""营业外支出""管理费用"等账户，贷记"应交税费——应交消费税"账户。

【例 10-13】 明达公司将其生产的一批应税消费品用于公司厂房的建造工程，该批应税消费品的成本为 80 000 元，计税价格为 100 000 元，适用的消费税税率为 10%。明达公司应编制的会计分录如下：

```
借：在建工程                                         90 000
    贷：库存商品                                            80 000
        应交税费——应交消费税                                 10 000
```

3. 应交城市维护建设税与教育费附加

城市维护建设税和教育费附加均是一种附加的税费。

城市维护建设税是为了加强城市的维护建设，扩大和稳定城市建设资金来源而征收的一种税。凡是缴纳增值税、消费税的单位和个人都是城市维护建设税的纳税人，纳税人应交纳的城市维护建设税是以纳税人实际缴纳的增值税、消费税税额作为计税依据，按适用的税率计算的。其计算公式为：

$$应纳税额＝（实际缴纳的增值税＋实际缴纳消费税）×适用税率$$

城市维护建设税按纳税人所在地不同,设置了三档地区差别比例税率,即:①纳税人所在地为市区的,税率为7%;②纳税人所在地为县城、镇的,税率为5%,撤县建市后,适用税率为7%;③纳税人所在地不在市区、县城或镇的,税率为1%。

教育费附加是为了加快发展教育事业、改善教学设施和办学条件而征收的一项费用。教育费附加也是针对缴纳增值税、消费税的单位和个人征收,以其实际缴纳的增值税和消费税税额为计征依据,并与增值税和消费税一同缴纳。

企业计算应交纳的城市维护建设税和教育费附加时,应借记"税金及附加"账户,贷记"应交税费——应交城市维护建设税""应交税费——应交教育费附加"账户;实际缴纳时,借记"应交税费——应交城市维护建设税""应交税费——应交教育费附加"账户,贷记"银行存款"账户。

【例 10-14】 乙公司计算本月应交的城市维护建设税为 10 500 元,教育费附加 4 500 元。乙公司应编制的会计分录如下:

借:税金及附加   15 000

    贷:应交税费——应交城市维护建设税   10 500

                  ——应交教育费附加   4 500

10.2.5 应付职工薪酬

1.职工薪酬的内容

职工薪酬是指企业为获得职工提供的服务或解除劳动关系而给予的各种形式的报酬和补偿,包括职工在职期间和离职后提供给职工的全部货币性薪酬和非货币性薪酬。企业提供给职工配偶、子女或其他被赡养人的福利等,也属于职工薪酬的内容。职工薪酬主要包括短期薪酬、离职后福利、辞退福利和其他长期职工福利。

(1)短期薪酬,是指企业预期在职工提供相关服务的年度报告期间结束后十二个月内将全部予以支付的职工薪酬,因解除与职工的劳动关系给予的补偿除外。短期薪酬主要包括:职工工资、奖金、津贴和补贴;职工福利费;医疗保险费、工伤保险费和生育保险费等社会保险费;住房公积金;工会经费和职工教育费;短期带薪缺勤;短期利润分享计划;非货币性福利以及其他短期薪酬。

(2)离职后福利,是指企业为获得职工提供的服务而在职工退休或与企业解除劳动关系后,提供的各种形式的报酬和福利。

(3)辞退福利,是指企业在职工劳动合同到期之前解除与职工的劳动合同关系,或者为鼓励职工自愿接受裁减而给予职工的补偿。

(4)其他长期职工福利,是指短期薪酬、离职后福利、辞退福利之外所有的职工薪酬,包括长期带薪缺勤、长期残疾福利、长期利润分享计划等。

2.职工薪酬的核算

企业应设置"应付职工薪酬"账户核算企业应付给职工的各种职工薪酬负债。该账户应按照构成职工薪酬的项目分别设置"工资""职工福利""社会保险费""住房公积金""工会经费""职工教育经费""非货币性福利"等明细账户进行明细分类核算。

本章主要介绍短期薪酬的基本组成项目,即职工工资、职工福利费、医疗保险及工伤保险和生育保险等社会保险费以及住房公积金、工会经费和职工教育经费项目的核算。

职工为企业提供服务,企业应在职工为其提供服务的会计期间,根据职工提供服务的受益对象将应确认的职工薪酬全部计入相关资产成本或当期费用,同时确认为负债,计入"应付职工薪酬"账户贷方。

职工薪酬计入相关资产成本或当期费用具体分以下几种情况:

(1)生产部门工作人员的薪酬计入产品成本,其中生产工人的薪酬直接计入"生产成本"账户,生产部门管理人员薪酬先计入"制造费用"账户归集,月末再按一定的分配标准经分配后再转入"生产成本"账户。

(2)非生产部门工作人员的薪酬根据其服务对象计入相关资产成本或费用账户,其中企业行政管理部门人员薪酬计入"管理费用"账户,企业销售部门人员薪酬计入"销售费用"账户,在建工程工作人员薪酬计入"在建工程"账户,企业研发部门工作人员薪酬计入"研发支出"账户。

企业发生的职工工资、津贴和补贴等短期薪酬,月末应当根据职工提供服务情况和工资标准等计算应计入职工薪酬的工资总额,贷记"应付职工薪酬——工资"账户,并按受益对象借记"生产成本""制造费用""管理费用""销售费用""在建工程""研发支出"等账户。发放工资时,应借记"应付职工薪酬——工资"账户,贷记"银行存款"等账户。在实务中,企业通常并不是按照工资总额发放工资,通常需要扣除应由职工个人负担而需要由企业代扣代缴的款项后的金额发放工资,如企业通常需要为职工个人代扣医疗保险费等社会保险费和住房公积金,为职工代缴个人所得税等款项。企业结转代扣的社会保险费和住房公积金等款项时,应借记"应付职工薪酬——工资"账户,贷记"其他应付款"账户;结转代扣的个人所得税时,应借记"应付职工薪酬——工资"账户,贷记"应交税费——应交个人所得税"账户。

【例 10-15】 20×1 年 10 月末明达公司根据"工资结算汇总表"结算出本月应付职工总额为 3 000 000 元,其中生产工人工资 1 000 000 元,生产车间管理人员工资 200 000 元,公司行政管理人员工资 800 000 元,公司专设销售机构人员工资 400 000 元,公司研发部门研发人员工资 600 000 元。代扣应由职工个人负担的水电费 30 000 元,代扣已垫付职工房租 15 000 元,代扣代缴个人所得税 60 000 元,实发工资共计 2 895 000 元,已通过银行转账支付。明达公司应编制的会计分录如下:

(1)月末分配应付职工工资总额时

借:生产成本	1 000 000
制造费用	200 000
管理费用	800 000
销售费用	400 000
研发支出	600 000
贷:应付职工薪酬——工资	3 000 000

(2)结转代扣款项时

借:应付职工薪酬——工资	105 000
贷:其他应付款	30 000
其他应收款	15 000
应交税费——应交个人所得税	60 000

（3）通过银行转账方式实际发放工资时

借：应付职工薪酬——工资		2 895 000
贷：银行存款		2 895 000

企业为职工缴纳的医疗保险费、失业保险费、工伤保险费、生育保险费等社会保险费和住房公积金，以及按规定提取的工会经费和职工教育经费，应当在职工为其提供服务的会计期间，根据规定的计提基础（通常为工资总额）和计提比例计算确定相应的职工薪酬金额，按照职工薪酬的构成内容分别贷记"应付职工薪酬——社会保险费""应付职工薪酬——住房公积金""应付职工薪酬——工会经费""应付职工薪酬——职工教育经费"等账户，同时按受益对象计入相关资产成本和当期费用，借记"生产成本""制造费用""管理费用""销售费用""在建工程"和"研发支出"等账户。

【例 10-16】 承【例 10-15】，明达公司按公司工资总额的 12%、10%、2% 和 1.5% 提取医疗保险费等社会保险费、住房公积金、工会经费和职工教育经费。明达公司应编制的会计分录如下：

计提时：

借：生产成本	255 000
制造费用	51 000
管理费用	204 000
销售费用	102 000
研发支出	153 000
贷：应付职工薪酬——社会保险费	360 000
——住房公积金	300 000
——工会经费	60 000
——职工教育经费	45 000

企业发生的职工福利费，应当在实际发生时根据实际发生额按受益对象计入相关资产成本或当期费用，同时贷记"应付职工福利——职工福利"账户。企业向职工提供非货币性福利的，则应按照公允价值进行计量，如企业以自己生产的产品作为非货币性福利提供给职工的，按照该产品的公允价值和相关税费计算确定职工薪酬的金额；企业以外购商品作为非货币性福利提供给职工的，按照该商品的公允价值和相关税费计算确定职工薪酬的金额，并通过"应付职工薪酬——非货币性福利"账户进行核算。

10.2.6　预收账款

预收账款是指企业在销货之前预先向购买方收取的款项，应在一年内用销售货物或提供劳务方式来偿付。

企业发生的预收账款业务，一般可以通过设置"预收账款"账户进行核算。收到预收账款时，应借记"银行存款"账户，贷记"预收账款"账户；销售货物或提供劳务时，应借记"预收账款"账户，贷记"主营业务收入""应交税费——应交增值税（销项税额）"等账户；退回多收的货款时，应借记"预收账款"账户，贷记"银行存款"账户；收到购买方补付的货款时，应借记"银行存款"账户，贷记"预收账款"账户。

采用这种方式,如果销货的全部款项大于预收的款项并且在月末尚未收到购买方补付的账款时,"预收账款"账户所属明细账户会出现借方余额,这个借方余额在资产负债表上应列示在"应收账款"项目中。

在企业预收账款业务不多的情况下,也可以不设置"预收账款"账户,将预收的账款记入"应收账款"账户的贷方进行核算,采用这种方法,"应收账款"账户所属的明细分类账户月末可能出现贷方余额,这个贷方余额在资产负债表上应列示在"预收账款"项目中。

案例 10-2　上市白酒公司预收账款榜

10.3　非流动负债

非流动负债是指偿还期在一年或者超过一年的一个营业周期的负债,主要包括长期借款、应付债券、长期应付款、租赁负债及预计负债等内容。

通常情况下,流动负债主要用来满足企业生产经营中对资金的短期需求,而非流动负债则主要用于解决企业固定资产等长期资产购建活动中对长期资金的需求。与流动负债相比,非流动负债具有举债期限较长、举借金额较大的特点。

10.3.1　借款费用及其处理

借款费用是指企业因借款而发生的利息及其他相关成本,包括借款利息、折价或溢价的摊销、辅助费用以及因外币借款而发生的汇兑差额等。

视频 10-2　长期借款

(1)因借款发生的利息,包括企业向银行等金融机构借入资金发生的利息、发行债券发生的利息等。

(2)因借款发生的折价或溢价的摊销,是指企业发行债券产生的溢价或折价的摊销额,由于债券溢价或折价的摊销实质上是对名义利息的调整,因此折价或溢价的摊销额也构成借款费用的组成部分。

(3)因借款而发生的辅助费用,是指企业在借入资金过程中发生的手续费、税金、佣金、印刷费等,它们也是企业借入资金所付出的代价。

(4)因外币借款而发生的汇兑差额,是指由于汇率变动导致市场汇率与账面汇率出现差异,从而对外币借款本金及其利息的记账本位币所产生的影响金额。

由于非流动负债偿还期限长,举债金额大,所涉及的利息费用等借款费用的金额往往比较大,因而借款费用的确认与计量,对于如实客观反映企业的财务状况和经营成果便显得十分重要。从理论上讲,与非流动负债相关的借款费用的确认有资本化和费用化两种不同的处理方法。

(1)费用化,就是在借款费用发生时直接确认为当期费用,与流动负债的利息费用的处理方法相同。这样可以避免企业建造资产因为取得资金来源不同,造成资产的入账价值存在较大差异的情况。

(2)资本化,就是将借款费用作为用借款所建造资产取得成本的一个部分,计入资产入账价值。借款费用资本化可以完整反映资产的取得成本,但会导致出现企业建造资产因为

资金来源不同导致资产入账价值存在差异的情况。

知识拓展 借款费用资本化期间的确定

按照我国借款费用准则规定,对于企业发生的借款费用,可直接归属于符合资本化条件的资产的购建或者生产的,应当予以资本化,计入相关资产成本;对于其他的借款费用,应当在发生时根据其发生额确认为费用。符合资本化条件的资产,是指需要经过相当长时间的购建或者生产活动才能达到预定可使用或者可销售状态的固定资产、投资性房地产和存货等资产。其中,"相当长时间"是指为资产购建或者生产所必要的时间,通常为一年以上(含一年)。

10.3.2 长期借款

长期借款是指企业向银行或其他金融机构借入的期限在 1 年以上的各种借款。长期借款通常用于企业固定资产的购买和建造之需。长期借款的利息支付方式由借款合同约定,通常有分期付息和到期一次付息两种方式。

企业应设置"长期借款"账户,核算企业长期借款的借入和偿还的情况。对分期付息到期还本的长期借款而言,"长期借款"账户只用来记录借款本金的借入和偿还及期末尚未偿还的本金情况。对到期一次还本付息的长期借款而言,"长期借款"账户还需要记录和反映每期期末应付利息及到期支付的利息及期末累计应付利息情况。

企业借入长期借款时,借记"银行存款"账户,贷记"长期借款——本金"账户。资产负债表日,按计算确定的本期应负担的长期借款的利息费用,借记"在建工程""财务费用"等账户,贷记"应付利息""长期借款——应计利息"等账户。归还长期借款本金时,借记"长期借款——本金"账户,贷记"银行存款"账户。

【例 10-17】 明达公司为建造厂房,于 20×1 年 1 月 1 日借入期限为 3 年的长期借款 5 000 000 元,该借款为分期付息到期还本借款,每年付息一次,付息日为 12 月 31 日,借款合同规定年利率为 9%,所借资金已经存入银行,厂房在 20×1 年年末建造完工并达到预定可使用状态。明达公司应编制的会计分录如下。

20×1 年 1 月 1 日借入长期借款时:

借:银行存款	5 000 000
贷:长期借款——本金	5 000 000

20×1 年年末支付长期借款利息时:

借:在建工程	450 000
贷:银行存款	450 000

20×2 年末支付长期借款利息时:

借:财务费用	450 000
贷:银行存款	450 000

20×3 年年末支付长期借款利息时,会计分录同 20×2 年 12 月 31 日。

20×4 年 1 月 1 日偿还长期借款本金时:

借:长期借款——本金	5 000 000
贷:银行存款	5 000 000

【例 10-18】　承【例 10-17】，假定明达公司借入的长期借款为到期一次还本付息借款，公司于年末确认利息费用，其他资料与【例 10-17】相同。明达公司应编制的会计分录如下。

20×1 年 1 月 1 日借入长期借款时：

借：银行存款　　　　　　　　　　　　　　　　　　　　　　　　5 000 000
　　贷：长期借款——本金　　　　　　　　　　　　　　　　　　　　　5 000 000

20×1 年年末确认长期借款应计利息时：

借：在建工程　　　　　　　　　　　　　　　　　　　　　　　　　450 000
　　贷：长期借款——应计利息　　　　　　　　　　　　　　　　　　　450 000

20×2 年年末确认长期借款应计利息时：

借：财务费用　　　　　　　　　　　　　　　　　　　　　　　　　450 000
　　贷：长期借款——应计利息　　　　　　　　　　　　　　　　　　　450 000

20×3 年年末确认长期借款应计利息时，分录同 20×2 年 12 月 31 日。

20×4 年 1 月 1 日偿还长期借款本金时：

借：长期借款——本金　　　　　　　　　　　　　　　　　　　　5 000 000
　　　　　　——应计利息　　　　　　　　　　　　　　　　　　　1 350 000
　　贷：银行存款　　　　　　　　　　　　　　　　　　　　　　　6 350 000

10.3.2　应付债券

应付债券是指企业为筹措资金而依照法定程序发行的，约定在一定日期还本付息的有价证券。在实际工作中，企业发行债券的期限通常在 1 年以上，因而构成了企业的一项非流动负债。

企业债券一般应载明：①债券面值，即举债人到期应偿还的本金数额；②债券利率，即票面利率，一般以年利率表示；③付息方式和付息日；④还本方式和到期日；⑤发行企业名称。

应付债券的核算包括债券发行、债券利息调整的摊销和还本付息三个方面。通常应设置"应付债券"账户进行核算，并在"应付债券"账户下开设"面值""利息调整""应计利息"明细账户，并按债券种类进行明细分类核算。

1．债券发行的核算

企业债券的发行方式有三种，即按面值发行、溢价发行和折价发行。当发行的债券的票面利率等于市场利率时，债券的发行价格等于债券面值，债券按面值发行。当债券的票面利率高于市场利率时，债券的发行价格高于债券面值，债券按溢价发行。发行价格超过面值的差额称为债券溢价，债券溢价是举债公司为以后各期每期多付利息而预先得到的一种补偿。当债券的票面利率低于市场利率时，债券的发行价格低于债券面值，债券按折价发行。发行价格低于面值的差额称为债券折价，债券折价是举债公司为以后各期每期少付利息而预先付出的一种代价。因此，从本质上看，债券溢价或折价是债券发行公司在债券存续期间对利息费用的一种调整。

企业发行债券时，应按发行债券实际筹集到的款项，借记"银行存款"账户，按债券面值贷记"应付债券——面值"账户，按实际收到的款项与面值之间的差额，借记或贷记"应付债券——利息调整"账户。

【例 10-19】　20×1 年 1 月 1 日，明达公司经批准发行 4 年期，一次还本、分期付息的公司债券,债券面值为 1 000 000 元,票面利率为 5%,付息日为每年的 12 月 31 日,所筹资金用于建造厂房,厂房于 20×1 年年末建造完工并达到预定可使用状态。

(1)假设债券发行时市场利率为 5%,债券发行价格为 1 000 000 元,则明达公司应编制的会计分录如下:

借:银行存款   1 000 000
    贷:应付债券——面值   1 000 000

(2)假设债券发行时市场利率为 6%,债券发行价格为 965 355 元,则明达公司应编制的会计分录如下:

借:银行存款   965 355
    应付债券——利息调整   34 645
    贷:应付债券——面值   1 000 000

(3)假设债券发行时市场利率为 4%,债券发行价格为 1 036 295 元,则明达公司应编制的会计分录如下:

借:银行存款   1 036 295
    贷:应付债券——面值   1 000 000
        ——利息调整   36 295

2.利息调整的摊销核算

债券的溢价或折价应在债券存续期间内每个会计期末采用实际利率法进行摊销。实际利率法,是指按照应付债券的实际利率计算其摊余成本及其各期利息费用的方法。实际利率,是指将应付债券存续期间的未来现金流量折现为该债券当前账面价值所使用的利率。

会计期末,对分期付息到期还本债券,企业应按应付债券期初的摊余成本和实际利率计算确定的债券利息费用,借记"在建工程""财务费用"等账户,按债券票面价值和票面利率计算确定的应付利息贷记"应付利息"账户,按其差额借记或贷记"应付债券——利息调整"账户。对于到期一次还本付息债券,会计期末企业应按应付债券期初摊余成本和实际利率确定的债券利息费用,借记"在建工程""财务费用"等账户,按债券票面价值和票面利率计算确定的应付利息贷记"应付债券——应计利息"账户,按其差额,借记或贷记"应付债券——利息调整"账户。

【例 10-20】 承【例 10-19】,假定明达公司按面值发行债券,则 20×1 年年末,明达公司应编制的会计分录如下:

借:在建工程   50 000
    贷:应付利息   50 000
借:应付利息   50 000
    贷:银行存款   50 000

【例 10-21】 承【例 10-19】,假定明达公司按折价发行债券,则 20×1 年年末,明达公司应编制的会计分录如下:

借:在建工程   57 921.3
    贷:应付债券——利息调整   7 921.3
        应付利息   50 000
借:应付利息   50 000
    贷:银行存款   50 000

【例 10-22】 承【例 10-19】,假定明达公司按溢价发行债券,则 20×1 年年末,明达公司应编制持会计分录如下:

借:在建工程　　　　　　　　　　　　　　　　　　　41 451.8
　应付债券——利息调整　　　　　　　　　　　　　　8 548.2
　　贷:应付利息　　　　　　　　　　　　　　　　　　　　　50 000
借:应付利息　　　　　　　　　　　　　　　　　　　50 000
　　贷:银行存款　　　　　　　　　　　　　　　　　　　　　50 000

3. 债券的偿还

对于到期还本分期付息债券,企业每期支付利息时,应借记"应付利息"账户,贷记"银行存款"账户,到期偿还本金时,应借记"应付债券——面值",贷记"银行存款"账户。

对于到期一次还本付息的债券,企业在债券到期偿还本金支付利息时,应借记"应付债券——面值"账户、"应付债券——应计利息"账户,贷记"银行存款"账户。

【例 10-23】 承【例 10-19】,明达公司债券到期偿付债券本金时应编制的会计分录如下:

借:应付债券——面值　　　　　　　　　　　　　　1 000 000
　　贷:银行存款　　　　　　　　　　　　　　　　　　　1 000 000

【案例分析】Y 公司的借款费用应资本化还是费用化?

Y 公司主要从事钛白粉的生产和销售。该公司在编制 1997 年度财务报告时,将钛白粉工程建设项目建设期间的借款及应付债券利息 8 064 万元资本化为在建工程成本。该公司认为该工程 1997 年共生产钛白粉 1 680 吨,与该工程设计生产能力相差甚远,所以应予资本化。但担任该公司年度审计的注册会计师通过审计发现,该建设工程已于 1995 年下半年开始试产,1996 年就已经生产出合格产品,虽然 1997 年度产量与该工程设计生产能力存在较大差距,但主要原因是该公司缺乏流动资金所致。因此,注册会计师认为该工程 1997 年度由于举借长期债务产生的利息不应予以资本化,而应予费用化计入财务费用。

案例思考:

(1)你认为 Y 公司 1997 年度该工程借款费用应予资本化还是费用化?

(2)分析借款费用资本化处理与费用化处理对企业财务状况和经营业绩揭示的影响。

【本章小结】

负债是指企业过去的交易或者事项形成的,预期会导致经济利益流出企业的现时义务。负债按照偿还期限长短可以分为流动负债和非流动负债两类。

流动负债是指将在一年或超过一年的一个营业周期内偿还的债务。主要包括短期借款、应付票据、应付账款、预收账款、应付职工薪酬、应交税费、应付股利、其他应付款等项目。流动负债一般按照业务发生时的金额计价。

非流动负债是指流动负债以外的负债。包括长期借款、应付债券、长期应付款和租赁负债等项目。它是企业向债权人筹集的可供企业长期使用的资金来源,往往与企业长期资产的购建有关。非流动负债与流动负债相比具有偿还期限长、举借金额大的特点,这就决定了其会计核算具有不同于流动负债的一些特点,如入账价值的确定、借款费用的处理,等等。

流动负债与非流动负债的划分是一个动态的过程,随着时间的推移,非流动负债会转化为流动负债,因此,在会计期末企业应对负债进行再分类确认,对将在一年内到期的非流动负债在资产负债表上应转列为流动负债项目予以反映,以便会计信息使用者能更为合理地分析评估企业的短期偿债能力。

【练习题】

习题 1

甲公司于 20×3 年 4 月 1 日向银行借入一笔生产经营用短期借款 300 000 元,期限为 3 个月,年利率为 5%,该借款本金到期一次性偿还,利息分月计提、按季支付。

要求:编制与该短期借款有关的会计分录。

习题 2

甲公司为增值税一般纳税企业,20×4 年 12 月发生了下列经济业务:

(1)12 月 1 日,向乙公司赊购原材料一批,取得增值税专用发票上注明的价款为 200 000 元,增值税为 26 000 元,原材料已经验收入库。

(2)12 月 1 日,向丙公司购入原材料一批,增值税专用发票上注明的价款为 100 000 元,增值税为 13 000 元,甲公司签发一张面值为 113 000 元、期限为 2 个月、票面利率为 6% 的银行存兑汇票结算,原材料尚未验收入库。

(3)12 月 20 日,上月签发的一张不带息商业存兑汇票到期,该汇票面值为 250 000 元,公司资金紧张无力支付。

(4)12 月 23 日,公司用银行存款支付上月向丁公司赊购货物应付的货款和增值税款共计 56 500 元。

(5)12 月 31 日,确认应由本月负担的应付票据的利息费用。

要求:为甲公司发生的上述经济业务编制会计分录。

习题 3

甲公司为增值税一般纳税企业,20×5 年 10 月发生如下经济业务:

(1)购入原材料一批,取得的增值税专用发票上注明的价款为 100 000 元,增值税为 13 000元;另外向运输公司支付运费 2 000 元,增值税为 180 元,并取得增值税专用发票。上述款项均已用银行存款支付,原材料已经验收入库。

(2)购入免税农产品一批,价款为 50 000 元,规定的扣除率为 9%,农产品已经验收入库作为原材料管理,款项已用银行存款付讫。

(3)销售 A 产品一批,开出的增值税专用发票上注明的价款为 600 000 元,增值税为 78 000元,价款和税款尚未收到。

(4)上述销售的 A 产品为应税消费品,适用的消费税税率为 10%。

(5)企业将自己生产的产品用于对外投资,该批产品成本为 200 000 元,对外销售价格为 300 000 元,增值税税率为 13%。

(6)公司因为管理不善毁损产成品一批,其实际成本为 30 000 元,经确认该产品耗用的原材料购入时支付的增值税进项税额为 2 340 元。

(7)公司将一批生产用原材料用于建造仓库,该批原材料的成本为 26 000 元,购入时支付的进项税额为 3 380 元。

(8)出售一项专利权,出售收入为 530 000 元(含税),已经存入银行,适用的增值税税率为 6%,该项专利权取得成本 800 000 元,累计摊销 350 000 元。

要求:

(1)根据上述经济业务编制会计分录。

(2)计算当月应交增值税金额。

习题 4

甲公司 20×6 年 7 月发生如下有关职工薪酬的部分经济业务:

(1)通过银行转账方式发放上月应付职工工资共计 854 000 元。

(2)经计算本月应付职工工资总额为 890 000 元,其中应付生产工人工资 500 000 元,车间管理人员工资 90 000 元,厂部管理人员工资 150 000 元,销售人员工资 100 000 元,在建工程人员工资 50 000 元。

(3)按照国家规定的计提标准,按工资总额的 10% 和 8% 提取社会保险费和住房公积金,按工资总额的 2% 和 1.5% 计提工会经费和职工教育经费。

(4)企业为职工代扣个人所得税共计 14 200 元。

要求:根据上述经济业务编制会计分录。

习题 5

甲公司为建造厂房于 20×1 年 1 月 1 日借入一笔期限为 3 年的长期借款 1 000 万元,借款已经存入银行,该借款为分期付息到期还本借款,每年年末付息一次,借款利率为 7%。该厂房于 20×2 年年末建造完工并交付使用。

要求:为甲公司编制借款借入、年末付息及到期归还借款的会计分录。

习题 6

甲公司经批准于 20×3 年 1 月 1 日按面值发行 3 年期、到期一次还本付息的公司债券用于建造办公大楼,发行债券的总面值为 2 000 万元,债券票面利率为 8%,发行债券所筹资金已经存入公司的银行账户,该办公大楼于 20×3 年年末完工并达到预定可使用状态。

要求:为甲公司编制债券发行、年末计息及债券到期还本付息的会计分录。

在线自测

第 11 章

所有者权益

■■■ 问题导入：汤臣倍健公司的所有者权益由哪些项目构成？

根据汤臣倍健公司对外披露的其母公司 2021 年资产负债表年报，截至 2021 年 12 月 31 日所有者权益合计为 10 580 563 054.11 元，分别由股本、资本公积、其他综合收益、盈余公积和未分配利润等项目构成。表 11-1 是汤臣倍健母公司 2021 年资产负债表年报所有者权益部分的摘录。

表 11-1　汤臣倍健母公司资产负债表（所有者权益部分）

2021 年 12 月 31 日　　　　　　　　　　　　　　　　　单位：元

项目	2021 年 12 月 31 日	2020 年 12 月 31 日
所有者权益：		
股本	1 700 308 763.00	1 581 020 554.00
资本公积	6 320 650 011.65	3 351 446 656.26
其他综合收益	−30 284 214.77	−4 238 858.33
盈余公积	763 410 120.39	577 809 186.97
未分配利润	1 826 478 373.84	1 262 784 360.52
所有者权益合计	10 580 563 054.11	6 768 821 899.42

所有者的投资是企业最为重要的筹资来源，所有者对企业进行投资后，对企业资产就具有要求权。那么会计上是如何定义所有者权益要素的？所有者权益与债权人权益有何不同？企业的所有者权益通常由哪些项目构成？构成所有者权益的各个项目应如何进行会计核算？本章将围绕这些问题展开介绍。

11.1　所有者权益概述

11.1.1　所有者权益的概念和特征

所有者权益是企业资产扣除负债后由所有者享有的剩余权益，是企业所有者对企业净资产的要求权。在公司组织的企业中，所有者权益又称股东权益。

企业的投资人和债权人都是企业资产的提供者，因而投资人和债权人对企业资产都有要求权，分别体现为所有者权益和债权人权益（即负债），与债权人权益相比，所有者权益具有如下特征：

（1）所有者权益置于债权人权益之后。债权人对企业资产的要求权优先于所有者，当企业清算时，企业资产变现后首先要偿还欠债权人的债务，剩余资产才能在所有者之间按出资比例进行分配。所有者享有的是一种剩余权益,是所有者对企业资产扣除负债后净资产的要求权。

(2)企业所有者凭借对企业的投资,享有参与企业经营管理的权利以及参与收益分配的权利;而债权人没有参与企业经营管理的权利,也没有参与收益分配的权利,但债权人有按照约定利率定期收取利息收入的权利。

(3)所有者投入企业的资本通常在企业的存续期内是不得抽回的,一般只有在发生依法减资或企业清算时才能归还给所有者;债权人借给企业的资金,通常都有约定的偿还日期,企业到期必须予以偿还,即债权人有依法到期收回本金的权利。

11.1.2 所有者权益的分类

所有者权益按其产生或形成的来源不同,可分为所有者投入的资本、其他综合收益、留存收益等内容。

1.投入的资本

投入的资本是指所有者以各种形式投入企业的资本,包括实收资本(或股本)、资本公积和其他权益工具。

(1)实收资本。实收资本是指企业所有者在企业注册资本范围内实际投入企业的各种资产的价值。注册资本是指企业在设立时向工商行政管理部门登记注册的资本总额,是全部出资者设定的出资额之和。在不同类型的企业中,实收资本的表现形式有所不同,在有限责任公司表现为所有者在注册资本范围内的出资额;在股份有限公司,表现为实际发行股票的面值,称为股本。

企业对资本的筹集,应该按照相关法律、法规及合同与章程的规定及时进行。如果是一次筹集的,实收资本(或股本)应等于注册资本;如果是分期筹集,在所有者最后一次缴入资本后,实收资本(或股本)应等于注册资本。注册资本是企业的法定资本,是企业承担民事责任的财力保证。

实收资本的构成比例,即投资者的出资比例或股东的股份比例,是所有者日后参与企业财务经营决策和企业进行利润分配或股利分配的依据,也是企业清算时确定所有者对剩余权益要求权的依据。

(2)资本公积。资本公积是指所有者投入的未确认为实收资本(或股本)的其他资本,主要包括资本溢价、股本溢价以及其他资本公积等。

(3)其他权益工具。其他权益工具是指企业发行的除普通股以外的归类为权益工具的各种金融工具,主要包括归类为权益工具的优先股、永续债、认股权和可转换公司债券等金融工具。

2.其他综合收益

其他综合收益是指根据企业会计准则规定未在当期损益中确认的各种利得和损失。主要包括以公允价值计量且其变动计入其他综合收益的金融资产公允价值变动、投资企业权益法下在被投资企业其他综合收益变动中应享有的份额等。

3.留存收益

留存收益是指归所有者共有的、由利润转化而形成的所有者权益。主要包括盈余公积和未分配利润。

（1）盈余公积。盈余公积是指企业从税后利润中提取的各种积累资金，包括法定盈余公积和任意盈余公积。盈余公积可以用于弥补以后年度发生的亏损，也可以用于转增资本。

（2）未分配利润。未分配利润是指企业留待以后年度进行分配的利润，其数额等于企业年初未分配利润加上当年实现的净利润，减去当年分配的利润后的余额。

11.2　实收资本

企业要成立并开展各种经济活动，必须要由投资者投入一定数额的资金。根据我国《公司法》的规定，设立有限责任公司，必须有符合公司章程规定的全体股东认缴的出资额；设立股份有限公司，必须有符合公司章程规定的全体发起人认购的股本总额或者筹集的实收股本总额。这里的"出资额""股本总额"即指公司的注册资本，也即所有者权益中的"实收资本"或"股本"。

11.2.1　有限责任公司的实收资本

根据我国《公司法》的规定，有限责任公司的注册资本为在公司登记机关登记的全体股东认缴的出资额。股东可以用货币出资，也可以用存货和固定资产等实物资产或用土地使用权等无形资产出资。股东用货币出资的，应当将货币出资足额存入有限责任公司在银行开设的账户；以非货币财产出资的，应当依法办理其财产权的转移手续。

有限责任公司应设置"实收资本"账户，核算所有者投入的资本。该账户属于所有者权益类账户，贷方登记实收资本的增加额，借方登记依法减资时所减少的注册资本额，期末贷方余额反映企业实收资本的结存数。该账户应按投资者开设明细账进行明细分类核算。有限责任公司应当置备股东名册，记载于名册的股东，可以依股东名册主张行使股东权利。

公司接受所有者的货币资金出资时，应以收到的货币资金数额，借记"银行存款"等账户，贷记"实收资本"账户。企业接受投资者非货币财产投资时，应在办理财产权转移手续后，按照投资合同或协议约定的价值或评估确定价值，借记"原材料""固定资产""无形资产"等资产账户，贷记"实收资本"等账户。经批准减资时，应借记"实收资本"账户，贷记"银行存款"等账户。

【例 11-1】　甲有限责任公司由 A 和 B 两位投资者分别出资 1 000 000 元和 2 000 000 元建立。A 投资者 1 000 000 元出资额全部以银行存款出资，B 投资者以机器设备和银行存款出资，机器设备不含税的评估价值为 1 000 000 元，增值税为 130 000 元，以银行存款出资 870 000 元，投资人投入的资产均已收到。甲公司应编制的会计分录如下：

```
借：银行存款                                        1 870 000
    固定资产                                        1 000 000
    应交税费——应交增值税（进项税额）                  130 000
  贷：实收资本——A                                            1 000 000
             ——B                                            2 000 000
```

1.2.2　股份有限公司的股本

股份有限公司是指全部资本由等额股份构成并通过发行股票筹集资本,股东以其认购的股份为限对公司承担有限责任,公司以其全部资产对公司债务承担责任的企业法人。股份有限公司将公司的全部资本划分为等额股份,每一股的金额相等,公司的股份采用股票的形式。股票是公司签发的用于证明股东出资的凭证。股东股份持有量的多少代表股东在企业中权益的大小,代表股东拥有的参与经营管理权和利润分配权以及剩余财产要求权。股票面值与股份总数的乘积即为股本,股本总额应等于注册资本。

知识拓展 11-1
优先股及其发行

股份有限公司的设立有两种方式:一是发起设立,是指由发起人认购公司应发行的全部股份。采用发起设立方式募集资本,发行费用通常较低。二是募集设立,是指由发起人认购公司应发行股份的一部分,其余股份向社会公开募集或向特定对象募集。采用募集方式筹集资本,发行费用通常较高。

股份有限公司发行的股票按照股东所享有权利的不同可分为普通股和优先股。普通股是股份有限公司的最基本股份,在公司只发行一种股票时,这种股票就是普通股。普通股股东按其所持有的股份比例享有四项基本权利:投票表决权、利润分配权、优先认股权和剩余财产分配权。优先股是指公司筹集资金时,给予投资者某些优于普通股股东权利的股票。优先股股东的优先权主要表现为股利的优先分配权和剩余财产的优先分配权,优先股股东一般在股东大会上没有投票表决权,但根据有关规定,如果公司连续三年未支付优先股股利时,优先股股东即可出席或委托代理人出席股东大会并行使表决权。

股份有限公司应设置"股本"账户核算普通股股东投入的资本,该账户为所有者权益类账户,按股票面值计价入账。"股本"账户应按股东名称设置明细账,进行明细分类核算。

按照我国《公司法》的规定,公司可以按面值发行股票,也可以按超过面值的价格即按溢价发行股票,但不得低于面值按折价发行股票。

公司溢价发行股票时,实际收到的款项大于股票面值的部分(溢价款),应设置"资本公积——股本溢价"账户进行核算。股份有限公司发行股票发生的发行费用,应从溢价中抵扣,冲减"资本公积——股本溢价"账户,溢价不足冲减的,冲减盈余公积和未分配利润,发行股票冻结期间所产生的利息收入可以抵减发行费用。

【例 11-2】　明达股份有限公司委托某证券公司发行普通股 50 000 000 股,每股面值 1元,每股的发行价格为 2.5 元,证券公司按发行收入的 1% 收取手续费,发行净收入已经存入银行。明达公司应编制的会计分录如下:

发行净收入$= 50\ 000\ 000 \times 2.5 - 50\ 000\ 000 \times 2.5 \times 1\% = 125\ 000\ 000 - 1250\ 000$
$\qquad = 123\ 750\ 000(元)$

股本$= 50\ 000\ 000 \times 1 = 50\ 000\ 000(元)$

股本溢价$= 123\ 750\ 000 - 50\ 000\ 000 = 73\ 750\ 000(元)$

借:银行存款　　　　　　　　　　　　　　　　　　　　　　　123 750 000
　　贷:股本　　　　　　　　　　　　　　　　　　　　　　　　　50 000 000
　　　　资本公积——股本溢价　　　　　　　　　　　　　　　　　73 750 000

企业实收资本的增加除了吸收投资者投资这一主要方式外,公积金的转增以及股票股利的发放也会导致实收资本的增加,其核算详见本章后续的资本公积、盈余公积及未分配利润相关内容的介绍。

按照我国《公司法》规定,企业的资本在通常情况下不得随意减少,投资者在企业存续期间内,不能抽回投资。但在特殊情况下,企业按法定程序报经批准后可以减少注册资本。

有限责任公司因经营规模缩小、资本过剩等原因经批准减资时,应借记"实收资本"账户,贷记"银行存款"等账户。

股份有限公司采用发行股票的方式筹集资本,减资时则需采用回购自身发行在外股票的方式进行。企业回购并持有的本公司已发行的股票称为库存股,应通过"库存股"账户进行核算。回购发行在外的本公司股票时,按实际支付的金额,借记"库存股"账户,贷记"银行存款"账户。注销库存股时,应按回购股份面值总额,借记"股本"账户;按注销库存股的账面余额,贷记"库存股"账户,按其差额,冲减该股票发行时原计入资本公积的溢价部分,借记"资本公积——股本溢价"账户,回购价格大于上述冲减"股本"及"资本公积——股本溢价"账户的部分,应再依次冲减盈余公积、未分配利润,借记"盈余公积""利润分配——未分配利润"账户。如回购价格小于回购股份所对应的股本,所注销库存股的账面余额与所冲减股本的差额作为增加股本溢价处理,按回购股份所对应的股本面值,借记"股本"账户,按注销库存股的账面余额,贷记"库存股"账户,按其差额,贷记"资本公积——股本溢价"账户。

【例 11-3】 甲股份有限公司因资本过剩,按法定程序经股东大会批准回购本公司发行在外普通股 1 000 000 股,用以减少注册资本,每股回购价格 1.8 元。该公司普通股每股面值 1 元,假定回购时公司的资本公积(股本溢价)的账面余额为 4 000 000 元。甲公司应编制的会计分录如下。

回购股票时:

借:库存股	1 800 000
贷:银行存款	1 800 000

注销回购的本股票时:

借:股本	1 000 000
资本公积——股本溢价	800 000
贷:库存股	1 800 000

11.3　资本公积

资本公积是所有者权益的一个组成部分,包括资本溢价、股本溢价以及其他资本公积等。

为了反映资本公积的增减变动情况,应设置"资本公积"账户,该账户属于所有者权益账户,应分别设置"资本溢价""股本溢价""其他资本公积"明细账户进行明细核算。

案例 11-1 粤财控股认缴南粤银行新增资本

11.3.1　资本溢价

资本溢价是指企业收到投资者投入的出资额超过其在注册资本中所占份额的部分。对于非股份有限公司的企业而言,企业初创时,出资者对企业投入的出资额即为企业的注册资本,通常应全部计入"实收资本"账户,一般不会出现资本溢价。但是当企业经营一段时间要扩大资本规模吸收新投资者追加投资时,为了维护原有投资者的利益,新出资者的出资额通常会要求大于其在企业注册资本中所占的份额。原因在于,企业初创时的初始投资通常风险很大,而且投资报酬率较低,而后续追加投资时新加入的投资者往往投资风险相对较小,投资报酬会高一些。而且,新加入的投资者享有企业原有资本创造的留存收益的权利,所以,新投资者通常需要付出大于原有投资者的出资额,才能取得与原有投资者相同的股权比例。因此,追加投资时,企业收到新投资者出资额中相当于其在注册资本中所占份额的部分贷记"实收资本"账户,超过其在注册资本中所占份额的部分贷记"资本公积——资本溢价"账户。

【例 11-4】　某有限责任公司由 A、B 两位股东各出资 2 000 000 元银行存款建立。公司经营 3 年后,有留存收益 600 000 元,此时 C 投资者有意加入,实际出资 2 300 000 元,占公司三分之一股权,C 投资者的投资款已收到存入银行。该有限责任公司收到 C 投资者的出资时应编制的会计分录如下。

```
借:银行存款                                    2 300 000
  贷:实收资本——C                              2 000 000
     资本公积——资本溢价                          300 000
```

11.3.2　股本溢价

股本溢价是指股份有限公司溢价发行股票时,发行收入扣除发行费用和股本后的差额,也即溢价发行股票时实际收到的款项超过面值的差额。示例详见【例 11-2】。

11.3.3　其他资本公积

其他资本公积是指除了资本溢价和股本溢价之外所形成的资本公积。主要包括采用权益法核算的长期股权投资所涉及的其他资本公积。长期股权投资采用权益法核算的,在持股比例不变的情况下,被投资企业除净损益、其他综合收益和利润分配以外所有者权益的其他变动,投资企业按持股比例计算应享有的份额,借记或贷记"长期股权投资——其他权益变动"账户,贷记或借记"资本公积——其他资本公积"账户。此外,以权益结算的股份支付也会涉及其他资本公积,企业以权益结算的股份支付换取职工提供的服务的,应当以授予职工期权授予日的公允价值为基础计量,计入相关成本费用,同时确认为资本公积(其他资本公积),借记"管理费用"等账户,贷记"资本公积——其他资本公积"账户;在行权日,企业应按收取的行权价款,借记"银行存款"账户,按已行权股票确认的资本公积,借记"资本公积——其他资本公积"账户,根据已行权股票的股本金额,贷记"股本"账户,根据前述确认金额的差额,贷记"资本公积——股本溢价"账户。

案例 11-2　海航基础拟进行资本公积转增股本

《公司法》规定,资本公积可以用于转增公司资本。经股东大会或类似机构决议,用资本公积转增资本的,应按转增金额借记"资本公积——资本溢价"或"资本公积——股本溢价"账户,贷记"实收资本"或"股本"账户。

11.4 其他综合收益

其他综合收益是指根据企业会计准则规定未在当期损益中确认的各项利得和损失,即直接计入所有者权益的利得和损失。

其他综合收益是企业非日常活动导致的,它不属于企业净利润的组成部分,在利润表上与净利润并列,共同构成企业当期的综合收益。

其他综合收益的内容主要包括:

(1)其他债券投资持有期间,其期末公允价值高于或低于其账面价值的差额,应确认为其他综合收益。

(2)自用房地产或作为存货的房地产转换为以公允价值计量的投资性房地产在转换日公允价值大于账面价值差额,应确认为其他综合收益。

(3)企业将债权投资重分类为其他债权投资时,转换日该项债权投资的公允价值与其账面价值的差额,应确认为其他综合收益。

(4)长期股权投资按照权益法核算的,在被投资企业可重分类进损益的其他综合收益变动中投资企业所享有的份额,应确认为其他综合收益。

上述其他综合收益项目通常是特定资产计价变动而形成的,当特定资产处置时,与之相关的其他综合收益也应一并予以处置,计入当期损益,此类其他综合收益项目属于以后会计期间在满足规定条件将重分类进损益的其他综合收益项目。

但并非所有的其他综合收益项目都会影响企业未来的损益,即有些综合收益项目是一种以后期间不能重分类进损益的其他综合收益项目。如其他权益工具投资的公允价值的变动,即其他权益工具投资持有期间,期末公允价值高于或低于账面价值的差额应确认为其他综合收益,但该其他综合收益后续是不能重分类进入损益的。当该其他权益工具投资终止确认时,之前计入其他综合收益的累计利得或损失应当从其他综合收益中转出,计入留存收益。

企业应设置"其他综合收益"账户进行有关其他综合收益业务的核算,该账户为所有者权益类账户,应按照其他综合收益项目的具体内容开设明细账户,进行明细分类核算。

【例 11-5】 明达公司 20×1 年年初购入甲公司发行的股票作为长期股权投资,持股比例为 30%,明达公司对甲公司的投资采用权益法核算。20×1 年甲公司确认其他综合收益共计 500 000 元。20×1 年年末明达公司应编制的会计分录如下:

借:长期股权投资——其他综合收益 150 000
　　贷:其他综合收益 150 000

11.5　盈余公积

盈余公积是指企业按照规定从净利润中提取的积累资金。《公司法》规定,企业实现的净利润不得全部分配给投资者,必须在向投资者分配利润之前先提取一部分利润留存在企业,这部分企业提取的留存在企业的利润称为盈余公积。盈余公积按提取时是否具有法定依据分为法定盈余公积和任意盈余公积。按照《公司法》的规定,根据企业实现的净利润的 10% 的法定比例提取的盈余公积称为法定盈余公积。企业计提的法定盈余公积累计额超过注册资本的 50% 时,可以不再提取。企业在计提了法定盈余公积之后,还可以根据企业需要,经股东会或股东大会决议,按税后利润一定比例计提任意盈余公积。任意盈余公积的计提比例由股东大会批准确定。

视频 11-1　盈余公积与未分配利润(1)

盈余公积提取后的主要用途如下:一是用来弥补企业以后年度发生的亏损;二是用来转增资本,在将盈余公积转增资本时,要按投资者或股东原有持股比例转增,而且转增后留存的盈余公积不得少于转增前注册资本的 25%。

用盈余公积弥补亏损及用盈余公积转增资本,均属于所有者权益项目内部结构的调整,对所有者权益总额不会产生影响。

企业应设置“盈余公积”账户来核算盈余公积的提取和使用情况。该账户为所有者权益类账户,按盈余公积种类开设明细分类账户进行明细分类核算。“盈余公积”账户贷方记录盈余公积的提取,借方记录盈余公积的使用,账户余额在贷方,反映期末盈余公积的结存数。

盈余公积核算包括盈余公积的提取和盈余公积的使用两个方面。

(1)盈余公积的提取

盈余公积的提取是利润分配的行为,所以应通过“利润分配”账户进行核算。企业提取法定盈余公积时,应借记“利润分配——提取法定盈余公积”账户,贷记“盈余公积——法定盈余公积”账户;提取任意盈余公积时,应借记“利润分配——提取任意盈余公积”账户,贷记“盈余公积——任意盈余公积”账户。

【例 11-6】　明达股份有限公司 20×1 年实现净利润 1 000 000 元,公司按净利润的 10% 提取法定盈余公积,经股东大会决议,按净利润的 5% 提取任意盈余公积。提取时明达公司应编制的会计分录如下:

```
借:利润分配——提取法定盈余公积                          100 000
          ——提取任意盈余公积                            50 000
  贷:盈余公积——法定盈余公积                            100 000
          ——任意盈余公积                                50 000
```

(2)盈余公积的使用

企业用盈余公积弥补亏损时,应借记“盈余公积”账户,贷记“利润分配——盈余公积补亏”账户。

【例 11-7】　乙股份有限公司 20×1 年经股东大会决议决定用以前年度提取的法定盈余

公积弥补本年度发生的亏损,弥补数额为 500 000 元。乙公司应编制的会计分录如下:

借:盈余公积——法定盈余公积 500 000

　　贷:利润分配——盈余公积补亏 500 000

企业用盈余公积转增资本时,应借记"盈余公积"账户,贷记"实收资本"(或"股本")账户。

【例 11-8】 明达股份有限公司 20×1 年股东大会决议用法定盈余公积 1000 000 元转增注册资本,并已办妥增资手续。明达公司应编制的会计分录如下:

借:盈余公积——法定盈余公积 1 000 000

　　贷:股本 1 000 000

11.6　未分配利润

视频 11-2 盈余公积与未分配利润(2)

企业实现的净利润,应根据国家有关法规及公司章程的规定进行分配。按照我国现行《公司法》等相关法律规定,企业当年实现的净利润应按下列顺序分配:

(1)提取法定盈余公积。

(2)提取任意盈余公积。

(3)向投资者分配利润或股利。

股东大会或董事会违反规定,在公司弥补亏损和提取盈余公积之前向股东分配利润的,股东必须将违反规定分配的利润退还给公司。

企业的可供分配利润扣除了通过提取盈余公积和向投资者分配利润或股利方式分配掉的利润后的差额,即为企业的年末未分配利润,用公式表示为:

年末未分配利润＝年初未分配利润＋当年实现净利润－当年已分配利润

如前所述,提取盈余公积的基数是企业当年所实现的利润,如年初有未弥补亏损存在,则先需要用实现的利润弥补以前年度发生的尚未弥补的亏损后,按余额作为计提盈余公积基数。而可供投资者(股东)分配的利润则由年初未分配利润加上本年实现净利润减去本年提取的盈余公积后计算得到,可供投资者(股东)分配的利润可按投资者投资比例在投资者(股东)之间进行分配。

11.6.1　利润分配的核算

利润分配工作一般在年终进行,企业应设置"利润分配"账户对利润分配过程进行核算,该账户为所有者权益类账户,按照利润分配的具体方式分别设置"提取法定盈余公积""提取任意盈余公积""应付现金股利或利润""转作股本的股利"等明细账户进行明细核算。

如前所述,利润分配有两种方式,一是提取盈余公积,二是向投资者分配利润(股利)。提取盈余公积的核算在盈余公积部分已经述及,在此不再赘述。此处主要介绍向投资者分配利润(股利)的核算。

1.有限责任公司向投资者分配利润

企业当年实现的净利润在扣除弥补以前年度亏损和提取盈余公积以后的数额,加上企业年初未分配利润,即为当年可以向投资者分配的利润限额。企业可以在此限额内,决定向投资者分配利润的金额。企业根据决定的应分配给投资者的利润数额,借记"利润分配——应付利润"账户,贷记"应付利润"账户;实际支付利润时,借记"应付利润"账户,贷记"银行存款"账户。

【例 11-9】　甲公司为一有限责任公司,20×1 年度可供向投资者分配的利润为 2 000 000 元,决定向投资者分配利润 500 000 元。甲公司应编制的会计分录如下:

借:利润分配——应付利润　　　　　　　　　　　　　　　　　　　　　500 000
　　贷:应付利润　　　　　　　　　　　　　　　　　　　　　　　　　　　500 000

2.股份有限公司向股东分派股利

股利是指股东从股份有限公司的净利润中所分得的投资收益。股利按其分派方式,主要有现金股利和股票股利等形式。

(1)现金股利。现金股利是指公司以货币资金支付给股东的股利。公司分派现金股利,应由股东大会作出决议,由董事会宣告。现金股利一经宣告就构成股份有限公司的一项流动负债,公司应借记"利润分派——应付现金股利"账户,贷记"应付股利"账户;待股利支付日,实际支付股利时,借记"应付股利"账户,贷记"银行存款"账户。

案例 11-3　贵州茅台一年两次大手笔分红

【例 11-10】　明达股份有限公司发行在外股份 8 000 万股,在股利宣告分派日宣告每股分派 0.2 元现金股利。明达公司应编制的会计分录如下:

借:利润分派——应付现金股利　　　　　　　　　　　　　　　　　　16 000 000
　　贷:应付股利　　　　　　　　　　　　　　　　　　　　　　　　　16 000 000

(2)股票股利。股票股利是指股份有限公司以增发股票形式向股东支付的股利。公司分派股票股利,不会影响公司的资产和负债,也不会影响公司的所有者权益总额,但是会影响所有者权益的内部结构,会导致所有者权益中的留存收益减少,股本增加。股份有限公司分派股票股利,应在办妥增资手续后,借记"利润分配——转作股本的股利"账户,贷记"股本"账户。

【例 11-11】　乙股份有限公司发行在外普通股份 30 000 000 股,每股面值 1 元。经股东大会批准,按照每 10 股派发 1 股股票股利,并已办妥增资手续。乙公司应编制的会计分录如下:

借:利润分配——转作股本的股利　　　　　　　　　　　　　　　　　3 000 000
　　贷:股本　　　　　　　　　　　　　　　　　　　　　　　　　　　3 000 000

上述业务发生后,乙公司所有者权益中的股本增加 3 000 000 元,未分配利润减少 3 000 000 元,所有者权益结构发生了变化,但所有者权益总额保持不变。

11.6.2　未分配利润的核算

未分配利润是指企业实现的净利润中用于以后年度向投资者分配的利润。企业应于年度终了,设置"利润分配——未分配利润"账户,一方面将"本年利润"账户的余额转入"利润分配——未分配利润"账户,另一方面同时将"利润分配"的其他二级账户的余额转入"利润分配——未分配利润"账户。经过上述结算后,"利润分配——未分配利润"账户如果有贷方余额,即为年末未分配利润;如果有借方余额,则为年末未弥补亏损。未弥补亏损会导致企业所有者权益减少。

【例 11-12】 甲公司的股本为 100 000 000 元,每股面值 1 元。20×1 年年初未分配利润为 6 000 000 元,20×1 年实现净利润 40 000 000 元。假定甲公司利润分配方案如下:按净利润的 10% 提取法定盈余公积,按净利润的 5% 提取任意盈余公积,按每股 0.1 元宣告分配现金股利,20×2 年 2 月 20 日公司用银行存款支付了全部现金股利。甲公司应编制的会计分录如下:

(1)20×1 年年末公司结转本年度实现的净利润

借:本年利润 40 000 000

  贷:本年利润——未分配利润 40 000 000

(2)提取法定盈余公积和任意盈余公积

借:利润分配——提取法定盈余公积 4 000 000

         ——提取任意盈余公积 2 000 000

  贷:盈余公积——法定盈余公积 4 000 000

         ——任意盈余公积 2 000 000

(3)宣告分配现金股利

借:利润分配——应付现金股利 10 000 000

  贷:应付股利 10 000 000

(4)20×2 年支付现金股利时

借:应付股利 10 000 000

  贷:银行存款 10 000 000

11.6.3 亏损弥补的核算

企业在生产经营过程中既可能获得利润,也可能发生亏损。企业若发生亏损,应将本年发生的亏损自"本年利润"账户贷方转入"利润分配——未分配利润"账户借方,即借记"利润分配——未分配利润"账户,贷记"本年利润"账户,结转后"利润分配——未分配利润"账户的借方余额即为未弥补亏损金额。

企业发生的亏损,应在以后年度予以弥补。企业弥补亏损有三个途径:①税前利润弥补,即企业发生的亏损,可以用企业以后连续五年的税前利润弥补。②税后利润弥补,企业发生的亏损,若用以后连续五年税前利润弥补,仍然有尚未弥补亏损存在的,则从第六年开始用税后利润弥补,即企业实现的利润先要计算应缴纳所得税后,再弥补亏损。③用盈余公积弥补。

1.用税前利润和税后利润弥补亏损

企业以当年实现的税前利润或税后利润弥补以前年度发生的未弥补亏损的,不需要进行专门的账务处理。企业在将当年实现的利润(或净利润)自"本年利润"账户转入"利润分配——未分配利润"账户的贷方时,贷方结转的金额与"利润分配——未分配利润"账户的借方余额(即未弥补亏损)自然就进行了抵消。

【例 11-13】 乙公司 20×0 年发生亏损 8 000 000 元。20×1 年至 20×6 年每年实现利

润总额 1 000 000 元,该公司适用的所得税税率为 25％。乙公司 20×0 年至 20×6 年应编制的会计分录如下:

20×0 年年末,将发生的亏损转入:

借:利润分配——未分配利润　　　　　　　　　　　　　　　　　　8 000 000

　　贷:本年利润　　　　　　　　　　　　　　　　　　　　　　　　8 000 000

20×1 年至 20×5 年每年均不需要缴纳所得税,用税前利润弥补亏损,每年年末:

借:本年利润　　　　　　　　　　　　　　　　　　　　　　　　　1 000 000

　　贷:利润分配——未分配利润　　　　　　　　　　　　　　　　　1 000 000

截至 20×5 年年末,乙公司"利润分配——未分配利润"年末尚有借方余额 3 000 000 元,表示尚有未弥补亏损 3 000 000 元。20×6 年开始公司进入用税后利润弥补亏损期间,实现的利润应先计算缴纳所得税,用税后利润弥补亏损,假定乙公司 20×6 年不存在纳税调整项目。

20×6 年应交所得税 = 1 000 000×25％ = 250 000(元)

20×6 年税后利润 = 1 000 000－250 000 = 750 000(元)

借:本年利润　　　　　　　　　　　　　　　　　　　750 000

　　贷:利润分配——未分配利润　　　　　　　　　　　750 000

案例 11-4　银河电子法定盈余公积弥补亏损

2. 用盈余公积弥补亏损

企业用盈余公积弥补亏损的,应设置"利润分配——盈余公积补亏"明细账户进行核算。借记"盈余公积"账户,贷记"利润分配——盈余公积补亏"账户。

【案例分析】南方股份有限公司的利润分配会导致其所有者权益减少吗?

南方股份有限公司 2020 年年末利润分配之前"盈余公积"账户有贷方余额 1250 000 元,"利润分配——未分配利润"账户有贷方余额 5500 000 元。2020 年该公司获得净利润 40 000 000 元,按净利润的 10％提取法定盈余公积,同时宣告向股东按每股 0.2 元分派现金股利,公司股本总额 100 000 000 元,每股面值 1 元。

案例思考:

(1)分析计算南方股份有限公司利润分配后 2020 年年末未分配利润项目金额和留存收益金额。

(2)分析各种利润分配方式对所有者权益的可能影响。

(3)现金股利的宣告分派对该公司股东而言是否均应确认为投资收益?为什么?

【本章小结】

所有者权益是企业资产扣除负债后由所有者享有的剩余权益,是企业所有者对企业净资产的要求权。具体包括实收资本(或股本)、其他权益工具、资本公积、其他综合收益、盈余公积和未分配利润。

实收资本是指企业所有者在企业注册资本范围内实际投入企业的各种资产的价值。在不同类型的企业中,实收资本的表现形式有所不同,在有限责任公司表现为所有者在注册资本范围内的出资额;在股份有限公司,表现为实际发行股票的面值,称为股本。其他权益工具是指企业发行的除普通股以外的归类为权益工具的各种金融工具,主要包括归类为权益工具的优先股、永续债、认股权和可转换公司债券等金融工具。资本公积是指所有者投入的未确认为实收资本(或股本)的其他资本,主要包括资本溢价、股本溢价以及其他资本公积等。其他综合收益是指根据企业会计准则规定未在当期损益中确认的各种利得和损失。盈余公积是指企业从税后利润中提取的各种积累资金,包括法定盈余公积和任意盈余公积。企业提取盈余公积目的在于对利润分配作一限制,盈余公积的用途主要是弥补企业以后年度发生的亏损,也可用于转增资本。未分配利润是指企业留待以后年度进行分配的利润,其数额等于企业年初未分配利润加上当年实现的净利润,减去当年分配的利润后的余额。盈余公积和未分配利润统称为留存收益。

【练习题】

习题 1

甲有限责任公司在创立初期收到了各投资者以下投资:

(1)收到 A 公司投入的银行存款 1 000 000 元。

(2)收到 B 公司投入原材料一批,投资合同约定的价值为 200 000 元,增值税进项税额为26 000元,该批原材料已经验收入库。

(3)收到 C 公司投入不需要安装的设备三台,投资合同约定的价值为 600 000 元,增值税进项税额为 78 000 元。

要求:

为甲公司发生的上述经济业务编制会计分录。

习题 2

东方股份公司委托证券公司代理发行普通股 5 000 万股,每股面值为 1 元,每股发行价格为 1.6 元。东方公司与证券公司约定,按发行收入的 2% 收取手续费,假定收到的股款已经存入公司银行账户。

要求:

为东方公司发生的上述业务编制会计分录。

习题 3

光明股份有限公司 20×1 年年初"利润分配——未分配利润"账户有贷方余额 350 万元,20×1 年年末发生下列经济业务:

(1)20×1 年度实现净利润 2 000 万元。

(2)按税后利润的 10% 提取法定盈余公积。

(3)按税后利润的 5% 提取任意盈余公积。

(4)宣告分派现金股利 4 000 000 元。

要求：

根据上述经济业务为光明公司编制相应的会计分录。

习题 4

南方股份有限公司 20×3 年因为经营不善，发生巨额亏损 1 000 万元，20×4 年至 20×9 年分别获得利润总额 40 万元、60 万元、100 万元、150 万元、300 万元和 200 万元。假定南方公司的利润总额与纳税所得不存在差异，适用的所得税税率为 25%。

要求：

(1)为南方公司发生的上述业务编制必要的会计分录。

(2)计算该公司 20×9 年年末未弥补亏损金额。

在线自测

第 12 章

收入、费用和利润

■■■ **问题导入：净利润越高，企业越好？**

大家可能普遍认为，高利润企业比低利润企业业绩更好。然而，净利润有时并不能真正反映企业的业绩水平与可持续发展状况。因为净利润的数字中包括了企业正常经营活动以外的各种偶然性的、不可持续性的收入，如获得国家有关部门的补助、交易股票获得的收益、处理闲置设备获得的价款，等等。这些企业日常经营业务以外的收入有时数额巨大，极容易被一些别有用心的企业拿来粉饰报表，形成高业绩水平的假象，中联重科就是一个典型的例子。中联重科 2017 年上半年利润见表 12-1。

表 12-1　中联重科利润表（部分）

2017 年 6 月 30 日　　　　　　　　　　　　　　　　　　　　　　单位：亿元

项目	2017 年 6 月 30 日	2017 年 3 月 31 日
净利润	10.75	1.01
扣非净利润	−79.85	0.66
营业总收入	127.90	52.75
营业总成本	224.59	51.96
营业利润	10.46	0.46
投资收益	108.15	0.97

资料来源：中联重科 2017 年半年财报。

中联重科的财务报表显示，其 2017 年第二季度净利润为 9.74 亿元（10.75−1.01），较 2017 年第一季度的 1.01 亿元净利润涨幅高达 9 倍，如果仅仅通过净利润这一指标，投资者似乎可以认为中联重科在 2017 年第二季度实现了业绩剧增。然而进一步分析净利润构成可以发现，在第二季度期间内，中联重科以高价出售子公司 80％ 的股权，获得了一笔"天价"的投资收益。由于中联重科不可能经常性地变卖资产，所以这是一笔非经常性损益。加上债务重组、政府补助等非经常性损益的数额，2017 年第二季度中联重科的非经常性损益总额高达 91 亿元，扣除非经常性损益后的净利润就变成了亏损 79.85 亿元，这才是公司在第二季度真实的盈利情况。

那么，到底如何看待企业提供的利润数据？利润又由哪些方面构成？我们经常说的利润、收入、费用在会计上应如何进行确认与处理？本章将围绕这些问题展开。

12.1　收入

12.1.1　收入概述

1.收入的含义与特征

收入是指企业在日常活动中形成的、会导致所有者权益增加的、与所有者投入资本无关的经济利益的总流入。收入可分为广义的收入和狭义的收入。广义的收入概念将企业日常活动及其之外的活动形成的经济利益流入均视为收入,而狭义的收入概念则将收入限定为企业日常活动所形成的经济利益的总流入。企业会计准则中对收入采用了狭义的定义:收入是指企业在日常活动中形成的、会导致所有者权益增加的、与所有者投入资本无关的经济利益的总流入。

根据收入的定义可知,收入具有以下四个方面的特征:

第一,收入从企业的日常活动中产生,而不是从偶发的交易或事项中产生。

第二,收入是与所有者投入资本无关的经济利益总流入。

第三,收入必然能导致企业所有者权益的增加。

第四,收入只包括本企业经济利益的流入,不包括为第三方或客户代收的款项。

2.收入的分类

收入可按经营业务主次和获取途径分为不同的种类,具体如下。

(1)根据企业经营业务主次分类

①主营业务收入。主营业务收入是指企业为完成其经营目标而从事的经常性活动所取得的收入,其占企业营业收入的比重一般较大。在判断某项收入是否属于主营业务收入或其他业务收入时,往往需要判断企业所处的行业以及该企业经营活动的重心。随着企业经营活动多元化甚至跨行业发展,一家企业可能存在多项主营业务收入。

②其他业务收入。其他业务收入是指企业在主营业务以外的其他日常活动中所取得的收入。例如,工业企业对外出售不常用的原材料,可以将其分类为其他业务收入。

(2)根据获取途径分类

①销售商品取得的收入。销售商品收入是指企业通过销售商品实现的收入,如商业企业销售商品,工业企业制造、销售商品而实现的收入。

②提供劳务取得的收入。提供劳务收入是指企业通过提供劳务实现的收入,如会计师事务所提供审计服务、软件公司提供软件开发服务等实现的收入。

③让渡资产使用权取得的收入。让渡资产使用权收入是指企业通过让渡资产使用权而实现的收入,如租赁公司出租资产、金融企业存贷款形成的利息收入等。

12.1.2　收入的确认

收入的确认是指企业明确对于取得的经济利益的流入是否应当确认为收入。收入的确认必须符合确认的基本条件,主要解决收入确认的时间与金额问题。

1.收入确认的原则

企业应当在履行了合同中的履约义务，即在客户取得相关商品控制权时确认收入。这一原则能较好地解决收入确认的时间问题。

取得相关商品的控制权是指能够主导该商品的使用并从中获得几乎全部的经济利益。而针对客户取得相关商品控制权的识别，有三个要素需进行考虑：

（1）权利。即客户必须拥有现时权利，能够主导该商品的使用并从中获得几乎全部经济利益。若客户拥有的是商品使用的未来权利，则表明客户还未取得商品控制权。

（2）主导该商品的使用。这主要是指客户有权使用或能排除他人使用该商品，具有商品控制权的处分权。

（3）能够获得几乎全部的经济利益。这主要是指客户能通过使用、出租、抵押、出租该商品的各种方式影响自身的经济利益，主要涉及商品的收益权。

2.收入确认的前提条件

当企业与客户之间的合同同时满足下列条件的，企业应当在客户取得相关商品控制权时确认收入：

（1）合同各方已批准该合同并承诺将履行各自义务；

（2）该合同明确了合同各方与所转让的商品相关的权利和义务；

（3）该合同有明确的与所转让的商品相关的支付条款；

（4）该合同具有商业实质，即履行该合同将改变企业未来现金流量的风险、时间分布或金额；

（5）企业因向客户转让商品而有权取得的对价很可能收回。

在考虑上述条件时以下几点需要注意：条件（1）强调合同必须经过双方同意。条件（2）强调从权利和义务的角度来确认收入，本质体现了权利和义务的对等性和匹配性。对于合同各方均有权单方面终止完全未执行的合同，且无须对合同其他方作出补偿的，企业应当视为该合同不存在。例如，企业 A 承诺向企业 B 购买一批商品，但双方都并未发货以及付款，此时不应当确认收入。条件（4）中商业实质根据《企业会计准则第 7 号——非货币性资产交换》中的规定进行判断。没有商业实质的非货币性资产交换，不确认收入，防止企业可能通过反复交易来虚增收入。条件（5）则强调主体需要对转让商品的对价收回可能性进行判断。例如，企业 A 对企业 B 赊销商品，但企业 B 后续出现信用风险，则收入可能无法取得，则可能需要减值。

12.1.3 收入的会计处理

1.销售商品收入的会计处理

（1）一般情况的销售商品业务

确认销售商品收入时，企业应按已收或应收的价款，加上应收取的增值税额，借记"银行存款""应收账款""应收票据"等科目，按确定的收入金额，贷记"主营业务收入""其他业务收入"等科目，按应收取的增值税额，贷记"应交税费——应交增值税（销项税额）"科目。期末，"主营业务收入""其他业务收入"等科目的需要结转至"本年利润"账户。若售出商品不符合收入确认条件，则不应确认为收入。

【例 12-1】 明达公司是一家工业企业,主要通过制造销售商品实现收入。20×1 年 3 月 1 日,明星公司向明达公司采购一批商品,价值总计 30 000 元,货款已付。假定增值税为 3 900 元。明达公司应编制的会计分录如下:

借:银行存款　　　　　　　　　　　　　　　　　　　　　33 900
　　贷:主营业务收入　　　　　　　　　　　　　　　　　　　　30 000
　　　　应交税费——应交增值税(销项税额)　　　　　　　　　3 900

(2)涉及商业折扣的销售商品业务

商业折扣是指企业为促进商品销售而在商品标价上给予的价格扣除。企业销售商品涉及商业折扣的,应当按照扣除商业折扣后的金额确定销售商品收入的金额以及相应的税额。通常而言,企业会对购货数量较大的客户提供一定的商业折扣。

【例 12-2】 明达公司为促进商品销售而采用商业折扣的销售方式,若一次性购货达 20 000 元以上,则可享受 10％的商业折扣。20×1 年 4 月 1 日,明星公司向明达公司采购一批商品,价值总计 30 000 元,货款已付。假定增值税为 3 510 元。应编制的会计分录如下:

借:银行存款　　　　　　　　　　　　　　　　　　　　　30 510
　　贷:主营业务收入[30 000×(1-10％)＝27 000]　　　　　　27 000
　　　　应交税费——应交增值税(销项税额)　　　　　　　　　3 510

(3)涉及销售折让和退回的销售商品业务

销售折让是指企业因售出商品的质量不合格等原因而在售价上给予的减让。企业应分别根据以下不同情况进行处理:①已确认收入的售出商品发生销售折让的,通常应当在发生时冲减当期销售商品收入;②已确认收入的销售折让属于资产负债表日后事项的,应当按照有关资产负债表日后事项的相关规定进行处理。

【例 12-3】 明达公司在 20×1 年 6 月 1 日向明星公司销售一批商品,开出的增值税专用发票上注明的销售价格为 80 000 元,增值税为 10 400 元,款项尚未收到,该批商品成本为 64 000 元。明星公司在验收过程中发现商品外观上存在瑕疵,基本上不影响使用,要求明达公司在价格上(不含增值税额)给予 5％的销售折让。假定明达公司已确认销售收入,与销售折让有关的增值税额税务机关允许冲减,销售折让不属于资产负债表日后事项。明达公司应编制的会计分录如下:

①销售实现时
借:应收账款　　　　　　　　　　　　　　　　　　　　　90 400
　　贷:主营业务收入　　　　　　　　　　　　　　　　　　　80 000
　　　　应交税费——应交增值税(销项税额)　　　　　　　　10 400
借:主营业务成本　　　　　　　　　　　　　　　　　　　64 000
　　贷:库存商品——甲产品　　　　　　　　　　　　　　　64 000
②发生销售折让时
借:主营业务收入　　　　　　　　　　　　　　　　　　　4 000
　　应交税费——应交增值税(销项税额)　　　　　　　　　520
　　贷:应收账款　　　　　　　　　　　　　　　　　　　　4 520

③实际收到款项时

借：银行存款(90 400－4 520＝85 880)　　　　　　　　　　　　　　85 880
　　贷：应收账款　　　　　　　　　　　　　　　　　　　　　　　　　　85 880

销售退回是指企业因售出商品的质量不合格等原因而发生的退货。如果销售退回之前没有确认收入，直接对退回商品重新办理入库即可。如果已经确认销售收入，退货发生在同一会计期间，企业收到退回的商品及销售退回证明单时，应开具红字增值税专用发票，冲减主营业务收入与应交增值税销项税额，同时退还货款或冲减应收账款。退回商品按成本入库，并减记主营业务成本。资产负债表所属会计期间或以前年度期间所售商品在资产负债表日后退回的，应作为资产负债表日后调整事项处理。

【例12-4】 明达公司在20×1年6月19日又向明星公司销售一批商品，因质量问题被退回100件，所涉商品销售价格为20 000元，增值税为2 600元，该批商品成本为12 000元。假定退回商品已入库，明达公司已办妥手续并完成转账。明达公司应编制的会计分录如下：

借：主营业务收入　　　　　　　　　　　　　　　　　　　　　　　　20 000
　　应交税费——应交增值税(销项税额)　　　　　　　　　　　　　　2 600
　　　贷：银行存款　　　　　　　　　　　　　　　　　　　　　　　　22 600
借：库存商品　　　　　　　　　　　　　　　　　　　　　　　　　　12 000
　　贷：主营业务成本　　　　　　　　　　　　　　　　　　　　　　　12 000

(4)涉及可变对价的销售商品业务

可变对价是指对最终交易价格产生影响的、不确定的对价。例如，赊销商品业务中承诺给予客户的现金折扣等。合同中存在可变对价时，企业应当按照期望值或最可能发生的金额来确定可变对价的最佳估计数。每一资产负债表日，企业应当重新估计可变对价的金额，若该金额前后发生变动则需要对当期收入进行调整。

此处主要以现金折扣情景为例介绍可变对价。现金折扣是指债权人为鼓励债务人在规定的期限内付款而向债务人提供的债务扣除。企业销售商品涉及现金折扣的，应当按照经验判断还款日期，从而确认最可能发生的金额或者期望值，并以此作为现金折扣的最佳估计数，记入当期收入。每一资产负债表日，针对已履约但未收到对价的业务，企业应当重新估计现金折扣的金额，若该金额前后发生变动则需要对当期收入进行调整。现金折扣通常表示为：2/15，n/30，即付款期为30天，15天内付款折扣2％，在10天到30天之内付款则需付全价。现金折扣可按照不含增值税的价款计算，也可按照含增值税的价款计算，具体取决于合同双方的约定。本章为便于计算，现金折扣按照不含增值税的价款计算。

【例12-5】 20×1年6月8日，明星公司又向明达公司采购一批商品，当天商品已交付，增值税专用发票上注明的销售价款为10 000元，增值税为1 300元。为鼓励明星公司尽早付款，明达公司提供了如下现金折扣：2/10，1/30，n/60。假定计算现金折扣时不含增值税额。

①20×1年6月8日，若明达公司根据之前的经验判断，明星公司很可能在10天内付款，那么此时该业务的交易价格为9800元(10 000－2％×10 000＝9 800)，应编制的会计分录如下。

6月8日记录销售收入时：

```
借:应收账款                                                          11 100
    贷:主营业务收入                                                        9 800
        应交税费——应交增值税(销项税额)                                    1 300
```

②在①的条件下,6 月 30 日,该客户仍未付款,明达公司根据经验判断明星公司会在合同签订后的 30 天内付款,那么此时该业务的交易价格为 9 900 元(10 000－1‰×10 000),当期需调整收入 100 元(9 900－9 800),应编制的会计分录如下:

```
借:应收账款                                                            100
    贷:主营业务收入                                                          100
```

③在①的条件下,若 6 月 30 日该客户仍未付款,明达公司根据经验判断,明星公司会在合同签订后的 60 天内付款,那么此时该业务的交易价格为 10 000 元,当期需调增收入 200 元(10 000－9 800),应编制的会计分录如下:

```
借:应收账款                                                            200
    贷:主营业务收入                                                          200
```

④在①的条件下,若 6 月 23 日明星公司支付货款及增值税,其实际享受到的现金折扣为 100 元,该项业务的交易价格调整为 9 900 元。但明达公司 6 月 8 日所预计的现金折扣为 200 元,原交易价格预计为 9 800 元。因此,此时需要调增 100 元的收入。明达公司所需编制的会计分录如下:

```
借:银行存款                                                          11 200
    贷:主营业务收入                                                          100
        应收账款                                                        11 100
```

(5)涉及销售退回条款的销售商品业务

附有销售退回条款的商品销售,是指购买方依照有关协议有权退货的销售方式。企业应当在客户取得相关商品控制权时,按照因向客户转让商品而预期有权收取的对价金额(即不包含预期因销售退回将退还的金额)确认收入,按照预期因销售退回将退还的金额确认负债(计入"预计负债");同时,按照预期将退回商品转让时的账面价值,扣除收回该商品预计发生的成本(包括退回商品的价值减损)后的余额,确认为一项资产(计入"应收退货成本"),按照所转让商品转让时的账面价值,扣除上述资产成本的净额结转成本。每一资产负债表日,企业应当重新估计未来销售退回情况,如有变化,应当作为会计估计变更进行会计处理。

【例 12-6】　20×1 年 10 月 30 日,明达公司销售 A 商品 100 件,价款为 100 000 元,增值税销项税额为 13 000 元,总成本为 80 000 元,规定一个月内可以无条件退货,已开具增值税专用发票,并收取全部价款,且客户已取得 A 商品的控制权。明达公司根据以往经验,估计退货率为 10%。20×1 年 11 月 30 日,购货方退回 A 商品 8 件,其余商品未退货,明达公司开出红字增值税专用发票,退回价款 8 000 元,增值税 1 040 元。明达公司预计不会发生退货损失。明达公司所需编制的会计分录如下。

①20×1 年 10 月 30 日,明达公司发出商品,收到货款,确认收入及预计负债等

```
借:银行存款                                                          113 000
    贷:主营业务收入(100 000×90%＝90 000)                                    90 000
        预计负债(100 000×10%＝10 000)                                      10 000
        应交税费——应交增值税(销项税额)                                      13 000
```

借：主营业务成本（80 000×90％＝72 000）	72 000
应收退货成本（80 000×10％＝8 000）	8 000
贷：库存商品	80 000

②20×1 年 11 月 30 日，明达公司支付退货款及税费共计 9 040 元，部分未退货商品可确认收入

需额外确认的主营业务收入：10％×100 000－8 000＝2 000（元）

借：预计负债（100 000×10％＝10 000）	10 000
应交税费——应交增值税（销项税额）	1 040
贷：主营业务收入	2 000
银行存款	9 040
借：主营业务成本（8 000－6 400＝1 600）	1 600
库存商品（80 000×8÷100＝6 400）	6 400
贷：应收退货成本	8 000

2. 提供劳务收入的会计处理

企业提供劳务的收入可以在劳务完成时确认，也可以按完工比例确认。在实务中，可根据已完工的程度、已提供的劳务量占总劳务量的比例、已经发生的成本占总成本的比例进行收入确认。企业在确认劳务收入时，应按确认的收入金额借记"应收账款""银行存款"等账户，根据企业所处的行业以及该企业经营活动的重心判断劳务收入属于"主营业务收入"或"其他业务收入"，贷记"主营业务收入"或"其他业务收入"等账户。结转成本时，应借记"主营业务成本"或"其他业务成本"，贷记"劳务成本"账户。

【例 12-7】 明达公司是一家工业企业，主要通过制造、销售商品实现收入。因业务需要，该企业于 20×1 年 5 月 1 日接受一项设备安装任务，合同总收入 20 000 元（不含增值税），合同要求按照完工比例确认收入。截至 20×1 年 6 月 30 日，设备安装进度已达到80％，实际发生成本达到 6 000 元，暂未收到价款。因明达公司是工业企业，设备安装并不是其经常性活动，销售商品才是其业务重心，因此该业务所发生的收入与成本应记入"其他业务收入"与"其他业务成本"。6 月 30 日，明达公司应编制的会计分录如下：

借：应收账款	16 000
贷：其他业务收入	16 000
借：其他业务成本	6 000
贷：劳务成本	6 000

3. 让渡资产使用权收入的会计处理

让渡资产使用权收入主要涉及利息收入与使用费收入，此处主要介绍使用费收入。一般而言，使用费收入应按合同或协议所规定的方式进行确认。使用费收入确认时，应按确定的收入金额借记"应收账款""银行存款"等。根据企业所处的行业以及该企业经营活动的重心判断劳务收入属于"主营业务收入"或"其他业务收入"，贷记"主营业务收入"或"其他业务收入"。

如果合同双方约定一次性支付使用费，不必提供后期服务的，则应将让渡使用权视为该资产的销售，一次性确认收入。一次性支付使用费，但需提供后期服务的，应在合同协议规定的有效期内分期确认收入。分期支付的，应按合同协议规定的收款时间和金额或合同协议规定的收费方法计算的金额分期确认收入。

【例 12-8】　明达公司是一家工业企业,主要通过制造、销售商品实现收入。因业务需要,20×1 年 5 月 1 日,该公司向明星公司转让某项自研软件的使用权,一次性收费 60 000 元,当天收到全额价款,不提供后续服务。因明达公司是工业企业,转让软件并不是其经常性活动,销售商品才是其业务重心,因此该业务所发生的收入应记入"其他业务收入"。20×1 年 5 月 1 日明达公司所需编制的会计分录如下:

借:银行存款　　　　　　　　　　　　　　　　　　　　　　　　　60 000
　　贷:其他业务收入　　　　　　　　　　　　　　　　　　　　　　　60 000

【例 12-9】　明达公司是一家工业企业,主要通过制造、销售商品实现收入。20×1 年,因业务需要,该公司向明星公司转让某项软件的使用权,合同约定明星公司每年年末按年销售收入的 10% 支付使用费,使用期 2 年。第一年明星公司实现销售收入 1 000 000 元;第二年,明星公司实现销售收入 1 200 000 元。假设明达公司均于每年年末收到使用费,不考虑其他因素。因明达公司是工业企业,转让软件并不是其经常性活动,销售商品才是其业务重心,因此该业务所发生的收入应记入"其他业务收入"。明达公司应编制的会计分录如下。

20×1 年年末明达公司确认使用费收入(1 000 000×10%=100 000)时:

借:银行存款　　　　　　　　　　　　　　　　　　　　　　　　　100 000
　　贷:其他业务收入　　　　　　　　　　　　　　　　　　　　　　　100 000

20×2 年年末明达公司确认使用费收入(1 200 000×10%=120 000)时:

借:银行存款　　　　　　　　　　　　　　　　　　　　　　　　　120 000
　　贷:其他业务收入　　　　　　　　　　　　　　　　　　　　　　　120 000

12.2　费用

12.2.1　费用概述

1.费用的含义与分类

和收入一样,费用也有广义与狭义的概念差异,广义的费用概念是指会计期间经济利益的减少,因而广义的费用定义既包括了损失,也包括了那些在企业日常活动中发生的费用,而狭义的费用概念则将费用限定为企业日常活动所形成的经济利益的总流出。企业会计准则中对费用采用了狭义的定义:费用是指企业在日常活动中发生的、会导致所有者权益减少的、与向所有者分配利润无关的经济利益的总流出。

案例 张小泉成
本费用出现大增

企业发生的各项费用,根据经济性质和经济用途,可以有不同的分类。根据经济性质,费用可以分为外购材料、外购燃料及动力、工资及职工福利费、折旧费、利息支出、税金和其他费用;根据经济用途,费用可分为生产成本与期间费用,其中生产成本又可分为直接材料、直接人工与制造费用,期间费用可分为管理费用、销售费用、财务费用等。费用按经济用途进行分类,可以反映企业在一定时期内发生了哪些生产费用、金额各是多少,以便于分析企业各个时期各种费用占整个费用的比重,从而有助于企业了解费用计划、定额、预算等的执行情况,控制成本支出,加强成本管理和成本分析。

2.费用、成本与支出

费用与成本既有联系又有区别。两者都是企业经济资源的耗费,但从严格意义上来说,成本不等于费用。费用与一定的期间相关,而成本与一定的成本计算对象相关。当期成本不一定是当期费用,如产品生产时耗费的生产成本(如原材料),在产品销售之前以资产的形式(在产品或产成品)存在于企业中,只有当产品真正出售后,才能将产品的生产成本转换为当期费用。

费用与支出也不完全等同。支出是指各项资产的减少,可能带来负债的减少、权益的减少、其他资产的增加、费用的增加等。在企业日常经营活动中,有两类支出不应归于费用:一是企业偿债性支出,如企业以银行存款偿还一项债务,造成一项资产和一项负债的等额减少,并没有导致所有者权益的变化,因此不属于费用;二是企业向所有者分配股利或利润,虽然导致净资产的减少,但不是经营活动的结果,而属于最终利润的分配,因此也不构成费用。

12.2.2 费用的确认

1.费用确认的原则

因日常活动导致的经济利益的流出,除了符合费用的定义外,还需同时满足以下三个条件才能确认为费用:

①与费用相关的经济利益很可能流出企业。

②会导致企业资产的减少或者负债的增加。

③经济利益的流出额能够可靠计量。

在确认费用时,应当遵循划分收益性支出与资本性支出原则、权责发生制原则与配比原则。

(1)划分收益性支出与资本性支出原则,是指应当将企业发生的支出按照受益期限的长短进行划分。若支出的收益期在一个会计期间(或一个营业周期)内,如随着生产而消耗的原材料或燃料等,则该项支出应当确认为费用,计入当期损益。若支出的收益期大于一个会计期间(或一个营业周期),如购买设备、增设生产线等,则该项支出应予以资本化,不能作为当期的费用。正确地区分收益性支出与资本性支出,保证了正确地计量资产的价值和正确地计算各期的产品成本、期间费用及损益。

(2)权责发生制原则,规定了具体在什么时点上确认费用。凡是当期已经发生或应当负担的费用,不论款项是否收付,都应作为当期的费用;凡是不属于当期的费用,即使款项已在当期支付,也不应当作为当期的费用。

(3)配比原则,是指为产生当期收入所发生的费用,应当确认为该期的费用。当收入实现时,某些资产已经被消耗或出售,某些劳务已经提供,已耗用的这些资产和劳务的成本,应当在确认收入的期间进行费用的确认。如果收入在未来期间才会实现,对应的费用也应当递延分配至未来的实际收益期间予以确认。

2.费用确认的标准

根据上述费用确认的原则,在确认费用时,一般应遵循以下三个标准。

(1)按费用与收入的因果关系加以确认

凡是与本期收入有直接因果关系的耗费,就应当确认为本期的费用。因果关系具体有两个方面:一是经济性质上的因果性,即应有所得必有所费,不同收入的取得是由于发生了不同的费用;二是时间上的一致性,即应确认的费用与某项收入同时或结合起来加以确认,这一过程也就是收入与费用配比的过程。

(2)按系统且合理的分摊方法加以确认

如果费用的经济效益将在多个会计期间发挥作用,并且只能大致和间接地确定其与收益的联系,则该项费用就应当按照系统且合理的分配程序,分摊至各个受益期间,如固定资产的折旧和无形资产的摊销。

(3)直接作为当期费用确认

在企业经营过程中,有些支出虽然与收入有联系,但很难找到明确直接相关的未来经济利益,并且对这些支出加以分摊也没有意义,这时就应当将这部分费用直接确认为当期费用,如固定资产的日常修理费等。

需要注意的是,在确认费用时,应当划分生产费用与期间费用的界限。两者的主要差异在于,生产费用是为生产产品而发生的生产耗费,因而生产费用需要计入生产成本,期间费用是指不能计入特定核算对象的成本,因而期间费用不计入生产成本。期间费用与一定的期间相对应,直接计入当期损益。对于确认为生产费用的费用,必须根据该费用发生的实际情况分别按不同的费用性质将其确认为不同产品所负担的费用;对于几种产品共同发生的费用,必须按受益原则,采用一定方法和程序将其分配计入相关产品的生产成本。

会计上设置"主营业务成本""其他业务成本""税金及附加""管理费用""销售费用""财务费用""所得税费用"等费用类账户,以便于进行会计核算。账户借方登记本期发生的费用,贷方登记本期对费用的冲减。期末账户余额全部转入"本年利润"账户,结转后无余额。

12.2.3 营业成本

营业成本是指企业本期已实现销售商品或对外提供劳务的成本,是与营业收入直接相关的、已经确定了归属期和归属对象的各种直接费用。营业成本主要包括主营业务成本和其他业务成本,分别与主营业务收入和其他业务收入相对应,每确认一项收入时,应当同时结转相应的商品或服务的成本。

会计上设置"主营业务成本"与"其他业务成本"账户进行会计核算。

1.主营业务成本

主营业务成本是指企业因销售商品、提供劳务或让渡资产使用权等日常活动而发生的实际成本。企业发生的主营业务成本,在"主营业务成本"账户核算,并在"主营业务成本"账户中按照主营业务的种类设置明细账,进行明细核算。期末,"主营业务成本"账户的余额结转"本年利润"账户后无余额。

【例 12-10】 20×1 年 3 月 20 日,明达公司对外向客户销售甲产品 120 件,收到价款 12 000 元(不含增值税),产品当日交付。明达公司生产该产品的单位成本为 70 元。应编制的会计分录如下:

借:银行存款   13 560
   贷:主营业务收入   12 000
      应交税费——应交增值税(销项税额)   1 560

```
借:主营业务成本                                                    8 400
    贷:库存商品——甲产品                                                    8 400
```

2. 其他业务成本

其他业务成本是指企业除主营业务成本以外的其他销售或其他业务所发生的支出,如出租固定资产的折旧额、出租无形资产的摊销额、出租包装物的成本或摊销额、销售材料的成本等。企业发生的其他业务成本,在"其他业务成本"账户核算,并在"其他业务成本"账户中按照其他业务的种类设置明细账,进行明细核算。期末,"其他业务成本"账户的余额结转至"本年利润"账户后无余额。

【例 12-11】 20×1 年 3 月 25 日,明达公司出售一批原材料,收到价款 7 500 元(不含增值税)。明达公司的该批原材料实际成本为 6 000 元。应编制的会计分录如下:

```
借:银行存款                                                      8 475
    贷:其他业务收入                                                      7 500
        应交税费——应交增值税(销项税额)                                     975
借:其他业务成本                                                    6 000
    贷:原材料                                                          6 000
```

12.2.4 税金及附加

税金及附加是指企业经营活动应负担的相关税费,包括消费税、城市维护建设税、资源税、教育费附加、房产税、车船税、城镇土地使用税、印花税等。需要注意的是,增值税与企业所得税不属于税金及附加的范畴。会计上设置"税金及附加"账户进行会计核算。期末,本账户的余额结转至"本年利润"账户后无余额。

1. 消费税

消费税是以消费品的流转额作为征税对象的各种税收的统称,是价内税,作为产品价格的一部分存在,税款最终由消费者承担。企业将生产的产品作为应税消费品对外销售的,应交纳的消费税通过"税金及附加"账户核算。

【例 12-12】 20×1 年 3 月 30 日,明达公司销售应税消费品一批,不含增值税的价款为50 000 元,该产品的消费税税率为 10%。应编制的会计分录如下:

```
借:税金及附加                                                    5 000
    贷:应交税费——应交消费税                                              5 000
```

2. 城市维护建设税与教育费附加

为了加强城市的维护建设,扩大和稳定城市维护建设资金的来源,以及发展地方教育事业,国家开征了城市维护建设税和教育费附加。两者均为一种附加的税费,根据应交增值税、消费税之和的一定比例计算缴纳。两者均属于价内税,应由营业收入补偿。

【例 12-13】 20×1 年 3 月,明达公司应交增值税 100 000 元,应交消费税 60 000 元,其适用的城市维护建设税税率为 7%,适用的教育费附加税率为 5%。应编制的会计分录如下:

```
借:税金及附加                                                   19 200
    贷:应交税费——应交城市维护建设税                                        11 200
        应交税费——教育费附加                                             8 000
```

3.印花税

印花税是对书立、领受购销合同等凭证行为征收的税款。企业需要预先购买印花税票,待发生应税行为时,再根据凭证的性质和规定的比例税率或者按件计算应纳税额,将已购买的印花税票粘贴在应纳税凭证上,并在每枚税票的骑缝处盖戳注销或者划销,办理完税手续。企业交纳的印花税,不会发生应付未付税款的情况,不需要预计应纳税金额,同时也不存在与税务机关结算或清算的问题。因此,企业交纳的印花税不需要通过"应交税费"科目核算,在购买印花税票时,直接借记"税金及附加"科目,贷记"银行存款"科目。

12.2.5　期间费用

期间费用是企业当期发生的费用中的重要组成部分,是指本期发生的、不能直接或间接归入某种产品成本的、直接计入损益的各项费用,包括管理费用、销售费用和财务费用。

1.管理费用

管理费用是指企业为组织和管理企业生产经营所发生的管理费用,包括企业在筹建期间内发生的开办费,董事会和行政管理部门在企业的经营管理中发生的或者应由企业统一负担的公司经费、工会经费、董事会费、聘请中介机构费、咨询费、诉讼费、业务招待费、技术转让费、研究费用、排污费以及行政管理部门等发生的固定资产修理费用等。

企业发生的管理费用在"管理费用"账户核算,并在"管理费用"账户中按费用项目设置明细账,进行明细核算。期末,"管理费用"账户的余额结转"本年利润"账户后无余额。

【例 12-14】　20×1 年 3 月,明达公司计提行政管理部门固定资产折旧费 600 元,用银行存款支付行政管理部门的水电费 1 300 元。应编制的会计分录如下:

```
借:管理费用                                    1 900
  贷:累计折旧                                         600
    银行存款                                       1 300
```

2.销售费用

销售费用是指企业在销售商品和材料、提供劳务的过程中发生的各种费用,包括企业在销售商品过程中发生的保险费、包装费、展览费和广告费、商品维修费、装卸费等,以及为销售本企业商品而专设的销售机构的职工薪酬、业务费、折旧费、固定资产修理费等费用。

企业发生的销售费用,在"销售费用"账户核算,并在"销售费用"账户中按费用项目设置明细账,进行明细核算。期末,"销售费用"账户的余额结转至"本年利润"账户后无余额。

【例 12-15】　20×1 年 5 月,明达公司计算确定销售人员的职工薪酬 89 000 元。应编制的会计分录如下:

```
借:销售费用                                   89 000
  贷:应付职工薪酬                                   89 000
```

3.财务费用

财务费用是指企业为筹集生产经营所需资金等而发生的筹资费用,包括利息支出(减利息收入)、汇兑损益、相关的手续费以及筹集生产经营资金发生的其他费用等。

企业发生的财务费用,在"财务费用"账户核算,并在"财务费用"账户中按费用项目设置明细账,进行明细核算。期末,"财务费用"账户的余额结转"本年利润"科目后无余额。

【例 12-16】 20×1 年 5 月,明达公司以银行存款实际支付短期借款利息 800 元,应编制的会计分录如下:

借:财务费用——利息支出   800

  贷:银行存款   800

12.3 利润

12.3.1 利润概述

1.利润的含义

企业会计准则规定,利润是指企业在一定会计期间的经营成果。利润包括收入减去费用后的净额、直接计入当期利润的利得和损失等。这一规定表明对利润的确认依赖于对收入、费用、利得以及损失的确认与计量。利得和损失的概念是 2006 年在对企业会计准则的修订中新增的,不同于收入、费用这两个在企业日常活动中形成的经济利益项目,利得和损失是企业在非日常活动中所产生的,而在利润定义上提到的"直接计入当期利润的利得和损失"是指"应当计入当期损益、会导致所有者权益发生增减变动的、与所有者投入资本或者向所有者分配利润无关的利得或者损失"。企业在经营过程中通常将利润最大化作为企业追求的目标,而围绕企业利润所形成的利润表也成为企业的三大报表之一,同资产负债表及现金流量表一起共同构成了企业的"晴雨表"。

2.利润的构成

利润可通过相关的计算公式分步计算确定,一般可将利润分为营业利润、利润总额和净利润。

营业利润是指企业在一定时期内通过生产经营活动所实现的最终会计成果,是企业利润的主要来源,计算公式如下:

营业利润=营业收入-营业成本-税金及附加-管理费用-研发费用-财务费用-销售费用+其他收益+投资收益(损失用负数)+公允价值变动收益(损失用负数)+信用减值损失(损失用负数)+资产减值损失(损失用负数)+资产处置收益(损失用负数)

其中,营业收入包括主营业务收入和其他业务收入,营业成本包括主营业务成本和其他业务成本,营业收入减去营业成本的差额定义为营业毛利;税金及附加,是指反映企业经营主要业务应负担的消费税、城市维护建设税、城镇土地使用税、资源税和教育费附加等税费;资产减值损失,是指因资产的可回收金额低于其账面价值而造成的损失;信用减值损失,是指因应收账款的账面价值高于其可收回金额而造成的损失,其对应科目是坏账准备,造成信用减值损失的原因是企业因购货人拒付、破产、死亡等;其他收益,是指与企业日常经营活动密切相关的政府补助;公允价值变动损失(收益)是指公允价值与账面价值之间的差额,主要是企业以各种资产,如投资性房地产、债务重组、非货币交换、交易性金融资产等公允价值变动形成的应计入当期损益的利得或损失;投资收益,是指企业或个人对外投资所得的收入

（所发生的损失为负数），如企业对外投资取得股利收入、债券利息收入以及与其他单位联营所分得的利润等；资产处置收益，主要是指企业出售非流动资产产生的净损益。

利润总额在营业利润的基础上，增加了对与企业日常活动没有直接关系的各项收支的考虑，用于综合反映企业在报告期内实现的盈亏情况，计算公式如下：

$$利润总额＝营业利润＋营业外收入－营业外支出$$

其中，营业外收入是指与企业日常营业活动没有直接关系的各项利得，如固定资产报废净收益、捐赠利得；营业外支出是指除主营业务成本和其他业务支出等以外的各项非营业性支出，如自然灾害或意外造成的存货盘亏和毁损净损失、罚款支出、捐赠支出等。

净利润是在利润总额的基础上，扣除了企业的所得税费用。所得税是企业根据其应纳税所得额的一定比例上交的一种税金。计算公式如下：

$$净利润＝利润总额－所得税费用$$

在分步计算利润的基础上，也推演而成了当前我国企业会计准则规定的利润表格式，见表 12-2。

表 12-2　利润表

项目	金额
一、营业收入	
减：营业成本	
税金及附加	
销售费用	
管理费用	
研发费用	
财务费用	
其中：利息费用	
利息收入	
加：其他收益	
投资收益（损失以"－"填列）	
公允价值变动收益（损失以"－"填列）	
信用减值损失（损失以"－"填列）	
资产减值损失（损失以"－"填列）	
资产处置收益（损失以"－"填列）	
二、营业利润（损失以"－"填列）	
加：营业外收入	
减：营业外支出	

续表

项目	金额
三、利润总额（损失以"－"填列）	
减：所得税费用	
四、净利润（损失以"－"填列）	
五、其他综合收益的税后净额	
六、综合收益总额	

12.3.2 营业外收支的核算

1.营业外收入

营业外收入亦称"营业外收益"，是指与生产经营过程无直接关系，应列入当期利润的利得，是企业利润总额的组成部分。常见的有：没收包装物押金收入、罚款净收入，等等。在确认和计量营业收入时，需要遵循收入与费用的配比原则，而营业外收入由于不需要企业付出实际的代价就可以获取，因此营业外收入无须满足会计核算中的收入费用配比原则。这要求在会计核算环节严格界定营业收入与营业外收入的差异，营业外收入的主要内容包括固定资产盘盈、报废固定资产净收益、报废无形资产净收益、罚款收入、因债权人原因确实无法支付的应付款项、教育费附加返回款、非货币性交易中发生非货币性交易收益、企业合并损益等。

对营业外收入的会计处理，可以在确认营业外收入时，根据具体项目分别借记"固定资产清理""待处理财产损溢""银行存款""库存现金""应付账款"等账户，贷记"营业外收入"账户，期末，应将"营业外收入"账户的余额转入"本年利润"账户，借记"营业外收入"账户，贷记"本年利润"账户。

【例12-17】 明达公司应付A公司的货款及增值税款共计8 800元，因该公司变更登记而无法偿还。应编制的会计分录如下：

借：应付账款——A公司　　　　　　　　　　　　　　　　　8 800
　贷：营业外收入——无法偿还账款　　　　　　　　　　　　　　　8 800

【例12-18】 明达公司收到A单位因违反双方签订的购销合同而支付的违约金8 000元，已存入银行。应编制的会计分录如下：

借：银行存款　　　　　　　　　　　　　　　　　　　　　8 000
　贷：营业外收入——罚款收入　　　　　　　　　　　　　　　　8 000

2.营业外支出

营业外支出，是指企业发生的与其生产经营无直接关系的各项支出，如固定资产盘亏、报废固定资产净损失、报废无形资产净损失、自然灾害或意外造成的存货盘亏和毁损净损失、非货币性资产交换损失、债务重组损失、罚款支出、捐赠支出等。

对营业外支出的会计处理，企业应当设置"营业外支出"科目，用于核算营业外支出的发生和结转情况。可以在确认营业外支出时，根据具体项目分别借记"营业外支出"账户，贷记"固定资产清理""待处理财产损溢""银行存款""库存现金""应付账款"等账户，期末,应将"营业外支出"账户的余额转入"本年利润"账户,借记"本年利润"账户,贷记"营业外支出"账户。

【例 12-19】 明达公司某仓库突遭火灾焚毁,残料估计价值为 20 000 元,验收入库,该仓库账面原值为 200 000 元,累计计提折旧为 120 000 元,用银行存款支付的清理费用为 20 000元。经保险公司核定的应赔偿损失为 20 000 元,尚未收到赔款。明达公司确认了该仓库的毁损损失。应编制的会计分录如下:

```
借:固定资产清理                                      80 000
   累计折旧                                         120 000
   贷:固定资产                                              200 000
借:原材料                                            20 000
   贷:固定资产清理                                           20 000
借:固定资产清理                                       20 000
   贷:银行存款                                              20 000
借:其他应收款                                        20 000
   贷:固定资产清理                                           20 000
借:营业外支出                                        60 000
   贷:固定资产清理                                           60 000
```

【例 12-20】 明达公司报废一项无形资产后,收入 30 000 元存入银行。无形资产账面原值为 52 000 元,累计摊销 5 000 元,已计提的无形资产减值准备为 3 000 元。应编制的会计分录如下:

```
借:银行存款                                          30 000
   累计摊销                                          5 000
   无形资产减值准备                                   3 000
   营业外支出                                        14 000
   贷:无形资产                                              52 000
```

12.3.3 利润形成的会计核算

1.利润形成的核算

企业同一会计期间的各项收入和相关的成本、费用应当配比计算利润,因而需要在会计期末将各损益类账户的发生额结转至"本年利润"账户。当前,会计期末结转本年利润的方法有表结法和账结法两种。

表结法,是指在会计年度内将某一期间有关损益类科目的发生额记录直接列入利润表,通过利润表计算结清该期利润的方法。表结法是为了满足会计年度内及时披露利润信息的需要而采用的方法。采用表结法,每月(季)结账时只需要结出各损益类科目自年初至本月(季)末的累计数,就可以逐项填列利润表。表结法下,平时不需结转各损益类科目的发生额,只有到年终决算时,才将各损益类科目的全年累计发生额一次转入"本年利润"科目,集中反映本年度的利润及其构成情况。

账结法,是指每期末将各损益类科目的本期发生额汇总结转到"本年利润"科目中,通过"本年利润"科目结出本期利润(或亏损)总额以及本年累计损益的方法。账结法的优点是在平时可以通过"本年利润"科目随时了解年度内损益的总括情况,不必等到利润表编制完成。其不足之处是每月末都必须结转各损益科目的本期发生额,加大了月末结账的工作量。

企业设置"本年利润"科目,用以核算企业当前实现的利润,可以分为损益类科目的结转、所得税费用的结转以及"本年利润"科目的结转。具体来看,损益类科目的结转,是指贷方登记结转的"主营业务收入""其他业务收入""营业外收入""公允价值变动损益"及"投资收益"的净收益,借方登记结转的"主营业务成本""税金及附加""其他业务成本""销售费用""管理费用""财务费用""营业外支出""资产减值损失""信用减值损失""公允价值变动损益"及"投资收益"的净损失,用以反映企业本期所获利润(亏损)的总额。所得税费用的结转,是指将"所得税费用"科目借方余额转入"本年利润"科目借方,此时"本年利润"科目用于反映企业的税后净利润。年末,应将本年收入和费用相抵后结出的本年实现的净利润(或净亏损),转入"利润分配——未分配利润"账户,结转后本账户应无余额。以下将对上述几个典型损益类科目作简要介绍。

"公允价值变动损益"属于损益类科目,主要用来核算下列有关资产或负债的公允价值变动形成的应当计入当期损益的利得和损失:交易性金融资产、交易性金融负债、采用公允价值模式计量的投资性房地产、衍生工具、套期保值业务、指定为以公允价值计量且其变动计入当期损益的金融或金融负债等。

【例 12-21】 明达公司早期购入 C 股票 30 000 股作交易性资产,成交价 10 元,6 月 30 日股价达到 12.5 元,之前的股价变动没有作账务处理,则 6 月 30 日应编制的会计分录如下:

借:交易性金融资产 75 000
　　贷:公允价值变动损益——C 股票 75 000

"资产减值损失"属于损益类科目,资产减值损失是指企业在资产负债表日,经过对资产的测试,判断资产的可收回金额低于其账面价值而计提资产减值损失准备所确认的相应损失。企业所有的资产在发生减值时,原则上都应当对所发生的减值损失及时加以确认和计量。

【例 12-22】 明达公司某类设备的原值为 1 000 万元,20×1 年该公司该类设备明显存在减值迹象,经确认,计提减值准备 40 万元,则资产负债表日应编制的会计分录如下:

借:资产减值损失 400 000
　　贷:固定资产减值准备 400 000

"信用减值损失"属于损益类科目,不同于"资产减值损失",信用减值损失主要核算金融资产的减值,其对应科目是坏账准备。据《企业会计准则第 22 号——金融工具确认和计量》应用指南,金融资产减值准备所形成的预期信用损失应通过"信用减值损失"科目核算。因此,企业执行《企业会计准则第 22 号——金融工具确认和计量》后,其发生的坏账准备应通过"信用减值损失"科目核算。

【例 12-23】 明达公司 20×1 年年末应收账款余额为 200 万元,采用余额百分比法(比例为 10%)确定坏账损失,公司由此确认预期信用减值损失为 20 万元,不考虑其他因素,则应编制的会计分录如下:

借:信用减值损失 200 000
　　贷:坏账准备 200 000

【例 12-24】 明达公司在年度决算时,各损益类科目全年发生净额分别为:主营业务收入为 19 800 000 元(贷方),其他业务收入为 2 068 000 元(贷方),投资收益为 330 000 元(贷方),营业外收入为 770 000 元(贷方),主营业务成本为 11 000 000 元(借方),税金及附加为 990 000 元(借方),其他业务成本为 1 628 000 元(借方),销售费用为 440 000 元(借方),管理费用为 1 930 000 元(借方),财务费用为 240 000 元(借方),资产减值损失为 400 000 元(借方),信用减值损失为 200 000 元(借方),营业外支出为 396 000 元(借方),所得税税率为 25%。据此应编制的会计分录如下:

(1)结转各种收入时

借:主营业务收入	19 800 000
其他业务收入	2 068 000
投资收益	330 000
营业外收入	770 000
贷:本年利润	22 968 000

(2)结转各种成本、费用、税金时

借:本年利润	18 660 000
贷:主营业务成本	11 000 000
税金及附加	990 000
其他业务成本	1 628 000
销售费用	440 000
管理费用	1 930 000
财务费用	240 000
资产减值损失	400 000
信用减值损失	200 000
营业外支出	396 000
所得税费用	1 436 000

(3)计算并结转本年净利润 4 308 000 元

借:本年利润	4 308 000
贷:利润分配——未分配利润	4 308 000

2.所得税的核算

所得税的核算主要有两种方法:一是应付税款法,是将本期税前会计利润与应税所得之间产生的差异在当期确认所得税费用的会计处理方法;二是资产负债表债务法,是根据账面价值和计税基础的相关差异确定影响所得税的会计处理方法,这个方法从暂时性差异产生的本质出发,分析暂时性差异产生的原因及其对期末资产负债的影响。《企业会计准第 18 号——所得税》规定企业所得税的确认计量只能采用资产负债表债务法,综合考虑计税基础、暂时性差异与递延所得税资产和负债。其中,关于递延所得税资产和负债的内容将在"中级财务会计学"中进一步介绍。在本章,假定企业所采用的会计规则与税法一致,不需要进行差异调整,利润总额即为应纳税所得额。

企业应设置"所得税费用"账户核算所得税费用的发生与结转。通常,在资产负债表日,企业按照税法规定计算确定的当期应交所得税额,借记"所得税费用——当期所得税费用"账户,贷记"应交税费——应交所得税"账户,期末,"所得税费用"账户应与前述的损益类账户一样,将其余额转入"本年利润"账户,结转后"所得税费用"账户无余额。

【例 12-25】 经计算确定,明达公司 20×1 度利润总额为 5 744 000 元,所得税税率为 25%,利润表中公司本年度的所得税费用应为 1 436 000(5 744 000×25%)元。明达公司应编制的会计分录如下:

借:所得税费用   1 436 000

  贷:应交税费——应交所得税   1 436 000

【案例分析】KDX 公司财务造假被退市

根据证监会发布的《中国证监会行政处罚决定书》,KDX 集团股份有限公司(简称"KDX 公司")存在以下三方面违法事实:

一是 2015 年至 2018 年年度报告存在虚假记载,合计虚增利润 115.3 亿元。一方面, KDX 通过虚构销售业务等方式虚增营业收入,并通过虚构采购、生产、研发费用、产品运输费用等方式虚增营业成本、研发费用和销售费用,导致 2015 年至 2018 年年度报告虚增利润总额分别为 22.43 亿元、29.43 亿元、39.08 亿元和 24.36 亿元,分别占各年度报告披露利润总额的 136.22%、127.85%、134.19% 和 711.29%。另一方面,大股东 KD 集团与相关银行签订现金管理协议,导致 KDX 及其合并财务报表范围内 3 家子公司涉所属的北京银行账户组各年末实际余额为 0,因此 KDX2015 年至 2018 年年报披露的银行存款余额存在虚假记载。

二是 2016 年至 2018 年未及时披露及未在年度报告中披露 KDX 子公司为控股股东提供关联担保的情况。

三是未在年度报告中如实披露 2015 年和 2016 年非公开发行募集资金的使用情况。

KDX 的业务范围涵盖外销业务与内销业务两个方面,整个财务造假也是围绕两类业务展开的。

在外销方面,伪造光学膜海外订单,虚构跨境业务往来。根据 KDX 光电相关事业部负责人询问笔录可以看出,其生产的 3D 膜、防爆膜、光学膜以内销为主,只有部分 ITO 膜出口到我国台湾地区,而非 KDX 描述的有 15 家外销客户。这些客户也不为 KDX 代销光学膜,和 KDX 发生的交易完全是配合 KDX 造假。根据 KDX 虚假外销业务各环节经办人等的询问笔录、仓库台账、虚假销售合同等证据,KDX 的外销合同由自己制作,并由 KDX 的员工自行签名。为应对海关查验,KDX 先利用 PET 膜等外品冒充 ITO 膜、3D 膜等光学膜装箱,待报关出口的货物在运送至我国香港地区(销售合同目的港)后,形成真实的货运提单、报关单、报关装箱照片等资料,再由我国香港地区的货运代理商转运至印度,或是出具放弃货物权利申明后交香港货运代理商直接处置。这些操作为 KDX 确认应收账款和收入创造了形式上的证据足迹。

为配合外销业务造假,KDX 在资金往来方面也进行造假。虚假外销收入的回款资金按照 KDX 提供的"平账流程"记载的时间、对象、汇率及金额进行划转。相关资金自 KD 集团或 KDX 银行账户汇出,经过桥公司等中间环节,通过"对敲"和"内保外贷"的形式转移至境外,最终由虚假境外客户或第三方代付公司以销售回款形式转回 KDX。

在内销方面,借助大额关联交易,虚构单据造假。2015 年至 2018 年,KDX 向张家港

KDX 光电材料有限公司等 3 家子公司进行了内部采购,销售智能显示等电子产品,通过这些内部虚构往来虚增了利润总额 13.39 亿元。KDX 虚构了电子产品的采购订单、入库单和出货领用单等单据。此外,KDX 将智慧海派科技有限公司(简称"智慧海派")及其关联公司伪造成为 KDX 电子产品的主要客户之一,由此增加销售流水。智慧海派与 KDX 的往来涉及收入 8.1 亿元,约占销售总额的 53.36%,但智慧海派实际并没有收到任何采购的显示组件。

与以往只在某单一环节"做手脚"不同,KDX 的财务造假虚构了整个海内外的销售流程,伪造电子产品的单据包括采购单、入库单、出货单、采购订单等。除此之外,KDX 还通过虚假记载银行存款、虚构关联方交易、隐藏关联担保事实等,不断地粉饰财务报表。最终,KDX 的财务造假事件被曝光在公众视野之下,于 2021 年 5 月 31 日被摘牌退市。

案例思考:

(1)KDX 的财务造假案例揭示了哪些资本市场常见的企业财务骗术?

(2)KDX 的财务造假后果会呈现在财务报表的哪些项目上?

(3)请谈谈对加强上市公司财务造假识别对策的思考?

【本章小结】

本章主要介绍收入、费用和利润三个会计要素,具体包括这三个会计要素的含义、特征、确认原则、内容分类以及具体的业务处理。

收入是企业在日常活动中形成的、导致所有者权益增加的、与所有者投入无关的经济利益的总流入。企业应当在履行了合同中的履约义务,即在客户取得相关商品控制权时确认收入。合同是收入确认的依据,客户获得商品的控制权是收入确认的核心原则。收入的确认有五个基本条件,只有当企业与客户之间的合同同时满足时才能确认收入。对于收入确认的具体会计处理,企业会计准则作了详细规定,本章对销售商品收入、提供劳务收入以及让渡资产使用权收入等三类收入来源进行了介绍和举例。

费用是指企业在日常活动中发生的、会导致所有者权益减少的、与向所有者分配利润无关的经济利益的总流出,根据经济性质和经济用途,可以有不同的分类。费用、成本、支出之间既相互联系,又有所区别。一项日常活动引起的经济利益流出,将其确认为费用也必须符合费用的定义和确认条件,还应当遵循划分收益性支出与资本性支出原则、权责发生制原则与配比原则,遵循按费用与收入的因果关系加以确认、按系统合理的分摊方法加以确认或直接作为当期费用确认的标准。会计上设置"主营业务成本""其他业务成本""税金及附加"等费用类账户进行会计核算,本章详细介绍了企业会计准则对于营业成本、税金及附加、期间费用的具体会计处理。

利润是指企业在一定会计期间的经营成果。利润包括收入减去费用后的净额、直接计入当期利润的利得和损失等。我国采取多步利润法计算企业的利润,营业利润是由营业收入扣除营业成本、期间费用、研发费用、资产减值损失、信用减值损失,加上公允价值变动收益、投资收益、资产处置收益、其他收益等项目后得到的利润;利润总额在营业利润的基础上加上营业外收入,减去营业外支出;净利润是利润总额扣除所得税费用后的净额。本章根据现行企业会计准则的具体规定,结合一般企业财务报表报告格式的呈列要求,对利润表各构成项目的确认和计量,以及对利润结转的过程进行了具体解读。

【练习题】

习题 1

甲公司是一家工业企业,主要通过制造销售商品实现收入。20×1年,甲公司发生了以下业务:

(1)20×1年3月1日,乙公司向甲公司采购一批商品,价值总计为30 000元,货款已付。假定增值税为3 900元。

(2)20×1年4月1日,丙公司向甲公司采购一批商品,合同规定一个月内可以无条件退货,价款总计为30 000元,增值税为3 900元,货款已付。甲公司根据以前的经验,预期退货率为5%。

(3)20×1年5月1日,丁公司向甲公司采购一批商品,价款总计为30 000元,增值税为3 900元,丁公司已取得商品的控制权,货款未付。为鼓励丁公司早日付款,甲公司提供2/10,n/30的现金折扣,假定计算现金折扣时不含增值税额。此时,甲公司根据之前的经验判断,丁公司很有可能在10天内付款,实际上丁公司于20×1年5月15日付清货款。

要求:根据上述资料编制会计分录。

习题 2

甲公司在20×1年12月1日向乙公司销售一批商品,开出的增值税专用发票上注明的销售价格为20 000元,增值税为2 600元,款项尚未收到。乙公司在验收过程中发现商品质量有轻微瑕疵,要求甲公司在价格上(不含增值税额)给予10%的销售折让,按照18 000元与之结算。假定甲公司在进行销售折让前已确认销售收入,与销售折让有关的增值税额税务机关允许冲减,销售折让不属于资产负债表日后事项。

要求:根据上述资料编制会计分录。

(1)甲公司确认收入的账务处理;

(2)甲公司进行销售折让的账务处理。

习题 3

甲公司为增值税一般纳税人,适用的增值税税率为13%。20×1年2月1日,甲公司向丙公司销售100件B商品,单位销售价格为10万元,单位成本为6万元,开出的增值税专用发票上注明的销售价格为1 000万元,增值税为130万元。B商品已经发出,2月1日收到货款,已达到收入确认条件。因质量问题,经协商,丙公司于20×1年4月30日退回B商品20件,甲公司收回B商品,款项已经支付。

要求:根据上述资料编制会计分录。

(1)甲公司确认收入的账务处理;

(2)甲公司进行销售退回的账务处理。

习题 4

甲公司为一般纳税人,适用的增值税税率为13%,消费税税率为10%。20×1年9月,甲公司发生了以下业务:

(1)9 月 5 日,甲公司向乙公司销售应税消费品 A 产品 200 件,单位售价 300 元,单位成本 220 元,乙公司当日收到 A 产品并验收入库,甲公司收到价款并存入银行。

(2)9 月 12 日,甲公司与丙公司签订销售合同,向丙公司销售应税消费品 B 产品 150 件,单位售价 200 元,单位成本 140 元。当日,B 产品已发出,款项尚未收到。

(3)9 月 30 日,甲公司 B 产品生产线停产,将用于生产 B 产品的库存原材料出售(该原材料属于应税消费品),出售价款为 20 000 元,当日收到价款并存入银行。原材料对应成本 17 000 元。

要求:根据上述资料编制会计分录。

习题 5

20×1 年 10 月,某公司发生了以下业务:

(1)10 月 5 日,为拓展市场,发生业务招待费 50 000 元,以银行存款支付。

(2)10 月 8 日,向业绩表现突出的销售人员发放奖金共 20 000 元,以现金支付。

(3)10 月 10 日,计算确认财务部门人员职工薪酬 95 000 元,销售部门人员职工薪酬 110 000 元。

(4)10 月 15 日,收到银行存款利息收入 22 000 元。

(5)10 月 31 日,计提本月应负担的日常经营活动中的城市维护建设税 5 100 元,教育费附加 1 700 元。

要求:根据上述资料编制会计分录。

习题 6

甲公司 20×1 年有关损益类科目的年末余额如下:

各科目结账前余额分别为:主营业务收入 800 万元(贷方);主营业务成本 350 万元(借方);税金及附加 13 万元(借方);销售费用 67 万元(借方);管理费用 40 万元(借方);公允价值变动损益 20 万元(贷方);投资收益 60 万元(贷方);资产减值损失 22 万元(借方);信用减值损失 18 万元(借方)。其他业务资料如下:

(1)年末一次性结转损益类科目。

(2)适用的所得税税率为 25%,假定不存在纳税调整事项。

要求:

(1)编制甲公司年末结转各损益类科目余额的会计分录;

(2)计算甲公司 20×1 年应交所得税金额;

(3)编制甲公司确认并结转所得税费用的会计分录;

(4)编制甲公司将"本年利润"科目余额转入"利润分配——未分配利润"科目的会计分录。

在线自测

第13章

财务报表

■■■ 问题导入：企业的财务报表可以提供哪些方面的会计信息？

　　企业通过对自身发生的经济活动根据会计的确认和计量要求进行一系列相应的会计核算后，最终以财务报表的形式将会计信息输出给信息使用者。利润信息可以说是会计信息使用者最为关注的会计信息，表13-1是汤臣倍健公司对外披露的母公司2021年度的利润表的摘录。

表 13-1　汤臣倍健母公司利润表（摘录）

2021年度　　　　　　　　　　　　　　　　　　　　　　　　　　单位：元

项目	2021年度	2020年度
一、营业收入	4 229 597 044.78	3 930 593 296.21
减：营业成本	2 012 370 503.84	1 835 158 448.66
营业税金及附加	40 746 117.50	44 142 822.64
销售费用	182 683 310.82	524 630 240.80
管理费用	103 729 096.37	146 957 845.84
研发费用	143 336 268.17	130 906 472.22
财务费用	−24 094 762.94	22 211 173.05
加：其他收益	11 324 854.98	−1 113 366.49
投资收益	100 306 290.97	70 617 899.89
公允价值变动损益	145 366 378.79	22 080 533.32
信用减值损失	−124 653.09	−3 895 21
资产减值损失	−5 071 678.61	−1 038 291.21
资产处置损益	740 534.86	−237 104.18
二、营业利润	2 023 368 238.92	1 316 892 069.12
加：营业外收入	100 713 159.57	21 465 906.95
减：营业外支出	9 607 392.69	22 734 745.87
三、利润总额	2 114 474 005.80	1 315 623 230.20
减：所得税费用	294 512 123.29	183 639 192.22
四、净利润	1 819 961 882.51	1 131 984 037.98
五、其他综合收益的税后净额	−38 389 353.44	−38 502 881.49
六、综合收益总额	1 781 572 529.07	1 093 481 156.49
七、每股收益		

该利润表揭示汤臣倍健母公司 2021 年获得利润总额 2 114 474 005.80 元,获得净利润 1 819 961 882.51元。那么企业有利润存在,是否意味着公司就能够持续经营下去? 企业的利润金额高是否就意味着企业经营业绩好? 要回答这些问题,单单依据利润表提供的信息是不够的,还需要依据企业提供的其他财务报表。那么,企业对外提供的财务报表应包括哪些内容? 财务报表列报应符合哪些基本要求? 每一张财务报表的性质和作用是什么,如何编制? 财务报表附注有什么作用,应包括哪些内容? 本章将围绕这些内容展开介绍。

13.1　财务报表概述

13.1.1　财务报表的性质和分类

财务报表是财务会计信息系统的最终产品,是提供财务信息的最主要的手段。它是以企业日常会计核算资料为主要依据编制的,是对企业财务状况、经营成果和现金流量的结构性表述。

编制财务报表是会计循环的最后一个环节。一个企业在生产经营中发生的经济业务首先是通过各种会计凭证来加以反映的,但这种反映往往是零星、孤立和分散的。因此,为连续、系统和分类地反映经济业务,就需要根据审核无误的会计凭证,将其反映的经济业务在各种账簿中进行连续、分类的记录。无疑,账簿所提供的会计信息要比会计凭证来得系统和集中,但由于它们分散在各种账簿中,因而仍然无法综合、概括地反映企业的财务状况、经营成果及财务状况变动情况,也不便于会计信息使用者的阅读和利用。因此,还必须通过编制财务报表这一专门方法,将分散在各种账簿中的会计信息结合其他日常核算资料进行进一步的加工、整理、归类、综合,形成能全面和概括反映企业经济活动全貌的综合会计信息,以书面报告的形式提供给会计信息使用者,以满足他们进行各种经济决策的需要。

按照《企业会计准则第 30 号——财务报表列报》的规定,一套完整的财务报表至少应当包括资产负债表、利润表、现金流量表、所有者权益变动表以及附注。其中,资产负债表、利润表、现金流量表和所有者权益变动表属于基本财务报表,而附注则是对资产负债表、利润表、现金流量表和所有者权益变动表等报表中列示项目的文字描述或明细资料,以及对未能在这些报表中列示项目的说明等。

财务报表可以根据需要,按照不同的标准进行分类。

财务报表按照编报时间的不同,可以分为中期财务报表和年度财务报表。中期财务报表是指以短于一个完整的会计年度的报告期间为基础编制的财务报表,包括月报、季报和半年报。中期财务报表至少应当包括资产负债表、利润表、现金流量表和附注,其中,中期资产负债表、利润表和现金流量表应当是完整报表,其格式和内容应当与年度财务报表相一致。与年度财务报表相比,中期财务报表中的附注披露可适当简略。年度财务报表是指以一个完整的会计年度作为报告期间编制的财务报表。

中期报表和年度报表应于报告期终了时编制,并按规定的时间对外报送。

财务报表按照编报主体的不同,可以分为个别财务报表和合并财务报表。个别财务报表是由企业在自身会计核算基础上对账簿记录进行加工而编制的财务报表,它主要用以反映企业自身的财务状况、经营成果和现金流量情况。合并财务报表是以母公司和子公司组成的企业集团为会计主体,根据母公司和所属子公司的财务报表,由母公司编制的综合反映企业集团财务状况、经营成果及现金流量情况的财务报表。

13.1.2　财务报表列报的基本要求

所谓财务报表的列报,是指交易或事项在财务报表中的列示和在附注中的披露。为了实现财务报表编制目的,保证会计信息质量,最大限度地满足信息使用者的信息需求,财务报表的列报必须遵循如下基本要求。

1. 依据各项会计准则确认和计量的结果编制财务报表

企业应当以持续经营为基础,根据实际发生的交易和事项,按照《企业会计准则——基本准则》和其他各项会计准则的规定进行确认和计量,在此基础上编制财务报表。

企业不应以在附注中披露代替确认和计量,不恰当的确认和计量也不能通过充分披露相关会计政策而纠正。

如果按照各项会计准则规定披露的信息不足以让报表使用者了解特定交易或事项对企业财务状况和经营成果的影响时,企业还应当披露其他的必要信息。

2. 关于列报基础

企业应当以持续经营为基础编制财务报表,持续经营是会计的基本前提,也是会计确认、计量和报告的基础。

在编制财务报表的过程中,企业管理层应当对企业持续经营的能力进行全面评价。评价后对企业持续经营的能力产生严重怀疑的,应当在附注中披露导致对持续经营能力产生重大怀疑的重要影响因素以及企业拟采取的改善措施。

企业管理层在对企业持续经营能力进行评估时,应当利用其所有可获得的信息,评估涵盖的期间应包括企业自资产负债表日起至少 12 个月,评估需要考虑的因素包括宏观政策风险、市场经营风险、企业目前或长期的盈利能力、偿债能力、财务弹性以及企业管理层改变经营政策的意向等。

企业如果有近期获利经营的历史且有财务资源支持,则通常表明以持续经营为基础编制财务报表是合理的。

企业如果存在下列情况之一的,则通常表明其处于非持续经营状态:①企业已经在当前进行清算或停止营业;②企业已经正式决定在下一个会计期间进行清算或停止营业;③企业已经确定在当期或下一个会计期间没有其他可供选择的方案而将被迫进行清算或停止经营。

企业处于非持续经营状态时,应当采用清算价值等其他基础编制财务报表,例如破产企业的资产采用可变现净值计量,负债按照其预计的结算金额计量等,在非持续经营情况下,企业应在附注中声明其财务报表未以持续经营为基础列报这一事实,并披露未以持续经营为基础的原因及所采用的财务报表的编制基础。

3. 关于编制基础

除现金流量表按照收付实现制编制外,企业应当按照权责发生制编制其他财务报表。在采用权责发生制的情况下,当项目符合基本准则中财务报表要素的定义和确认标准时,企业就应当确认相应的资产、负债、所有者权益、收入和费用,并在财务报表中加以反映。

4. 关于列报的一致性

可比性是会计信息质量要求之一,其目的是使同一企业不同期间的财务报表具有可比性,有助于报表使用者进行分析和比较并作出有效决策。为此,财务报表项目的列报应当在各个会计期间保持一致,不得随意变更。这一要求不仅仅针对财务报表中的项目名称,也针对财务报表项目的分类及项目排列顺序等方面。

但下列情况下,企业可以变更财务报表项目的列报:

(1)企业会计准则要求改变财务报表项目的列报。

(2)企业经营业务的性质发生重大变化或对企业经营影响较大的交易或事项发生后,变更财务报表项目的列报能够提供更可靠、更相关的会计信息。

5. 关于重要性和项目列报

重要性,是指在合理预期下,若财务报表某项目的省略或错报会影响使用者据此作出经济决策的,则该项目具有重要性。重要性是判断项目在财务报表中是单独列报还是汇总列报的重要标准,总的原则是,如果某项目单个看不具有重要性,则可将其与其他项目汇总列报;如具有重要性,则应当单独列报。具体而言:

(1)对于性质或功能不同的项目,应当在财务报表中单独列报,但不具有重要性的项目可以汇总列报。如存货和固定资产在性质和功能上都存在本质差别,故两者必须在资产负债表上单独列报。

(2)性质或功能类似的项目,其所属类别具有重要性的,应当按其类别在财务报表中单独列报。如原材料、低值易耗品等项目在性质上类似,因此可以汇总列报,在资产负债表上以"存货"类别单独列报。

(3)某些项目的重要性程度不足以在资产负债表、利润表、现金流量表或所有者权益变动表中单独列示,但对附注却具有重要性,则应当在附注中单独披露。

企业在进行重要性判断时,应当根据企业所处环境,从项目的性质和金额大小两方面予以综合考虑:一方面,应当考虑该项目的性质是否属于企业日常活动、是否显著影响企业的财务状况、经营成果和现金流量等因素;另一方面,应当通过该项目金额占其直接相关项目总额(如资产总额、负债总额、所有者权益总额、营业收入总额、营业成本总额、净利润、综合收益总额等)的比重或所属报表单列项目金额的比重等方法来判断项目金额大小的重要性。

企业对于各个项目的重要性判断标准一经确定,不得随意变更。

6. 关于报表项目金额间的相互抵销

财务报表项目应当以总额列报,资产项目和负债项目的金额、收入项目和费用项目的金额、直接计入当期利润的利得项目和损失项目的金额不能相互抵销,即不得以净额列报。这是因为,通常情况下按总额列报项目所提供的信息更具有完整性,更有利于信息使用者对信息的理解。例如,企业欠客户的应付款不得与其他客户欠企业的应收款相互抵消,否则会掩盖交易的实质,减少企业资产和负债的列示金额。但企业会计准则另有规定的除外。

需要注意的是,以下三种情况可以以净额列示,不属于抵销:

(1)一组类似交易形成的利得和损失以净额列示的,不属于抵消。例如,汇兑损益应当以净额列报。但如果相关的利得和损失具有重要性的,则应当单独列报。

(2)资产或负债项目按扣除备抵项目后的净额列示,不属于抵消。例如,资产计提的减值准备,资产项目应当按扣除减值准备后的净额列示。因为按净额列示才能客观反映价值已经发生减损的资产的真实价值。

(2)非日常活动产生的利得和损失,以同一交易形成的收入扣减相关费用后的净额列示更能反映交易的实质,不属于抵销。例如,非流动资产处置形成的利得或损失,应按处置收入扣除该资产的账面金额和相关销售费用后的净额列报。

7.关于比较信息的列报

企业在列报当期财务报表时,至少应当提供所有列报项目上一可比会计期间的比较数据,以及与理解当期财务报表相关的说明,但其他会计准则另有规定的除外。列报比较信息的这一要求适用于财务报表的所有组成部分,即既适用于资产负债表、利润表、现金流量表和所有者权益变动表,也适用于附注。

通过比较数据的提供,有助于报表使用者分析和判断企业财务状况、经营成果及财务状况发展变化的趋势。

在财务报表项目的列报确需发生变更的情况下,企业应当对上期比较数据按照当期的列报要求进行调整,并在附注中披露调整的原因和性质,以及调整的各项目金额。但是,在某些情况下,对上期比较数据进行调整是不切实可行的,例如,企业在以前期间可能没有按照可以进行重新分类的方式收集数据,并且重新生成这些信息是不切实可行的,则企业应当在附注中披露不能调整的原因。

所谓不切实可行,是指企业在作出所有合理努力后仍然无法采用某项会计准则规定。

8.关于报表表首的列报

财务报表一般分为表首、正表两部分,其中,在表首部分企业应当概括地说明下列基本信息:①编报企业的名称;②资产负债表日或财务报表涵盖的会计期间;③人民币金额单位;④财务报表是合并财务报表的,应当予以标明。

9.关于报告期间

企业至少应当按年编制财务报表。年度财务报表涵盖的期间短于一年的,如企业在年度中间设立的等,应当披露年度财务报表的实际涵盖期间、短于一年的原因以及由此引起的财务报表项目与比较数据不具有可比性的这一事实。

13.2 资产负债表

13.2.1 资产负债表的性质及作用

资产负债表是企业对外提供的主要财务报表之一,用来反映企业在某一特定日期的财务状况。它是根据资产、负债和所有者权益之间的相互关系,即"资产=负债+所有者权益"的恒等关系,按照一定的分类标准和一定的次序,把企业特定日期的资产、负债、所有者权益三项会计要素所属项目予以适当排列,并对日常会计工作中形成的会计数据进行加工、整理后编制而成的。

作为企业财务报表体系中主要的报表之一,资产负债表的重要作用主要体现在以下几个方面:

(1)有助于了解企业所掌握的经济资源及其分布情况;

(2)有助于分析和评价企业的短期偿债能力;

(3)有助于分析和评价企业的长期偿债能力和资本结构;

(4)有助于分析和评价企业的财务弹性;

(5)通过前后各期资产负债表的比较,有助于分析和预测财务状况变化的趋势。

知识拓展 13-1
资产负债表的
局限性

13.2.2　资产负债表项目的分类和列报

为了便于信息使用者更好地理解和使用财务信息,有必要对资产负债表所反映的资产、负债、所有者权益项目按照一定的标准作适当分类。而如何进行这种分类,则主要取决于该表的编报目的和会计信息的特征。

按流动性对资产负债表项目进行分类是目前世界上绝大多数国家采用的分类方法,也是国际会计准则理事会所推崇的分类方法。

1.资产项目的分类及列报

按我国财务报表列报准则规定,资产应当按照流动资产和非流动资产两大类别在资产负债表中列示,在流动资产和非流动资产类别下进一步按性质分项列示。流动资产类别中至少应当单独列示反映下列信息的项目:货币资金、交易性金融资产、应收款项、预付款项和存货等。而非流动资产类别下至少应当单独列示反映下列信息的项目:债权投资、其他债权投资、长期股权投资、投资性房地产、固定资产、生物资产、无形资产和递延所得税资产等。

资产项目在资产负债表中按流动性程度由强至弱顺序排列,流动性强的流动资产项目排列在前,流动性弱的非流动资产项目排列在后。

2.负债项目的分类及列报

按我国财务报表列报准则规定,负债应按照流动负债和非流动负债两大类别列示在资产负债表中,在流动负债和非流动负债类别下进一步按性质分项列示。流动负债类别下至少应当单独列示反映下列信息的项目:短期借款、应付款项、预收款项、应交税费、应付职工薪酬等。而非流动负债类别下至少应当单独列示反映下列信息的项目:长期借款、应付债券、长期应付款、预计负债和递延所得税负债等。

负债项目在资产负债表中按偿还期限由短至长顺序排列,偿还期限短的流动负债项目排列在前,偿还期限长的非流动负债项目排列在后。

3.所有者权益项目分类及列报

所有者权益项目在资产负债表中通常排列在负债项目之后,体现了所有者权益为剩余权益的性质。按财务报表列报准则规定,资产负债表中的所有者权益类至少应当单独列示反映下列信息的项目:实收资本(或股本)、其他权益工具、资本公积、其他综合收益、盈余公积和未分配利润等。

所有者权益项目在资产负债表上是按构成项目稳定性程度递减的顺序排列的,稳定性程度最高的实收资本排列在前,然后再依次列示其他权益工具、资本公积、其他综合收益、盈余公积和未分配利润项目。

13.2.3 资产负债表的格式

资产负债表表内各项目在表中不同的排列结构，就形成了各种各样的资产负债表格式。但无论采用何种格式，资产负债表表首上均要标明编报企业的名称、报表名称、编制日期和计量单位。

前已述及，资产负债表各项目一般是按流动性分类，在此分类基础上，根据各项目不同的排列方式，资产负债表的格式可分为账户式、报告式两种。

1. 账户式资产负债表

账户式资产负债表将报表分为左右两方，左方列示资产项目，右方列示负债和所有者权益项目，犹如 T 形账户的左右分列，左右两方合计数保持平衡。其简化格式如表 13-2 所示。

表 13-2　账户式资产负债表（简式）

流动资产	×××	流动负债	×××
非流动资产	×××	非流动负债	×××
		所有者权益	×××
资产总额	×××	负债及所有者权益总额	×××

账户式资产负债表的优点是资产和权益之间的平衡关系一目了然，因此，世界各国普遍采用这种格式，我国的资产负债表也采用此格式。

2. 报告式资产负债表

报告式资产负债表是将资产、负债和所有者权益项目采用垂直分列的形式进行排列。一般是将资产项目列示在表的上部，负债和所有者权益项目依次列示在表的下部。

根据所依据的会计等式的不同，通常又有两种格式：一种是依据"资产＝负债＋所有者权益"等式，即上边的资产项目总额与垂直排列在下边的负债及所有者权益项目总额保持平衡，其简化格式如表 13-3 所示；另一种是依据"资产－负债＝所有者权益"等式，即上边的资产项目总额与负债项目总额之差，与垂直排列在下边的所有者权益项目总额保持平衡，其简化格式如表 13-4 所示。

表 13-3　报告式资产负债表（简式）

流动资产	×××
非流动资产	×××
资产总额	×××
流动负债	×××
非流动负债	×××
所有者权益	×××
负债及所有者权益总额	×××

表 13-4　报告式资产负债表（简式）

流动资产	×××
非流动资产	×××
资产总额	×××
流动负债	×××
非流动负债	×××
负债总额	×××
资产减负债	×××
所有者权益	×××
所有者权益总额	×××

　　报告式资产负债表的优点是便于编制比较资产负债表，即在一张报表中，除列示本期数字外，还可以增设几个栏目，分别列示过去一期或几期的财务状况。其缺点是资产与负债及所有者权益的平衡关系不如账户式资产负债表来得那么清晰。

　　我国资产负债表的具体格式分别依一般企业、商业银行、保险公司、证券公司等企业类型予以规定，企业应当根据其经营活动的性质，确定其适用的资产负债表格式。我国一般企业的资产负债表的具体格式如表 13-5 所示。

表 13-5　资产负债表

编制单位：甲股份有限公司　　　　　　　　20×9 年 12 月 31 日　　　　　　　　单位：元

资　　产	期末余额	年初余额	负债和所有者权益 （或股东权益）	期末余额	年初余额
流动资产：			流动负债：		
货币资金	3 497000	1 635 000	短期借款	950 000	400 000
交易性金融资产	280 000		交易性金融负债		
应收票据			应付票据	565 000	
应收账款	433 000	179 000	应付账款	160 000	360 000
预付账款	12 000		预收账款		
其他应收款	150 000		应付职工薪酬	1 017 000	12 000
存货	2002400	921 400	应交税费	270 500	56 000
一年内到期的非流动资产			其他应付款	82 560	
其他流动资产			一年内到期的非流动负债	50 000	
流动资产合计	6 374 400	2 735 400	其他流动负债		
非流动资产：			流动负债合计	3 095 060	830 560
债权投资			非流动负债：		
其他债权投资			长期借款	1 000 000	50 000
其他权益工具投资			应付债券		
长期应收款			长期应付款		

续表

资　　产	期末余额	年初余额	负债和所有者权益 （或股东权益）	期末余额	年初余额
长期股权投资	400 000	400 000	预计负债		
投资性房地产			递延所得税负债		
固定资产	2005 000	2380 000	其他非流动负债		
在建工程	1200 000	1200 000	非流动负债合计	1 000 000	50 000
生产性生物资产			负债合计	4 095 060	880 560
使用权资产			所有者权益（或股东权益）：		
无形资产	308 000	140 000	实收资本（或股本）	5 200 000	5 200 000
开发支出			其他权益工具		
商誉			资本公积	148 840	148 840
长期待摊费用			其他综合收益		
递延所得税资产			盈余公积	534 750	505 000
其他非流动资产			未分配利润	308 750	121 000
非流动资产合计	3 913 000	4 120 000	所有者权益（或股东权益）合计	6192 340	5 974 840
资产总计	10 287 400	6 855 400	负债和所有者权益（或股东权益）总计	10 287 400	6 855 400

13.2.4　资产负债表的编制

视频　资产负债表的编制

　　财务报表的编制主要依赖于企业审核无误的账簿记录，但是财务报表中的项目与账簿中的会计科目并非完全一致，账簿记录要转化为报表信息仍需进行一系列再加工处理工作，如分类、合并、汇总、计算，等等。

　　就资产负债表的编制而言，如前所述，资产负债表是反映企业报告期末财务状况情况的财务报表，是一张静态报表，在账簿体系中，静态信息表现为账户的期末余额。因此，资产、负债及所有者权益类账户的期末余额是编制资产负债表的信息源。

　　资产负债表通常设立"年初余额"和"期末余额"两栏，通过前后两期数据的比较，报表使用者可以依据项目的动态变化，分析企业财务状况的变化趋势。

　　1."年初余额"栏的填列

　　资产负债表"年初余额"栏内各项数字，应根据上年年末资产负债表"期末余额"栏内所列数字填列。如果上年度资产负债表规定的各个项目的名称和内容同本年度不相一致，应对上年年末资产负债表各项目的名称和数字按照本年度的规定进行调整，按调整后的数字填入表中"年初余额"栏内。

　　2."期末余额"栏各项目的内容和填列

　　资产负债表中"期末余额"栏内各项数字，总的来说应根据有关资产、负债和所有者权益账户的期末余额填列，其中有些项目可直接根据有关账户余额填列，而有些项目则需要经过分析或调整计算后填列，具体填列方法概括如下。

（1）根据某一总账账户余额直接填列

资产负债表中可直接根据某一总账账户余额填列的项目较多，除下述其他几种填列方法所涉及的项目外，其余项目一般均应采用这种填列方法。

如"其他权益工具投资""递延所得税资产""短期借款""应付票据""递延所得税负债""实收资本""资本公积""其他综合收益""盈余公积"等项目，应根据各相关总账账户余额直接填列。

（2）根据若干个总账账户余额分析计算填列

这种方法是将若干个总账账户的余额加以分析归并后填列于某项目。

如"货币资金"项目需根据"库存现金""银行存款""其他货币资金"总账账户余额的合计数填列。

（3）根据有关明细账账户的余额分析计算填列

按照资产项目和负债项目的金额不能相互抵消的列报要求，企业发生的应收账款与预收账款、应付账款和预付账款，应根据其有关明细分类账户余额分析计算填列。

如"应收账款"项目，需要根据"应收账款"和"预收账款"两个总账所属的相关明细账户的期末借方余额合计数计算填列；"预收账款"项目，需要根据"预收账款"和"应收账款"两个总账所属的相关明细账户的期末贷方余额合计数计算填列；"应付账款"项目，需要根据"应付账款"和"预付账款"两个总账所属的相关明细账户的期末贷方余额合计数计算填列；"预付账款"项目，需要根据"预付账款"和"应付账款"两个总账所属相关明细账户的期末借方余额合计数计算填列。

（4）根据总账账户和明细账账户的余额分析计算填列

资产负债表中的某些非流动资产项目和非流动负债项目，需要根据有关总账账户和明细账户的余额分析计算后填列，以便反映企业资产和负债的流动性所发生的变化。

如"长期借款"项目，需根据"长期借款"总账账户余额扣除"长期借款"账户所属的明细账户中将在资产负债表日起一年内到期且企业不能自主地将清偿义务展期的长期借款后的金额计算填列。此外，资产负债表中"应付债券""长期应付款"这些非流动负债项目及"债权投资""长期应收款"等非流动资产项目也采用这种方法填列。

（5）根据有关账户余额减去其备抵账户余额后的净额填列

对计提了减值准备及计提了折旧或计提了摊销的资产项目，均应根据相关资产账户的期末余额，减去各自相应的备抵账户的期末余额和累计折旧或累计摊销账户的期末余额后的净额填列。

如资产负债表中的"应收账款"项目应根据"应收账款"和"预收账款"明细账户的期末借方余额减去"坏账准备"账户余额后的净额填列；"长期股权投资"项目，应根据"长期股权投资"账户的期末余额减去"长期股权投资减值准备"账户余额后的净额填列；"固定资产"项目，应根据"固定资产"账户的期末余额减去"累计折旧""固定资产减值准备"账户余额后的净额填列；"无形资产"项目，应根据"无形资产"账户的期末余额，减去"累计摊销""无形资产减值准备"账户余额后的净额填列。

（6）综合运用上述填列方法分析填列

如资产负债表中的"存货"项目，需根据"原材料""库存商品""生产成本""委托加工物资""周转材料""材料采购""在途物资""发出商品""材料成本差异"等总账账户期末余额的分析汇总数，再减去"存货跌价准备"账户余额后的金额填列。

13.2.5 资产负债表的编制举例

【例 13-1】 甲股份有限公司为一般纳税企业,所得税税率为 25%,20×9 年流通在外的股份为 100 万股,其 20×9 年 1 月 1 日有关科目的余额如表 13-6 所示。

表 13-6 科目余额表

20×9 年 1 月 1 日　　　　　　　　　　　　　　　　　　单位:元

科目名称	借方余额	科目名称	贷方余额
库存现金	5 000	短期借款	400 000
银行存款	1 380 000	应付账款	360 000
其他货币资金	250 000	应付职工薪酬	12 000
应收账款	200 000	应交税费	56 000
原材料	70 000	其他应付款	2 560
库存商品	850 000	长期借款(2×10 年 5 月 1 日到期)	50 000
生产成本	1400	股本	5 200 000
长期股权投资	400 000	资本公积	148 840
固定资产	3 000 000	盈余公积	505 000
在建工程	1 200 000	利润分配—未分配利润	121 000
无形资产	200 000	坏账准备	21 000
		累计折旧	500 000
		固定资产减值准备	120 000
		累计摊销	60 000
合计	7 556 400	合计	7 556 400

该公司 20×9 年发生如下经济业务:

(1)销售产品一批,增值税专用发票上注明的价款为 600 000 元,增值税为 78 000 元,价款及税款已收妥入账。

(2)购入原材料一批,取得增值税专用发票上注明的价款为 500 000 元,增值税为 65 000元,共计 565 000 元,款项用商业汇票结算,材料尚未运达。

(3)上述购入原材料验收入库。

(4)从银行借入长期借款 1 000 000 元,借款已存入银行。

(5)购入不需要安装的机器一台,取得增值税专用发票上注明的价款为 400 000 元,增值税为 52 000 元,另支付运杂费计 5 000 元,以上款项均已以银行存款付讫,机器已交付使用。

(6)以银行存款购入专利权一项,支付买价 200 000 元,增值税为 12 000 元。

(7)以银行存款归还短期借款本金共计 250 000 元。

(8)被投资企业宣告分派现金股利 150 000 元,该股权投资采用成本法核算。

(9)购入股票作为交易性金融资产管理,用证券专户存款支付买价 200 000 元,交易费用为 4 000 元。

(10)销售产品一批,增值税专用发票上注明的价款为 800 000 元,增值税为 104 000 元,款项尚未收到。

(11)以银行存款预付下一年度报纸杂志订阅费 12 000 元。

(12)以银行存款支付产品广告费 20 000 元。

(13)收回应收账款 450 000 元,存入银行。

(14)购入原材料一批,取得增值税专用发票上注明的价款为 200 000 元,增值税为 26 000 元,货款及税款均已用银行存款支付,材料尚未验收入库。

(15)公司出售一台不需用设备,收到价款 500 000 元,增值税为 65 00 元,该设备原始价值为 650 000 元,已提折旧 200 000 元,已提减值准备 50 000 元。

(16)借入短期借款 800 000 元,款项已存入银行。

(17)基本生产车间生产产品领用原材料 400 000 元。

(18)以银行存款支付罚款支出 30 000 元。

(19)摊销无形资产价值共计 32 000 元。

(20)以银行存款支付应由本年负担的计入当期损益的利息费用 20 000 元。

(21)计提固定资产折旧共计 280 000 元,其中车间使用固定资产计提 160 000 元,公司行政管理部门使用固定资产计提 120 000 元。

(22)分配应支付的职工工资 1 005 000 元,其中生产工人工资 720 000 元,车间管理人员工资 151 000 元,行政管理人员工资 134 000 元。

(23)年末交易性金融资产的公允价值为 280 000 元。

(24)计算并结转本期完工产品成本 1 400 000 元。

(25)计提固定资产减值准备 100 000 元。

(26)计提坏账准备 200 000 元。

(27)以银行存款偿还应付账款计 200 000 元。

(28)结转本期产品销售成本共计 650 000 元。

(29)将各损益类账户发生额结转至"本年利润"账户。

(30)记录并结转所得税费用 122 500 元。

(31)将净利润转入"利润分配"账户。

(32)按税后利润的 10%提取法定盈余公积。

(33)向股东宣告分派现金股利 80 000 元。

(34)将利润分配各明细账户的余额转入"未分配利润"明细账户。

根据上述资料编制会计分录并根据会计分录登记 T 形账户。

首先,编制会计分录。

(1)借:银行存款　　　　　　　　　　　　　　　　　678 000
　　　贷:主营业务收入　　　　　　　　　　　　　　　　　600 000
　　　　　应交税费——应交增值税(销项税额)　　　　　　78 000

(2)借:在途物资　　　　　　　　　　　　　　　　　500 000
　　　应交税费——应交增值税(进项税额)　　　　　　65 000
　　　贷:应付票据　　　　　　　　　　　　　　　　　　565 000

(3)借:原材料	500 000	
贷:在途物资		500 000
(4)借:银行存款	1 000 000	
贷:长期借款		1 000 000
(5)借:固定资产	405 000	
应交税费——应交增值税(进项税额)	52 000	
贷:银行存款		457 000
(6)借:无形资产	200 000	
应交税费——应交增值税(进项税额)	12 000	
贷:银行存款		212 000
(7)借:短期借款	250 000	
贷:银行存款		250 000
(8)借:应收股利	150 000	
贷:投资收益		150 000
(9)借:交易性金融资产——成本	200 000	
投资收益	4 000	
贷:其他货币资金		204 000
(10)借:应收账款	904 000	
贷:主营业务收入		800 000
应交税费——应交增值税(销项税额)		104 000
(11)借:预付账款	12 000	
贷:银行存款		12 000
(12)借:销售费用	20 000	
贷:银行存款		20 000
(13)借:银行存款	450 000	
贷:应收账款		450 000
(14)借:在途物资	200 000	
应交税费——应交增值税(进项税额)	26 000	
贷:银行存款		226 000
(15)借:银行存款	565 000	
货:固定资产清理		500 000
应交税费——应交增值税(销项税额)		65 000
借:固定资产清理	400 000	
累计折旧	200 000	
固定资产减值准备	50 000	
贷:固定资产		650 000
借:固定资产清理	100 000	
贷:资产处置损益		100 000

(16) 借：银行存款　　　　　　　　　　　　　　　　800 000

　　　贷：短期借款　　　　　　　　　　　　　　　　　　800 000

(17) 借：生产成本　　　　　　　　　　　　　　　　400 000

　　　贷：原材料　　　　　　　　　　　　　　　　　　　400 000

(18) 借：营业外支出　　　　　　　　　　　　　　　 30 000

　　　贷：银行存款　　　　　　　　　　　　　　　　　　 30 000

(19) 借：管理费用　　　　　　　　　　　　　　　　 32 000

　　　贷：累计摊销　　　　　　　　　　　　　　　　　　 32 000

(20) 借：财务费用　　　　　　　　　　　　　　　　 20 000

　　　贷：银行存款　　　　　　　　　　　　　　　　　　 20 000

(21) 借：制造费用　　　　　　　　　　　　　　　　160 000

　　　　管理费用　　　　　　　　　　　　　　　　120 000

　　　贷：累计折旧　　　　　　　　　　　　　　　　　　280 000

(22) 借：生产成本　　　　　　　　　　　　　　　　720 000

　　　　制造费用　　　　　　　　　　　　　　　　151 000

　　　　管理费用　　　　　　　　　　　　　　　　134 000

　　　贷：应付职工薪酬　　　　　　　　　　　　　　　1 005 000

(23) 借：交易性金融资产——公允价值变动　　　　　 80 000

　　　贷：公允价值变动损益　　　　　　　　　　　　　　 80 000

(24) 借：生产成本　　　　　　　　　　　　　　　　311 000

　　　贷：制造费用　　　　　　　　　　　　　　　　　　311 000

　　　借：库存商品　　　　　　　　　　　　　　　1 400 000

　　　贷：生产成本　　　　　　　　　　　　　　　　　1 400 000

(25) 借：资产减值损失　　　　　　　　　　　　　　100 000

　　　贷：固定资产减值准备　　　　　　　　　　　　　　100 000

(26) 借：信用减值损失　　　　　　　　　　　　　　200 000

　　　贷：坏账准备　　　　　　　　　　　　　　　　　　200 000

(27) 借：应付账款　　　　　　　　　　　　　　　　200 000

　　　贷：银行存款　　　　　　　　　　　　　　　　　　200 000

(28) 借：主营业务成本　　　　　　　　　　　　　　650 000

　　　贷：库存商品　　　　　　　　　　　　　　　　　　650 000

(29) 借：本年利润　　　　　　　　　　　　　　　1 306 000

　　　贷：主营业务成本　　　　　　　　　　　　　　　　650 000

　　　　销售费用　　　　　　　　　　　　　　　　 20 000

　　　　管理费用　　　　　　　　　　　　　　　　286 000

　　　　营业外支出　　　　　　　　　　　　　　　 30 000

　　　　财务费用　　　　　　　　　　　　　　　　 20 000

　　　　资产减值损失　　　　　　　　　　　　　　100 000

　　　　信用减值损失　　　　　　　　　　　　　　200 000

```
    借:主营业务收入                                      1 400 000
       投资收益                                            146 000
       公允价值变动损益                                     80 000
       资产处置损益                                        100 000
       贷:本年利润                                                   1 726 000
(30)借:所得税费用                                         122 500
       贷:应交税费——应交所得税                                        122 500
    借:本年利润                                           122 500
       贷:所得税费用                                                   122 500
(31)借:本年利润                                           297 500
       贷:利润分配——未分配利润                                        297 500
(32)借:利润分配——提取盈余公积                              29 750
       贷:盈余公积                                                      29 750
(33)借:利润分配——应付股利                                  80 000
       贷:应付股利                                                      80 000
(34)借:利润分配——未分配利润                               109 750
       贷:利润分配——提取盈余公积                                       29 750
                  ——应付股利                                          80 000
```

其次,根据期初余额和上述会计分录,登记 T 形账户并结出期末余额。

库存现金	
期初余额　5 000	
期末余额　5 000	

银行存款			
期初余额　1 380 000		(5)　457 000	
(1)　678 000		(6)　212 000	
(4)　1 000 000		(7)　250 000	
(13)　450 000		(11)　12 000	
(15)　565 000		(12)　20 000	
(16)　800 000		(14)　226 000	
		(18)　30 000	
		(20)　20 000	
		(27)　200 000	
期末余额　3 446 000			

交易性金融资产	
(9)　200 000	
(23)　80 000	
期末余额　280 000	

原材料	
期初余额　70 000	(17)　400 000
(3)　500 000	
期末余额　170 000	

在途物资

期初余额　0	
(2)　500 000	(3)　500 000
(14)　200 000	
期末余额　200 000	

其他货币资金

期初余额　250 000	(9)　204 000
期末余额　46 000	

制造费用

(21)　160 000	(24)　311 000
(22)　151 000	

生产成本

期初余额　1 400	(24)　1 400 000
(17)　400 000	
(22)　720 000	
(24)　311 000	
期末余额　32 400	

应收账款

期初余额　200 000	(13)　450 000
(10)　904 000	
期末余额　654 000	

固定资产

期初余额　3 000 000	(15)　650 000
(5)　405 000	
期末余额　2 755 000	

应收股利

(8)　150 000	
期末余额　150 000	

固定资产清理

(15)　400 000	(15)　500 000
(15)　100 000	

预付账款

(11)　12 000	
期末余额　12 000	

无形资产

期初余额　200 000	
(6)　200 000	
期末余额　400 000	

累计折旧

(15)　200 000	期初余额　500 000
	(21)　280 000
	期末余额　580 000

长期股权投资

期初余额　400 000	
期末余额　400 000	

库存商品

期初余额	850 000	(28)	650 000
(24)	1 400 000		
期末余额	1600 000		

固定资产减值准备

(15)	50 000	期初余额	120 000
		(25)	100 000
		期末余额	170 000

坏账准备

	期初余额	21 000
	(26)	200 000
	期末余额	221 000

累计摊销

	期初余额	60 000
	(18)	32 000
	期末余额	92 000

应付账款

(27)	200 000	期初余额	360 000
		期末余额	160 000

短期借款

(7)	250 000	期初余额	400 000
		(16)	800 000
		期末余额	950 000

应付职工薪酬

	期初余额	12 000
	(22)	1 005 000
	期末余额	1 017 000

资本公积

	期初余额	148 840
	期末余额	148 840

应付票据

	(2)	586 000
	期末余额	565 000

主营业务收入

(29)	1 400 000	(1)	600 000
		(10)	800 000

应交税费

(2)	65 000	期初余额	56 000
(5)	52 000	(1)	78 000
(6)	12 000	(10)	104 000
(14)	26 000	(15)	65 000
		(30)	122 500
		期末余额	270 500

管理费用

(19)	32 000	(29)	286 000
(21)	120 000		
(22)	134 000		

	应付股利		
	期初余额　0		
	（33）　80 000		
	期末余额　80 000		

	财务费用		
（20）　20 000	（29）　20 000		

	长期借款		
	期初余额　50 000		
	（4）　1 000 000		
	期末余额　1 050 000		

	盈余公积		
	期初余额　505 000		
	（32）　29 750		
	期末余额　534 750		

	股本		
	期初余额　5 200 000		
	期末余额　5 200 000		

	所得税费用		
（30）　122 500	（30）　122 500		

	利润分配		
（32）　29 750	期初余额　121 000		
（33）　80 000	（31）　297 500		
（34）　109 750	（34）　29 750		
	（34）　80 000		
	期末余额　308 750		

	营业外支出		
（18）　30 000	（29）　30 000		

	主营业务成本		
（28）　650 000	（29）　650 000		

	资产处置损益		
（29）　100 000	（15）　100 000		

	销售费用		
（12）　20 000	（29）　20 000		

	本年利润		
（29）　1 306 000	（29）　1 726 000		
（30）　122 500			
（31）　297 500			

投资收益				资产减值损失			
(9)	4 000	(8)	150 000	(25)	100 000	(29)	100 000
(29)	146 000						

公允价值变动损益				信用减值损失			
(29)	80 000	(23)	80 000	(26)	200 000	(29)	200 000

再次,资产负债格式见表 13-5。

最后,资产负债表部分项目的金额计算如下:

(1)货币资金项目＝库存现金＋银行存款＋其他货币资金

$$＝5\ 000＋3\ 446\ 000＋46\ 000＝3\ 497\ 000(元)$$

(2)应收账款项目＝应收账款－坏账准备

$$＝654\ 000－221\ 000＝433\ 000(元)$$

(3)存货项目＝原材料＋在途物质＋库存商品＋生产成本

$$＝170\ 000＋200\ 000＋1\ 600\ 000＋32\ 400＝2\ 002\ 400(元)$$

(4)固定资产项目＝固定资产－累计折旧－固定资产减值准备

$$＝2\ 755\ 000－580\ 000－170\ 000＝2\ 005\ 000(元)$$

(5)无形资产项目＝无形资产－累计摊销

$$＝400\ 000－92\ 000＝308\ 000(元)$$

(6)长期借款项目＝长期借款－一年内到期的长期借款

$$＝1\ 050\ 000－50\ 000＝1\ 000\ 000(元)$$

13.3 利润表

13.3.1 利润表的性质和作用

利润表是反映企业一定期间经营成果的财务报表。企业在一定期间的经营成果表现为企业在该期间所取得的利润(或亏损),它是企业经济效益的综合体现。利润表提供的信息对于信息使用者进行各种经济决策至关重要,利润表的作用主要体现在以下几个方面:

(1)有助于分析、评价和预测企业的经营成果和获利能力。

(2)是企业经营成果分配的重要依据。

(3)是所有者评价企业管理绩效的主要手段。

(4)有助于管理者作出合理的经营管理决策。

13.3.2 利润表的格式及编制

依照收入、费用等项目在利润表上列示方法的不同,利润表通常可分为单步式利润表和多步式利润表两种格式。

1.单步式利润表

所谓单步式利润表,是指将所有的收入汇总相加,所有的费用也汇总相加,然后用收入合计数减去费用合计数,通过一个步骤计算出本期净利润的利润表格式。

单步式利润表的优点是表式直观、简单,易于理解,编制起来也比较方便。对所有的收入和费用项目均一视同仁,不分先后,可避免使人误认为收入与费用的配比有先后顺序。所提供的信息如何剖析解释,可按报表使用者需要,灵活掌握。

单步式利润表的缺点是不能向报表使用者提供较有意义的一些中间性信息,如营业毛利、营业利润、利润总额等,不利于进行分析比较。

2.多步式利润表

多步式利润表是指将净利润的计算分解为多个步骤,以产生一系列有关形成最终净利润的有意义的中间信息的利润表格式。对多步式利润表,应如何分步,各步骤的先后顺序如何,不同国家的规定并非完全相同。我国财务报表列报准则规定,企业应当采用多步式利润表,将不同性质的收入和费用类别进行对比,从而可以得出一些中间性的利润数据如营业利润、利润总额等,便于使用者理解企业经营成果的不同来源。

为了向信息使用者全面反映企业的财务业绩,在我国的利润表中除了揭示净利润的信息外,还需要列示企业在会计期间取得的其他综合收益的信息,以作为对净利润指标的扩展。所谓其他综合收益,是指根据企业会计准则规定未在当期损益中确认的各项利得和损失。按照财务报表列报准则规定,企业应当以扣除相关所得税影响后的净额在利润表上单独列示各项其他综合收益项目。综合收益总额项目反映企业获得的净利润和其他综合收益扣除所得税影响后的净额相加后的合计金额。因此,综合收益实质上是企业在一定时期内除所有者投资和对所有者分配等与所有者之间的资本业务之外的交易和事项所形成的所有者权益的变化额。

股票公开上市的公司,还应当在利润表中列示普通股每股收益信息,并在附注中详细披露计算过程,以便报表使用者评价公司的获利能力,供其作为投资决策参考。

多步式利润表弥补了单步式利润表的不足,可提供比单步式利润表更为丰富的信息,而且编制多步式利润表所增加的信息成本也较小,因此,世界上许多国家大多采用多步式利润表的格式。

我国一般企业利润表的基本格式如表 13-7 所示。

表 13-7 利润表

编制单位:甲股份有限公司　　　　　　　　20×9 年度　　　　　　　　　　　　单位:元

项　　目	本期金额	上期金额
一、营业收入	1 400 000	
减:营业成本	650 000	

续表

项　目	本期金额	上期金额
税金及附加		
销售费用	20 000	
管理费用	286 000	
研发费用		
财务费用	20 000	
其中:利息费用	20 000	
利息收入		
加:其他收益		
投资收益(损失以"一"号填列)	146 000	
其中:对联营企业和合营企业的投资收益		
公允价值变动收益(损失以"一"号填列)	80 000	
信用减值损失(损失以"一"号填列)	−200 000	
资产减值损失(损失以"一"号填列)	−100 000	
资产处置收益(损失以"一"号填列)	100 000	
二、营业利润(亏损以"一"号填列)	450 000	
加:营业外收入		
减:营业外支出	30 000	
三、利润总额(亏损总额以"一"号填列)	420 000	
减:所得税费用	122 500	
四、净利润(净亏损以"一"号填列)	297 500	
五、其他综合收益的税后净额		
六、综合收益总额	297 500	
七、每股收益		
(一)基本每股收益	0.2975	
(二)稀释每股收益	0.2975	

13.3.3　利润表的编制

案例 13-1　奥福环保增收不增利

利润表反映的是企业在某一期间的经营成果,是一张动态的财务报表。在账簿系统中,动态信息表现为账户的发生额,因此,利润表应根据反映本期收入、费用发生情况的损益类账户的发生额作为依据来编制。

根据财务报表列报准则的规定,企业需要提供比较利润表,以使报表使用者通过比较不同期间利润的实现情况,判断企业经营成果的未来发展趋势。所以,利润表各项目分"上期金额"和"本期金额"两栏分别填列。

1.“上期金额”栏填列

“上期金额”栏内各项数字,应根据上年该期利润表“本期金额”栏内所列数字填列。如果上年该期利润表规定的各个项目的名称和内容同本期不相一致,应对上年该期利润表各项目的名称和数字按本期的规定进行调整,填入利润表“上期金额”栏内。

2.“本期金额”栏填列

利润表“本期金额”栏内各项数字一般应根据损益类科目的发生额分析填列,具体编制方法说明如下:

(1)“营业收入”项目,反映企业经营主要业务和其他业务所确认的收入总额。本项目根据“主营业务收入”和“其他业务收入”科目的发生额分析填列。

(2)“营业成本”项目,反映企业经营主要业务和其他业务所发生的成本总额。本项目应根据“主营业务成本”和“其他业务成本”科目的发生额分析填列。

(3)“税金及附加”项目,反映企业经营业务应负担的消费税、城市建设维护税、资源税、土地增值税和教育费附加等相关税费。本项目应根据“税金及附加”科目的发生额分析填列。

(4)“销售费用”项目,反映企业在销售商品过程中发生的包装费用、广告费等费用和为销售本企业商品而专设的销售机构的职工薪酬、业务费等经营费用。本项目应根据“销售费用”科目的发生额分析填列。

(5)“管理费用”项目,反映企业为组织和管理生产经营发生的管理费用。本项目应根据“管理费用”总账科目所属明细科目中除“研发费用”明细科目之外的发生额分析填列。

(6)“研发费用”项目,反映企业进行研究与开发过程中发生的费用化支出,以及计入管理费用的自行开发无形资产的摊销。本项目应根据“管理费用”科目下的“研究费用”明细科目的发生额,以及“管理费用”科目下的“无形资产摊销”明细科目的发生额分析填列。

(7)“财务费用”项目,反映企业筹集生产经营所需资金等而发生的筹资费用。本项目应根据“财务费用”科目的发生额分析填列。其中,“财务费用”项目下的”利息费用”项目,反映企业为筹集生产经营所需资金等而发生的应予费用化的利息支出。“财务费用”项目下的“利息收入”项目,反映企业按照相关会计准则确认的应冲减财务费用的利息收入。

(8)“其他收益”项目,反映企业收到的与日常活动相关的政府补助形成的收益。本项目应根据“其他收益”科目的发生额分析填列。

(9)“投资收益”项目,反映企业以各种方式对外投资所取得的收益。本项目应根据“投资收益”科目的发生额分析填列。如为投资损失,本项目以“—”号填列。

(10)“公允价值变动收益”项目,反映企业应当计入当期损益的资产或负债公允价值变动收益。本项目应根据“公允价值变动损益”科目的发生额分析填列,如为净损失,本项目以“—”号填列。

(11)“信用减值损失”项目,反映企业对金融资产中应收款项、债权投资、其他债权投资等资产计提减值准备所形成的预期信用损失。本项目应根据“信用减值损失”科目发生额分析填列。

(12)“资产减值损失”项目,反映企业各项资产发生的减值损失。本项目应根据“资产减值损失”科目的发生额分析填列。

(13)"资产处置收益"项目,反映企业出售划分为持有待售的非流动资产或处置组时确认的处置利得或损失,以及处置未划分为持有待售的固定资产、在建工程及无形资产而产生的处置利得或损失,本项目应根据"资产处置损益"科目的发生额分析填列,如为处置损失,本项目以"一"号填列。

(14)"营业利润"项目,反映企业实现的营业利润。如为亏损,本项目以"一"号填列。

(15)"营业外收入"项目,反映企业发生的除营业利润以外的收益。本项目应根据"营业外收入"科目的发生额分析填列。

(16)"营业外支出"项目,反映企业发生的除营业利润以外的支出。本项目应根据"营业外支出"科目的发生额分析填列。

(17)"利润总额"项目,反映企业实现的利润。如为亏损,本项目以"一"号填列。

(18)"所得税费用"项目,反映企业应从当期利润总额中扣除的所得税费用。本项目应根据"所得税费用"科目的发生额分析填列。

(19)"净利润"项目,反映企业实现的净利润。如为亏损,本项目以"一"号填列。

(20)"其他综合收益的税后净额"项目,反映企业按会计准则规定未在当期损益中确认的各项利得和损失扣除所得税影响后的净额。应根据"其他综合收益"账户及其所属明细账的本期发生额分析填列。

(21)"综合收益总额"项目,应根据利润表中"净利润"项目和"其他综合收益的税后净额"项目的合计金额填列。

(22)"基本每股收益"项目,应根据每股收益准则规定计算的金额填列。

(23)"稀释每股收益"项目,应根据每股收益准则规定计算的金额填列。

13.3.4　利润表的编制举例

沿用本章13.2.5中【例13-1】资料,会计分录的编制及账户登记均见本章13.2.5相关内容,最终编制完成的利润表见表13-7。

13.4　现金流量表

13.4.1　现金流量表的性质和作用

现金流量表是反映企业在一定会计期间现金和现金等价物流入和流出情况的财务报表。

它是从现金的流入和流出两个方面,依次揭示企业一定会计期间发生的经营活动、投资活动和筹资活动对企业现金的影响,说明企业现金的来源及去向的情况。

现金流转情况对一个企业的生存和发展至关重要的影响,如果企业现金短缺,流转不畅,轻则会影响企业正常经营活动的顺利开展,重则可能危及企业生存,使企业无法持续经营下去,因此现金流量表所提供的现金流量信息是企业管理当局、投资者和债权人等会计信息使用者非常关注的信息,是对前述资产负债表和利润表所提供信息的必要补充。如前所述,为了反映企业在某一时点的财务状况和企业在一定期间的经营成果,应分别编制资产负债表和利润表。但资产负债表只能反映企业在特定时点的财务状况,即便将前后两期的资产负债表进行对比,也仅能说明财务状况变动的结果,而无法说明变动的原因。利润表虽能反映企业在一定时期通过经营活动、投资活动和筹资活动对企业业绩的贡献,但不能说明经营活动、投资活动和筹资活动的开展为企业创造的现金流量和企业为此付出的现金流量,至于那些不涉及损益的理财业务,利润表则根本不予反映。因此,资产负债表及利润表提供的信息已无法很好地满足外部信息使用者的需要,为弥补资产负债表和利润表在提供信息上的不足,现金流量表应运而生。报表使用者通过阅读现金流量表,可以:

(1)分析、评价和预测企业创造未来现金流量的能力。

(2)分析、评价和预测企业偿还债务、支付股利的能力。

(3)分析、评价和预测企业净收益与经营活动现金流量之间产生差异的原因,评价企业的利润质量。

13.4.2　现金流量表的编制基础

现金流量表是以现金为基础编制的。现金流量表所指的"现金",不是通常意义上的现金,它是一个广义的概念,通常包括现金和现金等价物两个部分。

由于现金及其等价物的内涵直接影响现金流量表的构成内容及其性质,各国准则制定机构均对现金和现金等价物的概念作了相应的界定。

我国《企业会计准则第 31 号——现金流量表》中规定:现金是指企业的库存现金以及随时用于支付的存款。具体包括如下方面。

1. 库存现金

库存现金是指企业存放在财会部门的随时可用于支付的现金,它与"库存现金"账户核算的内容相同。

2. 银行存款

银行存款是指企业存在银行或其他金融机构的随时可用于支付的存款。需要注意的是,银行存款中有些不能随时用于支付的存款,如不能随时支取的定期存款等,不应作为现金;提前通知金融企业便可支取的定期存款,则应包括在现金范围内。

3. 其他货币资金

其他货币资金是指企业存在银行具有特定用途的资金,包括外埠存款、银行汇票存款、银行本票存款、信用卡存款、信用证保证金存款和存出投资款等。

现金等价物是指企业持有的期限短、流动性强、易于转换为已知金额现金、价值变动风险很小的投资。这里所说的期限较短,一般是指从购买日起,3 个月内到期。现金等价物虽然不是现金,但其支付能力与现金差别不大,因此可视为现金。

具体到一个企业来说,哪些投资可以确认为现金等价物,需要根据具体情形加以判断。典型的现金等价物是自购买之日 3 个月内到期的短期债券投资。企业作为短期投资而购买的、市场上可以流通的股票,虽然期限短,变现能力强,但是其变现的金额并不确定,变现价值并不稳定,所以不属于现金等价物。

企业应当就现金等价物的确认作出明确规定,并加以披露。现金等价物的范围一经确定,不得随意变更,如果发生变更,应当按照会计政策变更处理。

13.4.3 现金流量及其分类

现金流量是指一定时期内企业现金流入和流出的数量。企业发生的经济活动按照性质不同可分为经营活动、投资活动和筹资活动三大类,依据每一类经济活动对现金流量的影响,可将现金流量相应地分为经营活动的现金流量、投资活动的现金流量和筹资活动的现金流量。

1. 经营活动的现金流量

经营活动是指企业投资活动和筹资活动以外的所有交易和事项。经营活动是企业最主要的业务活动,范围很广,就工商企业来说,经营活动主要包括销售商品、提供劳务、购买商品、接受劳务、支付税费等。

经营活动所产生的现金流量是企业现金流量的主体,属于企业现金的内部来源,据此可判断企业在不动用外部筹得资金的情况下,通过其经营活动产生的现金流量是否足以偿还贷款、维持其生产经营能力、派发股利以及进行对外投资。将有关企业以往经营活动所形成的现金流量构成的资料与其他资料结合起来,有助于预测其未来经营活动形成的现金流量。

按照《企业会计准则第 31 号——现金流量表》的规定,经营活动的现金流入项目主要包括:销售商品、提供劳务收到的现金;收到的税费返还;收到的其他与经营活动有关的现金。

案例 13-2 安培龙经营现金流持续为负

经营活动的现金流出项目主要包括:购买商品、接受劳务支付的现金;支付给职工以及为职工支付的现金;支付的各项税费;支付的其他与经营活动有关的现金。

应当注意的是:各类企业由于行业特点不同,对经营活动的认定会存在一定差异,在编制现金流量表时,应根据企业的实际情况,对现金流量进行合理的归类。

金融保险企业经营活动的性质和内容与工商企业存在着明显差异,导致其现金流量项目的归类也有其特殊性。例如,利息支出在工商企业应作为筹资活动,而在金融企业,利息支出是其经营活动的主要支出,应列入经营活动现金流量。再如,银行等金融企业吸收存款是其主要经营业务,应作为经营活动的现金流量反映。

2. 投资活动的现金流量

投资活动是指企业长期资产的购建和不包括在现金等价物范围内的投资及其处置活动。其中的长期资产是指固定资产、在建工程、无形资产、其他资产等持有期限在一年或一个营业周期以上的资产。由于已经将包括在现金等价物范围内的投资视同现金,所以将之排除在外。投资活动主要包括取得和收回投资,购建和处置固定资产、无形资产和其他长期资产等。

按规定,我国投资活动的现金流入项目主要包括:收回投资所收到的现金;取得投资收益所收到的现金;处置固定资产、无形资产和其他长期资产所收回的现金净额;收到的其他与投资活动有关的现金。

投资活动的现金流出项目主要包括:购建固定资产、无形资产和其他长期资产所支付的现金;投资所支付的现金;取得子公司及其他营业单位支付的现金净额;支付的其他与投资活动有关的现金。

3.筹资活动产生的现金流量

筹资活动是指导致企业资本及债务规模和构成发生变化的活动。这里所说的资本,包括实收资本(股本)、资本溢价(股本溢价)。这里所说的债务是指企业对外举债,包括向银行借款、发行债券以及偿还债务等。应付账款、应付票据等商业应付款等属于经营活动,不属于筹资活动。

按规定,我国筹资活动的现金流入项目主要包括:吸收投资所收到的现金;取得借款所收到的现金;收到的其他的与筹资活动有关的现金。

筹资活动的现金流出项目主要包括:偿还债务所支付的现金;分配股利、利润或偿付利息所支付的现金;支付的其他与筹资活动有关的现金。

13.4.4　现金流量表的格式

现金流量的分类构成了现金流量表的基本框架。一般来说,现金流量表的结构可分为三大部分:经营活动的现金流量、投资活动的现金流量和筹资活动的现金流量。

经营活动的现金流量是企业最重要的现金流量,它在本质上代表了企业自身产生现金的能力,故应列示在现金流量表的第一部分,这一部分的现金流量有"直接法"和"间接法"两种列示方法。

现金流量表的第二部分列示来自投资活动的现金流量。这一部分的列示方法较为简单,它直接将每项投资活动的现金流入量和流出量分别列示,然后相抵后确定来自投资活动的现金流量净额。

现金流量表的第三部分则列示来自筹资活动的现金流量。该部分的列示方法与投资活动一致,即分别反映每项筹资活动的现金流入量和流出量,相抵后确定来自筹资活动的现金流量净额。

来自经营活动、投资活动和筹资活动的现金流量净额的代数和,为企业会计期内现金的净增加数或净减少数,这一增加数或减少数,应与资产负债表上的现金及其等价物的期初数与期末数的差额相一致。

按照我国《企业会计准则第 31 号——现金流量表》的规定,一般企业的现金流量表格式如表 13-8 所示。

表 13-8　现金流量表

编制单位:A 股份有限公司　　　　　　　　20×9 年度　　　　　　　　　　　单位:元

项　　目	本期金额	上期金额
一、经营活动产生的现金流量:		
销售商品、提供劳务收到的现金		
收到的税费返还		
收到其他与经营活动有关的现金		
经营活动现金流入小计		
购买商品、接受劳务支付的现金		

续表

项　　目	本期金额	上期金额
支付给职工以及为职工支付的现金		
支付的各项税费		
支付其他与经营活动有关的现金		
经营活动现金流出小计		
经营活动产生的现金流量净额		
二、投资活动产生的现金流量：		
收回投资收到的现金		
取得投资收益收到的现金		
处置固定资产、无形资产和其他长期资产收回的现金净额		
处置子公司及其他营业单位收到的现金净额		
收到其他与投资活动有关的现金		
投资活动现金流入小计		
购建固定资产、无形资产和其他长期资产支付的现金		
投资支付的现金		
取得子公司及其他营业单位支付的现金净额		
支付其他与投资活动有关的现金		
投资活动现金流出小计		
投资活动产生的现金流量净额		
三、筹资活动产生的现金流量：		
吸收投资收到的现金		
取得借款收到的现金		
收到其他与筹资活动有关的现金		
筹资活动现金流入小计		
偿还债务支付的现金		
分配股利、利润或偿付利息支付的现金		
支付其他与筹资活动有关的现金		
筹资活动现金流出小计		
筹资活动产生的现金流量净额		
四、汇率变动对现金及现金等价物的影响		
五、现金及现金等价物净增加额		
加：期初现金及现金等价物余额		
六、期末现金及现金等价物余额		

　　除了现金流量表反映的信息外,企业还应在附注中用表格形式披露将净利润调节为经营活动现金流量、不涉及现金收支的重大的投资和筹资活动、现金及现金等价物净变动情况等信息。具体格式如表 13-9 所示。

表 13-9　现金流量表补充资料

补充资料	本期金额	上期金额
1.将净利润调节为经营活动现金流量:		
净利润		
加:资产减值准备		
固定资产折旧、油气资产折耗、生产性生物资产折旧		
无形资产摊销		
长期待摊费用摊销		
处置固定资产、无形资产和其他长期资产的损失(收益以"—"号填列)		
固定资产报废损失(收益以"—"号填列)		
公允价值变动损失(收益以"—"号填列)		
财务费用(收益以"—"号填列)		
投资损失(收益以"—"号填列)		
递延所得税资产减少(增加以"—"号填列)		
递延所得税负债增加(减少以"—"号填列)		
存货的减少(增加以"—"号填列)		
经营性应收项目的减少(增加以"—"号填列)		
经营性应付项目的增加(减少以"—"号填列)		
其他		
经营活动产生的现金流量净额		
2.不涉及现金收支的重大投资和筹资活动:		
债务转为资本		
一年内到期的可转换公司债券		
融资租入固定资产		
3.现金及现金等价物净变动情况:		
现金的期末余额		
减:现金的期初余额		
加:现金等价物的期末余额		
减:现金等价物的期初余额		
现金及现金等价物净增加额		

通过补充资料形式披露将净利润调节为经营活动现金流量的信息,有助于信息使用者从净利润和现金流量的伴随角度更全面地评价企业利润的质量。

不涉及现金收支的重大的投资和筹资活动的信息在现金流量表正表中无法揭示,但通过补充资料形式披露这部分信息还是很有必要的,这有助于信息使用者更好地预测企业未来现金流量。因为从现金流量角度看,这些不涉及现金收支的重大的投资和筹资活动虽然不影响企业当期的现金流入或流出,但会对企业未来期间的现金流量产生重大的影响。

13.4.5　现金流量表的编制方法

在编制现金流量表时,可以直接根据有关账户的记录或根据资产负债表、利润表并结合有关账户的记录等资料分析计算填列,通常将之称为分析填列法,也可采用其他技术手段如工作底稿法和 T 形账户法来编制。

1.经营活动产生的现金流量的列报方法

编制现金流量表时,经营活动现金流量的列报方法有两种,一是直接法,二是间接法。

(1)直接法

直接法是指按现金收入和现金支出的主要类别直接反映来自企业经营活动产生的现金流量的方法。

采用直接法报告企业经营活动产生的现金流量时,各个现金流入与流出项目的数据可以从会计记录中直接获取,也可以在利润表营业收入、营业成本等数据的基础上,通过分析调整后获取。

①"销售商品、提供劳务收到的现金"项目

本项目反映企业销售商品、提供劳务实际收到的现金,包括销售收入和应向购买者收取的增值税销项税额,具体包括:本期销售商品、提供劳务收到的现金,以及前期销售商品、提供劳务本期收到的现金和本期预收的款项,减去本期销售本期退回的商品和前期销售本期退回的商品支付的现金。企业销售材料和代购代销业务收到的现金,也在本项目反映。本项目可以根据"库存现金""银行存款""应收票据""应收账款""预收账款""主营业务收入""其他业务收入"科目的记录分析填列。

确定本项目的金额通常以利润表上的"营业收入"为起算点进行调整。利润表上列示的营业收入是按权责发生制确定的,其数额与销售商品、提供劳务收现数可能存在着较大的差异,这种差异主要来自销货所产生的应收账款、应收票据及预收账款增减变动的影响,因此,销售商品、提供劳务收现数应考虑上述因素后加以调整,调整公式为:

销售商品、提供劳务收现数=营业收入净额+(应收账款、应收票据期初数-应收账款、应收票据期末数)+(预收账款期末数-预收账款期初数)

需要注意的是,在具体运用此公式时还需考虑其他可能导致应收款项变动的因素,如本期注销的坏账损失、应收账款及应收票据的非现金收回等,这些均应减少销售商品、提供劳务收现数,此外,收回前期已注销的坏账损失应增加销售商品、提供劳务的收现数。

【例 13-2】　A 公司本期销售商品一批,开出的增值税专用发票上注明的销售价款为 1 400 000 元,增值税销项税额为 182 000 元,以银行存款收讫。应收账款期初余额为500 000

元,期末余额为 200 000 元。应收票据期初余额为 130 000 元,期末余额为 50 000 元。年度内核销的坏账损失为 30 000 元。

则该企业销售商品、提供劳务收到的现金＝1 400 000＋182 000＋(500 000－200 000－300 000)＋(130 000－50 000)＝1 932 000(元)

②"收到的税费返还"项目

本项目反映企业收到返还的各种税费,如收到的增值税、营业税、所得税、消费税、关税和教育费附加返还款等。本项目可以根据"库存现金""银行存款""营业税金及附加""营业外收入"等科目的记录分析填列。

③"收到的其他与经营活动有关的现金"项目

本项目反映企业除上述各项目外收到的其他与经营活动有关的现金,如罚款收入、经营租赁固定资产收到的现金、流动资产损失中由个人赔偿的现金收入、除税费返还外的其他政府补助收入等。其他与经营活动有关的现金,如果价值较大,应单列项目反映。本项目可以根据"库存现金""银行存款""管理费用""销售费用"等科目的记录分析填列。

④"购买商品、接受劳务支付的现金"项目

本项目反映企业购买材料、商品、接受劳务实际支付的现金,包括支付的货款以及与货款一并支付的增值税进项税额,具体包括:本期购买商品、接受劳务支付的现金,以及本期支付前期购买商品、接受劳务的未付款项和本期预付款项,减去本期发生的购货退回收到的现金。为购置存货而发生的借款利息资本化部分,应在"分配股利、利润或偿付利息支付的现金"项目中反映。本项目可以根据"库存现金""银行存款""应付票据""应付账款""预付账款""主营业务成本""其他业务成本"等科目的记录分析填列。

确定本项目的金额通常以利润表上的"营业成本"为基础进行调整。利润表上列示的营业成本是按权责发生制确认的,与购买商品、接受劳务付现数可能存在差异,这种差异主要来自购货引起的存货、应付账款、应付票据及预付账款的增减变动。因此,购买商品、接受劳务付现数应考虑上述因素后加以调整。调整公式为:

购买商品、接受劳务付现数＝营业成本＋(存货、预付账款期末数－存货、预付账款期初数)＋(应付账款、应付票据期初数－应付账款、应付票据期末数)

同样,在运用此公式时,也还需考虑一些引起应付款项变动的其他因素如应付账款及应付票据的非现金偿还数及引起存货变动的其他因素如本期计入制造费用的折旧费、计入生产成本和制造费用的工资及职工福利费等,这些均应减少购买商品、接受劳务付现数。

【例 13-3】 A 公司本期购买原材料一批,收到增值税专用发票上注明的材料价款为 200 000 元,增值税为 26 000 元,款项已通过银行转账支付。应付账款账户期初余额为 110 000 元,期末余额为 80 000 元。预付账款账户期初无余额,期末余额为 50 000 元。

则该公司购买商品、接受劳务支付的现金＝200 000＋26 000＋(110 000－80 000)＋50 000＝306 000(元)

⑤"支付给职工以及为职工支付的现金"项目

本项目反映企业实际支付给职工的现金以及为职工支付的现金,包括企业为获得职工提供的服务,本期实际给予各种形式的报酬以及其他相关支出,如支付给职工的工资、奖金、各种津贴和补贴等,以及为职工支付的其他费用,不包括支付给在建工程人员的工资。支付的在建工程人员的工资,在"购建固定资产、无形资产和其他长期资产所支付的现金"项目中反映。

企业为职工支付的医疗、养老、失业、工伤、生育等社会保险基金、补充养老保险、住房公积金,企业为职工交纳的商业保险金,因解除与职工劳动关系给予的补偿,现金结算的股份支付,以及企业支付给职工或为职工支付的其他福利费用等,应根据职工的工作性质和服务对象,分别在"购建固定资产、无形资产和其他长期资产所支付的现金"和"支付给职工以及为职工支付的现金"项目中反映。

本项目可以根据"库存现金""银行存款""应付职工薪酬"等科目的记录分析填列。

⑥"支付的各项税费"项目

本项目反映企业按规定支付的各项税费,包括本期发生并支付的税费,以及本期支付以前各期发生的税费和预交的税金,如支付的教育费附加、印花税、房产税、土地增值税、车船使用税、营业税、增值税、所得税等。不包括本期退回的增值税、所得税。本期退回的增值税、所得税等,在"收到的税费返还"项目中反映。本项目可以根据"应交税费""库存现金""银行存款"等科目分析填列。

⑦支付的其他与经营活动有关的现金

本项目反映企业除上述各项目外支付的其他与经营活动有关的现金,如罚款支出、支付的差旅费、业务招待费、保险费、经营租赁支付的现金等。其他与经营活动有关的现金,如果金额较大,应单列项目反映。本项目可以根据有关科目的记录分析填列。

(2)间接法

间接法是指以净利润为起算点,调整不涉及现金的收入、费用、营业外收支等有关项目,剔除投资活动、筹资活动对现金流量的影响,据此计算出经营活动产生的现金流量。由于净利润是按照权责发生制原则确定的,且包括了与投资活动和筹资活动相关的收益和费用,将净利润调节为经营活动现金流量,实际上是将按权责发生制原则确定的净利润调整为现金净流入,并剔除投资活动和筹资活动对现金流量的影响。

间接法是以利润表上的净利润作为调整起点,调整得到经营活动产生的现金流量。需要调整的项目可分为以下三类:一是不涉及现金收付的收入、费用项目;二是不属于经营活动的损益项目;三是与经营活动有关的非现金流动资产和流动负债项目的增减变动。

具体来说,主要涉及的调整项目有以下方面。

①"资产减值准备"项目

企业计提的各项资产减值准备包括在利润表中,属于利润的扣减项目,但没有导致现金流出,所以应予以调整加回。本项目可根据"资产减值损失"科目的记录分析填列。

②"固定资产折旧、油气资产折耗、生产性生物资产折旧"项目

企业计提固定资产折旧和油气资产折耗及计提生产性生物资产折旧会影响到企业的费用和成本增加,但不会导致现金流出,所以应予以调整加回。本项目可根据"累计折旧""累计折耗""生产性生物资产折旧"科目的贷方发生额分析填列。

③"无形资产摊销和长期待摊费用摊销"项目

企业计提无形资产摊销和摊销长期待摊费用会导致企业的费用和成本的增加,但不会导致现金流出,所以应予以调整加回。本项目可根据"累计摊销""长期待摊费用"科目的贷

方发生额分析填列。

④"处置固定资产、无形资产和其他长期资产的损失（减∶收益）"项目

企业处置固定资产、无形资产和其他长期资产发生的损益，属于投资活动产生的损益，所以若是处置损失应予以调整加回，若是处置收益应予以调整减去。本项目可根据"营业外收入""营业外支出"等科目所属有关明细科目的记录分析填列；如为净收益，以"－"号填列。

⑤"固定资产报废损失"项目

企业发生的固定资产报废损益，属于投资活动产生的损益，所以应予以调整加回。本项目可根据"营业外支出"等科目所属有关明细科目的记录分析填列。

⑥"公允价值变动损失"项目

企业发生的公允价值变动损益，通常与企业的投资活动或筹资活动有关，而且并不影响企业当期的现金流量，所以应予以调整。本项目应根据"公允价值变动损益"科目的发生额分析填列。如为公允价值变动损失，在将净利润调节为经营活动现金流量时，应当加回；如为公允价值变动收益，在将净利润调节为经营活动现金流量时，应当减去。

⑦"财务费用"项目

企业发生的财务费用中不属于经营活动的部分，应当予以调整加回，将其从净利润中予以剔除。本项目可根据"财务费用"科目的本期借方发生额分析填列；如为收益，则以"－"号填列。

⑧"投资损失（减∶收益）"项目

企业发生的投资损益属于投资活动产生的损益，所以应予以调整。如为投资净损失，在将净利润调节为经营活动现金流量时，应当加回；如为投资净收益，在将净利润调节为经营活动现金流量时，应当减去。本项目可根据利润表中"投资收益"项目的数字填列；如为投资收益，则以"－"号填列。

⑨"递延所得税资产减少（减∶增加）"项目

递延所得税资产减少或增加会使计入损益的所得税费用大于或小于实际缴纳的所得税款，所以递延所得税资产减少应予以调整加回，递延所得税资产增加应予以调整减去。本项目可以根据资产负债表"递延所得税资产"项目期初、期末余额分析填列。

⑩"递延所得税负债增加（减∶减少）"项目

递延所得税负债增加或减少会使计入损益的所得税费用大于或小于实际缴纳的所得税款，所以递延所得税负债增加应予以调整加回，递延所得税负债减少应予以调整减去。本项目可以根据资产负债表"递延所得税负债"项目期初、期末余额分析填列。

⑪"存货的减少（减∶增加）"项目

存货的减少或增加项目属于与经营活动有关的非现金流动资产项目的增减变动，所以应予以调整。本项目可根据资产负债表中"存货"项目的期初数、期末数之间的差额填列；期末数大于期初数的差额，以"－"号填列。

⑫"经营性应收项目的减少（减∶增加）"项目

经营性应收项目包括应收票据、应收账款、预付账款、长期应收款和其他应收款中与经营活动有关的部分，以及应收的增值税销项税额等，该项目属于与经营活动有关的非现金流动资产项目的增减变动，所以应予以调整。本项目应当根据有关科目的期初、期末余额分析填列；如为增加，则以"－"号填列。

⑬"经营性应付项目的增加(减:减少)"项目

经营性应付项目包括应付票据、应付账款、预收账款、应付职工薪酬、应交税费、应付利息、长期应付款、其他应付款中与经营活动有关的部分,以及应付的增值税进项税额等。本项目属于与经营活动有关的非现金流动负债项目的增减变动,所以应予以调整。本项目应当根据有关科目的期初、期末余额分析填列;如为减少,则以"一"号填列。

(3)直接法和间接法的比较

直接法较详细地列示了来自经营活动的各项现金流入和现金流出量,这将有助于分析企业经营活动产生的现金流量的来源和用途,预测企业现金流量的未来前景并正确评价企业的偿债能力和变现能力。因此,相对于间接法而言,直接法更能体现编制现金流量表的目的。

采用间接法编报现金流量表,则便于将净利润与经营活动产生的现金流量净额进行比较,了解净利润与经营活动产生的现金流量差异的原因,从现金流量的角度分析利润的质量。不足是该法未能揭示出经营活动的现金流入和流出量,因而不利于预测企业未来的现金流量。我国《企业会计准则第31号——现金流量表》规定,企业应当采用直接法编报现金流量表,同时要求在附注中提供以净利润为基础调节到经营活动现金流量的信息。

2.投资活动产生的现金流量的编制方法

(1)投资活动产生的现金流入项目

①"收回投资收到的现金"项目

本项目反映企业出售、转让或到期收回除现金等价物以外的交易性金融资产、持有至到期投资、可供出售金融资产、长期股权投资、投资性房地产而收到的现金。不包括债权性投资收回的利息、收回的非现金资产,以及处置子公司及其他营业单位收到的现金净额。债权性投资收回的本金在本项目中反映,债权性投资收回的利息不在本项目中反映,而在"取得投资收益所收到的现金"项目中反映。处置子公司及其他营业单位收到的现金净额单设项目反映。本项目可以根据"交易性金融资产""持有至到期投资""可供出售金融资产""长期股权投资""投资性房地产""库存现金""银行存款"等科目的记录分析填列。

【例 13-4】 A公司出售某项长期股权投资,收回全部投资金额 600 000 元,某项持有至到期投资到期,收回本金 400 000 元,利息 50 000 元,上述款项均已存入银行。

则该公司收回投资收到的现金=600 000+400 000=1 000 000(元)

②"取得投资收益收到的现金"项目

本项目反映企业因股权性投资而分得的现金股利,从子公司、联营企业或合营企业分回利润而收到的现金,因债权性投资而取得的现金利息收入。股票股利不在本项目中反映;包括在现金等价物范围内的债权性投资,其利息收入在本项目中反映。本项目可以根据"应收股利""应收利息""投资收益""库存现金""银行存款"等科目的记录分析填列。

③"处置固定资产、无形资产和其他长期资产收回的现金净额"项目

本项目反映企业出售固定资产、无形资产和其他长期资产所取得的现金,减去为处置这些资产而支付的有关费用后的净额。处置固定资产、无形资产和其他长期资产所收到的现金,与处置活动支付的现金,两者在时间上比较接近,以净额反映更能准确反映处置活动对现金流量的影响。由于自然灾害等原因所造成的固定资产等长期资产报废、毁损而收到的保险赔偿收入,在本项目中反映。如处置固定资产、无形资产和其他长期资产所

收回的现金净额为负数,则应作为投资活动产生的现金流量,在"支付的其他与投资活动有关的现金"项目中反映。本项目可以根据"固定资产清理""现金""银行存款"等科目的记录分析填列。

④"处置子公司及其他营业单位收到的现金净额"项目

本项目反映企业处置子公司及其他营业单位所取得的现金减去子公司或其他营业单位持有的现金和现金等价物以及相关处置费用后的净额。本项目可以根据有关科目的记录分析填列。

处置子公司及其他营业单位收到的现金净额如为负数,则将该金额填列至"支付其他与投资活动有关的现金"项目中。

⑤"收到的其他与投资活动有关的现金"项目

本项目反映企业除上述各项目外收到的其他与投资活动有关的现金。其他与投资活动有关的现金,如果价值较大,应单列项目反映。本项目可以根据有关科目的记录分析填列。

(2)投资活动产生的现金流出项目

①"购建固定资产、无形资产和其他长期资产支付的现金"项目

本项目反映企业购买、建造固定资产,取得无形资产和其他长期资产支付的现金,包括购买机器设备所支付的现金及增值税款、建造工程支付的现金、支付在建工程人员的工资等现金支出,不包括为购建固定资产、无形资产和其他长期资产而发生的借款利息资本化部分,以及融资租入固定资产所支付的租赁费。为购建固定资产、无形资产和其他长期资产而发生的借款利息资本化部分,在"分配股利、利润或偿付利息支付的现金"项目中反映;融资租入固定资产所支付的租赁费,在"支付的其他与筹资活动有关的现金"项目中反映,不在本项目中反映。本项目可以根据"固定资产""在建工程""工程物资""无形资产""库存现金""银行存款"等科目的记录分析填列。

②"投资支付的现金"项目

本项目反映企业进行权益性投资和债权性投资所支付的现金,包括企业取得的除现金等价物以外的交易性金融资产、持有至到期投资、可供出售金融资产而支付的现金,以及支付的佣金、手续费等交易费用。企业购买债券的价款中含有债券利息的,以及溢价或折价购入的,均按实际支付的金额反映。

企业购买股票和债券时,实际支付的价款中包含的已宣告但尚未领取的现金股利或已到付息期但尚未领取的债券利息,应在"支付的其他与投资活动有关的现金"项目中反映;收回购买股票和债券时支付的已宣告但尚未领取的现金股利或已到付息期但尚未领取的债券利息,应在"收到的其他与投资活动有关的现金"项目中反映。

本项目可以根据"交易性金融资产""持有至到期投资""可供出售金融资产""投资性房地产""长期股权投资""库存现金""银行存款"等科目的记录分析填列。

③"取得子公司及其他营业单位支付的现金净额"项目

本项目反映企业取得子公司及其他营业单位购买出价中以现金支付的部分,减去子公司或其他营业单位持有的现金和现金等价物后的净额。本项目可以根据有关科目的记录分析填列。

整体购买一个单位,其结算方式是多种多样的,如购买方全部以现金支付或一部分以现金支付而另一部分以实物清偿。同时,企业购买子公司及其他营业单位是整体交易,子公司

和其他营业单位除有固定资产和存货外,还可能持有现金和现金等价物。这样,整体购买子公司或其他营业单位的现金流量,就应以购买出价中以现金支付的部分减去子公司或其他营业单位持有的现金和现金等价物后的净额反映,如为负数,应在"收到其他与投资活动有关的现金"项目中反映。

④"支付的其他与投资活动有关的现金"项目

本项目反映企业除上述各项目外支付的其他与投资活动有关的现金。其他与投资活动有关的现金,如果价值较大的,应单列项目反映。本项目可以根据有关科目的记录分析填列。

3. 筹资活动产生的现金流量的编制方法

(1)筹资活动产生的现金流入项目

①"吸收投资收到的现金"项目

本项目反映企业以发行股票、债券等方式筹集资金实际收到的款项净额(发行收入减去支付的佣金等发行费用后的净额)。以发行股票等方式筹集资金而由企业直接支付的审计、咨询等费用不在本项目中反映,而在"支付的其他与筹资活动有关的现金"项目中反映;由金融企业直接支付的手续费、宣传费、咨询费、印刷费等费用,从发行股票、债券取得的现金收入中扣除,以净额列示。本项目可以根据"实收资本(或股本)""资本公积""库存现金""银行存款"等科目的记录分析填列。

②"借款收到的现金"项目

本项目反映企业举借各种短期、长期借款而收到的现金。本项目可以根据"短期借款""长期借款""交易性金融负债""应付债券""库存现金""银行存款"等科目的记录分析填列。

③"收到的其他与筹资活动有关的现金"项目

本项目反映企业除上述各项目外收到的其他与筹资活动有关的现金。其他与筹资活动有关的现金,如果价值较大的,应单列项目反映。本项目可根据有关科目的记录分析填列。

(2)筹资活动产生的现金流出项目

①"偿还债务所支付的现金"项目

本项目反映企业以现金偿还债务的本金,包括:归还金融企业的借款本金、偿付企业到期的债券本金等。企业偿还的借款利息、债券利息,在"分配股利、利润或偿付利息所支付的现金"项目中反映,不在本项目中反映。本项目可以根据"短期借款""长期借款""交易性金融负债""应付债券""库存现金""银行存款"等科目的记录分析填列。

②"分配股利、利润或偿付利息支付的现金"项目

本项目反映企业实际支付的现金股利、支付给其他投资单位的利润或用现金支付的借款利息、债券利息。不同用途的借款,其利息的开支渠道不一样,如在建工程、财务费用等,均在本项目中反映。本项目可以根据"应付股利""应付利息""利润分配""财务费用""在建工程""制造费用""研发支出""库存现金""银行存款"等科目的记录分析填列。

③"支付的其他与筹资活动有关的现金"项目

本项目反映企业除上述各项目外支付的其他与筹资活动有关的现金,如以发行股票、债券等方式筹集资金而由企业直接支付的审计、咨询等费用,融资租赁所支付的现金,以分期付款方式购建固定资产以后各期支付的现金等。本项目可以根据有关科目的记录分析填列。

13.5 所有者权益变动表

13.5.1 所有者权益变动表的性质和作用

所有者权益变动表是反映构成所有者权益的各组成部分当期的增减变动情况的财务报表。所有者权益变动表全面反映了企业一定时期内所有者权益变动的情况,不仅包括所有者权益总量的增减变动,还包括所有者权益增减变动的重要结构性信息,有助于报表使用者准确理解所有者权益增减变动的根源。

企业在一定会计期间内引起所有者权益变动的全部事项在该表中都能得到揭示,这些事项既包括引起所有者权益变动的综合收益,也包括当期所有者投入的资本和减少的资本、利润分配、所有者权益内部结构的变动,以及前期会计政策变更和差错更正的累积影响额等事项。

企业应当以矩阵的形式列示所有者权益变动表,一方面列示导致所有者权益变动的交易或事项,按所有者权益变动的来源对一定时期所有者权益变动情况进行全面反映;另一方面,按照所有者权益各个组成部分(包括实收资本、其他权益工具、资本公积、其他综合收益、盈余公积、未分配利润等)及其总额列示相关交易或事项对所有者权益的影响。

所有者权益变动表可以与资产负债表和利润表有关项目相互衔接,相互钩稽,起到连接资产负债表和利润表的作用。

13.5.2 所有者权益变动表的格式及编制

1.所有者权益变动表的格式

为了清楚地揭示构成所有者权益的各个组成部分当期的增减变动情况,所有者权益变动表应当以矩阵的形式来列示。其一般格式如表 13-10 所示。

2.所有者权益变动表的编制

所有者权益变动表各项目分为"上年金额"和"本年金额"两大栏,以提供比较信息。

"上年金额"栏内各项数字,应根据上年度所有者权益变动表"本年金额"栏内所列数字填列。如果上年度所有者权益变动表规定的各个项目的名称和内容同本年度不相一致,应对上年度所有者权益变动表各项目的名称和数字按本年度的规定进行调整,填入所有者权益变动表"上年金额"栏内。

"本年金额"栏内各项数字一般应根据"实收资本(或股本)""其他权益工具""资本公积""盈余公积""利润分配""以前年度损益调整"等科目的发生额分析填列。表格项目的反映内容及填列方法如下:

(1)"上年年末余额"项目,反映企业上年资产负债表中实收资本(或股本)、资本公积、其他综合收益、盈余公积、未分配利润的年末余额。

(2)"会计政策变更"和"前期差错更正"项目,分别反映企业采用追溯调整法处理的会计政策变更的累积影响金额和采用追溯重述法处理的会计差错更正的累积影响金额。

表 13-10　所有者权益变动表

编制单位:甲股份有限公司　　20×9 年度　　单位:元

项　目	本年金额							上年金额						
	实收资本（或股本）	资本公积	减:库存股	其他综合收益	盈余公积	未分配利润	所有者权益合计	实收资本（或股本）	资本公积	减:库存股	其他综合收益	盈余公积	未分配利润	所有者权益合计
一、上年年末余额	5 200 000	148 840			505 000	121 000	5 974 840							
加:会计政策变更														
前期差错更正														
二、本年年初余额	5 200 000	148 840			505 000	121 000	5 974 840							
三、本年增减变动金额（减少以"一"号填列）														
（一）综合收益总额						297 500	297 500							
（二）所有者投入和减少资本														
1. 所有者投入资本														
2. 股份支付计入所有者权益的金额														
3. 其他														
（三）利润分配														
1. 提取盈余公积					29 750	-29 750								
2. 对所有者（或股东）的分配						-80 000	-80 000							
3. 其他														

续表

项　目	本年金额							上年金额						
	实收资本（或股本）	资本公积	减：库存股	其他综合收益	盈余公积	未分配利润	所有者权益合计	实收资本（或股本）	资本公积	减：库存股	其他综合收益	盈余公积	未分配利润	所有者权益合计
（四）所有者权益内部结转														
1. 资本公积转增资本（或股本）														
2. 盈余公积转增资本（或股本）														
3. 盈余公积弥补亏损														
4. 其他														
四、本年年末余额	5 200 000	148 840			534 750	308 750	6 192 340							

为了体现会计政策变更和前期差错更正的影响,企业应当在上期期末所有者权益余额的基础上进行调整,得出本期期初所有者权益,根据"盈余公积""利润分配""以前年度损益调整"等科目的发生额分析填列。

(3)"本年的增减变动额"项目分别反映如下内容:

①"综合收益总额"项目,反映企业当年的综合收益总额,应根据当年利润表中的"其他综合收益的税后净额"和"净利润"项目填列,并对应列在"其他综合收益"和"未分配利润"栏。

②"所有者投入和减少资本"项目,反映企业当年所有者投入的资本和减少的资本。其中:

"所有者投入资本"项目,反映企业接受投资者投入形成的实收资本(或股本)和资本溢价或股本溢价,并对应列在"实收资本"和"资本公积"栏。

"股份支付计入所有者权益的金额"项目,反映企业处于等待期中的权益结算的股份支付当年计入资本公积的金额,并对应列在"资本公积"栏。

③"利润分配"下各项目,反映当年对所有者(或股东)分配的利润(或股利)金额和按照规定提取的盈余公积金额,并对应列在"未分配利润"和"盈余公积"栏。其中:

"提取盈余公积"项目,反映企业按照规定提取的盈余公积。

"对所有者(或股东)的分配"项目,反映对所有者(或股东)分配的利润(或股利)金额。

④"所有者权益内部结转"下各项目,反映不影响当年所有者权益总额的所有者权益各组成部分之间当年的增减变动。其中:

"资本公积转增资本(或股本)"项目,反映企业以资本公积转增资本或股本的金额。

"盈余公积转增资本(或股本)"项目,反映企业以盈余公积转增资本或股本的金额。

"盈余公积弥补亏损"项目,反映企业以盈余公积弥补亏损的金额。

根据【例13-1】提供的资料,可编制所有者权益变动表,如表13-10所示。

13.6　财务报表附注

13.6.1　财务报表附注的含义和作用

尽管前述的资产负债表、利润表、现金流量表以及所有者权益变动表分别从不同角度揭示了企业的财务状况、经营成果及现金流量变动等情况,但是仅凭借基本财务报表表内这些格式化、数字化的信息,还无法很好地满足信息使用者的需求。换言之,表内列报的信息具有局限性。为了更全面地了解企业的情况,信息使用者还需要利用和阅读财务报表附注。

财务报表附注是财务报表不可或缺的重要组成部分,它是对资产负债表、利润表、现金流量表和所有者权益变动表等财务报表中列示项目的文字描述或明细资料,以及对未能在这些报表中列示项目的说明。财务报表附注的作用主要在于扩充了财务报表信息的容量并提高了财务报表信息的质量。

资产负债表、利润表、所有者权益变动表等基本财务报表中的数字要受到企业所采用财务报表编制基础、会计政策和会计估计等的影响。不同的编制基础必然会采用不同的计价基础,相同的交易和事项采用不同的会计政策和会计估计将会导致不同的会计处理结果。通过在财务报表附注中对企业采用的报表编制基础、会计政策和会计估计进行披露,有助于信息使用者更好地理解基本财务报表揭示的信息的内涵;通过在附注中对企业采用的会计政策和会计估计变更进行披露,有助于提高会计信息的可比性。

资产负债表、利润表、现金流量表等基本财务报表是对企业财务状况、经营成果和现金流量的结构性表述,受到基本财务报表固定格式的限制,提供的信息高度浓缩和概括,而信息使用者往往还需要一些更为明细的信息为其所面临的各种决策服务,因此,通过在附注中披露对基本财务报表重要项目的构成或当期增减变动情况的说明,有助于信息使用者更好地理解报表项目。例如,资产负债表中虽然提供了"货币资金"的金额,但为了使信息使用者了解更详细的货币资金构成的信息,还需要在附注中披露货币资金中库存现金、银行存款和其他货币资金各自的金额。

基本财务报表表内项目的确认具有严格的确认标准,不符合表内确认因而无法在基本财务报表内揭示的事项可能对信息使用者客观和全面判断企业目前或未来财务状况、盈利能力也具有重要影响,如或有事项、资产负债表日后非调整事项等,因此,也需要通过附注的形式把这部分信息披露给信息使用者。

13.6.2　财务报表附注的主要内容

1.企业的基本情况

企业的基本情况包括:①企业注册地、组织形式、总部地址。②业务性质和主要经营活动。如企业所处的行业、所提供的主要产品和服务、客户的性质、销售策略和监管环境的性质等。③母公司以及集团最终母公司的名称。④财务报表的批准报出者和批准报出日。如果企业已经在财务报表的其他部分披露了财务报告的批准报出者和批准报出日信息,则无须重复披露。⑤营业期限有限的企业,还应当披露有关营业期限的信息。

2.财务报表的编制基础

财务报表的编制应当以持续经营为基础。在编制财务报表时,企业的管理当局应当对企业的持续经营能力进行评估,若因为某些事项的高度不确定性对持续经营能力产生重大怀疑时,应当在附注中披露导致对持续经营能力产生重大怀疑的影响因素;处于非持续经营状态下的企业,财务报表编制应当采用其他基础,并在附注中声明未以持续经营为基础,并披露其原因和采用的编制基础。

3.遵循企业会计准则的声明

企业应当声明编制的财务报表符合企业会计准则的要求,真实、完整地反映了企业的财务状况、经营成果和现金流量等信息,以此明确企业编制财务报表所依据的制度基础。

4.重要的会计政策和会计估计

会计政策是指企业在会计确认、计量和报告过程中所采用的原则、基础和会计处理方法。企业应根据自身企业的实际情况来选择最能客观和真实反映其财务状况、经营成果情况的会计处理方法作为其会计政策。由于选择不同的会计政策会产生不同的会计核算数据,进而影响财务报表上相关信息的揭示。因此,为了便于信息使用者更好地理解财务报表上的信息,企业在附注中应当披露其所采用的重要的会计政策,如存货发出计价方法、固定资产的折旧方法、长期股权投资的核算方法等。同时还需披露所采用的会计政策的确定依据,以便使信息使用者判断企业会计政策选择的合理性。

知识拓展 13-2
会计政策和会
计估计的变更

会计估计是指企业对结果不确定的交易或事项以最近可利用的信息为基础所作的判断。企业在附注中应当披露重要的会计估计,例如坏账准备的计提比例、固定资产预计使用寿命的估计和预计残值的估计等,与此同时,企业还应当披露会计估计中所采用的关键假设和不确定的因素。如固定资产可收回金额的计算需要根据其公允价值减去处置费用后的净额与预计未来现金流量的现值两者之间的较高者确定,而在计算资产预计未来现金流量的现值时要受企业对未来现金流量预测和折现率选择两个因素的影响,企业应当在附注中披露其对未来现金流量预测所采用的假设及依据、所选择的折现率为何是合理的等信息。

5.会计政策和会计估计变更以及差错更正的说明

企业一旦选定了会计政策,一般情况下,前后各期应当保持一致,不得随意变更。但是也不是绝对不能变更,若出现相关会计准则所规定的允许变更的情况时,应当予以变更,并在附注中进行相应披露,披露的内容主要包括:重要会计政策变更的内容、理由以及变更对企业财务状况和经营成果等所产生的影响(包括影响的项目和金额),若产生的影响数不能确定的,应披露这一事实和原因等。

若企业所作的会计估计发生了变更,也应在附注中披露:会计估计变更的内容、理由及变更对当期及未来期间所产生的影响数,若会计估计产生的影响数不能确定的,应披露这一事实和原因等。

重大会计差错是指足以影响财务报表使用者对企业财务状况、经营成果和现金流量作出正确判断的会计差错,通常应在附注中披露重大会计差错的内容(包括事项、原因和更正方法)以及更正金额等信息。

6.报表重要项目的说明

企业应当尽可能以列表形式披露报表重要项目的构成或当前增减变动的情况。对重要项目的明细说明,应当按照资产负债表、利润表、现金流量表和所有者权益变动表的顺序以及报表项目列示的顺序进行披露,应当以文字和数字描述相结合的方式进行披露,并与报表项目相互参照。

7.或有和承诺事项、资产负债表日后非调整事项、关联方关系及其交易等需要说明的事项

(1)或有事项

或有事项是指由过去的交易或者事项所形成的,其结果须由某些未来事项的发生或不发生才能决定的不确定事项。企业应当按照相关会计准则的规定,披露与或有事项有关的预计负债和或有负债情况,包括预计负债的种类、原因以及经济利益流出不确定性的说明等;或有负债的种类、原因以及经济利益流出不确定性的说明,或有负债预计产生的财务影响,无法预计影响的,应当说明其原因等。

(2)资产负债表日后非调整事项

资产负债表日后事项是指资产负债表日至财务报表批准报出日之间发生的有利或不利事项。资产负债表日后事项包括调整事项和非调整事项两类。调整事项是指资产负债表日

后至财务报表批准报出日之间发生的、能对资产负债表日已存在情况提供进一步证据的事项。非调整事项,是指资产负债表日后至财务报表批准报出日之间发生的、不影响资产负债表日的存在状况,但不加以说明将会影响财务报告使用者作出正确估计或决策的事项。例如,企业自资产负债表日至财务报告报出日之间发生的重大诉讼、承诺;资产价格、税收政策或外汇汇率发生重大变化;因自然灾害使资产发生重大损失;发行股票或债券以及其他巨额举债;发生企业合并或处置子公司;等等。

重要的非调整事项虽然与资产负债表日的财务报表数字无关,但可能会对资产负债表日以后的财务状况和经营成果产生较大的影响,因此,应对其在附注中进行披露,包括披露每项重要的资产负债表日后非调整事项的性质、内容及其对财务状况和经营成果的影响,无法作出估计的,应当说明原因。

(3)关联方关系及其交易

一方控制、共同控制另一方或对另一方施加重大影响,以及两方或两方以上同受一方控制、共同控制或重大影响的,构成关联方。关联方关系是指有关联的各方之间存在的内在联系。

关联方交易是指关联方之间转移资源、劳务或义务的行为,而不论是否收取价款。关联方交易形式多样,通常包括:购买或销售商品、购买或销售除商品以外的其他资产、提供或接受劳务、担保、租赁、提供资金往来(贷款或股权投资)、代理、研究与开发项目的转移、许可协议,等等。

企业财务报表应该披露所有关联方关系及其交易的相关信息,具体包括如下方面:首先,企业无论是否发生关联关系,均应在附注中披露与该企业之间存在控制关系的母公司和子公司有关的信息;其次,企业与关联方发生关联交易的,应当在附注中披露该关联方关系的性质、交易类型及交易要素,这些要素应包括:交易的金额,未结算项目的金额、条款和条件以及有关提供或取得担保的信息,未结算应收项目的坏账准备金额,定价政策。

8.有助于财务报表使用者评价企业管理资本的目标、政策及程序的信息

资本管理受行业监管部门监管要求的金融等行业企业,除遵循相关监管要求,比如我国商业银行遵循中国银保监会《商业银行资本管理办法(试行)》进行有关资本充足率等的信息披露之外,还应当在财务报表附注中披露有助于财务报表使用者评价企业管理资本的目标、政策及程序的信息。

【案例分析】如何看待 AF 公司净利润与经营活动现金净流量背离现象?

AF 公司是一家大型的家电制造厂商。20×0 年至 20×2 年是该公司快速发展的时期,无论是主营业务收入还是净利润都增长迅速,但从 20×3 年至 20×6 年,随着所处行业逐渐步入成熟期,其主打产品市场需求日趋饱和,AF 公司的业绩也随之迅速下滑,无论主营业务收入还是净利润从 20×3 年起一直呈现不断下降的趋势。但从 20×7 年起,该公司的财务报表显示其销售收入又有了较大的改观,比 20×6 年增长了 31 亿元,净利润也比 20×6 年增长了 0.87 亿元,但与销售收入和净利润大幅增长相背离的是其现金流量表所揭示的经营活动现金净流量的急剧下降。20×8 年继续延续了两者较大背离的现象。

表 13-11 列示了 AF 公司 20×6 年至 20×9 年间销售收入、净利润及经营活动现金净流量的金额比较。

表 13-11　AF 公司 20×6 年至 20×9 年有关项目比较
单位：亿元

项目	20×6 年	20×7 年	20×8 年	20×9 年
销售收入	95	126	141	115
净利润	0.89	1.76	2.50	−30.81
经营活动现金净流量	13.73	−29.73	−7.75	−3.12

AF 公司 20×7 年及 20×8 销售收入和利润的大幅增长主要来自与甲公司的销货业务，20×7 年至 20×9 年间债务人甲公司在 AF 公司应收账款中所占比例均高达 70％ 以上，AF 公司对甲公司坏账估计采用应收账款账龄分析法估计，财务报表附注揭示 AF 公司各账龄段坏账估计的比例远低于同行业平均水平，而作为公司主要债务人的甲公司在跟其他公司开展贸易往来时商业信誉一直不佳，时有拖欠巨额货款情况发生。20×9 年，AF 公司因对甲公司应收账款计提了高达 19.03 亿元的坏账准备而导致巨额亏损。

案例思考：

（1）思考企业净利润与经营活动现金流量为何会不一致，导致这两者不一致的因素可能有哪些？

（2）你认为 AF 公司净利润和经营性现金净流量的背离现象正常吗？其中可能隐含的事实是什么？

（3）你觉得应该如何正确认识企业净利润和经营活动现金净流量两者不一致的现象？

【本章小结】

财务报表是财务会计信息系统的最终产品，是提供财务信息的最主要的手段。它是企业以日常会计核算资料为主要依据编制的，是对企业财务状况、经营成果和现金流量的结构性表述。

完整的财务报表至少应当包括资产负债表、利润表、现金流量表、所有者权益变动表以及附注。

资产负债表是用来反映企业在某一特定日期（期末）财务状况的财务报表，揭示了企业期末资产、负债、所有者权益及其构成。利润表是反映企业一定期间经营成果的财务报表，揭示了企业特定时期收入的获得、费用的发生及其利润的构成情况，并提供反映企业获利能力的每股收益指标和企业综合收益的有关信息。现金流量表是反映企业在一定会计期间现金和现金等价物流入和流出情况的财务报表，它主要揭示了企业经营活动、投资活动和筹资活动所产生的现金流量，有助于信息使用者预测企业未来产生现金流量的能力，评价企业的支付能力和利润质量。而所有者权益变动表是反映构成所有者权益的各组成部分当期的增减变动情况的财务报表，全面揭示了引起企业净资产变化的事项及原因。

附注是财务报表不可或缺的重要组成部分，是对资产负债表、利润表、现金流量表和所有者权益变动表等报表中列示项目的文字描述或明细资料，以及对未能在这些报表中列示项目的说明等，其作用在于扩充了财务报表所提供信息的容量，提高了财务报表所提供信息的质量。

　　为了实现财务报表的编制目的,保证会计信息质量,最大限度地满足信息使用者的信息需求,企业财务报表的列报必须遵循企业会计准则提出的基本要求。

【练习题】

习题 1

开开公司 20×3 年 12 月 31 日有关账户期末余额如表 13-12 所示。

表 13-12　开开公司科目余额表

20×3 年 12 月 31 日　　　　　　　　　　　　　　　　　　　单位:元

账户名称	借方余额	贷方余额
库存现金	3 000	
银行存款	320 000	
其他货币资金	10 000	
应收账款——A 公司	2 500 000	
——B 公司	700 000	
——C 公司		1 000 000
原材料	2 000 000	
生产成本	700 000	
在途物资	1 500 000	
库存商品	400 000	
预付账款——D 公司	50 000	
——E 公司		20 000
坏账准备		84 000
固定资产	3 500 000	
累计折旧		500 000
固定资产减值准备		120 000
应付账款——甲公司		620 000
——乙公司	100 000	

要求:

根据上述资料填列出开开公司 20×3 年 12 月 31 日的资产负债表有关项目的金额。

习题 2

东风公司 20×4 年 1 月 1 日至 12 月 31 日有关损益类账户的累计发生额如表 13-13 所示。

表 13-13　东风公司科目发生额表

20×4 年度　　　　　　　　　　　　　　　　　　　　　　单位:元

账户名称	借方发生额	贷方发生额
主营业务收入		6 000 000
其他业务收入		500 000
营业外收入		100 000
管理费用	400 000	
销售费用	100 000	
财务费用	50 000	
营业税金及附加	85 000	
主营业务成本	3 200 000	
其他业务成本	260 000	
营业外支出	40 000	
资产减值损失	250 000	
公允价值变动损益	450 000	
投资收益		820 000
所得税费用	646 000	

要求:

根据上述资料为东风公司编制 20×4 年度的利润表。

习题 3

嘉实公司为一般纳税企业,适用的所得税税率为 25%,其 20×3 年 1 月 1 日有关会计科目的余额如表 13-14 所示。

表 13-14　科目余额表

20×3 年 1 月 1 日　　　　　　　　　　　　　　　　　　单位:元

科目名称	借方余额	科目名称	贷方余额
库存现金	10 000	短期借款	800 000
银行存款	3 160 000	应付账款	720 000
交易性金融资产	700 000	应付职工薪酬	24 000
应收账款	1 400 000	应交税费	12 000
原材料	140 000	其他应付款	22 320
库存商品	1 100 000	长期借款	200 000
应收票据	20 000	实收资本	10 400 000

续表

科目名称	借方余额	科目名称	贷方余额
长期股权投资	2 800 000	资本公积	297 680
固定资产	5 000 000	盈余公积	1 010 000
在建工程	400 000	利润分配——未分配利润	242 000
无形资产	400 000	坏账准备	42 000
		累计折旧	1 000 000
		固定资产减值准备	240 000
		累计摊销	120 000
合计	15 130 000	合计	15 130 000

该公司 20×3 年发生如下经济业务：

(1)销售产品一批,价款为 1 200 000 元,增值税为 156 000 元,货款及税款已收妥入账。

(2)从银行借入长期借款 2 000 000 元,借款已存入银行。

(3)购入不需要安装的机器一台,价款为 200 000 元,支付的增值税为 26 000 元,支付包装费、运杂费计 2 500 元,以上款项均已以银行存款付讫,机器已交付使用。

(4)购入原材料一批,价款为 500 000 元,增值税为 65 000 元,运杂费为 5 000 元,共计 590 000 元,款项均已以银行存款支付,材料已验收入库。

(5)应收票据到期,收到到期票款本金 20 000 元,已存入银行。

(6)购入股票作为长期股权投资,以银行存款支付价款 400 000 元,交易费用为 2 000 元。

(7)接受投资者甲以银行存款投入的资本共计 500 000 元。

(8)发行面值为 2 000 000 元的公司债券,发行价格为 2 500 000 元,发行款已存入银行。

(9)以银行存款偿还应付账款计 500 000 元。

(10)以银行存款预付下年度财产保险费 24 000 元。

(11)以银行存款支付产品广告费 45 000 元。

(12)以银行存款归还短期借款本金共计 600 000 元。

(13)收回应收账款 900 000 元,存入银行。

(14)购入原材料一批,材料价款为 1 000 000 元,增值税为 130 000 元,货款及税款均以银行存款付讫,材料尚未验收入库。

(15)公司出售一台不需用设备,收到价款为 800 000 元,增值税为 104 000 元,该设备原始价值为 1 500 000 元,已提折旧 500 000 元,已提减值准备 120 000 元。

(16)被投资企业实现净利 1 000 000 元,宣告分派现金股利 300 000 元,该股权投资采用权益法核算,嘉实公司的持股比例为 30%。

(17)销售产品一批,价款为 1 600 000 元,增值税为 208 000 元,款项尚未收到。

(18)向希望工程捐款 100 000 元。

(19)基本生产车间生产产品领用原材料 60 000 元,车间管理一般耗用 2 000 元。

(20)从银行存款购入专利权一项,支付买价 500 000 元,增值税为 30 000 元。

(21)以银行存款支付新产品开发过程中发生的支出共计750 000元,该支出符合资本化条件。

(22)计提固定资产折旧共计560 000元,其中生产部门使用固定资产计提折旧计400 000元,行政管理部门使用固定资产计提折旧160 000元。

(23)分配应支付的职工工资2 010 000元,其中生产工人工资1 440 000元,生产部门管理人员工资302 000元,行政管理人员工资268 000元。

(24)摊销无形资产价值共计75 000元。

(25)本期生产产品均已完工,结转本期完工产品生产成本(假定期初和期末均无在产品)。

(26)结转本期产品销售成本共计1 000 000元。

(27)本期销售产品应缴纳的城市维护建设税为24 200元,教育费附加为10 800元。

(28)计提存货的跌价准备220 000元。

(29)计提应计入本期损益的借款利息共计25 000元,其中,短期借款利息为10 000元,长期借款利息为15 000元,该长期借款属到期还本付息借款。

(30)结转各损益类账户至"本年利润"账户。

(31)计算、记录应交所得税费用,并结转所得税费用账户。

(32)将净利润转入"利润分配——未分配利润"账户。

(33)按税后利润的10%提取盈余公积。

(35)向股东宣告分派现金股利120 000元。

(35)将利润分配各明细账户的余额转入"未分配利润"明细账户,结转本年利润。

要求:

根据上述资料为嘉实公司编制20×3年年末的资产负债表和20×3年度利润表和所有者权益变动表。

习题4

东方公司20×4年发生如下经济业务:

(1)采购材料支付货款200 000元。

(2)出售长期投资,取得银行存款500 000元。

(3)销售产品收到银行存款800 000元。

(4)发行普通股取得银行存款5 000 000元。

(5)支付现金股利200 000元。

(6)收回应收账款150 000元。

(7)借入长期借款1 200 000元。

(8)支付银行借款利息100 000元。

(9)用银行存款购买机器设备220 000元。

(10)支付生产工人工资80 000元。

(11)出售房屋取得银行存款600 000元。

(12)交纳所得税250 000元。

(13)收到债权投资利息收入60 000元。

(14)支付业务招待费90 000元。

要求:

(1)将上述经济业务产生的现金流量分别按经营活动产生的现金流量、投资活动产生的现金流量和筹资活动产生的现金流量进行归类。

(2)分别计算经营活动、投资活动和筹资活动的净现金流量。

在线自测

第14章

财务报表分析

■■■ 问题导入：四川长虹具有竞争能力吗？

　　四川长虹是老牌家电企业。在家电行业发生巨大变革的时代，四川长虹相比海尔、格力、美的等家电企业，发展得不尽如人意。2009年的四川长虹仍是国内彩电行业销量冠军，但在十年后其销量仅仅处于行业中游。据四川长虹2019年年报显示，其2019年1月份的线下市场销售量和销售份额占比仅为12.28%和11.51%，居国内彩电行业第四名，若是考虑其线上销量，其销量排名会更加靠后。那么从财务角度如何分析四川长虹的竞争能力与管理问题？表14-1、表14-2及表14-3分别是四川长虹2019年的资产负债表、利润表与现金流量表。报表是公司经营管理活动的最终产品。怎样根据报表合理分析公司的财务状况、经营成果？怎样与同行对比，发现一家公司值得改进的管理问题？本章将围绕这些问题展开。

表 14-1　合并资产负债表

2019 年 12 月 31 日　　　　　　　　　　　　　　　　　　　　　单位:元

项目	附注	2019 年 12 月 31 日	2018 年 12 月 31 日
流动资产：			
货币资金	六.1	19 489 909 290.66	16 872 491 055.26
交易性金融资产	六.2	658 434 812.96	
以公允价值计量且其变动计入当期损益的金融资产			272 326 398.84
衍生金融资产	六.3	112 412 013.71	
应收票据	六.4	2 720 871 576.10	6 101 638 734.72
应收账款	六.5	8 408 298 198.89	8 425 186 244.07
应收款项融资	六.6	2 071 860 155.17	
预付款项	六.7	1 528 364 916.72	2 098 192 383.66
其他应收款	六.8	861 732 592.81	585 285 733.21
其中:应收利息		104 645 129.96	129 481 883.88
应收股利		11 346 693.90	10 685 259.42
存货	六.9	15 937 214 041.37	14 112 723 937.03
一年内到期的非流动资产			
其他流动资产	六.10	547 589 398.20	1 978 312 783.42
流动资产合计		52 336 686 996.59	50 446 157 270.21
非流动资产：			
可供出售金融资产			256 598 555.61

续表

项目	附注	2019 年 12 月 31 日	2018 年 12 月 31 日
长期应收款	六.11	4 515 393 093.01	4 351 717 299.25
长期股权投资	六.12	2 743 411 743.19	2 625 206 550.02
其他非流动金融资产	六.13	255 149 453.54	
投资性房地产	六.14	268 312 230.61	235 092 415.98
固定资产	六.15	7 410 656 555.60	7 291 372 947.74
在建工程	六.16	1 019 473 992.19	834 010 387.80
使用权资产	六.17	4 381 928.31	
无形资产	六.18	4 379 743 201.46	4 145 678 140.05
开发支出	六.19	464 944 838.54	552 972 444.31
商誉	六.20	274 596 172.07	447 758 558.00
长期待摊费用	六.21	6 905 913.87	14 048 014.34
递延所得税资产	六.22	215 097 386.66	224 929 479.87
其他非流动资产	六.23	94 460 364.04	81 334 746.91
非流动资产合计		21 652 526 873.09	21 060 719 539.88
资产总计		73 989 213 869.68	71 506 876 810.09
流动负债：			
短期借款	六.24	17 319 474 418.17	15 742 122 035.63
以公允价值计量且其变动计入当期损益的金融负债			171 327 708.07
衍生金融负债	六.25	35 667 059.46	
应付票据	六.26	14 717 669 736.12	14 841 584 354.27
应付账款	六.27	9 527 024 967.41	9 323 539 880.70
预收款项	六.28	2 671 192 752.64	2 432 143 311.06
应付职工薪酬	六.29	656 543 782.32	566 909 881.62
应交税费	六.30	348 221 492.07	431 172 557.60
其他应付款	六.31	3 173 162 402.81	3 258 647 749.32
其中:应付利息		121 067 937.96	119 575 708.52
应付股利		132 905 543.98	132 038 026.59
一年内到期的非流动负债	六.32	19 274 000.82	739 013 651.50
其他流动负债	六.33	1 095 260 374.33	261 763 774.17
流动负债合计		49 563 490 986.15	47 768 224 903.94

续表

项目	附注	2019 年 12 月 31 日	2018 年 12 月 31 日
非流动负债：			
长期借款	六.34	1 165 939 827.95	101 920 000.00
应付债券			
租赁负债	六.35	1 815 330.44	
长期应付款	六.36	26 813 262.69	12 697 774.24
长期应付职工薪酬	六.37	210 124 869.74	225 983 227.31
预计负债	六.38	325 934 230.78	394 660 157.21
递延收益	六.39	655 222 974.99	674 927 392.85
递延所得税负债	六.22	54 529 773.96	53 133 003.69
其他非流动负债	六.40	849 770 000.00	849 770 000.00
非流动负债合计		3 290 150 270.55	2 313 091 555.30
负债合计		52 853 641 256.70	50 081 316 459.24
所有者权益（或股东权益）：			
实收资本（或股本）	六.41	4 616 244 222.00	4 616 244 222.00
资本公积	六.42	3 675 551 365.31	3 674 876 637.98
减：库存股			
其他综合收益	六.43	−4 318 746.33	4 656 996.41
专项储备	六.44	18 155 126.35	19 140 768.40
盈余公积	六.45	105 741 606.52	86 739 443.19
一般风险准备			
未分配利润	六.46	4 608 657 200.23	4 652 093 041.17
归属于母公司所有者权益（或股东权益）合计		13 020 030 774.08	13 053 751 109.15
少数股东权益	六.47	8 115 541 838.90	8 371 809 241.70
所有者权益（或股东权益）合计		21 135 572 612.98	21 425 560 350.85
负债和所有者权益（或股东权益）总计		73 989 213 869.68	71 506 876 810.09

表 14-2 合并利润表

2019 年 1—12 月　　　　　　　　　　　　　　　　单位：元

项目	附注	2019 年度	2018 年度
一、营业总收入		88 792 895 883.36	83 385 262 868.71
其中：营业收入	六.48	88 792 895 883.36	83 385 262 868.71

续表

项目	附注	2019 年度	2018 年度
二、营业总成本		88 612 643 451.35	82 846 749 268.75
其中:营业成本	六.48	78 569 479 689.03	72 985 786 687.65
税金及附加	六.49	506 730 763.89	559 096 608.69
销售费用	六.50	5 730 434 224.33	5 901 406 014.14
管理费用	六.51	1 689 607 150.11	1 555 805 488.05
研发费用	六.52	1 589 465 532.77	1 326 890 305.67
财务费用	六.53	526 926 091.22	517 764 164.55
其中:利息费用		904 436 112.08	658 553 906.14
利息收入		518 668 832.83	488 060 662.78
加:其他收益	六.54	577 664 771.71	414 563 249.56
投资收益(损失以"一"号填列)	六.55	252 514 164.22	85 696 342.52
其中:对联营企业和合营企业的投资收益		55 123 421.77	47 896 095.93
公允价值变动收益(损失以"一"号填列)	六.56	−1 791 223.38	112 102 285.95
信用减值损失(损失以"一"号填列)	六.57	−61 743 370.50	
资产减值损失(损失以"一"号填列)	六.58	−303 093 681.33	−358 374 404.65
资产处置收益(损失以"一"号填列)	六.59	12 187 645.91	119 257 488.44
三、营业利润(亏损以"一"号填列)		655 990 738.64	911 758 561.78
加:营业外收入	六.60	36 777 781.95	48 921 521.02
减:营业外支出	六.61	27 532 350.09	43 136 603.71
四、利润总额(亏损总额以"一"号填列)		665 236 170.50	917 543 479.09
减:所得税费用	六.62	330 914 959.82	256 845 396.22
五、净利润(净亏损以"一"号填列)		334 321 210.68	660 698 082.87

表 14-3　合并现金流量表

2019 年 1—12 月　　　　　　　　　　　　　　　　　　　　　　　　单位:元

项目	附注	2019 年度	2018 年度
一、经营活动产生的现金流量			
销售商品、提供劳务收到的现金		94 523 967 881.27	83 150 265 941.01
收到的税费返还		1 155 201 021.67	1 274 237 735.50
收到其他与经营活动有关的现金		680 860 041.76	746 971 283.22
经营活动现金流入小计		96 360 028 944.70	85 171 474 959.73
购买商品、接受劳务支付的现金		84 567 981 440.29	70 576 812 984.69

续表

项目	附注	2019 年度	2018 年度
支付给职工及为职工支付的现金		5 427 052 269.57	5 467 349 743.18
支付的各项税费		1 885 021 569.97	1 783 550 212.20
支付其他与经营活动有关的现金		2 914 461 077.78	2 919 307 716.42
经营活动现金流出小计		94 794 516 357.61	80 747 020 656.49
经营活动产生的现金流量净额		1 565 512 587.09	4 424 454 303.24
二、投资活动产生的现金流量			
收回投资收到的现金		6 910 535 496.51	7 867 498 121.40
取得投资收益收到的现金		84 038 148.25	175 687 632.43
处置固定资产、无形资产和其他长期资产收回的现金净额		140 890 088.35	177 534 629.38
处置子公司及其他营业单位收到的现金净额		137 974 226.24	
收到其他与投资活动有关的现金		5 470 435 063.11	3 387 878 668.59
投资活动现金流入小计		12 743 873 022.46	11 608 599 051.80
购建固定资产、无形资产和其他长期资产支付的现金		1 521 162 648.20	1 427 877 475.66
投资支付的现金		5 949 997 638.70	9 131 632 534.35
取得子公司及其他营业单位支付的现金净额		1 589 600.00	55 352 276.35
支付其他与投资活动有关的现金		4 943 069 208.91	3 744 690 319.75
投资活动现金流出小计		12 415 819 095.81	14 359 552 606.11
投资活动产生的现金流量净额		328 053 926.65	−2 750 953 554.31
三、筹资活动产生的现金流量			
吸收投资收到的现金		11 572 064.00	37 934 541.08
其中:子公司吸收少数股东投资收到的现金		11 572 064.00	37 934 541.08
取得借款收到的现金		24 516 594 750.37	21 215 812 430.34
收到其他与筹资活动有关的现金		60 387 097.59	45 697 902.00
筹资活动现金流入小计		24 588 553 911.96	21 299 444 873.42
偿还债务支付的现金		22 052 343 667.89	19 573 091 167.32
分配股利、利润或偿付利息支付的现金		1 642 066 446.66	1 538 195 958.81
其中:子公司支付给少数股东的股利、利润		167 842 148.88	175 444 848.60
支付其他与筹资活动有关的现金		156 421 027.05	869 744 196.21
筹资活动现金流出小计		23 850 831 141.60	21 981 031 322.34
筹资活动产生的现金流量净额		737 722 770.36	−681 586 448.92

项目	附注	2019 年度	2018 年度
四、汇率变动对现金及现金等价物的影响		21 916 048.89	12 902 782.30
五、现金及现金等价物净增加额		2 653 205 332.99	1 004 817 082.31
加：期初现金及现金等价物余额		15 287 286 095.94	14 282 469 013.63
六、期末现金及现金等价物余额		17 940 491 428.93	15 287 286 095.94

　　会计信息最终能为决策者所用才能真正发挥其价值。那么，决策者如何运用会计信息呢？本章通过会计报表的解读、财务比率的分析及盈余管理的关注三个方面介绍会计信息的有效使用，以合理评价公司的价值，提升决策的正确性。

14.1　会计报表的解读

　　财务报告是公司经济活动的高度浓缩，诸多数据纵横交错、关联互动，共同讲述企业发展过程中的故事。财务报告就是会计信息的载体，是外界对公司进行观察和透视的一个"窗口"。可见，解读财务报表是财务分析的基础环节。

14.1.1　资产负债表的解读

　　企业的家底殷实吗？资产负债表就是要解释企业的"底子"问题。资产负债表通过对企业所拥有或控制的经济资源及其具体分布，也即资产结构与资本结构的总体关注，综合反映企业资产规模与结构（流动/非流动）、负债规模与结构（短期/长期）以及所有者权益构成。

　　1.资产解读的重点：资产质量

　　（1）资产质量的总体关注

　　资产质量，是指资产的变现能力和增值能力（能被企业在未来进一步利用或与其他资产组合增值的盈利能力）。资产质量的好坏，主要表现在资产的账面价值量与其变现价值量或被进一步利用的潜在价值量（可以用资产的可变现净值或公允价值来计量）之间的差异上。高质量的资产，应当表现在容易变现并且能按照高于资产的账面价值变现或被企业进一步利用，或有较高的与其他资源组合增值的潜力。

　　资产质量分析，是通过对资产负债表的资产进行分析，了解企业资产质量状况，分析是否存在变现能力受限，如呆滞资产、坏账、抵押、担保等情况，确定各项资产的实际获利能力和变现能力。企业对资产的安排和使用程度上的差异，即资产质量的好坏，将直接导致企业实现利润、创造价值水平方面的差异，因此不断优化资产质量，促进资产的新陈代谢，保持资产的良性循环，是决定企业是否能够长久保持竞争优势的源泉。通过对企业资产质量的分析，能使各利益相关者对企业经营状况有一个全面、清晰的了解和认识。

　　资产按照其质量可以分为三类。第一类是资产的市场价值等于账面价值的资产，主要包括企业的货币资金。第二类是资产的市场价值低于账面价值的资产，可以称为不良资产。这些资产有以下几个方面：第一，短期债权，主要包括应收账款、其他应收款和部分应收票据。第二,部分交易性金融资产,主要是指市场价值有跌价趋势的企业短期投资。第三,部分存货,在企业的报表披露上,存货虽然可以计提存货跌价准备,一定程度反映了企业对其存货跌价(贬值)的认识。但还有认识是否充分以及市场价值不断变动等因素,报表信息使用者对存货质量进行分析时,还应该结合存货构成、存货周转情况及市场环境进行分析。第四,部分长期股权投资,为了揭示导致长期股权投资贬值的因素,企业应该计提长期投资减值准备,但报表使用者也要考虑计提的充分性。第三类是资产的市场价值高于账面价值的资产,是企业的高质量资产。这些资产有以下几个方面:第一,部分存货,对于制造业企业和商品流通企业,其主要经营与销售的商品就是存货。因此,其大多数的存货应该是按照高于账面价值的金额实现增值。第二,部分对外投资,主要指价值增值型的投资。从总体上来看,企业的对外投资应该是通过转让或者收回投资、持有并获得股利或者债权投资收益等方式来实现增值。第三,部分固定资产和生产性生物资产,企业的大部分固定资产和生产性生物资产都应该而且必须通过经营运用的方式实现增值,特别注意被充分利用于经营也是资产增值的主要标志。上述三项资产属于增值资产的一个共同原因是,财务会计的历史成本原则与稳健原则要求对有增值潜力的资产也以历史成本对外披露。当然,判断资产增值或减值的一个关键要求是应该结合市场环境及行业形势。

(2)资产质量的分项关注

①货币资金

货币资金,是指上市公司生产经营过程中停留在货币形态的资金,它具有可立即作为支付手段并被普遍接受等特性。资产负债表中反映的货币资产包括上市公司的库存现金、银行结算户存款、银行汇票存款、银行本票存款、信用证存款、信用卡存款和在途资金。其中,库存现金是流动性最大的货币资金。

分析公司货币资金质量,要注意上市公司日常货币资金的规模是否适当,是否足够维持上市公司经营活动的正常运转。从财务管理的角度看,过低的货币资金保有量将严重影响上市公司正常的经营活动,制约上市公司的发展;然而,过高的货币资金保有量在浪费投资机会的同时却会增加上市公司的筹资成本。简言之,上市公司过高的货币资金规模可能意味着上市公司丧失潜在投资机会,也可能表明上市公司的管理人员生财无道。

总结起来,货币资金由于其形态的特殊性,在会计上一般不存在估价问题,其价值永远等于各时点上的货币一般购买力。货币资金具有很强的变现能力,但是货币资金增值能力很弱,甚至存在贬值的趋势。也就是说,货币资金并不是高质量的资产。

②交易性金融资产

一般认为,交易性金融资产有活跃的交易市场,变现能力强。处于价值上升期,报表的公允价值较高;但公允价值会随着市价的波动而变化,因此应该密切关注市场行情的变化。

③应收票据

在我国企业采用商业汇票结算的实践中,通常采用银行承兑商业汇票的方式。这样,对于债权人而言,其债权的回收是有保障的。因此,现阶段我国企业的应收票据债权具有较高的质量。

在采用商业承兑汇票结算方式的条件下,企业应收票据的可收回性完全取决于债务企业的短期支付能力。其质量分析与下面应收账款质量分析相同。

④应收账款

应收账款的变现能力取决于应收账款的账龄以及债务人的偿债能力,在一定程度上是可预测的。应收账款不存在增值能力,由于存在发生坏账的可能性以及资金具有机会成本的特征,应收账款注定要以低于账面价值的价值量进行收回。因此,应收账款一般属于低质量资产,账龄较短、债务人短期支付能力较强的应收账款质量相对较高。

首先,对债权的账龄进行分析。这种方法通过对债权的形成时间进行分析,从而能够分别对不同账龄的债权判断其质量。对现有债权,应按欠账期长短进行分类分析。未过信用期或已过信用期但拖欠期较短的债权出现坏账的可能性比已过信用期较长时间的债权发生坏账的可能性小,见表 14-4。

表 14-4　账龄分析表

客户	未过信用期	已过信用期小于 3 个月	已过信用期大于 3 个月小于 1 年	已过信用期 1~3 年	已过信用期 3 年以上
甲乙丙丁					
合计					

其次,对债务人的构成进行分析。对债务人的构成分析,可以从几个方面进行。一是从债务人的区域构成分析。经济发展水平较高、法制建设条件较好以及特定的经济环境较好地区的债务人,一般具有较好的债务清偿心理,因而上市公司对这些地区的债权可收回性较强。二是从债务人的所有权性质来分析。不同所有制的上市公司,对其自身债务的偿还心态以及偿还能力有较大差异。三是从债权上市公司与债务人的关联状况分析。关联方彼此之间的债权债务方面的操纵色彩较强,对关联方债务人的债务偿还状况应该保有足够的重视。四是从债务人的稳定程度来分析。稳定债务人的偿债能力一般较好把握,而临时性或不稳定的债务人的偿债能力一般较难把握。

再次,对坏账准备处理恰当性的分析。企业会计准则给予企业自行确定坏账准备的计提方法和计提比例的空间,就给了部分企业利用坏账准备的不恰当计提来调节年度间的盈亏状况的机会。在这种情况下,企业坏账准备的计提是否恰当,还应该关注报表附注和审计报告关于坏账准备计提的措辞,如坏账准备计提比例有否重大变更等。

⑤存货

对存货质量进行分析可以从以下几个方面展开:

第一,对存货的物理质量分析。指的是存货的自然质量,即存货的自然状态。例如,商业上市公司的待售商品是否完好无损,制造业的产成品质量是否符合要求等。对存货的物理质量分析有助于分析其被利用价值和变现价值。

第二,对存货的时效状况分析。与时效性相关的上市公司存货是指那些被利用价值和变现价值与时间联系较大的上市公司存货。包括与保质期相联系的存货,如食品;与内容相联系的存货,如出版物、报纸杂志等。

第三,对存货的品种结构分析。不同品种的产品的盈利能力、技术状态、市场发展前景等都有较大的差异。

第四,对存货的毛利率走势及存货周转率进行分析。存货的毛利率在很大程度上体现了存货的可增值性。毛利率下降,或者意味着企业的产品在市场上的竞争力下降,或者意味着企业的产品生命周期出现了转折,或者意味着企业生产的产品面临着激烈的竞争。在周转一次可以产生毛利的情况下,在其他条件相同时,企业存货周转速度越高,一定时期的盈利水平也就越高。也即,存货毛利率大、存货周转率高的存货质量较高。

⑥长期股权投资

长期股权投资的质量分析可从两方面考虑。第一,对长期股权投资的构成进行分析。主要涉及对上市公司长期投资的方向(即投资对象、是否为上市公司)、投资规模、持股比例等进行分析。通过对上市公司投资对象的经营状况以及效益性方面的考察,判断上市公司投资的质量。第二,通过某些迹象判断。例如,我国《企业会计准则——投资》列举了投资质量下降的一些迹象。其中规定,对有市价的长期投资,其质量是否恶化可根据下列迹象判断:市价持续 2 年低于账面价值;该项投资暂停交易 1 年;被投资单位当年发生严重亏损;被投资单位持续 2 年发生亏损;被投资单位进行清理整顿、清算或出现其他不能持续经营的迹象。对无市价的长期投资,其质量是否恶化,根据下列现象判断:影响被投资单位经营的政治或法律环境的变化,如税收、贸易等法规的颁布或修订,可能导致被投资单位出现巨亏;被投资单位所供应的商品或提供的劳务因产品过时或消费者偏好改变而使市场的需求发生变化,从而导致被投资单位财务状况发生严重恶化;被投资单位所从事产业的生产技术或竞争数量发生变化,被投资单位已失去竞争能力;被投资单位财务状况、现金流量发生严重恶化。

总之,长期股权投资的增值能力受到多方面因素的影响,要综合分析。

⑦固定资产

第一,固定资产原值在年度内的结构变化可以在一定程度上反映企业固定资产的质量变化。各类固定资产在某会计期间的原值变化,不外乎增加、减少(投资转出、清理、转移类别等)。但是,由于特定企业生产经营状况的特点,企业对各类固定资产的结构有不同要求。企业在各个会计期间内固定资产原值的变化,应朝着优化企业内部固定资产结构、改善企业固定资产质量、提高企业固定资产利用效果的方向努力。因此,从企业年度内固定资产结构的变化与企业生产经营特点之间的吻合程度,就可以对企业固定资产质量的变化情况作出判断。

第二,固定资产的利用状况能反映其质量。固定资产的规模变化必须与相当的利用率和一定的效益增加相对应:得不到充分利用的固定资产,即使其物理质量再高,也应该属于不良资产;固定资产的利用如果不能产生一定的财务收益,也应将其列为不良资产。

上市公司固定资产的质量分析,要结合特定固定资产的技术状况、市场状况和上市公司对特定固定资产的使用目的等因素综合确定。有增值潜力的固定资产质量更高。

⑧无形资产

无形资产的质量,主要体现在特定上司公司内部的利用价值和对外投资或转让的价值上。由于技术更新不断加快,再加上自行研发无形资产具有费用化还是资本化划分的主观空间,所以企业的无形资产不一定属于高质量资产。

2.负债解读的重点:负债的压力

营运资本可以反映近期的债务压力大小。其计算公式为:

$$营运资本＝流动资产－流动负债$$

营运资本也称净营运资本。营运资本概念主要在研究企业的偿债能力和财务风险时使用。在企业总资产规模不变的前提下,企业的营运资本逐期下降,表明企业的偿债压力增加,风险加大。但这种理财模式也有其好处,即资金使用效益提高。相反,企业的营运资本逐期增加,可能表明企业资金闲置问题较突出,偿债压力较小。但要注意偿债压力小可能是表面现象,还要进一步明确两个方面,一是流动资产质量高,这已经在前面述及;二是要看负债的构成。

负债的构成主要关心强制性流动负债的大小。对企业短期偿债能力来说,能够真正影响企业现实偿债能力的是那些强制性债务,如当期必须支付的应付票据、银行借款、应付账款、应付股利以及契约性负债,对于预收账款、其他应付款、部分应付利息等,由于某些因素的影响,不必当期偿付,这样对短期付款的压力较小,属于非强制性债务。强制性流动负债越大,债务压力越大。

3. 所有者权益解读的重点:盈余积累

所有者权益,是指企业投资者对企业净资产的所有权,一般包括企业所有者投入的资本以及留存利润等内容。按照我国现行的企业会计准则,企业的所有者权益主要包括下列内容:①实收资本。包括国家、其他单位、个人对企业的各种投资。其实质是从法律上明确建立企业必须有的最低限额入资。②资本公积。主要是指企业收到投资者的出资额超出其在注册资本所占份额的部分,也包括直接计入所有者权益的利得和损失。资本公积增减发生的频率不高。③盈余公积。从净利润中提取的、具有特定用途的资金,包括法定盈余公积、任意盈余公积。④未分配利润。企业净利润分配后的剩余部分,即净利润中尚未指定用途的,归所有者所有的部分。

一般来说,实收资本仅仅代表公司成立时的实力状况。我们更关注的是公司历年盈余积累的大小。所有者权益中盈余公积和未分配利润的总额反映历年公司盈余积累的大小。它相对于利润表的好处在于利润表反映公司一年的盈利情况,而所有者权益中的盈余公积和未分配利润之和反映公司自成立至今的盈利情况,也就是说盈余积累直接影响一个公司的净资产家底的变化。

14.1.2　利润表的解读

利润表,是总括地反映企业在一定期间内企业盈利或亏损情况的会计报表,是企业经营过程的一个录像,从起点描述到终点。与资产负债表不同,利润表是一种动态的时期报表,主要内容是一定时期(月、季、年)的收入、成本、费用和损失,以及由此计算出来的企业利润。

利润表解读的关键在于把握利润质量。判断企业利润质量的两个主要标准为利润的可持续性与经营现金流的充分性。第一标准反映企业利润的来源是否稳定,第二标准反映企业利润背后是否有现金流量。我们将从企业利润形成过程对利润的可持续性进行考察,有关利润背后现金流量的充分性将在现金流量表的解读中分析。

企业的利润从哪里来直接影响着利润的质量。利润主要是由营业收入、投资收益、营业外收入带来的,营业收入又由主营业务收入和其他业务收入构成。对生产经营企业,应以营业活动带来的利润为主,主营业务利润的下降可能预示危机,其他业务利润、投资收益的持续上升可能预示新的利润点的出现,但短期的其他业务利润、投资收益及高额的营业外净收入等只不过是昙花一现甚至可能是造假。下面按照利润形成过程对利润的主要构成项目进行分析。

1.营业收入

对企业的营业收入进行分析时,应从以下几个方面入手:

第一,企业营业收入的品种构成。从现在的情况来看,企业大多从事多种商品或劳务的经营活动。在从事多品种经营的条件下,企业不同品种商品或劳务的营业收入构成对信息使用者有十分重要的意义。占总收入比重大的商品或劳务是企业过去业绩的主要增长点。信息使用者还可以通过对体现企业过去主要业绩的商品或劳务的未来发展趋势进行分析,来判断企业的未来发展。

第二,企业营业收入的地区构成。当企业为不同地区提供产品或劳务的情况下,企业在不同地区商品或劳务的营业收入构成对信息使用者也有重要价值。占总收入比重大的地区是企业过去业绩的主要地区增长点。从消费者的心理与行为表现来看,不同地区的消费者对不同品牌的商品具有不同的偏好。不同地区的市场潜力则在很大程度上制约着企业的未来发展。

第三,部门或地区行政手段对企业业务收入的贡献。对于那些新兴产业,在其发展的初期阶段,是很需要部门或地区的行政手段支持的。在企业处于稳定的发展阶段或者企业所处的行业已经发展成熟的条件下,部门或地区行政手段的影响应当逐步淡化。但是,我国仍有一部分企业的业绩是靠部门或地区行政手段来实现的。通常,部门或地区行政手段对企业营业收入影响越大的企业,其形成的利润即使在过去是好的,未来发展前景也不一定乐观。

2.营业成本

营业成本与营业收入相关,是与已经确认了的营业收入相对应的成本。毛利＝营业收入－营业成本。企业必须有毛利,才有可能形成营业利润。因此,追求一定规模的毛利和较高的毛利率是企业的普遍心态,也是关注企业的信息使用者的普遍心理期望。收入与成本必须配比,所以分析时要关注数量配比、品种配比等。

企业的营业成本水平的高低,既有企业不可控的因素(如受市场因素的影响而引起的价格波动),也有企业可以控制的因素(如在一定市场价格水平条件下,企业可以通过选择供货渠道、采购批量等来控制成本水平)。所以,对企业营业成本的质量评价,要结合多种因素综合分析。

3.期间费用

销售费用与管理费用相对比较刚性,片面追求其降低有可能对企业的长期发展不利,而且这两大费用中的折旧费、摊销费等是企业以前某一会计期间已经支出的费用,不存在控制其支出规模的问题。对这类费用的处理更多地受企业会计政策的影响。因此,当管理费用与销售费用出现异常下降时,有可能是为了"提升"报表业绩延长了折旧与摊销的年限。

财务费用主要是企业经营期间发生的利息支出。企业贷款利息水平的高低,主要取决于三个因素:贷款规模、贷款利息率和贷款期限。第一,如果因贷款规模的原因导致计入利润表的财务费用下降,则企业会因此而改善盈利能力。但是,企业贷款规模的降低可能限制其发展,应主要关注有息负债与无息负债的结构,如果企业通过管理使得无息负债上升从而导致有息负债下降,这说明企业对上下游的控制能力有所加强。如果无息负债不变,而贷款规模单纯下降,对企业未来发展可能不利。第二,一定时期资本市场的供求关系、政府的信贷政策以及贷款企业的信誉等因素影响企业贷款利息率。如果贷款利率提高导致企业财务费用增加,对企业是一种直接的压力。第三,企业贷款期限对企业财务费用的影响主要表现在利率因素上,长期贷款的利率一般较高,因此贷款的期限结构也会影响利息费用。

4. 投资收益及公允价值变动收益

投资收益是企业对外投资所得的收益。这种收益的稳定性取决于投资项目的稳定性,一般投资于股票的投资收益具有明显的不确定性,这种投资收益占净利润的比例越高,则越不利于公司的可持续发展。例如,20×1 年 5 月,某人以每股 5 元的价格买入 2 000 万股股票,20×1 年 12 月 31 日以市场价每股 15 元的价格卖掉其中的 1 000 万股。这样获得的投资收益的 10 000 万元显然是不可持续的。因为股票的市场价格在不断变动,他也未必能通过低买高卖持续获利,而与长期股权投资相关联的投资收益则具有较好的持续性。

再看利润构成中的公允价值变动损益,承接上例,此人手中另有 1 000 万股股票没有卖掉,但由于股票市场价格上升,导致其确认了 10 000 万元的公允价值变动损益。这显然是不可持续的收益,可能明天股票市价就跌了,10 000 万元的公允价值变动损益就消失了,而且这部分收益只是反映在账面上的收益,根本没有实际的现金流入。

5. 资产减值损失及信用减值损失

资产减值损失的下降能导致企业利润的增加,但资产减值损失也会因为人为的估计因素带来下降,这样的下降导致的利润增加只是账面上的增减游戏,不能表达为利润的真实增加,更不能认为这种利润具有可持续性。如公司在前一年大幅计提资产减值损失,很可能导致第二年的少提或者不提甚至是转回部分减值损失,这样就会在账面上导致利润增加,这部分利润增加是会计估计甚至是会计操纵带来的,所以在分析时应该剔除这部分利润。

企业应当根据资产质量情况合理计提各项减值准备。但是,企业计提资产减值准备会受到企业的主观认识以及企业会计政策和会计估计选择的影响。在企业期望利润高估的会计期间,企业往往选择计提较低的准备金比例,因此,计提过低准备使企业利润得到保证,不应该太过信任。

6. 营业外收支

营业外收入是企业发生的与日常经营活动无直接关系的各项利得,来自企业偶然交易和事项,例如,企业接受捐赠、企业得到的各种形式的政府补贴等。营业外收入显然不具有持续性。同样,营业外支出是企业发生的与日常活动无直接关系的各项损失,如罚款支出、遭受自然灾害而计提的资产减值准备等。营业外支出也是偶然的,包括特殊事项引致的一次性支出。

根据以上分析,销售费用、管理费用以及财务费用的异常下降,偶然的投资收益,公允价值变动净收益和营业外收支是企业利润表中不可持续的项目。

上述不可持续的会计科目所对应的具体事项可以概括为非经常性损益。非经常性损益是指公司发生的与生产经营无直接关系,以及虽与生产经营有关,但由于其性质、金额或发生频率,影响了真实、公允地评价公司当期经营成果和获利能力的各项收入、支出。证监会确定的非经常性损益主要项目包括如下方面:①处置长期股权投资、固定资产、在建工程、无形资产、其他长期资产产生的损益。②越权审批或无正式批准文件的税收返还、减免。③各种形式的政府补贴。④计入当期损益的对非金融企业收取的资金占用费。⑤短期投资收益。但经国家有关部门批准设立的有经营资格的金融机构获得的短期投资损益除外。⑥委托投资损益。⑦扣除公司日常根据企业会计制度规定计提的资产减值准备后的其他各项营业外收入、支出。⑧因不可抗力因素,如遭遇自然灾害而计提的各项资产减值准备。⑨以前年度已经计提各项减值准备的转回。⑩债务重组损益。⑪资产置换损益。⑫交易价格显示公允的交易产生的超过公允价值部分的损益。⑬比较财务报表中会计政策变更对以前期间净利润的追溯调整。⑭中国证监会认定的符合定义规定的其他非经常性损益项目。

所以,在分析企业利润质量时,我们一定要剔除利润表中的非经常性损益,找出真正可持续的利润。一般来说,相对值得信赖的利润为:营业利润=营业收入-营业成本-税费-管理费用-财务费用-销售费用。它反映的是企业正常经营活动带来的持续、可预期现金流入的利润。因此,利润表中净利润为正不一定好,净利润为负也不一定差。关键是看企业净利润的构成来源。

14.1.3 现金流量表的解读

现金流量表报告会计主体在一定期间的现金流量状况。该报表说明现金从哪里来,是如何使用的,它反映现金余额变动的原因。从各大现金流量的数量分布透视出现金流量的质量。

具有较好质量的现金流量应当具有如下特征:

第一,稳定发展的企业经营活动现金流量应远远大于零,而且与经营活动带来的利润在金额上比较接近。在稳定发展阶段,企业经营活动的现金流量应该有足够的支付能力,并能为企业的扩张提供现金流量的支持。

第二,投资活动现金流量具有适配性。投资活动现金流量大于零,说明企业暂时没有扩张,而且可能在收缩;投资活动现金流量小于零,说明企业处在扩张阶段。无论是收缩还是扩张都应该符合企业发展战略的要求,并与其他现金流量相匹配。

第三,筹资活动现金流量具有适配性。即能够适应经营活动、投资活动对现金流的需求。高质量的筹资活动的现金流量应当表现为在时间上、金额上满足企业投资活动、经营活动的现金需求,而且要反过来指导投资活动的调整。筹资活动既要防止资金闲置,又要避免出现资金链断裂。

1.经营活动现金流量分析

经营活动产生的现金流量净额=经营现金流入量-经营现金流出量。经营现金流入量主要包括销售当期收现及应收账款的回收,经营现金流出量主要包括采购当期付现及偿还应付账款。如果经营现金流量净额为负数,说明企业的经营活动非但不能为企业创造良好

案例14-1 双良节能极限扩张显现金流承压

的现金流动性,反而增加了企业的负担。经营流量是企业的"造血系统",经营流量太低预示着企业的抗风险能力在降低。当然,如果企业还处于从事经营活动的初期,由于在生产阶段的各个环节都处于"磨合"状态,设备、人力资源的利用率相对较低,材料的消耗量相对较高,因而导致企业的成本消耗高。同时,为了扩大规模,企业可能需要投入大量资金,加大广告支出,放宽收款期限,从而可能使企业在这一时期"入不敷出"。上述原因造成的经

营活动现金流量净额为负是企业发展过程中难以避免的状态。值得注意的是，当企业利润表中的经营利润稳定且逐步上升，也就是企业正常经营时期，经营流量在下降，则表明企业经营竞争力已经开始下降。企业的收款速度被减慢，付款速度被加快，企业对上下游企业的讨价还价能力越来越弱。国外财务专家认为，经营活动产生的现金净流量为负数的时间不能太长，一个企业如果连续两年经营活动现金净流量为负数，他们认为这个企业不久将倒闭。

当经营活动产生的现金流量大于零，企业就有余力为投资等活动提供现金流量的支持。在这种状态下，企业经营活动产生的现金流量已经处于良好的运转状态。持续这种状态，企业经营活动产生的现金流量将对企业经营活动的稳定与发展、企业投资规模的扩大起到积极的推动作用。

2. 投资活动现金流量分析

投资活动现金流入主要包括：①收回投资收到的现金。企业出售、转让或到期收回除现金等价物以外的短期投资、长期股权投资而收到的现金，以及收回长期债券投资本金得到的现金。在分析现金流量表时，绝对不能盲目追求此项目的数额巨大，投资扩张是企业未来利润的增长点，缩小投资可能是因为企业在规避投资风险，也可能是因为企业资金紧张。②取得投资收益收到的现金。持有投资期间收回的收益或利息，包括现金股利、分得的利润、取得的现金利息等。③处置固定资产、无形资产和其他长期资产收到的现金净额。此项目的金额一般不大，如果金额过大，表明企业的产品结构将有所调整，或企业已经陷入深度危机，靠出售设备来维持经营。

投资活动的现金流出主要包括：①构建固定资产、无形资产和其他长期资产支付的现金（对内投资）。如果该项目支出小于处置固定资产的收入，则企业很可能在缩小生产规模或正打算退出某一行业，此时要进一步分析是企业自身的原因还是行业的原因，并对企业的未来进行预测。②投资支付的现金（对外投资）。这是企业进行权益性投资与债券性投资所支付的现金，包括买股票，买债券，联营等。投资方向应与企业的战略目标相一致。

投资活动现金净流量＝投资流入量－投资流出量。投资活动的现金净流量是正数或负数都是正常的，只要投资符合公司的发展战略和发展方向。企业投资活动现金净流量小于零，表明企业存在经营活动发展和企业扩张的内在需要，反映企业在扩张方面的尝试。但同时应关注企业投资的方向及投资风险。

如果投资活动现金流量大于零，则说明企业在投资方面的现金流入量大于流出量，除了利息收入等债权性投资的收入外，收到的现金可能是由于企业在本会计期间的投资回收活动的规模大于投资支出的规模，表明企业投资运作收效显著，投资回报及变现能力强。投资活动现金流量大于零也有可能是因为企业大规模变卖长期资产，未来的生产能力将受到严重影响，是企业转轨的前奏还是企业已陷入危机，要进行进一步分析。

3. 筹资活动现金流量分析

筹资活动，是指导致企业资本及债务规模和构成发生变化的活动。筹资活动现金流入量主要包括：①吸收投资收到的现金，也即投资者投入部分，如发行股票筹集到的现金。②发行债券收到的现金，也即负债获得现金。③取得借款收到的现金，也即负债获得现金，向银行或其他金融机构举债的各种短期、长期借款而收到的现金。

筹资活动现金流出主要包括：①偿还债务支付的现金，该项反映偿还债务的本金部分。

②分配股利、利润或偿付利息所支付的现金。

筹资活动现金净流量＝筹资流入量－筹资流出量。筹资活动产生的现金流量净额无论正负都可能是正常的。当企业需要资金时就会借钱或要求投资者依法注资,产生正的现金净流量;当企业还本付息时,就会产生负的现金净流量。

当筹资活动产生的现金流量大于零,说明企业通过发行股票、借债筹集的资金大于企业支付利润及还本付息的现金流出量。这一方面反映出企业通过银行、资本市场的筹资能力强,另一方面表明要密切注意企业资金的使用效果,防止到期无法支付本息。筹资活动现金流量大于零有两种可能,一是企业处于发展的起步阶段,投资需要大量资金,企业管理层可能为扩大投资和经营规模主动筹资;二是企业可能因投资活动和经营活动导致现金流出失控,不得已而为之。因此,分析企业筹资活动现金净流量大于零是否正常,关键要看企业的筹资活动是否已经纳入企业的发展规划,是不是企业管理层的主动行为。

筹资活动产生的现金流量小于零,意味着企业在吸收权益性投资及借款等方面收到的现金之和小于企业在偿还债务及分配股利等方面所支付的现金之和。企业筹资活动现金净流量小于零是否正常也要具体分析。一方面,现金净流量小于零可能是因为企业在本会计期间集中发生偿还债务、支付筹资费用、分配股利或利润等业务,说明企业经营活动与投资活动在现金流量方面运转较好、有能力完成上述各项支付。另一方面,筹资现金净流量小于零也可能是因为企业在银行信誉丧失,借不到钱,未来资金周转困难。

三大现金流量应该结合起来分析,如表 14-5 所示。

表 14-5　从三项活动的现金净流量的正负符号来分析企业财务状况

经营现金流量	投资现金流量	筹资现金流量	分析
正	正	正	经营健康,投资有收益或出现收缩,并利用筹资活动来增加现金,此时应该防止资金闲置,或者说明企业可能正在准备投资活动
	正	负	经营健康,投资有收益或收缩,负债率有所降低。说明企业比较正常,但也要注意收缩可能带来的负面影响
	负	正	经营健康,企业扩张,负债率上升。要注意扩张中未来现金流的协调性
	负	负	经营健康,企业扩张,然而企业负债率下降。说明企业运用经营活动净现金流量来增加固定资产或其他投资,并减少负债。要防止负债是被动降低的局面
负	正	正	经营失常,企业收缩,融资增加。说明企业经营出现问题,并希望通过筹资活动获取资金支持经营活动的复苏
	正	负	一般属于衰退期的流量特征
	负	正	一般属于初创期的流量特征
	负	负	经营失血,盲目扩张,银行压贷。注意盲目扩张导致资金链基本断裂的风险

14.2　财务比率的分析

解读报表是财务分析的第一步,而将企业的财务数据与同行进行比较有助于进一步分析公司的竞争地位。同行比较就有必要把数据转化为各种比率,因此比率分析能更进一步揭示报表数据背后的问题。财务报表中有大量的数据,可以组成许多有意义的比率。这些比率大体可以分为四个角度,包括偿债能力、资本结构、经营能力及盈利能力。

视频　四大财务比率

14.2.1　四类比率的分项分析

1.偿债能力分析

偿债能力,是指企业偿还到期债务(包括本息)的能力。偿债能力分析一般分为短期偿债能力分析和长期偿债能力分析。通常所考察的企业偿债能力是指企业的短期偿债能力。

短期偿债能力是指企业流动资产对流动负债及时足额偿还的保证程度,是衡量企业当前财务能力,特别是流动资产变现能力的重要标志。短期偿债能力的衡量指标可以分为存量指标和流量指标。存量指标包括营运资本、流动比率、速动比率和现金比率等,流量指标主要指现金流量比率。

前面在报表解读中曾经提及可以用营运资本来表达企业还债压力的大小,即营运资本＝流动资产－流动负债,营运资本越小,风险越大。

但营运资本的不足之处在于,营运资本是一个绝对量指标,不便于不同企业之间的比较。A 企业流动资产 1 000 万元,流动负债 800 万元,则营运资本为 200 万元。B 企业流动资产10 000万元,流动负债 9 800 万元,营运资本也为 200 万元,但它们的偿债能力显然不同。因此,在实务中很少直接运用营运资本这种绝对数作为偿债能力的指标,往往要用相对数即比率来分析。

(1)流动比率

流动比率,是指流动资产与流动负债的比率,表明企业每 1 元流动负债有多少流动资产作为偿还保障,反映企业用可在短期内转变为现金的流动资产偿还到期流动负债的能力。其计算公式为:

$$流动比率 = \frac{流动资产}{流动负债} \times 100\%$$

流动比率越高,企业短期偿债能力越强,债权人的权益就越有保证。如果流动比率过低,企业可能就难以偿还债务。运用流动比率要注意一些问题。首先,一般认为流动比率越高,企业偿债能力越强。但是,流动资产中包括了存货、应收账款等。流动比率高可能是由于存货积压、应收账款增加且收账期延长等不良资产增加所致,真正能够用来偿债的变现能力强的资产相当短缺,这样反而表明了企业偿债困难。也就是说,我们在考察企业流动比率时也要注重流动资产的质量。其次,过高的流动比率意味着企业的闲置资产持有量过多,造成企业机会成本的增加和获利能力的降低。第三,分析时必须考虑流动比率的行业差异。以往传统认为流动比率为2左右是合理的,但事实上并非如此,各个行业会相差很大,所以流动比率不存在统一的标准数值,将企业的流动比率与行业平均值比较有助于说明问题。

(2)速动比率

速动资产,是指可以在较短时间内变现的资产,包括货币资金、交易性金融资产和各种应收款项等。诸如存货、一年内到期的非流动资产及其他流动资产等,称为非速动资产。速动比率是企业速动资产与流动负债的比率,表明每1元流动负债由多少速动资产作为偿债保障。速动比率剔除了存货等变现能力较弱且不稳定的资产,从而比流动比率能够更准确、可靠地评价企业资产的流动性及其短期偿债能力。其计算公式为:

$$速动比率 = \frac{速动资产}{流动负债} \times 100\%$$

实务中经常使用的计算速动比率的公式为:

$$速动比率 = \frac{流动资产总额 - 存货}{流动负债总额} \times 100\%$$

该计算公式的缺点是分子(流动资产总额－存货)中包括了很多不良资产和虚拟资产,例如预付费用性质的预付账款、待处理资产损益、根本无法收回的应收账款等。它们都没有变现能力,这样的计算方法计算出来的速动比率即使很高,也无法保证企业偿还短期债务。

速动比率越高,企业偿还流动负债的能力越强。但速动比率偏高也会影响资金使用效益。以往传统认为速动比率为1是合理的,但事实上与流动比率一样,速动比率不存在统一的标准数值,各个行业会相差很大,所以将企业的速动比率与行业平均值比较有助于说明问题。而且同样要注意应收账款等资产的质量。

当然,我们并不认为速动比率低的企业一定无法偿债。如果企业存货销量正常,流转顺畅,变现能力强,即使速动比率较低,企业仍然有望偿还到期债务本息。

(3)现金比率

现金资产是流动性最强、可直接用于偿债的资产。现金资产包括货币资金、交易性金融资产等。它们与速动资产的区别在于,有些速动资产仍需要变现的过程,而它们本身就可以直接偿债。现金比率是指现金资产与流动负债的比率。其计算公式为:

$$现金比率 = \frac{现金资金 + 交易性金融资产}{流动负债} \times 100\%$$

现金比率的分析与速动比率相仿,理论上也是现金比率越高,企业短期偿债能力越强。

(4)现金流量比率

现金流量比率,是指企业在一定时期的经营现金净流量与流动负债的比率,表明每1元流动负债的经营现金流量的保障程度。其计算公式为:

$$现金流量比率 = \frac{年经营现金净流量}{年末流动负债} \times 100\%$$

需要说明的是,经营活动所产生的现金流量是过去一个会计年度的经营结果,而流动负债则是未来一个会计年度需要偿还的债务,两者的会计期间不同。因此,这个指标是建立在以过去一年的现金流量来估计未来一年现金流量的假设基础之上的。使用这一财务比率时,需要考虑未来一个会计年度影响经营活动的现金流量变动的因素。

2.资本结构分析

资本结构主要是指企业总资本中负债资本与股东权益资本的比例关系,即企业总资本中多少来自负债,多少来自股东权益。它在一定程度上可以反映股东对债权人的保障程度,因此有关资本结构的比率也经常被用于考察企业的长期偿债能力。

(1)资产负债率

资产负债率是指企业负债总额与资产总额的比率。其计算公式为:

$$资产负债率 = \frac{负债总额}{资产总额} \times 100\%$$

通常对债权人而言,资产负债率越小,表明企业长期债务风险越小。对企业所有者而言,该指标越大,说明其可利用较少的自有资本投资形成较多的生产经营用资产,也即利用财务杠杆来扩大生产经营规模,该指标过小反而说明企业对财务杠杆利用不够。当然,企业利用财务杠杆需要有一定的限度,资产负债率过大也会加重企业的偿债负担,使企业有濒临倒闭的危险。保守的观点认为资产负债率不应高于 50%,而国际上认为资产负债率等于60%较为合适。其实,不同行业会有很大差异,所以与同行比较才会有合理的评判。

(2)产权比率和权益乘数

产权比率和权益乘数与资产负债率的性质一样。产权比率表明 1 元股东权益对应的借入债务数额。权益乘数表明 1 元股东权益拥有的总资产,也即股东权益被放大运作的程度。它们均是常用的财务杠杆比率,但权益乘数更常用。计算公式分别为:

$$产权比率 = \frac{负债总额}{股东权益} \times 100\%$$

$$权益乘数 = \frac{资产总额}{股东权益} = 1 + 产权比率 = \frac{1}{1 - 资产负债率}$$

通常,产权比率越低,企业承担的风险越小,但也表明企业没有充分利用杠杆效应的好处。所以,企业应在保障债务偿还安全性的基础上,尽量提高产权比率。权益乘数越大,所有者投入企业的资本占全部资产的比重越小,企业负债程度越高,杠杆作用越大。

(3)长期资本负债率

长期资本负债率,是指非流动负债与长期资本的比率,它反映企业长期资本的结构。其公式为:

$$长期资本负债率 = \frac{非流动负债}{非流动负债 + 股东权益} \times 100\%$$

长期资本负债率反映企业长期资本的结构。由于流动负债的数额经常变化,资本结构管理大多使用长期资本结构。

（4）利息保障倍数

利息保障倍数，是指企业一定时期息税前利润总额与利息费用的比率，反映企业获利能力对企业偿还利息的保障程度。其计算公式为：

$$利息保障倍数 = \frac{息税前利润总额}{利息费用}$$

其中，息税前利润总额＝利润总额＋利息支出＝净利润＋所得税＋利息支出。

通常，利息保障倍数越高，表明企业长期偿债压力越小。从长期来看，要维持正常偿债能力，企业利息保障倍数至少应当大于1，利息保障倍数过小，将降低企业偿债的安全性和稳定性。

3.经营能力分析

经营能力是指企业基于外部市场环境的约束，通过对资源的有效配置而产生的资源使用效益的大小。反映企业经营能力的指标主要包括应收账款周转率、存货周转率、流动资产周转率、固定资产周转率和总资产周转率。

（1）应收账款周转率

应收账款周转率是营业收入与应收账款的比率，是反映应收账款周转速度的指标。其计算公式为：

$$应收账款周转率（周转次数） = \frac{营业收入}{平均应收账款余款}$$

$$应收账款周转期（周转天数） = \frac{平均应收账款余款 \times 365}{营业收入}$$

$$平均应收账款余额 = \frac{平均账款余款年初数 + 平均账款余款年末数}{2}$$

有必要注意的是，应收账款是特定时点的存量，容易受季节性、偶然性和人为因素影响。在应收账款周转率用于业绩评价时，最好使用多个时点的平均数，以减少这些因素的影响。

通常，应收账款周转率高表明从销售开始到回收现金的时间短，资产流动性强，短期偿债能力强，可以减少收账费用和坏账损失，从而相对增加企业流动资产的投资收益。

（2）存货周转率

存货周转率是企业一定时期内营业收入与平均存货余额的比率，是反映存货使用效率的一个指标。其计算公式为：

$$存货周转率（周转次数） = \frac{营业收入}{平均存货余额}$$

$$存货周转期（周转天数） = \frac{平均存货余额 \times 365}{营业收入}$$

$$平均存货余额 = \frac{存货余额年初数 + 存货余额年末数}{2}$$

通常,存货周转率越高,表明其变现的速度越快,周转额越大,资产占用水平越低,企业的机会成本也就越低。但要注意存货储存过少也会导致存货周转率偏高,这样可能造成生产中断或销售紧张,所以存货储存必须适量。

(3)流动资产周转率

流动资产周转率是企业在一定时期内营业收入与平均流动资产余额的比率,反映企业流动资产的流动性。其计算公式为:

$$流动资产周转率(周转次数) = \frac{营业收入}{平均流动资产余额}$$

$$流动资产周转期(周转天数) = \frac{平均流动资产余额 \times 365}{营业收入}$$

$$平均流动资产余额 = \frac{流动资产余额年初数 + 流动资产余额年末数}{2}$$

通常,一方面,流动资产周转次数越多,表明以相同的流动资产完成的营业收入越多,流动资产利用效果越好。另一方面,流动资产周转天数越少,表明流动资产在生产和销售各阶段所占用的时间越短,生产经营各环节的工作效率得到改善。

(4)固定资产周转率

固定资产周转率是企业一定时期内营业收入与平均固定资产余额的比率。用来反映企业固定资产的管理效率。其计算公式为:

$$固定资产周转率(周转次数) = \frac{营业收入}{平均固定资产余额}$$

$$固定资产周转期(周转天数) = \frac{平均固定资产余额 \times 365}{营业收入}$$

$$平均固定资产余额 = \frac{固定资产余额年初数 + 固定资产余额年末数}{2}$$

(5)总资产周转率

总资产周转率是企业一定时期内营业收入与平均资产余额的比率,反映企业全部资产的利用效率。其计算公式为:

$$总资产周转率(周转次数) = \frac{营业收入}{平均资产余额}$$

$$总资产周转期(周转天数) = \frac{平均资产余额 \times 365}{营业收入}$$

$$平均资产余额 = \frac{资产总额年初数 + 资产总额年末数}{2}$$

通常,总资产周转率越高,企业全部资产的使用效率越高;该指标越低,企业利用全部资产进行经营的效率越差,最终影响企业的盈利能力。

需要注意的是,所有经营能力的周转率指标高低是否合理的评价,主要通过与同行平均水平的比较进行。公司的周转率应该努力高于同行平均水平,力争达到行业上游。

4.盈利能力分析

盈利能力就是企业获取利润的能力,体现为企业利润数额的大小与水平的高低。盈利能力分析包括经营盈利能力分析、资产盈利能力分析和资本盈利能力分析。

(1)经营盈利能力分析

经营盈利能力分析是指通过对企业生产过程中的产出、耗费和利润之间的比例关系,来研究和评价企业获利能力,其指标主要有销售毛利率和销售净利率。

①销售毛利率

销售毛利率是指企业一定时期毛利与销售收入的比率,表示1元销售收入扣除销售成本后,有多少钱可以用于各项期间的费用和形成盈利。其计算公式为:

$$销售毛利率 = \frac{销售收入 - 销售成本}{销售收入} \times 100\%$$

由于目前的利润表直接表达的是营业收入与营业成本项目,所以销售毛利率若直接根据利润表计算,也可以称为营业毛利率。其计算公式为:

$$营业毛利率 = \frac{营业收入 - 营业成本}{营业收入} \times 100\%$$

通常,企业销售毛利率的下降是由于企业销售收入增长率低于企业销售成本增长率。

②销售净利率

销售净利率是指企业一定时期净利润与销售收入的比率。其计算公式为:

$$销售净利润率 = \frac{净利润}{销售收入} \times 100\% \quad 或 \quad 营业净利润率 = \frac{净利润}{营业收入} \times 100\%$$

该比率越大,说明企业的盈利能力越强。需要注意的是,影响销售净利率的因素很多,不仅仅是由企业的经营活动所决定的。它还受到资产公允价值变动损益、资产减值损失、投资收益和营业外收支等非经常性损益变动的共同制约。如果一个企业营业收入不高,但上述非经常性损益导致的利润很高,销售净利率就会很高,但这种高的状态没有持续性。

(2)资产盈利能力分析

资产盈利能力分析是指企业经济资源创造利润的能力,其主要指标包括总资产报酬率和总资产净利润率等。

①总资产报酬率

总资产报酬率是企业一定时期内获得的息税前利润总额与平均资产总额的比率,是衡量企业利用债权人和所有者权益总额所取得盈利的重要指标,反映企业资产综合利用效果。其计算公式为:

$$总资产报酬率 = \frac{息税前利润总额}{平均资产总额} \times 100\%$$

其中,息税前利润总额=利润总额+利息支出=净利润+所得税+利息支出。通常,该指标越高,表明企业的资产利用效益越好,整个企业盈利能力越强,经营管理水平越高。将总资产报酬率与资本市场利率进行比较,如果前者较大,则企业可以充分利用财务杠杆,适当举债经营,以获得更多的收益。

②总资产净利率

总资产净利润率反映一个公司从 1 元受托资产(不管资金来源)中得到的净利润。其计算公式为:

$$总资产净利润率 = \frac{净利润}{平均资产总额} \times 100\%$$

将总资产净利润分解来看其驱动因素。

$$总资产净利率 = \frac{净利润}{平均资产总额} = \frac{净利润}{销售收入} \times \frac{销售收入}{平均资产总额}$$
$$= 销售利润率 \times 总资产周转次数$$

总资产周转次数是 1 元资产创造的销售收入,销售利润率是 1 元销售收入创造的利润,两者共同决定了资产利润率即 1 元资产创造的利润。

总资产净利率的缺陷在于分子"净利润"和分子"总资产"之间不匹配。净利润中扣除了财务费用,也即负债利息不包括在净利润中,而总资产是不管资金来源的,它包括了企业的债权,造成该比率分子和分母的口径不一致。总资产净利率也可以简化称为总资产报酬率。

(3)资本盈利能力分析

资本盈利能力是指企业的所有者通过投入资本在生产经营过程中所取得利润的能力。资本盈利能力的主要指标为净资产收益率,也称为净资产回报率或股东权益报酬率或权益净利率。

净资产收益率是企业一定时期净利润与平均净资产的比率。其计算公式为:

$$净资产收益率 = \frac{净利润}{平均净资产} \times 100\%$$
$$平均净资产 = \frac{股东权益年初数 + 股东权益年末数}{2}$$

净资产收益率反映企业资本营运的综合效益,是评价企业自有资本及其积累所获得报酬水平的综合指标。通过对该指标的分析可以看出企业盈利能力在同行业中所处的地位。通常,该指标越高,企业自有资本获取收益的能力越强,越有助于股东财富最大化。

我们通过分解净资产回报率来得出净资产报酬率提高的驱动因素。

$$净资产回报率 = \frac{净利润}{股东权益} = \frac{净利润}{销售收入} \times \frac{销售收入}{股东权益}$$
$$= \frac{净利润}{销售收入} \times \frac{销售收入}{总资产} \times \frac{总资产}{股东权益}$$
$$= 净利润率 \times 总资产周转率 \times 权益乘数$$
$$= 总资产净利率 \times 权益乘数$$

　　从上述分解式可以看出,企业可以通过三种方式影响资本报酬率:第一种方式是增加净利润率(紧抓成本费用率的降低);第二种方式是提高资产周转率(抓资金周转,提高效率);第三种方式是加大权益乘数(注意融资安排,对负债要合理运用,合理安排企业的资金来源和资金运用)。第一、第二种方式是企业的经营管理,第三种方式是企业的理财管理。要提升企业价值,就要综合考虑企业的经营效率和金融理性。

14.2.2　四类比率的整合分析

　　财务分析的最终目的在于全方位了解企业经营理财的状况,并借以对企业经济效益的优劣作出系统的、合理的评价。单独分析任何一项财务指标,都难以全面评价企业的财务状况和经营成果,因此我们要采用适当的标准进行综合性的评价。财务综合性的分析就是将偿债能力、资本结构、营运能力和盈利能力等诸方面分析纳入一个有机的整体之中,全面反映企业财务状况、经营成果。

　　1.传统财务综合分析方法——杜邦财务分析体系

　　传统的杜邦财务分析体系是利用各财务指标间的内在关系,对企业综合经营理财以及经济效益进行系统分析评价的方法。传统的财务分析基本框架可用图 14-1 表示。

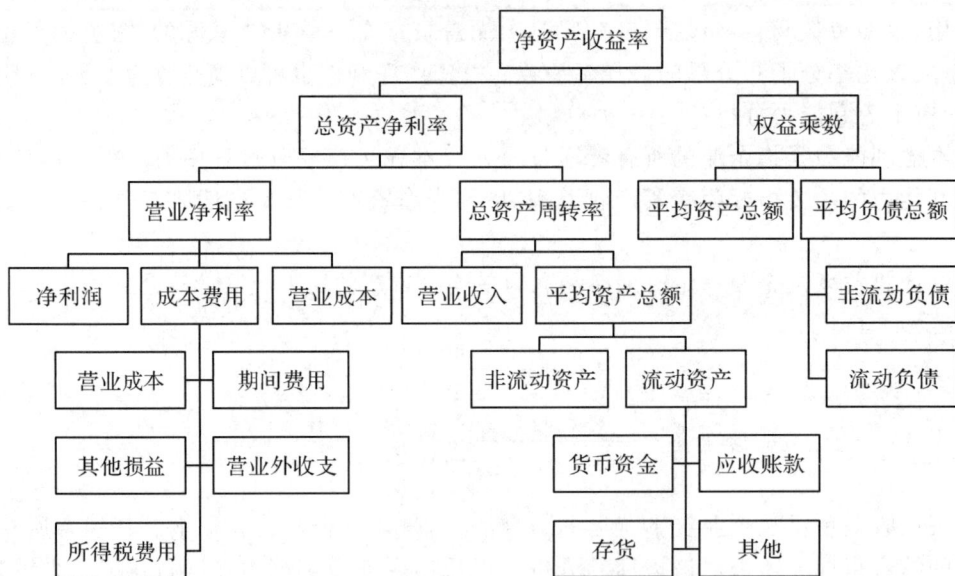

图 14-1　传统杜邦财务分析体系的基本框架

　　图 14-1 的杜邦财务分析体系分为三个层次。第一层次是净资产收率,也可以称为企业绩效的目标指标。第二层次把净资产收益率分解为总资产净利率与权益乘数,说明要提高净资产收益率,必须兼顾总资产利润率的提高及权益乘数的管理。权益乘数反映企业的财务政策,在总资产净利率不变的情况下,提高财务杠杆可以提高净资产收益率,但同时会增加财务风险。第三层次是把总资产净利率分解为营业净利率与总资产周转率。营业净利率和总资产周转率可以反映企业的经营战略。一些企业营业净利率较高,总资产周转率较低;另一些企业反之。这两个比率经常出现相反的方向,因为企业如要提高营业净利

率,就要增加产品的附加值,增加投资,从而引起周转率的下降。相反,企业为了加快周转率,就要降低价格,引起营业净利率下降。一般来说,制造业营业净利率较高而周转率较低;零售商业周转率较高而营业净利率很低。也就是说,这两个指标是互相牵制的,仅从营业净利率的高低很难判断企业业绩的好坏,把它与总资产周转率联系起来考察企业经营战略才真正有益。

但是,杜邦财务分析体系的第四层次以绝对值为分支,不利于企业横向和纵向的业绩比较,不能直观地揭示企业在哪些方面存在经营效率低、金融不理性的问题。例如,A 企业成本费用 1 000 万元,营业收入 2 000 万元;B 企业成本费用 500 万元,营业收入 700 万元。那么 A 企业的产品成本率为 50.00%,而 B 企业的产品成本率达到 71.43%。但从绝对值上看,A 企业的成本费用较高,但实际上 B 企业在产品成本控制上的效率更低。同样,杜邦财务分析体系在权益乘数下给出企业资产总额、负债(流动负债、非流动负债)总额,无法直观说明企业的短期偿债能力。考虑到以上缺陷,我们引入公司绩效指标架构图。以比率为基础的分解使横向和纵向的比较更为简便,让信息使用者更明确企业在具体环节上的表现。

2. 公司绩效指标架构体系

公司绩效指标架构体系能更全面而且更有层次地把分析企业的四大类指标有效地结合在一起,如图 14-2 所示。

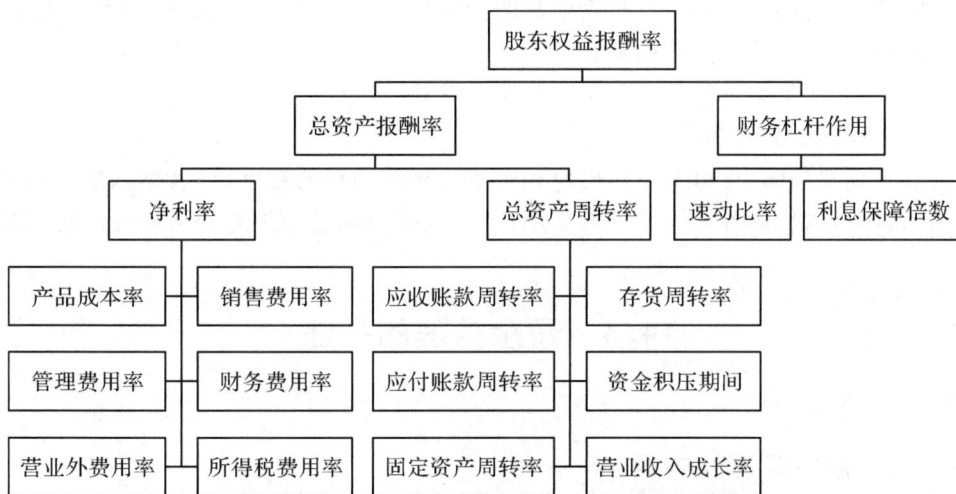

图 14-2 公司绩效指标架构

公司绩效指标架构图可以分为四个层次,而且四个层次前后关联、层层深入。

第一层次的指标是企业的终极追求目标,即股东权益报酬率。

第二层次是将股东权益报酬率分解为总资产报酬率和财务杠杆作用。总资产报酬率可以理解为企业的经营管理业绩,而财务杠杆是企业在负债率安排上的财务政策,说明企业要提高股东权益回报率必须兼顾经营效率与财务政策。财务杠杆作用可以进一步延伸出速动比率、利息保障倍数等偿债能力的分析。速动比率反映企业短期偿付债务本金的能力;利息保障倍数反映企业利润偿付债务利息的能力。财务杠杆作用越大,企业短期偿债能力越低,财务风险越大。但财务杠杆作用越大,企业的股东权益报酬率越高。因此,企业应当具备金融理性,不能为了降低风险而避免负债,也不能为了杠杆的扩张效应而盲目借债。

第三层次是将总资产报酬率分解为净利率和总资产周转率。净利率反映企业 1 元营业收入能够挤出多少净利润,简言之就是企业的成本费用占去了企业营业收入的多大比重,从而揭示企业的经营效率。成本费用占比高的企业经营管理能力不高,获利能力低。企业应当通过各种方式来降低成本。总资产周转率反映企业的资金效率,若要以更少的资产投入产出更多的营业收入,企业必须努力向资金要效率。可见,绩效架构图前三层次的基本框架与杜邦财务分析体系基本一致,区别在于前者展现出了财务杠杆相关联指标的细化以及第四层次指标的纳入,使得围绕股东权益报酬率的分析能层层深入。

第四层次是将销售净利率细化为产品成本率、销售费用率、管理费用率、财务费用率等。通过这一层次的观察,信息使用者可以明确企业在哪些环节成本过高,经营效率过低。

同样属于第四层次的是将总资产周转率进一步细化为应收账款周转率、存货周转率、应付账款周转率、资金积压期间、固定资产周转率、营业收入成长率等。这一系列指标反映企业的营运能力和与上下游之间的竞争地位及占款能力。应收账款周转率越高说明企业的收款速度快,坏账少。存货周转率高说明企业存货销路顺畅,存货积压少,存货变现能力强。应付账款周转率越低越好,说明企业占款能力强,能够充分运用无息负债的杠杆效应实现企业的扩张。营业收入成长率说明了企业产品的销售情况,成长率较高说明企业处在成长期,稳定说明企业达到成熟期,为负值则说明企业正在衰退。资金积压期间=应收账款周转期+存货周转期-应付账款周转期,是企业从购买原材料付款到应收账款收回的平均时间,资金积压期间越短越好,说明企业的资金流动性强,资金链充裕。信息使用者通过这一层次的观察不难发现,应注重企业营运过程中应收账款管理、存货管理、应付账款管理方面的效率,这样更容易把握其中的问题。

在绩效指标架构图中,每个指标可以纳入本公司与同行的数据,或者纳入本公司连续两年的数据,这样可以形成各指标差异的层层比较,最终挖掘进一步提升绩效的空间与抓手。

14.3 盈余管理的关注

14.3.1 盈余管理的内涵

盈余管理是近年来会计学界研究的热点问题之一,但关于盈余管理的概念,会计学界一直存在许多不同的意见。我们认为盈余管理是企业管理当局有目的地管理财务报表的形成过程,以便使报表业绩达到满意的水平,也叫报表披露管理。它有别于利润操纵,盈余管理和利润操纵的区别在于盈余管理是事前行为,而且是不违法的行为,而利润操纵是事后行为,一般是不合法的行为。

盈余管理对企业发展有一定的积极意义。如当违反债务条款或失去增发门槛是由于短缺几分钱的盈余时,实施盈余管理可能使得企业满足债务条款或增发门槛,进而获得巨大的边际利益。盈余管理保障了企业的投融资机会从而促进了企业的发展,且盈余管理的能力在一定程度上反映了企业的管理能力。

14.3.2 盈余管理的手段

盈余管理的主要手段包括两个方面:一是利用财务会计制度的空间;二是控制经济业务发生的时间、方式、地点。但在实务中,盈余管理与利润操纵手段很容易被混淆。

1.利用财务会计制度的空间

企业会计准则规定,企业采用的会计处理方法应该遵守一贯性,即前后各期保持一致,不得随意变更,但当会计政策的变更能够提供有关企业财务状况、经营成果和现金流量等更可靠、更相关的会计信息时,变更会计政策是可以的。由于在同一交易或事项的会计处理中,人们通常很难判断哪一种会计政策能更公允地反映企业的财务状况、经营成果和现金流量,于是一些企业就利用会计政策的变更来调节盈余。主要包括变更折旧方法和折旧年限、变更坏账准备等资产减值准备的计提方法等。这一类盈余管理也被称为应计项目盈余管理。

(1)变更折旧方法和折旧年限

企业会计准则规定,企业每年年终,应对固定资产使用寿命、预计净残值和折旧方法进行复核。使用寿命预计数或预计净残值预计数与原估计数有差异的,应调整固定资产使用寿命或预计净残值。与固定资产有关的经济利益预期实现方式有重大改变的,应改变固定资产折旧方法。固定资产折旧政策的变更主要包括折旧方法和使用年限的变更。折旧政策的变更直接影响公司的利润。如固定资产折旧方法从加速折旧法改为直线法,从年限平均法改为产量法或工作量法(在年产量或工作量降低的情况下),以及固定资产使用年限的延长,都会导致当期和以后各期固定资产折旧率的下降以及利润的相应上升。尤其是制造业上市公司,固定资产折旧政策的改变对公司利润的影响颇大,因为在制造业的资产结构中,固定资产比重较高。折旧费用在营业成本中占有重要地位,折旧率的少许变更将会引起折旧费用的较大变动,有明显的杠杆作用。

(2)变更坏账准备等资产减值准备的计提方法

由于减值准备属于会计估计的范畴,其计提方法和比例在一定程度上由上市公司自行确定,带有很大的主观性,为上市公司进行盈余管理留下了空间。通常情况下,部分企业在业绩较差时少提准备可以"润色"业绩,有的则在经营较好时多提准备,以便为随后的会计期间做好"业绩储备"。对那些急需恢复上市或避免"戴帽"的公司来说,计提和转回更是其跨年度调节利润的捷径,在注定亏损的年度进行"一次提个够",而在第二年通过少提或大量转回准备金实现资产减值损失的下降,从而保障盈利的实现。

(3)费用化还是资本化的问题

一项支出进行费用化处理还是资本化处理将直接影响会计信息。费用化还是资本化主要涉及长期借款利息费用和研究开发费用的处理问题。将费用化的支出进行资本化,会导致本期利润增加及资产增加;将资本化的支出进行费用化,会导致本期利润减少及资产减少。

企业会计准则规定,长期借款用于在建工程或者与购建固定资产直接相关的借款费用,在该项资产交付使用或完工之前,构成该项资产的成本,即借款费用进行资本化;在该项资产完工办理竣工决算后发生的借款费用进行费用化,即计入财务费用,直接影响利润。这样的规定给企业带来了合理判定的弹性空间,也为盈余管理提供了可能性。但企业不能滥用这种决策权。如有的企业在资产先支付使用,后办理竣工决算的情况下,为了增加利润,以某项资产还处于试生产阶段为借口,延期办理竣工决算手续,从而延长资本化时间。有些企业将完工的固定资产长期作为在建工程核算,这样既延长了利息支出计入资产的时间,又减少了折旧的计提,从而达到操纵利润的目的。

对于研究开发费,无形资产准则规定:将企业内部研究开发项目支出区分为研究阶段支出与开发阶段支出,其中研究阶段支出应当于发生时计入当期损益,开发阶段支出如果符合条件则计入无形资产成本。虽然准则中对于支出的费用化和资本化都有明确的规定,但在实务中,上市公司可以利用不同阶段划分的时间弹性将支出在费用化和资本化之间作调整,当企业需要提高业绩时,提高资本化支出;当需要降低业绩时,只需增加费用化支出。

2.利用对经营活动发生时间及方式的调节

对供产销经营活动发生时间及方式进行调节的盈余管理也可以称为真实活动的盈余管理。

(1)销售调节。通过放宽或收紧信用政策来调节销售收入的上升或下降。如在年终时,看到当年经营业绩不佳,则可通过放宽信用政策或给予销售折扣进行销售,改善经营业绩。放宽信用政策包括延长客户的付款期、降低信用标准等。销售折扣则是通过价格优惠吸引客户大量购买。这种年终促销活动,暂时性地提高了公司的利润水平。长期来看,过度放宽信用政策会增加应收账款的回收风险,销售折扣促使客户年末大量购货,导致下一年购货量减少,会损害公司长期利益。

(2)生产调节。企业成本有固定成本与变动成本之分,固定成本是指成本总额是一定的,不会随着生产量的增加而增加,主要是指管理人员工资、固定资产折旧费等。利用企业存在大量固定成本的特性,通过大量增加生产量以降低单位产品负担的固定成本,从而使得单位成本下降并实现利润的提高。这种方式的盈余管理也要有度,过度地扩大产量会使得企业存货大量积压,不仅会增加公司的资金成本,而且还会有存货无法及时变现的风险。

(3)费用调节。主要针对一些酌量性费用发生时间的调节。酌量性费用是指开支与否暂时不影响企业业务的一些费用,包括研发开支、广告开支和维修开支等。在利润不足的年末,减少酌量性费用的发生有助于提高当年的报表利润。但大幅削减酌量性费用,不仅会加重来年的负担,长期的削减还会影响企业研发活动、营销活动的正常开展,最终影响企业的发展。

除上述三项真实活动的盈余管理外,还有更直接明显的其他真实活动的盈余管理,如通过大量出售资产、获取政府补贴来提高利润,但这些活动容易被发现,而且往往具有一次性。

总之,盈余管理并不是万能的,它只在离盈余目标相差不大的前提下才可能发挥比较理想的作用。无论是应计项目盈余管理,还是真实活动盈余管理,应该严格把握边界,以合法及不影响企业经营大局为前提,否则有可能成为盈余操纵,而且影响企业的正常发展。

14.3.3 盈余管理的识别

盈余管理是企业管理层在不违反企业会计准则的前提下,有目的地采取多种手段达到期望报告盈余的行为。由于信息不对称和公司治理结构不完善,上市公司管理层利用会计核算方法的可选择性、信息披露的滞后性等进行盈余管理的行为是现实存在的。同时,出于满足考核指标、债务条款、股权激励的业绩条件、证券投资机构的分析预测值等因素考虑,企业管理层存在调节盈余的内在动机和外在压力。

盈余管理毕竟是对盈余进行的有目的的调节与管理,所以会影响报表使用者对报表真实信息的理解,为了更好地利用会计信息进行决策,报表使用者必须识别企业是否进行了盈余管理。最基本的识别方法包括:

(1)关注报表附注与董事会公告:主要关注董事会是否有会计方法和会计估计的变更公告,或者是否有重大供产销等决策变更的公告。前者的存在说明企业进行了应计项目的盈余管理,后者的存在说明企业可能开展了真实活动的盈余管理。

(2)关注利润与经营现金流量指标的差距是否日益扩大:一般应计项目的盈余管理如延长折旧摊销年限、降低准备金计提比例导致的利润增加都不会增加经营现金流,所以利润与经营现金流差距越大,企业就存在应计项目盈余管理的可能。

(3)关注是否存在异常高的存货并伴随异常高的毛利率:这时企业可能进行了生产调节以提高利润的真实活动盈余管理。

(4)关注是否存在异常低的经营现金流并伴随异常高的应收账款:这时企业可能进行了销售调节以提高利润的真实活动盈余管理。

(5)关注是否存在年末期间异常低的期间费用并伴随下年初异常高的期间费用,这时企业可能进行了费用调节以提高利润的真实活动盈余管理。

(6)关注非经常性损益项目:如资产处置损益、投资收益、营业外收入异常大,说明企业很可能进行了出售资产、转让投资、获得政府补助等盈余管理。

【案例分析】四川长虹的财务比率分析

根据四川长虹 2019 年与 2018 年的财务报表,计算各种能反映管理问题的各种比率,然后形成绩效架构图,以便清楚地呈现四川长虹的盈利能力及影响盈利能力的各种因素。

1.四川长虹与行业平均水平比较的绩效架构图

若按照证监会 2012 年行业分类标准,四川长虹属于"计算机、通信和其他电子设备制造业",但其主营业务和同行业分类中的大部分公司都有较大差异。鉴于此,我们选择了搜狐证券提供的家电行业上市公司作为行业水平的参照。我们在对家电行业非 ST 上市公司 2015—2019 年平均股东权益报酬率进行排序后,结合主营业务结构,分别选取行业上游、中上游、中下游、下游的格力电器、海尔智家、澳柯玛、春兰股份的财务数据,形成行业平均水平。

图 14-3 是把长虹与同行的 2019 年的各大指标进行了对比。

从终极目标看,长虹的股东权益报酬率比同行低得多。那么,这种状态到底是经营管理不强,还是财务结构不合理所导致的? 很明显是经营管理不强,主要是由于总资产报酬率极低,长虹的杠杆反而比同行高。这种经营管理没做强,杠杆比别人高的情况存在很大的风险。流动比率与利息保障倍数都很低,意味着还本付利息的压力大,所以,根本原因是没有做强,也就是总资产报酬率低。而总资产报酬率低的原因又是什么呢? 是净利润率问题,还是周转率问题呢? 我们看到主要是净利润率的问题。净利润率同行是 8.65%,意味着 100元收入大概赚 8 元利润,而长虹的 100 元收入大概赚 0.38 元利润,差距很大,那么长虹的利

股东权益报酬率/%　1.57　长虹 2019年　/　13.89　行业 2019年

财务杠杆作用　3.50 / 2.40

流动比率　1.06 / 1.90　　现金比率　0.36 / 0.74

总资产报酬率/%　0.46 / 5.20

2.26 / 17.38　　2.97 / 16.89

营业净利率/%　88.49 / 69.62

总资产周转率/次　1.22 / 0.76　　利息保障倍数　现金流利息保障倍数

应收账款周转率/次　10.55 / 15.31

存货周转率/次　5.23 / 7.58

应付账款周转率/次　8.34 / 3.37

资金积压期间/天　60.61 / -1.09

固定资产周转率/次　12.0 / 8.22

营业成本率/%　88.49 / 69.62

营销费用率/%　6.45 / 13.37

管理费用率/%　1.90 / 6.80

财务费用率/%　0.59 / -0.54

钱从哪里来 / 明天会不会倒闭 / 会不会做生意 / 会不会赚钱

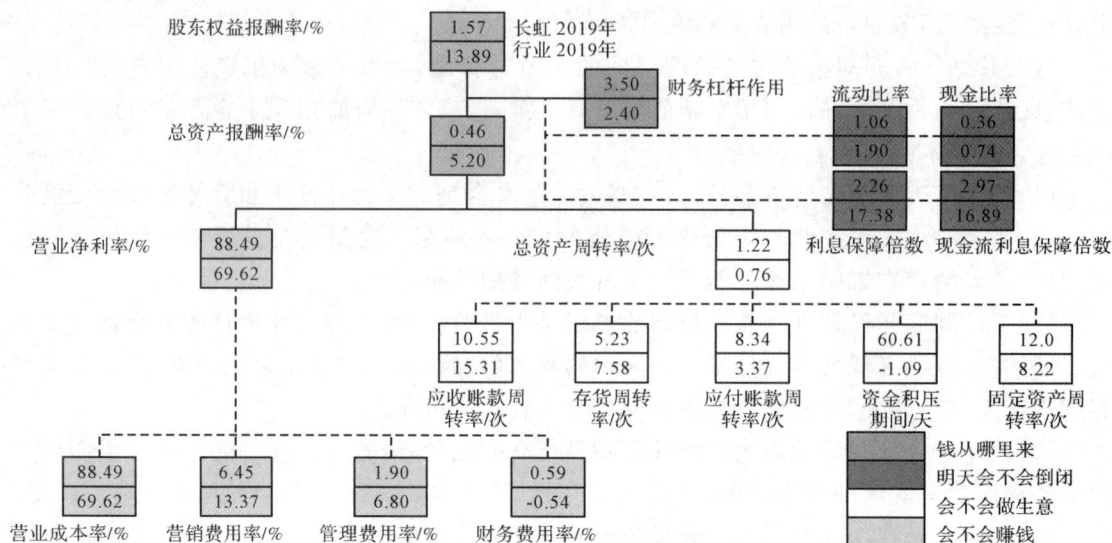

图 14-3　长虹与同行对比的绩效架构

润之所以那么低,原因在哪里?进一步关注各种成本费用率,我们发现长虹的产品成本率比别人高接近 20 个百分点,说明长虹的管理制度很可能有问题,或者业务流程有问题。我们看总资产周转率发现,长虹的效率比同行稍微高一点,主要表现为固定资产周转率较高,但各种流动资金的效率明显低下。具体地看,总资产周转率下面第一个是应收账款周转率,同行一年周转 15 次,而长虹一年周转 10 次,说明应收账款的收款速度很慢。再看存货周转率,长虹也比同行慢,说明库存大量积压,而应付账款周转率比同行快,说明付款速度快,也说明对供应商的控制能力差,所以导致资金积压期间比同行慢 60 天,这是收得慢又付得快所导致的。通过这样的对比分析,长虹管理的重点应该在哪里变得明朗了,主要应该降低产品成本率,提高应收款的收款效率,降低应付款的付款速度。

2.四川长虹 2019 年与 2018 年比较的绩效架构图

从图 14-4 看四川长虹 2019 年与 2018 年两年的变化。四川长虹 2019 年的权益报酬率相对于 2018 年有明显的下降,2019 年的权益报酬率为 2018 年的一半左右。从第二层次指标可以发现主要原因是总资产报酬率的下降,也即经营管理业绩的进一步恶化。而造成经营管理业绩下降的主要原因是营业净利率不断下降。进一步从营业净利率的拆解可以看出,长虹净利率降低的主要原因是营业成本率上升,营业成本率占比极高,达到 88.49%,其他三费则基本与上年持平或略有下降。所以四川长虹如何降低营业成本率成为管理的重中之重。

从财务管理的资本结构看,长虹的财务杠杆明显偏高,并在逐步攀升,2019 年 3.5 倍的财务杠杆相当于资产负债率高达 71%,再加上业绩下滑,导致利息保障倍数以及现金流量利息保障倍数都不断降低,说明财务风险严峻。

(资料来源:四川长虹 2018 年与 2019 年年报;格力电器、海尔智家、澳柯玛、春兰股份 2019 年年报)

案例思考:

(1)指出绩效架构图各层次指标之间的逻辑关系。

(2)根据绩效架构图,分析四川长虹存在哪些主要的管理问题?为什么?

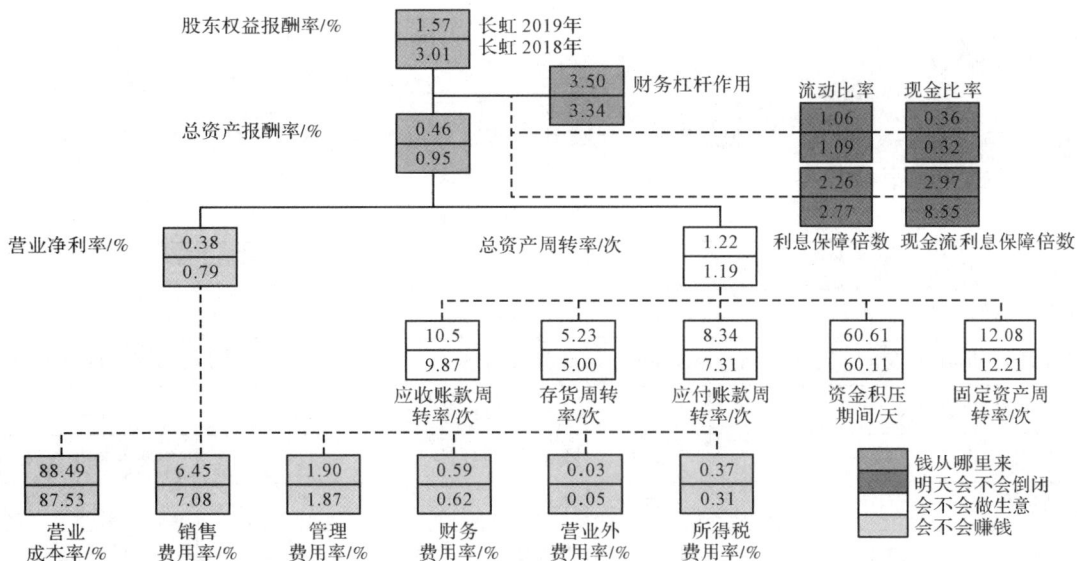

图 14-4　长虹 2019 年与 2018 年对比的绩效架构

【本章小结】

财务报表分析是会计信息为决策所用的重要环节。

资产负债表反映企业的"底子"问题。通过资产的变现能力和增值能力,可以衡量资产质量的高低;企业营运资本的增减变动反映企业的债务压力;所有者权益中盈余公积和未分配利润的总额揭示公司盈余积累的大小,也即企业净资产家底。而利润表的解读重点在于利润的质量,即利润的可持续性与利润背后经营现金流的充分性。

财务分析四大指标是偿债能力指标、资本结构指标、经营能力指标和盈利能力指标。衡量偿债能力的比率包括流动比率、速动比率、现金比率、现金流量比率等。资本结构指标衡量企业的长期偿债能力,包括资产负债率、产权比率、利息保障倍数。经营能力指标包括应收账款周转率、存货周转率、流动资产周转率、固定资产周转率和总资产周转率。盈利能力指标主要包括销售净利率、资产净利率及净资产收益率。

公司绩效指标架构体系以比率分解为基础,可以弥补杜邦财务分析体系存在的不足。公司绩效指标架构图将股东权益报酬率分解为总资产报酬率和财务杠杆作用。总资产报酬率由净利率和总资产周转率共同解释,净利率和总资产周转率继续分解为更具体的指标,从而把四大类指标有效地结合在一起分析公司的财务问题。分析时可以将企业本年与上年比率进行层层比较,形成企业纵向绩效架构图,也可以将企业与同行的比率进行层层比较,形成企业横向绩效架构。纵向分析与横向分析有机结合,使得企业问题的发现或者竞争能力的展现更有可能。

盈余管理既是管理者管理报表形象的一种技术,又是报表使用者识别报表真实性的一个角度。盈余管理的手段可以概括为两种。一是利用财务会计制度的空间,包括变更折旧方法和折旧年限,变更坏账准备等资产减值准备的计提方法等;二是控制经济业务发生的时间、方式、地点,具体有利用销售调节、生产调节、费用调节等。识别盈余管理主要关注公司前后年度是否进行了会计政策与会计估计的变更,以及注意报表数据关系是否出现了明显的异常。

【练习题】

明达公司 20×1 年年度财务报表的主要资料如表 14-6、表 14-7 和表 14-8 所示。

表 14-6　资产负债表

20×1 年 12 月 31 日　　　　　　　　　　　　　　　　　　单位：千元

资　　产		负债及所有者权益	
现金（年初 764）	310	应付账款	516
应收票据（年初 156）	300	应付票据	336
应收账款（年初 1 000）	1 044	其他流动负债	468
存货（年初 700）	966	流动负债合计	1 320
流动资产合计	2 620	长期负债	1 026
固定资产净额（年初 1 170）	1 170	实收资本	1 444
资产总额（年初 3 790）	3 790	负债及所有者权益	3 790

表 14-7　利润表

20×1 年　　　　　　　　　　　　　　　　　　　　　　单位：千元

项　　目	金　　额
销售收入	6 430
销售成本	5 570
毛利	860
管理费用	580
利息费用	98
税前利润	182
所得税	72
净利润	110

表 14-8　财务比率

比率名称	行业平均数
流动比率	1.98
资产负债率	62%
利息保障倍数	3.8
存货周转率	6 次
平均收现期	35 天
固定资产周转率（销售收入/平均固定资产净额）	13
总资产周转率	3

续表

比率名称	行业平均数
销售净利率	1.3%
资产净利率	3.4%
权益净利率	8.3%

要求：

（1）计算表 14-8 列示的该公司的各财务比率（天数计算结果取整）；

（2）与行业平均财务比率比较，说明该公司经营管理可能存在的问题及发生问题的原因。

在线自测